아~
해보세요

크로마뇽 시리즈 05

아 해보세요 : 치아에 새겨진 불평등의 이력들

1판1쇄 | 2021년 7월 26일

지은이 | 메리 오토
옮긴이 | 한동헌·이동정·이정옥

펴낸이 | 정민용
편집장 | 안중철
책임편집 | 윤상훈
편집 | 강소영, 이진실, 최미정

펴낸곳 | 후마니타스(주)
등록 | 2002년 2월 19일 제2002-000481호
주소 | 서울 마포구 신촌로14안길 17, 2층 (04057)
전화 | 편집_02.739.9929/9930 영업_02.722.9960 팩스_0505.333.9960

블로그 | blog.naver.com/humabook
트위터, 페이스북, 인스타그램 | @humanitasbook
이메일 | humanitasbooks@gmail.com

인쇄 | 천일문화사_031.955.8083 제본 | 일진제책사_031.908.1407

값 22,000원

ISBN 978-89-6437-377-4 04300
        978-89-6437-220-3 (세트)

아~ 해보세요

치아에 새겨진 불평등의 이력들

Teeth

The Story of Beauty, Inequality,
and the Struggle for Oral Health in America

메리 오토 지음 | 한동헌·이동정·이정옥 옮김

후마니타스

일러두기

1. 메리 오토의 *Teeth : The Story of Beauty, Inequality, and the Struggle for Oral Health in America* (The New Press, 2017)를 완역했다.

2. 단행본·정기간행물에는 겹낫표(『 』)를, 논문·기사·기고문·보고서·단편소설 등에는 홑낫표(「 」)를, 법률, 방송 프로그램, 온라인 매체, 노래·연극·영화 등 작품명에는 홑화살괄호(〈 〉)를 사용했다.

3. 야드파운드법 도량형은 미터법으로 환산했고, 정확한 수치를 가리키는 경우가 아니면 가독성을 고려해 소수점 이하를 반올림해 표시했다.

4. 외국 고유명사의 우리말 표기는 국립국어원의 외래어표기법을 따랐다. 그러나 관행적으로 굳어진 표기는 그대로 사용했으며 필요한 경우 한자나 원어를 병기했다.

5. 원서의 주석은 후주로, 이탤릭체로 강조한 단어는 드러냄표로 처리했다. 대괄호와 각주는 옮긴이가 첨가했다.

6. 'dentistry'는 맥락에 따라 치의학, 치과학, 치과, 치학으로 옮겼다. 의과와 치과의 통합 관점에서 사용했을 때는 '치의학'으로, 의학medicine에 대응해 사용했을 때는 '치학'으로, 보건 의료의 분과로 사용했을 때는 '치과'로, 과학의 분과로 사용했을 때는 '치과학'으로 번역했다. 실제로 옮긴이가 재직해 있는 학교는 '치의학대학원', 소속 교실은 '예방치학교실'이며, 치과대학이 없는 의과대학 병원 치과 조직은 '치과학교실'이다. 한편 치의학이 의학의 전문과라는 입장의 '구강학 운동'Stomatologic Movement도 존재하는데, 이처럼 여러 명칭이 있다는 사실은 치의학문의 범위, 직업 명칭, 교육제도 및 진료 영역 등 다양한 쟁점이 있다는 것을 말해 준다. 최근 노인 인구가 증가하면서 구강과 몸을 통합적으로 보는 관점이 힘을 얻으며 치의학은 의학과 더 많은 부분을 공유하고 있다. 원문을 번역할 때도 각각의 용어가 사용되는 위치에 따라 미묘한 의미의 차이를 고려했다.

차례

서문

아이다 배스나이트는 워싱턴 D.C. 시내 중심 윈트리Wintry가 모퉁이에 서있다. 손으로 짠 화사한 빛깔의 모자와 스카프, 두터운 외투를 걸친 그녀는 가판대에서, [노숙인의 자립을 지원할 목적으로] 노숙인들이 직접 만든 신문을 파는 중이다. 짙은 눈, 도드라진 광대뼈, 부드러운 피부에는 비장한 아름다움이 감돌았지만 입을 다문 채 조심스레 미소를 짓고 있다.

삶이 얼마나 힘들었는지 배스나이트의 입안에는 이제 남아 있는 치아가 별로 없다.

맨 처음 뺀 치아는 어금니였다. 시카고에서 비서로 일하던 30대 시절, 심한 염증에 시달리다 결국 어금니를 뺐다. 어느 날 참을 수 없는 통증을 느끼며 아침에 깨어 보니 얼굴이 퉁퉁 부어 있었고, 그래서 원인이 되는 어금니를 뺄 수밖에 없었다. 그 뒤로도 살다 보니 다른 힘든 일이 많았고, 그때마다 치아를 하나둘 뺐다.

50대 중반이 되자 배스나이트는 컴퓨터 업무를 하는 안정된 직장에서 일할 수 없게 되었다. 결국 집세를 못 내 살던 집에서 나왔다. 얼마간 공원에서 자기도 했다.

"노숙인으로 길거리에서 지낼 때는 정말 무서웠어요."

지금 배스나이트는 여성 주택 지원 프로그램의 도움을 받아 마련한 곳에서 살고 있다. 그녀는 직업윤리와 능력이라면 자신 있었지만 수십 곳에 지원했음에도 예전과 같은 일자리는 찾을 수 없었다. "이가 다 빠졌는데, 일자리를 구할 수 있겠니?" 연로한 어머니가 말했다. 어머니 말이 맞는 걸까. 배스나이트는 두려웠다. "저도 면접 볼 때마다 그게 항상 신경 쓰였어요. 이가 없어서 웃을 수 없으니까요."

배스나이트는 여전히 좋은 일이 생기기를 기대하고 있다. 하지만 지금 그녀는 잘 차려 입은 통근자들 앞에서 추위와 싸우며 신문을 팔고 있다. 그들은 출근 전철을 타러 황급히 그녀를 지나쳐 간다.

치과 진료를 받지 못하는 수백만 명의 미국인들 가운데 상당수가 배스나이트처럼 수치심을 느낀다. 미국치과의사협회의 의뢰로 [여론 조사 기관인] 해리스 폴이 2015년 수행한 여론 조사에 따르면, 저소득층 성인 세 명 가운데 한 명 이상이 [치아 문제 때문에] 웃지 못한다고 한다.[1]

미국의 사회복지 프로그램은 자기 계발의 중요성을 지속적으로 강조하지만 치과 진료를 받지 못하는 사람들, 즉 빈곤층과 [가구원 중 한 명 이상이 취업을 했지만 소득이 빈곤선 이하인] 노동 빈곤층이 자신의 삶을 향상하기란 특히 어렵다. 그들은 식당·소매점·접수계 등 서비스 직종에서 일하기 힘들다. "외모가 괜찮아야 취직할 수 있어요." 오하이오주 신시내티의 시립 보건 진료소에서, 보험이 없는 가난한 환자들을 치료하는 치과의사 주디스 앨런이 말한다.

환자들은 종종 통증에 시달리며 앨런을 찾아온다. 입술, 입 주변, 심지어 눈까지 구강 감염으로 부어오른 경우도 있다. 그들의 치아는 병들고 망가졌지만 오랫동안 치과 진료를 받지 못하고 지내 왔기 때문에 대부분의 경우 치아를 뽑는 것만이 유일한 선택이다. "살릴 수 없는 이는 뽑고, 남은 이는 때우는 거죠." 치과의사인 앨런의 도움이 없었다면 그들은 치아로 인한 고통에서 빠져나오지 못했을 것이다. 전국 곳곳에서 수백만 명이 도움을 필요로 하지만 앨런이 일하고 있는 보건 진료소 같은 곳은 턱없이 부족하다.

낙인은 복종이나 모욕의 표시다. 얼굴에 찍힌 흉측한 낙인이 한 사람의 인격을 파괴하는 것처럼, 심하게 병들어 방치된 치아는 그 사람이 경제적으로, 심지어 도덕적으로 실패했다는 낙인과 같다. 일반적으로 질병에 걸렸을 때 그 사람 잘못이라고 생각하지 않지만 치아에 대해서는 당사자에게 책임을 돌린다.

이 문제를 다룬 사회학적 연구는 드물지만 영국의 연구진이 조사를 진행했다. "충치와 풍치는 병든 조직이지만 우리는 일반적으로 이 병에 걸린 사람들을 아픈 사람이라고 생각하지 않는다. 왜냐하면 구강 건강 문제는 보통 운이 없어서 걸린 질병이라기보다 개인이 책임을 방기한 결과로 생각하기 때문이다."

이 연구에서, 질병과 외상으로 치아를 잃은 참여자들은 자신의 기분을 이렇게 표현했다. 한 여성은 "틀니를 끼고 있으면 나 자신이 꼭 실패한 사람 같아요."라고 말했다. 연구원이 질문했다. "사람들이 틀니를 끼는 것을 인공 관절 수술과 마찬가지라고 생각하지는 않아요. 그렇죠?" "네, 맞아요."[2]

빈곤, 고립, 가난한 사람들이 감당할 만한 민간 보험의 부족 및 그들을 치료할 의료진의 부족 등을 이유로 미국에 거주하는 사람들 가운데 약 4분의 1이 치과 진료를 받지 못하고 있다. 메디케이드◆

◆ 현재 미국의 공적 의료보험 프로그램은 메디케이드, 메디케어, 아동 건강 보험 프로그램으로 나뉜다. 메디케이드는 미국의 65세 미만 저소득층과 장애인 등 극빈자를 위한 공적 의료보험 프로그램으로 1965년 7월 30일 제정되었다. 미국 연방 정부와 주 정부가 공동으로 재정을 보조하고 운영은 주에서 맡게 되어 있는데, 아동 건강보험 프로그램과 함께 미국의 공적 의료보험 프로그램 중 가장 규모가 크다. 주 정부가 운영하기 때문에 주마

는 현재 7200만 명 이상의 가난한 미국인을 대상으로 연방 정부 및 주 정부가 공동으로 재정을 보조하고 주 정부가 운영하는 의료보험 프로그램이지만 성인의 치과 진료는 선택 항목이다. 성인에게 치과 진료를 제공할지 여부는 주 정부가 결정한다. 경제가 안 좋아지면 가장 기본적인 치과 진료조차 보장 범위에서 제외될 위기에 처하곤 한다.

어린이와 노인도 고통을 겪는다. 연방법에 따르면 3500만 명이 넘는 가난한 아이들이 메디케이드의 치과 진료를 받을 자격이 있지

다 이름이 다르기도 하며, 해당 주의 다른 의료보험 프로그램과 묶어 제공할 수 있다. 메디케이드는 미국 모든 주의 저소득층 가족 및 어린이, 임산부, 노약자 및 장애인을 대상으로 의료보험 혜택을 제공하고 있으며 대상자는 가족 규모별 소득 기준에 따라 무료로 또는 저렴하게 진료받을 수 있다. 메디케이드는 치과 진료도 포함하는데 21세가 넘는 성인에게는 선택이지만 미성년자와 메디케이드 혜택을 받을 자격이 있는 사람들에게는 필수로 제공된다. 메디케이드 수혜 대상자 및 수혜 대상 소득 기준은 주마다 다르다. 그러나 소득 기준으로 저소득층이더라도 미국 시민권자나 영주권자 등이 아니라 메디케이드의 혜택을 못 받는 사람들이 60퍼센트에 이른다. 메디케이드는 모든 주가 의무적으로 참여해야 하는 프로그램은 아니지만 1982년 애리조나주가 마지막으로 참여한 이후 모든 주가 시행하고 있다. 아동 건강보험 프로그램은 메디케이드 수혜 대상자보다 소득이 높아도 민간 의료보험 구매 능력이 없는 가정의 아동에게 의료 서비스를 제공하는 연방 정부 및 주 정부 공동 주관 프로그램으로 메디케이드와는 별도로 주 정부에서 운영한다. 메디케이드와 마찬가지로 1965년 7월 30일 제정된 메디케어는 연방 정부에서 지원하고 운영하는 프로그램으로 현재 65세 이상의 노인들과 65세 미만이더라도 특정 장애나 질병이 있는 사람들을 대상으로 한다. 메디케이드가 주로 소득과 관련해 저소득층을 위해 주 정부 차원에서 운영하는 프로그램이라는 점에서 메디케어의 재정 및 운영 시스템은 메디케이드와 다르다. 또한 의료 혜택이 제공되는 질병의 수가 메디케어보다는 메디케이드가 많다.

만 사실상 절반 이상이 치료받지 못하고 있다. 미국 전역에서 진료하는 치과의사는 약 15만 명이지만 메디케이드에 참여하는 치과의사는 절반이 안 된다. 더구나 연방 정부 기금으로 운영되는 안전망 진료소◆에서 진료하는 치과의사의 수는 매우 적다. 약 4900만 명의 미국인들이 치과 전문 인력이 부족한 지역으로 분류된 곳에 살고 있다. 메디케어는 현재 5500만 명이 넘는 노인 및 장애인에게 혜택을 제공하는, 연방 정부의 의료보험 프로그램이지만 일상적인 치과 진료는 한 번도 보장 범위 내에 들어온 적이 없다.

17세기 프랑스 철학자 르네 데카르트의 이론은 세계를 바꾸었다. 그는 인간의 몸에서 정신을 분리했고 종교적인 도그마로부터 인류를 해방해 과학적 탐구를 할 수 있게 만들었다. 다시 말해 그는 몸에서 머리를 제거해 버린 것이다.

데카르트의 뒤를 이어 점점 더 전문화된 치료자들이 '연구 및 치료를 위해서'라는 명목으로 신체를 부위별로 조각내기 시작했다. 수세기 동안 이발사는 외과 의사를 겸했고, 그들은 면도, 이발, [치료를 목적으로 환자의 혈액을 뽑는] 사혈, 부항과 더불어 치아를 뽑는 발치도 했다. 그들은 발치를 자신들의 가장 사소한 서비스 중 하나로 꼽았다. 하지만 18세기의 뛰어난 외과 의사이자 치과의사인 피에르 포샤르에게 치아는 과학적 가치가 있었다. 그는 외과의 독특하고 중요한 갈래로 치과를 발전시켰다.

데카르트의 이원론은 그 목적을 달성했다. 인체를 생리학적으로

◆ 연방 정부의 재정 지원을 받는 민간 진료소 및 민간 의료 공급자를 가리키며, 재정 지원의 대가로 일정한 메디케이드 환자를 진료할 의무를 진다.

탐구하는 새로운 가능성을 연 것이다. 그러나 동시에 의학 연구는 좀 더 세분화되고 기계적·비인간적이 되었으며, 그 결과 인간의 몸을 총체적으로 보는 관점이 점점 사라졌다. 어떤 사람들은 현대 의학이 통합적인 치료에 실패한 것은 데카르트의 영향이 남아 있기 때문이라고 주장한다.[3] 구강 건강과 전신 건강을 분리해 생각하는 이유는 머리와 몸을 떼어 사고한 데카르트의 영향일 수 있다. 미국의 건강 수준을 향상하기 위해서는 이 둘의 간극을 없애야 한다. 2000년에 발행된 『미국의 구강 건강 : 공중보건국장의 보고서』에서 미국 공중보건국장 데이비드 새처는 "우리는 타고난 본성과 후천적 환경이 서로 긴밀히 연결되어 있고, 정신 작용과 신체 반응 모두 우리 인간 생명현상의 표현이라는 사실을 최근 이해했다. 이와 마찬가지로 우리는 구강 건강과 전신 건강이 분리될 수 없다는 것을 인식해야 한다."라고 선언했다.[4] 새처는 치아와 입과 얼굴은 우리의 생존과 관계가 있고 우리 자신을 표현한다는 점에서, 그리하여 세상과 연결해 준다는 점에서 "우리 인간의 본질을 보여 준다."고 했다.

타액의 성분을 조사해 보면 전신의 건강 상태와 질병 상황이 보인다. 첫 번째 어금니에는 태어날 때부터 우리 몸이 겪은 일들이 기록되어 있다. 입안에 있는 병을 치료하지 않으면 통증, 기능 상실, 심각한 질병을 초래하거나 심지어 죽을 수도 있다. 이는 구강이 신체의 일부이며 구강 건강이 전신 건강에 필수적이라는 사실을 말해 준다. 하지만 미국의 치과 진료는 대부분 개인 의원에서, 파편적이고 방어적인 형태로 이뤄지므로, 노인이나 장애인처럼 이동이 힘든 사람들이나 돈이 없고 적절한 치과 보험에 들지 못한 사람들은 이용하기 어렵다.

새처는 보고서에서 구강 질병을 "소리 없이 세상을 잠식한 무서운 질병"이라고 표현했다.

이 책은 치아 감염을 치료하지 못해 발생한 합병증으로 2007년에 사망한 메릴랜드 출신 소년의 비극에서 시작되었다. 『워싱턴 포스트』에 실린 열두 살 소년 데몬테 드라이버의 죽음을 다룬 기사는 메릴랜드뿐만 아니라 미국 전역의 메디케이드 치과 체계에 개혁의 기운을 불어넣었다. 그러나 미국에서 구강 질병은 여전히 소리 없이 온 나라에 만연해 있다.

이 책은 미국의 치과 의료라는 무질서한 세계를 들여다보면서, 모든 미국인에게 치과 진료가 필요하지만 현재 제도로는 수백만 명이 진료받지 못하는 부조리함을 파헤치고 있다.

이 책은 데몬테가 사망한 곳에서 멀지 않은 볼티모어에 1840년 문을 연 세계 최초의 치과대학으로부터 시작해, 치과가 어떻게 미국의 보건 의료 제도와 별개로 분리되어 진화했는지 그 역사를 탐구한다. 일부 환자들에게 치과 진료는 왜 그렇게 받기 어려운지, 그리고 어떤 사람들은 왜 그마저도 받을 수 없는지를 설명하려고 한다.

이 책을 쓰기 위해 플로리다에서 알래스카까지 돌아다녔다. 환자, 의료인, 정책 입안자, 연구자 및 공중 보건 지도자에게 그들이 걸어온 여정과 경험에 대해 들었다. 그들의 이야기는 고통스럽고 도전적이고 혼란스러우면서도 희망적이었다. 그들은 질병이 가져오는 육체적 고통을 생생하게 묘사했고 그 고통은 우리에게도 강렬하게 다가온다. 그들은 거대한 정부 프로그램의 복잡함, 미생물학의 숨은 세계, 진단 기준의 모호함 등을 이야기했다. 어떤 사람은 치과 진료를 제공하는 현재 미국의 제도가 충분히 훌륭하다고 자랑스럽게 말한다. 또 누군가는 새로운 구강 보건 의료 제도의 비전을 설명한다. 새로운 제도는 치료 대신 질병 예방에 대한 인센티브를 제시하고, 구강 건강관리에서 방치된 수백만 명에게 다가갈 만한 새로운 형태의 치과 인력 팀을 활용하는 제도여야 하며, 치과의사는 치아를 뽑기보다 자연 치아를 보존하는 데 더 많은 시간을 쏟으며, 환자 입장에서는 질병과 고통과 치아 상실로 이어지는 악순환을 깨트리는 제도여야 한다.

누군가는 말한다. 전신 건강과 구강 건강이 분리된 현재의 상태는 옳지 않다고. 이제는 "소리 없이 세상을 잠식한" 이 질병으로부터 벗어나야 한다.

1부 썩은 치아

1
아름다움

~

모든 것은 입을 통해 이뤄지네.

입은 우리와 세계를 잇는 처음이자 마지막 연결 고리.

입은 숨결이 지나는 곳, 나를 표현하는 입술이 있네.

입은 혀의 동굴이면서 치아의 영토.

치아는 광물이지만 살아 있는 존재.

옥으로 장식한 고대 마야인의 치아는 오늘도 여전히 빛나지만

농경시대가 시작된 때부터 아프기 시작한 치아는 오늘도 여전히 썩어서 아프네.

하얗고 고른 치아.

뽑혀서 버려진 치아.

화재, 홍수, 시간을 견디고 뼈보다 오래 버텨 낸 치아.

사막에 흩어지고 동굴에 묻혀도 치아는 우리가 누구인지 확인해 줄 수 있지.

치아는 법랑질♦ 속에 우리의 삶을 기록하고 무덤 속에서도 우리가 누구인지 알려 주네. ……

♦ 치아의 바깥 부분에 있는 가장 단단한 인체 조직으로 하얀빛을 띤다.

솔로몬이 노래를 불렀다. "그대의 머리채는 길르앗 비탈을 내려오는 염소 떼 같구나. 그대의 이는 털을 깎으려고 목욕하고 나오는 암양 떼 같이 희구나. 저마다 짝이 맞아서, 빠진 것이 하나도 없구나. …… 너울 속 그대의 볼은 반으로 쪼개 놓은 석류 같구나."[1]

어느 추운 저녁, 교외에 있는 호텔 연회장에서 79명의 젊은 여성들이 뾰족구두를 신고 엉덩이와 어깨를 흔들며 춤추고 있었다. 하나같이 검고 짧은 칵테일 드레스를 입었고 어깨에는 메릴랜드주의 각 지역 이름이 적힌 띠를 둘렀다. 아나폴리스, 토슨Towson, 칼리지 파크College Park, 볼티모어. 그들은 [여성 래퍼] 이기 아잘레아의 요란한 선율에 맞춰 일제히 깡충깡충 뛰어올랐다.

미인 대회 무대에 오른 경험이 많아서 자신 있게 동작을 취하는 사람들도 여럿 있었지만 실버 스프링Silver Spring 출신의 날씬한 흑인 참가자인 스물세 살 마메이 어제이는 이번이 처음이었다. 어제이는 긴장한 기색을 들키지 않으려고 애썼다. 그녀에게는 후원자도 없었고, 부모님은 먼 나라에 있었다. 어제이가 마지막 라운드에 입을 이브닝드레스는 친구가 만들어 준 것이었다.

그녀는 대학 시절 과제를 준비할 때처럼, 자료를 찾고 조언을 구하면서 이 대회를 스스로 준비했다. 미인 대회에서 걷는 법, 말하는 법을, 책을 보면서 혼자 연습했다. 그중에서도 아주 중요한, 대회용 미소를 특히 많이 연습했다. 미인 대회에서 미소란 반짝이면서도 사방으로 퍼져 나가는 것이어야 한다는 사실을 어제이는 알고 있었다. 미소가 희미해지거나 흔들리거나 뻣뻣해지거나 중간에 멈추지 않아야 한다. 극심한 불안과 배고픔, 때로는 지루함을 느낄지라도 미인 대회에서 미소는 밝음, 매력, 지칠 줄 모르는 기쁨을 보여 주어야 한다. 어제이의 얼굴은 작고 이국적이었다. 그녀는 얼굴 근육을 훈련했다. 입꼬리를 들어 올려 매혹적인 활 모양으로 만들었다. 1분, 그다음에는 5분, 그리고 10분, 또 20분, 40분, 60분 동안 계속해서 미소를 유지할 수 있도록 연습했다. 어제이는 친척 집에서 살고 있었는데, 직장인 워싱턴 도심에서 통근 열차를 타고 종점까지 가야 했다. 실버 스프링에 있는, 아프리카 인형으로 장식된 그 작은 아파트까지 가는 퇴근길 열차 안에서 어제이는 내내 미소를 지으려고 노력했다. 객차의 승객들도 그녀에게 미소로 답했다.

어제이는 아프리카 외교관의 딸이었고 어린 시절을 가나와 스위스, 메릴랜드주에서 보냈다. 이사를 자주 해서 초등학교 시절에 여러 번 전학했다. 어제이가 사춘기 무렵에, 부모님은 어제이를 친척들이 있는 메릴랜드주 실버 스프링에 남겨 두기로 결정했다. 그 후 어제이의 부모는 몇 년에 한 번씩만 다녀갔다. 부모님이 전화로 자신을 키웠다고 그녀는 말했다. 어떤 면에서 어제이는 버림받은 느낌이었다. 뭐든 잘하고 싶었고 항상 열심히 했다. 고등학교 때는 육상 팀에서 활동했고 치어리더도 맡았지만 늘 혼자라고 느꼈다. 미인 대회의 반짝이는 불빛 속에서, 누군가의 가족과 친구인 군중이 다른 참가자들을 응원하는 동안 어제이는 엄마와 아빠가 몹시 그리웠다.

대학을 졸업한 뒤 그녀는 워싱턴 [백악관 북쪽으로 난 거리인] K 스트리트에 있는 인권 정책 연구소에서 인턴 사원으로 근무했다. 법을 전공해 볼까 하는 생각도 가끔 했다.

어제이는 여섯 살 때부터 모델 일을 조금씩 해왔다. 교회 팸플릿에 실릴 사진을 찍기 위해 포즈를 취하던 어린 시절 이후, 카메라 앞에서 주목받는 것에 항상 관심이 있었다.

그녀는 메릴랜드주에서 열리는 미스 아메리카 선발 대회에 참가하기로 했다. 미스 아메리카로 선발되지 않으면 법학 전문 대학원에 응시해야겠다고 생각했다.

　미인 대회는 금요일부터 주말 내내 사흘간 계속되었다. 대회 둘째 날인 토요일, 법학 전문 대학원에 지원하는 게 낫겠다는 생각이 어렴풋이 들었다. 미소에서 완전히 망했다. 중요한 순간에 얼굴 근육이 말썽을 일으켰다. 입이 떨리기 시작했고 윗입술이 곱아 하얀 앞니에 착 달라붙었다. 미인 대회 참가자들에게는 기본 중의 기본인데, 깜박하고 앞니에 바셀린을 바르지 않은 것이다. 일요일 밤, 미인 대회 마지막 날, 그날 밤에는 바셀린을 잊지 않았다. 어제이는 심호흡을 한 뒤, 또 한 번 조명 불빛을 향해 앞으로 미끄러지듯 나아갔다. 그리고 다시 미소를 지었다.

　몇 사람이 탈락했다. 탈락이 결정되어 무대 뒤로 퇴장하는 순간까지 여전히 빛나는 미소를 멈추지 않는 사람도 있었고, 시든 꽃처럼 머리를 숙인 채 퇴장하는 사람도 있었다. 어제이는 16명의 최종 결승 진출자들과 함께 하이힐을 신은 채 당당하게 걸었다. 그녀의 검은색 피부가 하얀 수영복과 대비되어 도드라졌고, 하얀 치아는 빨간 립스틱과 대비되어 반짝였다. 어제이는 앞으로 걸어 나오며 미소 지었고, 뒤로 돌아서기 직전에도 인상적인 미소를 던졌다. 수영복 심사에서 아홉 명의 참가자가 더 탈락했다. 이제 남은 사람은 겨우 다섯 명, 어제이도 그중 하나였다.

　장식 없는 황금색 드레스를 입은 그녀는 질문지가 담긴 상자 속에서 종이 한 장을 뽑아 들었다.

　질문은 "외국에서 갓 미국에 도착한 젊은 여성에게 어떤 충고를 할 건가요?"였다.

　그녀는 답했다. "모든 문화는 아름다운 것입니다. 당신의 뿌리를 잃지 마세요."

결국 어제이는 미스 메릴랜드로 호명되었다. 미인 대회 사회자가 소감을 물었다. "너무 행복해요. 모두에게 감사드려요." 그녀는 눈물을 흘리며 대답했다.

어제이는 인조 보석으로 장식된 새 왕관을 쓰고 무대 위를 다시 걸었다. 황금색 드레스는 그녀가 안고 있는 붉고 진한 장미 꽃다발과 대비되었다. 어제이는 상금 외에도 1년 동안 유효한 속눈썹 연장 시술권, 보석과 드레스를 부상으로 받았다. 개인 트레이닝을 포함한 피트니스 회원권도 받았다. 그리고 미인 대회 공식 '미소 후원자'로부터 1만 달러 상당의 '미소 개선' 서비스를 부상으로 받았다. 이 상들은 모두 그녀가 상위 단계인 미스 유에스에이USA 선발 대회를 준비하는 데 도움을 줄 것이다.

"완벽한 모발, 완벽한 피부, 완벽한 몸매. 모든 면에서 완벽해야 한다는 압박이 있었어요. 완벽한 치아를 보여 주는 완벽한 미소는 당연한 거고요."

어제이에게 1등을 빼앗긴, 키가 크고 호리호리한 미스 필라델피아 출신의 리안 리처드슨이 말했다.

며칠 후 어느 날 저녁, 마메이 어제이는 워싱턴 도심의 차가운 어둠 속에서 K 스트리트에 있는 따뜻한 커피숍 안으로 들어섰다. 그녀는 퇴근길 러시아워에 집으로 향하는 수많은 다른 젊은 직장 여성들처럼 깃털 무늬 스카프를 두르고 짧은 재킷과 바지 차림에 긴 부츠를 신고 있었다. 어제이는 차분하고 분별 있는 여성이었다. 여전히 연구소에서 인턴 사원으로 일하고 있었고, 피곤한 상태에서도 미스 메릴랜드로서의 책임을 다하려 노력했다. 최근에는 '미소 후원자'를 포함한 미인 대회 후원자들과의 공식 회의가 여러 차례 있었다. 그들은 어제이가 미스 USA 대회에서 좋은 결과를 거둘 수 있도록 도왔다.

치과 진료를 언제 마지막으로 받았는지는 정확히 기억할 수 없었지만 적어도 최근 몇 년 동안은 치과에 간 적이 없었다. 미인 대회에 우승한 덕분에 치아를 더 예쁘게 만들 기회가 생겨 처음에는 기뻤다고 했다. 성공한 사람이 되려면 당연히 갖춰야 할 그런 종류의 미소가 있다.

"누구나 그렇게 생각해요. 통과의례라고나 할까요." 어제이는 설명했다. "돈만 있다면 누구나 그럴 걸요. '자, 나도 이제 준비를 마쳤어요. 봐요, 나의 아름다운 미소를.'"

그럼에도 어제이는 그 기회를 선뜻 받아들이지 못하고 망설였다. 그녀는 세련된 리듬에 사회적 메시지를 담은 노래로 유명한 J. 콜이라는 신예 래퍼의 음악을 좋아했다. 〈비뚤어진 미소〉라는 노래에서 J. 콜은 자신의 치아에 대해 말하고, 크게 성공한 뒤에도 치아 교정을 하지 않기로 결심한 이야기를 한다. 그는 '진짜 내 모습'으로 남아 있기 위해 '비뚤배뚤한 치열'을 바꾸지 않고 그대로 유지하고 있다고 했다.

그녀는 사회 전체가 목매고 있는 '완벽한 미소'에 이 노래가 의문을 던지고 있다며 말했다.

"노래에 이런 부분이 나와요. '내 치아는 평생 비뚤어져 있었지만 그래도 나는 이렇게 잘 지내 왔어. 괜찮아. 비뚤어진 미소로도 괜찮을 거야.' 그 말이 맞아요. 왜 우리는 항상 자신을 바꿔야 한다고 느끼는 걸까요? 우리가 바뀌어야 하는 게 아니라, 완벽한 미소에 대한 우리의 인식을 바꿔야 하는지도 몰라요."

그럼에도 그녀는 미용 치과의사와 진료 약속을 잡았다. [부부] 치과의사 린다 스틸과 칩 스틸은 치과 홈페이지에서 치료 후 변화된 모습을 통해 얻을 수 있는 보상을 암시하며 환자들을 유혹한다.

아름다운 미소는 당신의 삶을 최고로 이끌어 줄 것입니다.

완벽한 직장을 찾고,

완벽한 짝을 만나고,

가끔 거울을 볼 때 기분이 좋아지고 싶으세요?

이 모두가 멋진 미소에서 시작됩니다!

치과는 워싱턴 D.C.에서 차로 한 시간 거리에 있는, 메릴랜드주 샌디 스프링Sandy Spring의 혼잡한 도로 한쪽에 위치한 수수하고 깔끔한 벽돌 건물이었다. [미용 치과라기에는] 특색이 없어 자칫 지나치기 쉬운 곳이었다. "주차장은 뒤편에 있습니다"라는 표지판을 따라 건물 뒤쪽, 1층에 있는 치과로 갔다. 문에는 둥근 꽃 장식이 걸려 있었고, 문을 열고 들어간 실내 바닥에는 와인색 카펫이 깔려 있었다. 인조 석류를 늘어놓은 커피 테이블이 보였고, 접수창구의 유리 뒤쪽 벽에는 과거 미스 메릴랜드와 미스 메릴랜드 하이틴의 사진이 들어 있는 액자 여러 개가 나란히 걸려 있었다. 그들은 모두 치과 내부를 배경으로 환하게 미소 짓고 있었다.

"와!"

속삭이듯 작은 소리였지만 왕관을 쓴 그녀들의 사진을 보자 감탄사가 절로 나왔다. 접수창구의 직원이 그녀에게 접수 서류 양식에 기입하도록 했고, 이름을 어떻게 발음하는지 물었다.

"'마메이'라고 읽어요."

예약되어 있었기 때문에 어제이는 바로 진료실로 안내받았다.

대기실 서가에는 『10억 달러짜리 미소』도 꽂혀 있었다. 표지에서 활짝 웃고 있는 저자는 미인 대회 심사 위원이자 베벌리힐스에 미용 치과를 개원한 유명한 치과의사 빌 도프먼이었다. 그는 전국적으로 방영되는 성형수술 프로그램 중 하나인 인기 텔레비전 쇼 〈익스트림 메이크오버〉에서 잇몸 성형과 라미네이트◆를 시술한다.

"책 읽기를 멈추고 당장 거울 앞으로 가서 '치이즈으' 하고 소리를 내어 보세요. 어떻게 보이나요? 당신의 미소는 칙칙하고 어두운가요, 아니면 건강하고 밝은가요?"

도프먼은 책에서 이렇게 주장한다.

복권에 당첨되려면 복권을 사야 하는 것처럼, 무언가를 얻으려면 뛰어들어야 합니다. 인생은 만만치 않아요. 하지만 밝고 아름다운 미소는 사람들의 마음을 열어 줄 것입니다. 당신에게 새로운 문이 열릴 거예요. …… 비평가들은 성형수술이 껍데기만 바꿀 뿐이라고 하지요. 맞습니다. 깊이가 없는 건 맞아요. 그래서요? 옷, 헤어스타일, 자동차, 집도 마찬가지예요. 우리 삶을 이루는 많은 것들이 다 그렇습니다. 심오하지 않아요. 외모가 나아지기를 원하십니까? 그럴 능력이 있나요? 그렇다면 지금 당장 그렇게 하세요![2]

한 시간 후 진료 상담을 마치고 나온 어제이는 자신의 치아에 문제가 많다고 느꼈다. 전에는 미처 생각하지 못한 문제들이었다.

차로 돌아온 그녀는 햇빛 가리개를 당겨 내리고는 거울을 들여다

◆ 치아의 앞면을 최소한으로 삭제한 뒤 그 위에 세라믹으로 제작된 얇은 판을 부착하는 미용 치과 시술.

봤다.

치아 검사를 받고 스케일링도 받았다. 치아는 모두 건강하다고 했다. 그러나 치열이 [윗니가 아랫니를 길게 덮는] 부정교합이라는 사실을 알게 되었다. 그리고 치아들 사이에 조금씩 공간이 있다는 것, 약간씩은 비뚤어진 부분이 있다는 사실도 알게 되었다. 어제이는 다가오는 미인 대회, 즉 전국 무대를 생각했다.

"치아를 가지런하고 예쁘게 만들어야겠다고 생각했어요. 치아 교정 말이에요. 물론 치아 미백도 해야 했죠."

어제이와 치과의사는 [탈부착이 가능한 투명 교정 장치인] 인비절라인 교정 치료 계획을 세웠다. 2주에 한 번씩 새로운 투명 교정 장치로 교체하고, 장치를 착용하다 보면 차차 치열이 개선될 것이다. 또한 치아 미백 시술로 치아를 하얗게 만들고, 치아가 길어 보이도록 잇몸 성형술도 고려할 것이다.

"치아를 덮은 잇몸에 대해 선생님이 설명해 주셨어요. 어차피 시간이 지나면서 잇몸은 저절로 내려갈 테니 차라리 조금 먼저, 지금 잘라 내자고요. 당장이라도 할 수 있다고 했어요. 그렇게 하면 치아가 더 길어 보일 거예요. 앞니가 짧아 보이는 건 치아를 덮고 있는 잇몸 때문이거든요."

치아 교정 치료가 끝난 뒤에도 그녀는 2년 동안 [치아가 원래 자리로 돌아가는 것을 막기 위한] 유지 장치를 껴야 한다.

그녀도 텔레비전 쇼에서 미소가 어떻게 확 달라지는지 본 적이 있다. 자신의 미소가 그렇게 변하는 것을 상상해 본 적도 있다. 그런 미소에는 마술처럼 강력한 힘이 있을 것만 같았다.

"치과 치료가 누군가의 인생을 바꿀 수도 있거든요. 첫인상은 그런 것 같아요. 치아가 고르고 깨끗하고 보기 좋으면 사람들이 호감을 갖고 다가올 거예요. 왠지 아세요? 만약 치아가 변색되고 빠진 곳이 많다면, 이렇게 말하는 건 슬프지만, 가난해 보이거든요. 무슨 뜻인지 아시겠지요?"

어제이의 친구들 가운데 몇 명은 여전히 대학에 있었다. 정치적 행동주의에 경도된 친구들은 경찰의 과잉 진압에 항의하는 전국적 시위에 참여했다. 12월 초에는 학교 근처 도로를 점거하고 행진한 학생 시위에 대한 기사, 시 낭송 대회에 대한 기사도 읽었다. 가끔 그녀는 정치학과 사회학을 전공하며 아프리카계 미국인에 대해 공부했던 대학 시절이 그리웠다. 그러면서도 어제이는 현재 인턴 업무와 미스 메릴랜드로서 하는 일에 집중하려고 노력했다. 공인으로서 품위를 유지하기 위해 차 안에서 옷을 갈아입고 화장하는 법도 배웠다.

크리스마스를 즈음해 어제이는 또 한 번 치과 진료를 받았는데, 대기실에서 순서를 기다리면서, 치과가 있는 작은 마을인 샌디 스프링의 역사에 대해 읽었다. 지금의 목초지와 잔디밭이 예전에는 노예들이 일하던 농장이었음을 알게 되었다.

먼저 자신의 자유를 사고, 다음에 아내와 아이들의 자유까지 산 노예의 이야기도 있었다. 시간이 되어 진료실에 들어간 어제이는 반죽이 담긴 트레이를 물고 치아의 본을 떴다. 모든 각도에서 얼굴 사진도 찍었다.

"[치과의사 선생님이] 입안의 모든 것들이 어느 자리에 있는지, 어떻게 보이는지 확인하려는 듯했어요. 치료 과정을 기록하기 위해 미소 짓는 모습, 옆모습, 입을 벌린 모습, 다문 모습을 다 찍었어요."

교정 장치는 크리스마스 연휴가 끝난 뒤에 배달될 것이다. "최대한 빨리, 최대한 좋은 결과를 보려면 매일 스물두 시간씩 교정 장치를 껴야 해요. 그야말로 내 시간을 다 바치는 거죠. 엄청난 노력이 필요해요."

집으로 돌아오는 길은 어두웠다. 역사 기록에 따르면 그 길은 '지하 철도'◆의 [탈출] 경로 중 일부였다. 노예들은 이 숲을 지나, 자유를 얻기 위해 도망쳤다. "어떤 사람들은 역사가 왜 중요한지 이해하지 못해요." 어제이가 말했다. 그녀가 라디오를 켜자 J. 콜의 신곡이 흘러나왔다. 그 곡은 미주리주 퍼거슨에서 경찰의 총격을 받아 사망한 흑인 소년 마이클 브라운◆◆을 기리며 J. 콜이 직접 가사를 쓴 것이었다.

J. 콜의 신곡 〈자유롭게〉가 어두운 길 위로 울려 퍼졌다.

~

미국치과의사협회 연례 대회에서 열리는 박람회는 1년에 1100억 달러 이상의 가치를 지닌 산업에 어울리는 거대하고 엄청난 전시회였다. 여러 구역에 걸쳐 사무실 가구와 엑스선촬영 기계, [치과 진료를 받을 때 가슴 부위에 두르는] 일회용 에이프런과 치과용 레이저, 의사 가운 및 경영관리 소프트웨어, 발치 겸자 및 교육용 인형, 틀니 부속

◆ 남북전쟁(1860~65년) 이전에 미국 노예들이, 남부의 노예주를 탈출해 북부와 캐나다의 자유 주에 도착할 수 있도록 도운 비밀 조직이었다.

◆◆ 2014년 8월 9일 미국 미주리주 퍼거슨에서 비무장 상태였던 18세 흑인 소년 마이클 브라운이 백인 경찰관에 의해 최소 여섯 차례 총격을 받아 사망했다. 이 사건을 계기로 오랫동안 흑인 사회에 이어진 경제적 차별과 경찰의 과잉 진압에 항의하는 시위가 시작되었는데, 시위는 폭력 양상으로 발전해, 급기야 18일에는 주지사가 주 방위군 투입 명령을 내렸다. 같은 날 오바마 대통령은 퍼거슨에 법무부 장관을 급파하기로 결정했다. 11월 24일 미주리주 대배심에서 경찰관을 불기소하기로 결정하자 퍼거슨에서 다시 시위가 발생했다.

품 및 백옥같이 하얀 라미네이트, 성인 치아 교정 장치 및 의료 신용 카드 서비스, 오지 마을로 의료 선교를 갈 때 사용하는 이동식 치과용 목재 의자, 5분 안에 치아를 네 단계나 더 하얗게 만들어 주는 미백 치료제 등을 전시하고 있었다.

"25년 전이라면 이 치아를 보고 하얗다고 생각했겠지만 현대의 미적 기준에서는 갈색에 가깝습니다." 데이비드 혼브룩이 말했다. 그는 미용 치과 진료로 매우 유명한, 운동선수처럼 생긴 캘리포니아의 치과의사이다. 혼브룩은 미국치과의사협회 연례 대회에 참석한 동료 치과의사 청중 앞에서 [줄여서 라미네이트라고 하는] 라미네이트 비니어 시술을 시연하기로 되어 있다. 지금은 준비 단계이다. 혼브룩이 시연하는 큰 홀은 어두운 원형 극장처럼 꾸며졌다. 조명이 비추는 중앙 무대에는 청바지 차림의 젊은 여성이 치과용 의자에 기대어 있고 그 옆에 단정하게 머리를 묶은 진료 보조원이 있었다. 젊은 여성은 그녀의 라미네이트 시술이 마무리되기를 기다리고 있었다.

그녀는 체리시라는 이름으로 소개되었다. 앞니 네 개를 이미 이전 진료 때 깎아 둔 상태였다. 얇은 세라믹 판을 붙일 수 있도록 치아의 앞면이 균일하게 다듬어져 있었고, 치아의 씹는 쪽도 삭제되어 길이가 짧아지고 모양도 예전과 달라졌다. 국소마취를 하고 마취되기를 기다리는 동안 혼브룩은 샌디에이고에서 자신이 시술하는 치과 진료 시스템에 대해 이야기했다. 그것은 효율적으로 예측 가능한, '미소를 설계하는' 시스템이었다.

혼브룩은 청중에게 말했다.

"우리는 아름다운 미소로 누군가의 삶을 변화시킬 수 있습니다."

이어 커다란 스크린 세 곳에, 환자의 삭제된 치아 위에 덧붙여 둔 임시 치아를 제거하는 혼브룩의 모습이 비쳤다.

완성된 세라믹 비니어를 접착하려면 [산으로 치아의 유기물을 제거해 접착 강도를 높이는 표면 처리 술식術式인] 산 부식을 해야 한다. 그러나 그 전에 먼저 환자가 세라믹 비니어를 접착제 없이 끼운 뒤 모양을 확인할 것이다. 세라믹 비니어들은 대칭적이고 반듯하고 매우 하얗다. 잠시 후 세라믹 비니어들이 반짝이는 유리 슬리퍼처럼 그녀의 칙칙한 치아 위로 미끄러지듯 들어갔다.

"자, 크게 웃어 보세요."

치과의사가 환자에게 말했다. 그리고 체리시는 환하게 웃었다.

연례 대회는 며칠에 걸쳐 진행되었으며 두꺼운 프로그램 책자에는 강의 목록과 각각의 강의를 이수했을 때 받을 수 있는 평생 교육 과정 점수가 나와 있었다. 그중 미용 치과 분야의 강의는 22개였다.

오늘날 미국의 치과의사들이 얼마나 많은 미용 치과 진료를 하는지 정확한 통계자료는 찾기 어렵다. 미용 치과 진료는 단순한 미백 치료부터, 입안 전체를 새로 만드는 복잡한 치료까지 그 범위가 매우 넓다. 미국치과의사협회나 치과무역동맹, 미국미용치과학회 같은 단체도 전국적인 통계 수치는 제시하지 못한다. 그러나 현대 미용 치과 진료가 붐을 이룬 1980년대부터 꾸준히 자료를 수집해 온 산업 분석가들은 현재 적어도 80퍼센트 이상의 치과 진료가 미용 시술이라고 추산한다.[3]

'[미용 치과 전문의가 아닌] 일반 치과의사를 위한 비니어' 시연장에서는 치과의사들이 '기성 제품을 이용한 미소' 및 '틀로 찍어내는 미소 치료' 등의 강연을 듣기 위해 길게 줄을 섰다.

"간단하게 끝내는paint-by-number 치과 치료의 본질은 그 사람에게 맞는 틀을 선택하는 것입니다." 치과의사인 강연자 마틴 골드스타인은 슬픈 광대를 그린 슬라이드를 보여 주며 설명했다. 치과의사들이 이 틀을 이용하면 환자들에게 새로운 미소를 디자인할 때 달리 고민할 필요가 없다.

치과의사들이 환자들에게 미소를 팔 수 있도록 시각적인 도움을 제공하는 서비스도 있다. 매사추세츠주 뉴튼에 본사를 둔 영상 회사인 스마일 비전에서는 환자가 새로운 치아로 바꾸면 어떻게 보일지 '치료 전 사진'을 변형해 맞춤형 '치료 후 사진'을 시뮬레이션 해서 보여 준다. 미용 진료를 받은 뒤 그 비용을 할부로 지불할 수 있도록 자금 조달 방편을 제공하는 의료 신용카드 회사도 있다.

골드스타인은 말했다. "제가 진료하고 있는 코네티컷주 중부 지역은 경기 침체로 환자들이 진료비 지불에 어려움을 겪고 있어요. 환자들에게 진료비를 지불할 방법을 찾아 주면 좋겠죠. 그런 면에서 케어크레디트는 훌륭한 해결책입니다."

비니어만으로도 치아 한 개당 보통 1000달러의 비용이 들기 때문에 미백, 치아 교정, 치아 보철, 임플란트 또는 잇몸 성형 등의 치료를 포함하는 광범위한 미용 치과 진료에는 수천, 수만 달러의 비용이 들어간다. 그러나 수요는 넘친다.

"사람들은 결혼 앨범 사진이 잘 나오길 원해요. 그래서 결혼식은 아름다운 미소를 원하는 사람들에게 치과 진료를 독려하기에 좋은 기회입니다. 이 사실을 꼭 기억하세요." 골드스타인은 말했다. 그리고 방을 가득 메운 치과의사들에게 조언했다. "여섯 개, 여덟 개 혹은 10개의 비니어를 완성하려면 치료 시간을 충분히 확보해 진료 예약을 잡아야 합니다. 물론 [치료 시간이 길수록] 벌이도 짭짤하겠죠." 그는 미소를 지으며 덧붙였다.

치과의사들에게는 연습을 위한 석고 치아 모형과 기타 용품이 제공되었다. "이것은 삭제 가이드입니다." 골드스타인이 말했다. "세라믹 비니어가 들어가기에 충분한 공간이 삭제되었는지 확인할 때, 삭제한 치아 위에 놓고 확인합니다. 매우 중요한 과정입니다."

다음으로 [치과용 치아 절삭 기구인] 다이아몬드 버bur가 배부되었다. 치과의사들은 버를 [치아를 삭제할 때 사용하는 작은 엔진이 달린 기구인] 핸드피스에 끼우고, 윙 하는 소리를 내며, 치아 모형을 깎고 다듬는 작업에 골몰했다.

1980년대 미국에서 본격적으로 시작된 미용 치과 붐은 지금도 계속되고 있다. 업계의 추산에 따르면 오늘날 미국인들은 치아 미백 제품에 연간 10억 달러 이상을 쏟아 붓는다.[4] 하얗게 빛나는 미국인의 미소는 이제 세계에서 판매되는 필수품이다.

유럽인들은 여전히 더 자연스러운 치아 형태를 선호하는 경향이 있다. '화장실 변기처럼' 하얀 '미국인의 완벽한 미소'를 비웃는 사람도 있다.

그러나 수십억 개의 치아를 치료해야 하는 중국·인도·브라질 등 신흥 경제 개발국의 소비자들은 미국인들과 마찬가지로 영화배우 같은 미소를 원한다. 그들은 '첫인상을 좌우하는 여섯 개의 치아'social six로 알려진 하얗고 가지런한 여섯 개의 앞니를 간절히 원한다. 비니어 시술은 세계적으로 인정받는 성공의 징표가 되었다.

오하이오주의 치과의사 댄 워드는 자신의 미소 설계 강의에서 이렇게 말했다. "아시다시피 저는 미소를 최고의 보석이라고 생각합니다. 매년 [오하이오주의 주도] 콜럼버스에서 꽤 큰 보석 쇼가 열립니다. 거기에 온 수많은 사람들이 엄청난 돈을 보석에 쓰죠. 하지만 그들 중에는 미소가 별로 아름답지 않은 사람들도 있어요. 그런 사람들에게 저는 이렇게 충고하고 싶어요. '알아요? 다이아몬드에 쓰려고 하는 그 5만 달러를 치아를 손보는 데 쓴다면, 당신 외모에 더 이로울 텐데요. 당신이 사려는 그 보석 조각보다 훨씬 나을 거라고요.'"

"한때 치과의사들은 주로 [충치를 때우는] 충전과 발치에 주력했지요. 하지만 요즘은 아름다움을 판매하는 사람이 되었어요. 환자들은 치과 예약을 두려워하는 대신에 치과 예약을 지키는 데 신경을 쓰고 심지어 치과 예약을 기대하기까지 합니다. 이런 트렌드 덕분에 치과의사들의 삶은 예전보다 더 즐거워졌습니다."

하지만 부담도 크다.

"한번 생각해 보세요. 사람들은 여러분이 미용 치료를 통해 자신의 삶을 바꿔 줄 것이라 기대하며 찾아옵니다. 이것은 매우 중요한 일입니다. 결코 가볍게 생각할 수 없어요. …… 여러분 가운데 '선생님이 제 미소를 고쳐 주면 저는 결혼도 할 수 있을 거예요.'라는 말을 들어 본 사람이 얼마나 될까요? 저는 들었습니다. …… 실제로 그 환자는 결혼을 했고요. 자, 제가 한 일은 매우 중요한 일이었어요. 하지만 더 중요한 사실은, 제가 그녀의 자존감을 세워 줬다는 것이죠. 가끔 잊기도 하지만, 기억하세요! 우리는 심리학자인 겁니다."

그리고 워드가 뒤이어 경고하듯이, 성공은 달콤하지만 실패는 소송을 불러올 수 있다.

~

미용 치과의사는 여섯 개의 앞니에 생물학적 중요성을 뛰어넘는 특별한 미적 중요성을 부여한다. 한 쌍의 가운데 앞니[중절치中切齒]와 그 옆의 앞니[측절치側切齒], 그다음에 있는 송곳니[견치犬齒]가 이루는 곡선은 조화로운 미소를 만드는 데 특별한 역할을 한다.

"가운데 앞니는 나이를 보여 주는 치아입니다." 워드는 강의에서 설명했다. "그 옆의 앞니는 성별에 따라 모양이 다릅니다. 여성의 앞니는 둥글고 남성의 앞니는 더 평평한 경향이 있습니다. 마지막으로 송곳니는 우리가 가진 개성을 나타냅니다." 치과의사들은 치아의 상대적인 크기와 모양 사이에 조화로운 균형이 이뤄져야 한다는 사실에는 모두 동의한다. 하지만 치아를 재구성할 때 고려할 이상적인 비율에 대해서는 생각이 서로 다르다. 자연에서 관찰된, 고대로부터 오랫동안 신화적인 미의 공식으로 추앙받아 온 [1.618 대 1의] 황금비를 기준으로 생각하는 사람들이 많다.

"황금비는 앵무조개 껍데기에서 볼 수 있고, 자동차 설계에도 적용됩니다. 신용카드는 황금비에 매우 가깝지요." 워드는 강의에서 말했다. 왠지 모르게 기분이 좋아지는 이 황금비 미소를 보이는 치아는 인접한 치아 폭의, 그리스 문자 피ϕ로 대표되는 비율에 따라 변한다.

황금비가 아닌 새로운 미의 공식을 이용해 더 멋진 미소를 만들 수 있다고 믿는 사람들도 있다. 워드도 그중 한 명이다. 그는 자신이 고안한 미의 공식을 '반복적인 심미 치아 비율'◆이라고 부른다. 이 공식대로 미소를 지으면 앞니가 도드라져 보이는데, 워드가 조사한 바 환자와 치과의사 모두 이런 미소를 더 선호했다고 한다.

"이 미소는 자연스러운 것은 아닙니다." 워드는 설명했다. "하지만 돈을 지불하는 사람 입장에서 더 자연스러워 보이기를 바랄까요, 아니면 더 예뻐 보이기를 원할까요?"

대담할 정도로 매우 하얗고 고른 치아를 보이는 '할리우드 미소'

◆ 개인마다 다른 치아 및 신체, 얼굴의 크기와 비율을 고려한 맞춤식 미소 설계 개념.

(혹은 '미국인의 미소')는 자연스러운 것이 아니다. 거의 지난 세기 내내, 특히 지난 30년 동안, 할리우드 미소를 위한 미백, 접착, 라미네이트 재료는 수요에 반응하며 진화해 왔다. 패션, 대중매체, 쉬운 대출, 마케팅과 같은 강력한 요소들이 합쳐져 이런 수요를 주도했다. 통증 해소나 긴급함을 요구하지 않는 모든 종류의 [성형외과 시술을 포함해] 선택적 수술의 유행도 여기에 한몫했다.

"그럼 어떻게 미소를 진단할 수 있을까요?" 워드는 치과의사들에게 질문했다. 워드는 참가자들에게 새 디지털카메라를 나눠 준 뒤, 서로 짝을 지어 사진을 찍도록 했다. "지금부터 여러분이 촬영한 사진으로 미소를 평가하는 법에 대해 이야기하겠습니다." 그는 계속해서 설명했다. 순식간에 지나쳐 알아채지 못할 수도 있는 결함이 사진에는 드러난다. 미용 치료로 개선할 여지가 있는 틈, 비대칭, 얼룩 그리고 비뚤어진 부분이 사진에서는 잘 보인다. 비니어나 크라운 등 최종 보철물을 제작하는 치과 기공소에 사진을 보내면 제작에 참고가 된다. 게다가 일이 계획대로 진행되지 않았을 때 치과의사를 보호할 수 있는 증거가 바로 사진이다.

그가 말했다. "고소당하는 것만큼 큰 불행이 치과의사에게 또 뭐가 있겠어요. 판사가 말하겠지요. '이 여성 분 말로는 당신이 치아를 엉망으로 만들었다는군요. 예전 모습을 먼저 보도록 합시다.' 사진이 없다면 당신은 이미 끝난 거나 다름없습니다. 즉, 소송에서 지는 거죠. 그러니까 카메라 없이는 예측 가능한 미용 치과 진료를 할 수 없습니다. 이것이 핵심입니다."

'일상 치과 진료에서 활용할 수 있는 보톡스'라는 제목의 워크숍에 참석한 치과의사들은 미용 치료의 영역을 넓히는 치과의사들이 늘어나고 있다고 배운다. 오하이오주의 치과의사인 강연자 루이스

말매처에 따르면 치아를 아무리 완벽하게 치료했다 하더라도 나머지 얼굴을 고려하지 않는 치과의사는 미용 치과 진료를 제대로 했다고 볼 수 없다.

말매처는 수업을 시작하기 전 휴식 시간, 참가자들이 실습을 위해 구입한 보톨리눔 톡신botulinum toxin 약병을 열기 전에 이렇게 말했다. "보톡스 치료는 주름만 생각하는, 주름을 펴서 환자들로부터 돈 받아 낼 생각만 하는 치과의사들을 위한 것이 아닙니다. 이것은 진정한 치료이자 평가 술식, 진정한 검사법입니다. 보톡스는 가장 심미적인 치료 결과를 얻을 수 있는 유일한 방법입니다. 보톡스는 가장 중요한 치과 진료이면서, 다른 진료와 마찬가지로 모든 치과의사가 접근해야 하는 술식입니다."

575달러짜리 약병에는 눈물방울만큼 적은 만병통치약이 들어 있다. 치과의사들은 보톡스를 생리식염수로 희석하고, 알코올로 자발적 실습 대상자(주로 그들 치과의 진료 보조원이나 직원, 혹은 배우자)의 얼굴을 닦는 법부터 배운다. 주사할 부위를 펜으로 표시한 뒤, 준비된 주삿바늘로 눈가의 잔주름과 얼굴 주름, 이마 주름을 찾아 찌른다.

～

사진은 거울 그 이상이다. 내가 죽은 뒤에도 내 사진은 영원히 남을 것이다. 결혼식 앨범, 가족 초상화, 영화관의 영화배우, 패션 잡지에 실린 모델의 이미지는 현실의 시공간과는 다른 이상적인 장소에 있다. 사진은 우리가 살고 있는 세계를 빛으로 새긴 또 다른 세계, 즉 평행 우주이며, 완전한 순간을 남길 기회다. 사진과, 전문 분야로서의 치과는 역사상 정확히 같은 순간에 탄생했고, 이후 서로 복잡하게 발전하면서 둘 다 각자의 방식으로 미소의 제국을 건설했다.

1840년 메릴랜드주 볼티모어에 세계 최초의 치과대학이 개설되었다. 학교 공동 설립자 중 한 명인 채핀 해리스는 치과의 [진료나 연구를 위해 환자를 대하는] 임상적 측면에 깊은 관심을 보였다. 동시에 그는 치아의 열렬한 숭배자였다.

"모든 시대와 나라에서, 심지어 가장 야만적인 국가에서도 이 유용하고 아름다운 신체 기관[즉 치아]은 사람들의 관심을 끌었고, 대칭적이고 아름다운 얼굴을 만드는 데 매우 중요한 부분으로 여겨져 왔습니다." 해리스는 세계 최초의 치과대학 교과서인 『치과 술식 : 치과 치료에 관한 실용적인 기술』[5]에서 이렇게 기술했다.

1840년 카메라에 미국 최초의 특허가 부여되었다. 이 장치는 오목한 반사판과 '[실물과] 닮은꼴을 얻기' 위한 접시가 달린 나무 상자였으며, 이 특허를 받은 알렉산더 울컷은 바로 치과의사였다.[6]

같은 해 윌리엄 헨리 폭스 탈보트가 사진 원판을 발명했다. 그는 사진 원판을, 그리스어로 아름답다는 뜻의 칼로스kalos에서 따와 칼로타입calotypes◆이라고 불렀다.

사진을 통해 우리는 새로운 시각으로 세상을 보기 시작했다.

"우리는 사진을 통해 자신을 보는 법을 배웁니다. 자신을 매력적이라고 생각하는 것은 정확하게 말하면, 자신의 사진이 잘 나왔다고 판단하는 것입니다."[7] 수전 손택은 수필집 『사진에 관하여』에서 이렇게 썼다.

음화 과정을 통해 사진을 대량으로 복제할 수 있게 되자 사진은

◆ 금속을 원판 재료로 하는 기존 방식과는 다른 종이 인화법. 음화 상태로 감광판에 영상을 포착해 여기서 양화를 만들어 내는 방법으로, 이를 통해 사진의 대량 복제가 가능해졌다.

곧 널리 소비되는 일상적인 제품이 되었다. 대량 생산된 사진은 새로운 종류의 거울인 셈이었다. 사진은 아름다움을 표준화했다.

움직이는 사진, 그러니까 19세기 말에 등장한 영화는 더 진짜 같은 영상을 보여 주었다. 그 후 20세기 초반에는 첫 번째 유성영화가 미국의 극장에서 상영되었다. 열광한 청중은 깜박이는 은막 위의 빛을, 화면에 비친 찬란하게 빛나는 얼굴을 응시했다. 스타 배우들이 말할 때면 입안이 보였다.

배우들 중 일부는 가난하거나 방탕한 삶을 살았고 그런 삶은 그들의 치아에 고스란히 나타났다.

촬영장 출입구 주변에는 희망을 품은 배우들이 큰 배역을 딸 기회를 노리고 하루하루를 버티며 진을 치고 머무는 판자촌이 있었다. 킹 비더 감독은 로스앤젤레스의 거리에서 그의 영화에 출연할 배우들을 선발하기도 했다.

1930년대의 대공황은 할리우드에 재앙을 가져올 뻔했지만, 오히려 영화 산업은 위기 시기에 미국인들의 공포와 환상을 포착해 오락과 극적인 카타르시스를 제공하는 중요한 역할을 맡게 되었다. 경기 침체가 심각한 상황에서도 매주 6000만에서 8000만 명의 미국인이 영화를 보러 왔다.

관객은 〈우리의 일용할 양식〉◆과 같은 드라마에 흥분했고 1933년작인 〈황금광들〉◆◆과 같은 화려한 희극에 박장대소했다.

◆ 킹 비더 감독의 1934년 영화로, 대공황기를 지나며 공동체적 유토피아를 꿈꾸는 사람들을 그린 작품.
◆◆ 머빈 르로이 감독의 뮤지컬 영화. 화려한 무대와 멋진 노래로 1933년 박스 오피스 3위를 차지하며 아카데미 음향상 후보에 올랐다.

찰스 핀커스라는 젊은 치과의사도 영화를 보러 갔다. 핀커스가 할리우드와 바인가＊의 모퉁이에 치과를 막 열었을 때 주식이 폭락하고 대공황이 시작되었다. 은막 안의 배우들을 보면서 핀커스는, 이 꿈의 공장에서 치과의사가 할 일이 있다는 것을 깨달았다. 핀커스는 이렇게 썼다. "입안에 있는 아주 작은 결점이라도 카메라는 주저하지 않고 무자비하게 보여 준다. 살짝이라도 틀어진 치아가 있으면 바로 옆 치아에 그림자가 보인다."[8] 핀커스는 배우의 치아에 결점이 있을 때 그 치아를 덮어 줄 수 있는 '스냅-온 캡'snap-on caps을 고안했다. 이것은 분말 석고와 도자기 가루를 섞어서 만든 것으로 할리우드 비니어로 알려져 있다.

치과의사의 도움이 필요한 스타 배우들이 많았다. 몽고메리 클리프트, 패니 브라이스, 매 웨스트, 조안 크로퍼드, 밥 호프가 모두 그의 환자들이었고, 24세 때 사고로 사망한 제임스 딘도 그랬다.

"제임스 딘은 시골 소년이었어요. 하지만 어금니가 다 빠져서 부분 틀니를 끼웠지요."

오랫동안 핀커스의 제자이면서 함께 일했던 로스앤젤레스의 치과의사 티모시 고간은 말했다.

"주디 갈란드는 앞니 사이에 틈이 많아 핀커스는 그 틈을 메울 만한 작은 '슬립 온'slip-ons을 만들어 주었어요. 1950년대에 주디 갈란드는 돈이 없어서 비니어를 할 수 없었는데 그래서 비니어를 하지 않은 상태로 찍은 사진도 몇 장 있어요."

＊ 로스앤젤레스 할리우드 블리바드와 바인가의 교차로. 1920년대 당시 라디오와 영화 관련 산업 중심지로 유명했고, 할리우드 명예의 거리가 있다.

셜리 템플도 있었다.

"우리가 [영화에서] 봤던 셜리 템플의 치아는 사실은 모두 진짜 치아가 아니에요."

셜리 템플은 여섯 살 때 폭스사와 계약해 이듬해인 1934년 영화 〈일어나서 응원하자〉로 데뷔해 엄청난 인기를 얻었다. 영화 속 절정의 장면에서 이 어린 소녀는, 국가의 재정 건전성 회복을 축하하는, 거리를 가득 메운 유쾌한 노동자들의 '적자 탈출' 가두 행진을 이끌고 간다. 셜리 템플은 12세에 이미 약 24편의 장편영화에서 춤을 추고 미소를 지었다. 하지만 미국은 그녀의 젖니[유치乳齒]가 빠져 있는 모습을 한 번도 보지 못했다.

"유럽에서는 셜리 템플을 난쟁이라고 생각했습니다. 그렇지 않고서는 치아가 저렇게 다 있을 수 없을 테니까요." 고간은 말했다.

좌우로 쌍을 이룬, 진주처럼 반짝이는 그 앙증맞은 치아들은 핀커스가 가장 자랑스럽게 내세우는 업적들 가운데 하나였다. 핀커스는 동료 치과의사들을 앞에 두고 소녀의 전후 사진을 묘사하며 설명했다.

"셜리 템플은 여자 어린이 스타라서 어려움이 많았습니다. 영화 촬영 중 유치가 빠지면 빠진 자리에 맞춰 새 이를 바로 만들어 넣어야 했는데, 그런 일이 자주 있었어요. 하루 촬영을 못 하면 촬영장의 손실이 약 1만 5000에서 2만 달러나 되었기 때문에 모든 작업들은 촬영 일정에 지장이 없도록 면밀히 계획해 진행했습니다."[9]

템플에게 열광한 수많은 팬 중에는 프랭클린 루스벨트 대통령도 있었다. 그는 어려운 대공황 시기를 헤쳐 나가는 데 이 꼬마 배우가 도움을 주고, 사람들의 마음을 달랠 명약이 되리라고 생각했다.

"불과 15센트만 내면 미국인이 극장에 가서, 미소 짓는 셜리 템

플의 얼굴을 보며 어려움을 잊을 수 있다는 것은 멋진 일"이라고 루스벨트는 말했다.[10]

1938년 루스벨트는 셜리 템플을 백악관에 초대했다. 그때 대통령은 셜리 템플의 진짜 치아를 보는, 흔치 않은 기회를 갖는다.

먼 훗날 회고록에서 그녀는 백악관 방문을 이렇게 기억했다.

대통령이 갑자기 물었다. "왜 웃지 않니? 너의 그 유명한 멋진 미소를 직접 볼 수 있을 거라 기대했는데."

그때까지 아무 말도 하지 않던 어머니께서 말씀하셨다. "대통령께 한 번 웃어 드리렴."

"제가 웃지 않는 이유는 이가 빠졌기 때문이에요. 보실래요?" 나는 윗입술을 위로 당겨 올리면서 말을 이었다. 샌드위치를 먹다가 어떻게 이가 빠지게 되었는지를 설명했더니 대통령은 머리를 뒤로 젖히고는 크게 웃음을 터뜨렸다.

치아 요정이 가져갈 수 있도록 베개 밑에 넣어 두려 했던 치아가 사라져 버렸다. 잠시 호텔 옷장에 넣어 뒀는데 없어진 것이다. 그 걱정에 나는 웃을 수가 없었다. "이렇게 자꾸 이가 빠지면 어떻게 하죠?" 애석한 목소리로 루스벨트 대통령에게 아쉬움을 토로했던 기억이 난다. "사람은 누구나 이가 빠지게 되지." 나에게 이야기하는 대통령도 어쩐지 마음이 편치 않아 보였다.[11]

대화를 하면서 템플과 루스벨트 두 사람이 서로 미소를 주고받는 사진은 매우 유명하다. 미소를 나누는 둘의 모습을 보면 사회생활에서 점점 더 커지고 있는 미소의 영향력을 인정할 수밖에 없다.

템플과 루스벨트의 개성과 낙관주의가 투영된 스스럼없는 미소는 당시 미국이라는 나라를 설명하는 상징이 될 정도로 미국인들의 마음에 강하게 각인되었다고 역사학자 존 F. 카슨은 말한다.

"미소를 띤 두 사람의 얼굴은 이후 미국인의 삶에 지대한 영향력을 미치게 된다."[12]

~

치과의사들이 할리우드에서 깨달음을 얻게 되리라고 핀커스는 예상했다.

그리고 치과의사들이 '미국인의 미소'를 만들 것이다.

"사람들 각자의 매력을 한 단어로 표현하긴 어렵지요. 하지만 자연스럽고 고른 치아가 만들어 내는 매혹적인 미소는 우리가 개성이라고 부르는, 규정하기 힘든 개인의 특징을 드러내는 매우 중요한 부분이라고 할 수 있습니다."

핀커스는 동료 치과의사들에게 조언했다.

"치과의사가 다루고 있는 치아는 사람들의 외모를 완전히 다르게 바꿀 수 있다는 사실을 명심해야 합니다. 날카로운 모서리를 조금만 둥글게 만들더라도 환자가 느끼는 만족감은 상상을 초월합니다. 길고 좁아서 답답해 보이는 앞니를 짧게 다듬으면 앞니의 비율이 개선됩니다."[13]

제2차 세계대전의 종전은 미국에 극적인 변화를 가져왔다. 전쟁 후 평화 시기가 찾아오자 그에 따른 번영과 과학기술이 새로운 가능성을 제시한 것이다. 남성들이 징집되면서 빈자리가 생긴 산업 현장을 엄청난 숫자의 여성들이 채웠는데, 이들은 전쟁이 끝나 직장으로 돌아오려는 남성들과 일자리를 놓고 경쟁해야 했다. 여성들은 그 전에는 깨닫지 못한 새로운 역할과 정체성을 발견했다. 인기 있는 여성 잡지는 핵무기 시대♦를 맞아 아름다움을 새롭게 정의했다. "추함이여, 안녕"이라는 문구가 기사의 1면을 장식하기도 했다.

"평범한 소녀에게 인생은 곤혹스러움, 좌절감, 그리고 괴로움의 연속으로 보일 수 있습니다. 그러던 어느 날 성형수술을 받기로 결심한 그녀…… . 이후, 성형으로 예뻐진 코와 턱은 그녀의 개성, 아니 인생 자체를 바꿀 수 있습니다."[14]

미용 치과는 이런 유행의 일부였다.

1956년 2월 『코스모폴리탄』♦♦의 연보랏빛 표지를 장식한 인물은 반짝이는 다이아몬드 귀걸이와 매혹적인 미소가 돋보이는 영화배우였다.

그러나 이 잡지의 진정한 스타는 제인으로만 밝혀진 27세의 비서였다. 「치아 미용: 이제 당신의 치아도 아름다워질 수 있습니다」라는 기사는 그녀가 경험한 치과에서의 '기적'을 상세히 묘사했다.

"제인은 평생 치아로 골머리를 앓았다. 어떻게 해도 충치는 계속 생겼다. 충치가 생길 때마다 바로바로 치료받긴 했지만 형형색색의, 모양도 크기도 다른 충치 땜질들이 입안을 채웠고 매우 보기 흉했다. 따라서 제인은 거의 웃지도 않고, 사람들을 만나지 않으려 했고, 자신의 능력을 발휘할 만한 직장을 얻지도 못했다. 그녀의 친구 샐리는 3주 후에 결혼하는데, 결혼하면 직장을 그만둘 예정이다. 샐리의 직장은 제인이 바라던 직장이었기 때문에 제인에게는 [샐리가 나간 자

♦ 미국 뉴멕시코주에서 최초의 원자폭탄 트리니티 핵폭발 실험이 일어났던 1945년 7월 16일 이후의 시대를 말한다.
♦♦ 1886년 출판을 시작한 여성 패션 잡지. 현재는 세계 35개 언어, 110개국 이상에서 발행되고 있다.

리에 취직할] 좋은 기회이다. 제인은 드디어, 최대한 빨리, 어떻게든 치아 문제를 해결해야겠다고 결심한다."

제인은 '도재 재킷 크라운'에 대한 설명을 듣는다. "금과 도자기 혹은 아크릴산수지(아크릴산 레진)로 만든, 치아에 덧씌우는 골무처럼 생긴 껍데기이며 한때는 과도하게 비싼 사치품이라고 여겨졌지만", 현재는 치과의사가 "뿌리만 남은 이"도 살려 "치아뿐만 아니라 환자의 자아까지도" 회복시키는 "새로운 치료법"이라고 했다.

제인은 모든 치아를 도재 재킷 크라운으로 씌우기로 결정한다.

그녀가 "몇 시간 동안 꿈결처럼 편안한" 마취 상태에 빠져 있는 동안 치과의사는 "아랫니 전부를 재킷 크라운으로 씌우기 위해 드릴로 깎고 다듬었다." 깎은 자리에 임시 치아를 씌웠고, 며칠 후 윗니에도 이 과정이 반복되었다. "최종 재킷 크라운을 완성하기까지 세 차례 더 치과에 가야 했다. 시작부터 끝날 때까지 3주도 채 걸리지 않았고, 입안의 모든 치아는 아름답게 꾸며졌을뿐더러 앞으로 생길 충치를 막을 갑옷을 입게 된 것이다." 치아 한 개당 비용은 60달러에서 150달러 사이였다.

"비싼 걸까요? 치과 치료 비용 때문에 대출까지 받았지만 제인은 그렇게 생각하지 않습니다. 그녀가 낸 치과 치료 비용은 새로운 직장에 취직해 월급을 받으면 금방 갚을 만한 금액이니까요."

네 쪽짜리 기사의 마지막에는 뉴욕주 치과의사회 이사인 찰스 윌키를 인용해, 미용 치과 치료에 대한 주의 사항이 작은 박스 기사로 실렸다.

"예외적인 경우를 제외하고, 단지 미용 효과를 위해 건강한 치아를 희생하는 것은 치과의사로서 바람직하다고 생각하지 않습니다."

하지만 그는 멀쩡한 치아를 뽑기보다는 치아에 크라운을 씌우는 것을 바람직한 대안으로 생각한다고 했다. 세 단락으로 된 기사의 마지막은 이렇게 끝났다. "오늘날 치과의사는 환자를 온전한 하나의 인간으로서 치료합니다. 개인의 심리도 매우 중요하므로, 매력이 없고 단지 건강하기만 한 입안은 환자가 심리적으로 절박하게 원하는 것이 아닐 수 있습니다."

~

환자의 절박한 심리적 요구, 그 열망은 이후에도 사그라지지 않았다. 미용 치과 진료는 미국에서 유행한 복부 성형수술과 지방 흡입술처럼 일종의 신체적 자기 계발로 여겨졌다. 대공황기 할리우드 꿈의 공장에서 완벽한 미소 만들기가 시작되긴 했지만, 미국인의 치아를 더 크고 고르고 반짝이고 하얗게 만드는 수십억 달러 규모의 미용 치과 산업은 1980년대 들어서야 제대로 발전하기 시작했다. 그즈음 충치가 줄어들면서 치과의사들은 치아를 깎고 때우는 것 외에 다른 할 일을 찾아야 할 필요를 느꼈다.

「가까운 장래에 충치를 완전히 없애는 것이 가능할 듯」. 1983년 『뉴욕 타임스』 헤드라인 기사의 제목이다. 제2차 세계대전 이후 진행된 '지역사회 수돗물 불소 농도 조정 사업'으로, 충치를 예방하는 불소가 들어간 수돗물이 미국인 1억 2500만 명(전체 미국 인구의 절반 이상)에게 공급되었다. [치아에 불소를 발라 단단하게 해서 충치를 예방하는] 불소 도포, [치아의 씹는 면에 있는 작은 틈을 플라스틱으로 메워 충치를 예방하는] 치아 홈 메우기 및 기타 혁신 기술의 사용 또한 충치를 감소하는 데 기여했다. 연방 보건 관계자는 기사에서 "인류는 역사상 처음으로 충치의 감소를 목도하고 있다."고 밝혔다.[15]

이런 소식이 전해지자 치과의사들은 미용 진료를 진지하게 받아들이기 시작했다.

1987년에는 『뉴욕 타임스』 또한 이런 추세를 중요하게 보도했다. 워런 버거 기자의 기사는 다음과 같다.

1980년대 들어 치과 산업은 20년 만에 미국인의 충치를 절반이나 감소한 놀라운 업적으로 말미암아 아이러니하게도 어려움을 겪었고, 전통적인 치과 치료에 대한 필요성이 감소함에 따라 미용 치과 수술이 번창하기 시작했다. 오늘날 미국의 치과의사 13만 명 중 80퍼센트 이상이 미용 진료를 하고 있으며, 이 분야는 치과의사가 하는 진료 영역 중에서 가장 빠르게 성장하고 있다. 연구에 따르면 미국 치과의사 중 절반가량이 도재 라미네이트를 시술하고 있다.[16]

버거는 제품 혁신으로 치과의사가 편리하게 사용할 수 있는 더 좋은 재료가 등장했을 뿐만 아니라 이런 추세를 이끈 다른 요인들도 있다고 말했다.

셜리 템플과 프랭클린 루스벨트가 지은 미소는 대공황과 제2차 세계대전이라는 어려운 시기를 겪는 미국인들에게 연대의 상징이었다. 그러나 1980년대는 화려한 소비와 개인주의의 시대였고, 그 시절에 빛을 발한 것은 [전직 배우였던] 로널드 레이건 대통령의 할리우드 미소였다. 또한 치과를 비롯한 의료 시장이 주변 여건이 크게 바뀌었다. 1982년 미국 연방 대법원의 결정에 따라 오랫동안 적용되어 오던 의료 광고 규제가 풀리게 된다. 이는 제도를 통해 의료 시장을 통제해 온 연방 정부의 영향력에 큰 타격을 준 획기적인 사건이었다.

이 판결로 말미암아 시장에서는 더 많은 경쟁이 촉발되었을뿐더러 의료인이 진료 행위를 대중에게 직접 판매할 길도 열렸다. 진료 행위, 특히 미용 진료에 대한 마케팅이 시작되었고, 그리하여 의사와 환자의 관계가 새롭게 만들어졌다. 로리 에식은 『미국의 성형 : 가슴 성형, 신용카드, 그리고 완벽함에 대한 탐색』이라는 책에서 "광고는 성형수술에 대한 우리의 사고방식을 바꿨다. 외과 의사와 환자 간의 의학적 관계에서 소비자와 서비스 제공자 간의 상업적 관계로."라고 했다.[17]

광고를 통해, 의사는 성형 후 변신할 수 있다는 희망을 보여 준다. 수술 전후 사진은 소비자로 하여금 축 처진 턱이 매끈해지고, 이마의 주름이 제거되며, 비뚤어진 치열이 고르게 되어 미소 짓는 상상을 하게 한다.

완벽함을 얻는 데는 비용이 든다. 그러나 1980년대와 1990년대에는 은행 규제 완화로 의료 신용카드가 발급되었고, 이는 미용 치과 진료 같은 선택적 치료가 활발히 이뤄질 수 있는 촉매 역할을 했다. 대개 장기간 이자를 유예하는 대출◆을 제공하는 이 카드는 소비자가 원할 때 원하는 진료를 받게끔 돕고자 판매되었다. 2013년에는 미국미용치과학회 회원 중 79퍼센트가 자신에게 미용 진료를 받는 환자에게 대출 등 제3자 외부 금융 서비스를 제안했다고 응답했다. 대출을 제안한 치과의사들은 해당 금융 옵션을 제공할 경우 '진료에 동의하는 비율'이 높아졌고 "환자들로부터 '네'라는 답을 얻어내는" 데 도움이 되었다고 말했다.

◆ 일정 기간 무이자로 제공되나 정한 기간을 넘길 경우 상당히 높은 이자를 지불하는 대출. 보석·가구 등 값비싼 상품을 구입할 때 많이 사용된다.

최고의 의료 신용카드 회사 중 하나인 케어크레디트의 홈페이지에는 파멜라 제트z라는 여성이 이야기하는 영상이 있다. "케어크레디트 카드를 사용하면 돈이 생길 때까지 기다리지 않고 제가 원하는 치료를 바로 받을 수 있어요. 그럼 저는 내년에 올릴 결혼식에서 예쁘게 웃을 수 있겠죠!"

그러나 소비자가 모든 신용카드 회사의 약관을 이해하기는 어렵기에 카드 사용은 위험할 수 있다. 2013년 미 연방 소비자금융보호국이 케어크레디트와 서비스 제공 업체가 약관을 충분히 설명하지 않은 채 고객을 등록했다고 판단해 케어크레디트로 하여금 카드 소지자들에게 3410만 달러를 환급하도록 명령했다. 소비자금융보호국에 따르면 "미국 전역의 의원 및 치과 의원에서, 소비자들은 이자가 붙지 않는다고 생각하고 케어크레디트 신용카드로 결제했지만 실제로는 장부상에서 이자가 누적되고 있었다. 만약 [이자를 내지 않아도 되는] 판촉 기간 안에 대출금 전액을 갚지 못하면 그동안 누적된 이자를 모두 부담해야" 했다.

소비자금융보호국은 잘못된 관행 탓에 잠재적으로 피해를 입은 소비자가 100만 명 이상이며, '막대한 빚을 진' 사람도 상당히 많다고 판단했지만 새로운 미소를 얻으려다 빚진 소비자들의 규모를 구체적으로 드러내는 자료를 제공하지는 못했다.

몇몇 치과의사들은 치료 비용 외에도 미용 치과 진료를 원하는 마음 뒤에 가려진 심리적 스트레스에 대해 경고했다. 일부 시술에 따르는 생물학적 문제를 고려해야 한다고도 했다. 켄터키주의 치과의사이자 전 켄터키 치대 교수였던 크리스 헤런에 따르면, 할리우드 미소를 원하는 환자는 정신 건강 문제를 겪고 있을지 모른다.

"사람들은 [미용] 치과 진료가 단지 이를 깎고 약을 바르는 것이라고 생각하지만 단순한 비니어나 미백 치료를 넘어 환자의 감정과 심리를 다뤄야 할 수도 있습니다. 환자가 치과에 오기 전까지 겪은 경험은 사람마다 제각각입니다."

그는 치과의사로 일하던 초기에 한 환자와의 우연한 만남으로 이런 교훈을 얻었다. 헤런이 그 사건에 대해 발표한 논문은 여기저기에서 자주 인용되었다.

"27세 여성이 치아 미백을 원해 치과 의원에 내원했다. 그녀는 치아 색조에 매우 민감했고 '스타 배우의 미소'를 갖고 싶어서 시중에서 판매하는 치아 미백 제품과 치과에서 처방받아야만 구입할 수 있는 치아 미백 제품을 이미 동시에 사용하고 있었다."

나중에 그 환자는 신체 추형 장애로 진단받았다. 신체 추형 장애는 [남들이 봤을 때는 아무 문제가 없는데] 스스로 신체적 결함이 있다고 느껴 그것에 집착하고, 추함을 두려워하는 특징을 보이는 증상이다. 성형 수술을 받는 환자의 15퍼센트 정도에게 신체 추형 장애가 있는 것으로 추정된다. 여러 번 치아 미백 치료를 받았음에도 이 환자는 계속해서 자신의 치아 색이 너무 칙칙하다고 우겼다. 마침내 그녀는 치아 미백 치료에 심각하게 집착해 스스로 소진될 정도에 이르렀다고 치과의사에게 털어놓았다.

"봇물이 터지듯 감정이 격해졌어요. 저는 환자의 감정적인 반응에 어떻게 대처해야 할지 몰랐지요."

헤런이 말했다. 그는 환자를 정신과 전문의에게 의뢰했고, 환자는 신체 추형 장애 진단을 받은 뒤 인지 치료와 약물 치료를 받았다. 권위 있는 의학 잡지에 실린 헤런의 논문은 이런 문제가 발생할 가능성을 염두에 두어야 한다고 치과의사들에게 경고한다.

"[치과의사의 진단에 입각한] 진료 필요에 따라서가 아니라 개인이

원해서 받는 미용 치과 진료가 증가함에 따라 치과의사는 신체 추형 장애를 감지하고 이에 개입해 최초의 의료 서비스를 환자에게 제공할 수 있다."[18]

예전보다 기술이 발전하기는 했지만 많은 미용 치과 진료는 치아에 되돌릴 수 없는 변화를 가져온다. 일반적으로 비니어 같은 치료는 평생 유지 보수가 필요하고, 때로 실패하기도 한다. 이런 부분에 대해 치과의사는 환자와 솔직하게 상담해야 한다. 유타주의 저명한 치과의사이자 강연자인 고든 크리스텐슨은 온라인 잡지에 게재한 짧은 글에서 다음과 같이 경고했다. "환자들은 성형수술이 필수적인 수술이 아니라는 사실을 알면서도 다양한 신체 부위에 과감한 성형수술을 받고 있다. 그러나 충분한 정보에 입각한 환자의 동의 없이, 치과의사의 금전적 이익을 위해 미용 치과라는 이름으로 행해지는 치과 과잉 진료는 가장 나쁜 형태의 사기에 불과하다. 치아는 일단 삭제되고 나면 절대 그 전의 상태로 되돌릴 수 없다."[19]

~

새해 초, 마메이 어제이는 인권 정책 연구소 인턴을 그만뒀다. 미인 대회 출전을 위해 근무 시간에 자리를 비우는 것이 옳지 않다고 생각했기 때문이다. 그녀는 친구의 미용실에서 시간제 일자리를 얻었다. 그곳에서는 시간을 좀 더 유연하게 사용할 수 있어서 미스 메릴랜드로서 전국 무대를 준비하기 훨씬 수월했다.

2월까지는 계속 피곤했고 스트레스도 많이 받았다. 미스 USA 선발 대회에 입을 의상을 고르고 맞춰야 했지만 살이 계속 빠졌다. 치과 진료도 지연되고 있었다. 어제이는 자신을 탓했다. 원래는 2주마다 새로운 인비절라인 교정 장치로 갈아 끼워야 했지만 깜박했던 것이다. "두 번째 세트를 거의 3주 동안 계속 끼고 있었어요. 그렇다고 이제 와서 치료 계획을 수정하면 대회 날짜에 맞춰 치료를 못 끝내요." 설상가상으로 그녀는 저녁 시간에 교정 장치를 끼지 않은 적이 있다고 실토했다. 미인 대회가 시작되기 전까지 교정 치료를 마치지 못해 치아 사이에 틈이 남는다면 다른 치료 방법을 고려할 수도 있다고 [치과의사] 린다 스틸이 그녀에게 말했다.

"치과의사는 [치아 교정 대신] 플라스틱 재료를 이 사이에 붙여서 앞니 사이 공간을 없애고 완벽한 모습으로 만들어 줄 수 있다고 했어요."

어제이는 인비절라인 교정 치료가 예상보다 더 힘들다고 말했다. 교정 장치 때문에 머리도 아프고 치아 미백제도 다소 고통스러웠다.

"그 작고 투명한 플라스틱 장치가 그렇게 고통스러울지 미처 몰랐어요. 살짝만 건드려도 시큰거리고 씹을 때 [윗니와 아랫니가] 맞물리는 느낌도 매번 달라지는데 머리까지 아픈 거예요. 아직은 제 치아 색이 맘에 들지 않지만 미인 대회 공식 얼굴 사진을 찍으려면 시간이 좀 남았으니까요. 그때쯤엔 좀 더 하얘질 거예요."

어제이는 공식 선발 대회에서 쓸 사진을 촬영하기 위해 뉴욕행 버스를 탈 예정이었지만 그전에 치아 교정 장치의 일부인 작은 고리를 제거하려고 치과부터 들렀다. 촬영이 끝나면 다시 붙여야 한다.

치과 의원 밖 주차장 주변에 있는 나무에는 새들이 가득했다. 딱따구리가 나무등치를 똑똑 두드렸다.

어제이는 외투와 스카프로 온몸을 꽁꽁 싸매고 치과에서 나와 얼음으로 덮인 주차장을 가로질러 걸었다. 그녀의 우아한 손에는 치과의사로부터 받은 것이 들려 있었다. 석고로 본뜬 그녀의 치아 모형이었다. 치아들은 위턱과 아래턱을 따라 곡선을 그리며 앞니, 송곳니, 작은어금니, 큰어금니 순서대로 각각의 역할에 걸맞은 모양을 하고 있었다. 어제이는 모형을 꺼내어 치아의 씹는 면에 섬세하게 솟아오른 부분cusps을 차례차례 조심스레 만져 봤다.

"너무 웃기게 생겼어. …… 작고 귀여운 내 이."

어제이는 위턱 치아 모형과 아래턱 치아 모형을 맞물리게 한 뒤 유심히 관찰했다. 모형은 그녀의 과거를 비밀스레 간직하고 있었다.

어제이가 설명했다.

"이 모형은 치과를 찾아간 첫날, 치료받기 전의 모습이에요. 린다 스틸 선생님이 만들어 주셨어요. 제 치아를 본떠 만든 거예요. 덕분에 저는 치아 사이에 공간이 있다는 것과 부정교합이 얼마나 심한지 알 수 있었죠. 미인 대회 전에는 모두 해결될 거예요."

그녀는 완벽하게 매끄러운 치아 모형에 감탄했다. 모형은 서랍장 속에 보관할 거라고 했다. 진료가 모두 끝나면 새로운 치아 모형도 받고 싶다고 했다.

"환자에게 치아 모형을 주는 게 관행이 아니라면 따로 부탁해 보려고요. 미스 메릴랜드로서 보낸 한 해를 기억할 기념품으로 간직하고 싶어요."

이제 장치도 뗐으니 미스 USA 대회 책자에 들어갈 공식 사진을 찍으러 가야 한다고 말했다.

"그래, 이제 시작이야."

그녀는 차분하고 진지한 목소리로 중얼거렸다.

어제이는 뉴욕으로 갔다. 그 후 치과의사에게 말 못 할 또 다른 비밀이 생겼다. 어제이는 텔레비전 시리즈 〈도전! 슈퍼 모델〉에 뽑혀 로스앤젤레스에 가게 되었다. 늦은 봄, 그녀가 메릴랜드로 돌아와 보니 열 번째 인비절라인 교정 장치가 도착해 있었다. 로스앤젤레스에 다녀온 어제이는 반짝반짝 빛나고 자신감에 차있었다.

6월 초에 있을 미스 USA 선발 대회를 위해서는 이제 치과 치료
도 서둘러 마무리해야 한다.

아침에 볼티모어로 출근했던 어제이는 치과 진료 시간에 한 시간
늦게 도착했다. 짙은 녹색 바지와 재킷을 걸쳤고 길고 숱이 많은 부
드러운 마호가니빛 머리카락, 웃고 있는 눈, 반짝이는 치아를 가진
그녀는 매력적인 나무 요정처럼 보였다.

하지만 어제이의 치아는 아직 완성되지 않았다.

어제이는 로스앤젤레스에서 인비절라인을 2주일쯤 착용하지 못
했다는 사실을 치과의사에게 말하지 않았다.

"새 인비절라인 세트를 끼면 이가 하나하나 다 아파요. 이 새로
운 장치는 …… 잘 안 맞아요. 하지만 며칠만 지나면 이가 조금씩 움
직여 교정 장치에 맞춰지다가, 나중엔 완벽하게 맞을 거예요."

어제이는 긴 갈색 손가락을 치아 모양으로 움직이고 구부려 가며
설명했다.

"처음부터 완벽하게 맞지는 않아요. 천천히 움직이거든요. 그때
아파요. 두통도 있고요."

미인 대회를 앞두고 추가로 치아 미백과 레이저 잇몸 성형 수술
약속이 잡혔다.

"다음 진료 예약은 화요일인데 그날 잇몸을 조금 자를 거예요.
제 이가 젖니처럼 작아서 어린아이처럼 보인대요. 잇몸을 잘라 내면
이가 더 많이 보이고, 웃을 때 더 환한 미소가 된대요. 치과에서는
계속 그렇게 말하는데…… 솔직히 잘 모르겠어요. 저는 제 이가 말
이빨처럼 길어지는 건 싫어요. 그래도…… 잇몸을 아주 조금만 잘라
내는 거래요. 거의 눈에 띄지도 않는다고……. 네, 그게 전부예요. 미

스 USA 선발 대회까지 치아 미백은 계속할 거고요."

다음 주에 어제이는 다시 치과를 찾았다. 진료가 끝나고 나온 표정이 어두웠다.

"잇몸을 잘랐어요. 보여요?"

어제이는 입술을 들어 올려 검은 빛이 도는 잇몸을 보여 주었다.

그녀는 운전석에 탄 뒤 햇빛 가리개에 있는 거울로 잇몸을 계속 들여다봤다. 백미러로도 봤다.

립 글로스와 립 라이너를 다시 바르며 계속해서 관찰했다.

"앞니가 길어 보이려고 잇몸을 2밀리미터나 잘라 냈어요. …… 저는 그렇게까지 크게 웃지 않기 때문에 잇몸을 잘라 낼 필요까지는 없었는데. …… 제가 어떻게 미소 짓느냐 하면요."

그녀는 웃는 표정을 지어 보였다. 눈, 볼, 입, 얼굴 전체가 아름답고 평온하게 빛났다. 하지만 걱정과 혼란스러움에 묻혀 그 빛은 곧 사라졌다.

어제이는 피곤했다. 잇몸 수술을 할 때 맡은 살 타는 냄새가 기억 났다. 잇몸 상처에 바를 비타민E 연고도 받았다. 이젠 친구를 만나러 가야 한다.

"아, 오늘 할 일이 너무 많아요. 드레스 치수를 재어야 해서 드레스 후원자를 만나야 하는데, 치과에서 입안이 이렇게 될 줄은 미처 몰랐어요. 세상에, 잇몸에서 피가 나 입술까지 엉망이 되지 않았으면 좋겠어요."

어제이가 심각한 표정으로 말했다.

"잇몸을 잘라 내다니. 마치 제가 미술 작업의 대상이 된 것 같아요. 상처가 빨리 아물었으면 좋겠어요. 그냥 앞니를 조금만 더 드러내겠다고 했는데……. 솔직히 그런 게 필요하다고 생각하진 않아요.

제 앞니가 작기는 했죠. 그래도 싫지 않았거든요. 하지만 이젠 제 이
도 다른 사람들의 이와 똑같아져 버렸네요."

2
고충

~

어느 가을 금요일 아침, 여기는 버지니아주에 있는 작은 도시, 존스빌Jonesville이다. 농부·광부 은행Farmers and Miners Bank, "설탕 팝니다"라고 손으로 쓴 광고지가 붙어 있는 식료품점, 노숙인들이 불법 점거하고 있는 낡은 노란 벽돌 건물이 보인다. 버지니아주에서 가장 가난한 지역인 리Lee 카운티는 [테네시주 및 켄터키주와 경계를 이루며] 애팔래치아산맥의 끄트머리에 위치해 있다. 리 카운티의 행정 중심지 존스빌 교외에 있는 작은 공항에서 이번 주말에 무료 진료가 진행될 예정이라 많은 사람들의 관심이 그 진료소에 쏠려 있다. 공항에서는 장비를 세팅하느라 한창 분주하다.

몇 시간 후면 첫 번째 환자가 도착할 것이다. 가까운 곳에 있는 사람들은 시내 도로를 통해, 또 어떤 사람들은 멀리 버지니아주 남서부와 켄터키주, 심지어 더 먼 곳에서도 고속도로를 달려 이곳까지 온다. 존스빌에 오려고 여비를 간신히 마련한 사람도 있다. 지금 이 순간, 한 손에 망가진 안경을 붙잡고 다른 손으로는 운전대를 잡은 채 테네시주에서 달려오는 누군가도 있다. 흉부 엑스선촬영 기계를 실은 트럭은 이미 활주로 한쪽 끝에 주차되어 있다. 그리고 잠시 후 하늘이 좀 더 밝아지면 오래된 비행기가 [테네시주 동부, 애팔래치아 지역 산중에 있는] 녹스빌Knoxville로부터 산을 넘어 날아올 것이다. 이동식 치과용 의자와 기타 의료 장비, 수술용 거즈와 의료용 장갑이 든

상자를 싣고서.

무료 진료소를 주관하는 단체는 '오지 의료 봉사단'이다. 1985년 창립된 이래 수백 개의 임무를 완수한 비영리 자원봉사 단체로, 가장 가난한 곳들만 찾아다니며 의료 지원을 해오고 있다. 오지 의료 봉사단이 존스빌을 방문하는 것은 이번이 처음이지만, 오래전부터 이 지역 주민들은 암·당뇨병·관절염 등에 시달려 왔다. 충치나 치통도 마찬가지다. 리 카운티처럼 가난하고 고립된 오지에서는 모든 종류의 의료 서비스가 부족하다. 아주 오래전부터 그랬다. 일차 의료 기관도, 정신 건강을 책임질 보건 의료 종사자도 부족했지만, 치과 진료를 해줄 사람이 없다는 것이야말로 가장 심각한 일이었다.[1]

연방 정부의 추산에 따르면 대략 4900만 명의 미국인이 치과 부족 지역으로 지정된 곳에 살고 있다. 리 카운티 역시 그런 곳이다.[2]

리 카운티처럼 치과의사가 부족한 지역이란, 치과 진료에 지불할 만한 돈이 부족한 지역이라는 뜻이기도 하다.

"여기도 치료가 필요한 사람이 많다는 것은 다들 알아요."

녹스빌에서 근무하는 치과의사이며 오지 의료 봉사단의 치과 담당자인 존 오스본이 설명했다.

"지금 시스템에서는 어쩔 수 없는 거죠."

이 무료 진료소에서 이번 주말에만 수백, 수천 개의 치아가 뽑힐 것이다.

치아를 잃으면 삶의 질이 낮아지리라는 사실은 쉽게 짐작할 수 있다. 구강 건강을 확인할 때 치아를 모두 잃는 것, 즉 무치악無齒顎은 '질병[으로 인한] 부담의 지표'이다.[3] 치아를 뽑는 것, 즉 발치는 완전한 상실을 뜻한다. 영구치永久齒는 한번 뽑으면 다시는 나오지 않는다. 젖니, 즉 유치와는 다르다. 미리 치료받으면 살릴 치아라도 계속 치료를 미루다 보면, 혹은 [가까이에 진료받을 곳이 없거나, 있더라도 비싸기 때문에] 복잡한 치료를 받을 수 없는 상황일 때, 감염 문제를 해결하고 통증을 완화해야 하는 긴급함 때문에 발치할 수밖에 없다.

리 카운티의 오지 의료 봉사단이 진료소를 연다는 뉴스는 지역 신문 머리기사를 장식했다. 지난 며칠 동안 사람들은 교회와 주유소, 커피숍에서, 다가올 주말에 무료 진료소가 열린다는 이야기를 주고받느라 바빴다. 오늘은 금요일이고, 자원봉사자들이 텐트와 접이식 테이블을 갖춘 일종의 야전병원을 차리자 공항은 가벼운 흥분에 휩싸였다. 이제 곧 자원봉사자인 의사, 간호사, 치과의사, 치과위생사 등이 '멀리서' 찾아올 것이다. 누군가 피자를 가져왔다. 그가 타고 온 트럭 범퍼에는 '석탄의 친구들'Friends of Coal♦ 스티커가 붙어 있다. 빨간 유니폼을 입은 지역 고등학교 미식 축구팀 선수들은 활주로 밖에 앉아 조용히 피자를 먹으며 비행기를 기다리고 있다. 비행기가 도착하면 그들은 짐 내리는 일을 도울 것이다. 바로 그때 시끄러운 소리가 들리기 시작했고 모두들 구름이 걷힌 하늘을 쳐다봤다.

"비행기가 온다!"

누군가 소리쳤다.

제2차 세계대전 때 사용했던 C-47 화물기가 산기슭에 있는 좁은 착륙장에 부드럽게 내려 앉아 반짝반짝 빛나고 있었다. 오지 의료 봉사단의 설립자인 스탠 브록은 카리스마 넘치는 영국 태생 모험가이다. 언제나처럼 황갈색으로 탄 피부에 카키색 셔츠와 바지를 입

♦ 2002년 웨스트버지니아주에서 설립된 단체로 미국 석탄무역협회Coal Trade Organization와 긴밀히 협력해 석탄 산업의 이미지를 개선하고 지역 주민들의 사회적·경제적 환경을 개선하기 위해 노력하고 있다.

은 그는 특유의 조용하고 진지한 태도로, 주위에 모여든 사람들과 인사를 나눴다.

브록은 1960년대 텔레비전 다큐멘터리 프로그램 〈오마하의 야생 왕국〉Mutual of Omaha's Wild Kingdom에 출연해 거대한 아나콘다와 맨손으로 사투를 벌이는 장면으로 유명해졌다. 오지 의료 봉사단을 시작했을 때 그의 원래 목표는, 예전에 여행했던 제3세계 오지 주민들에게 의료 지원을 해주는 것이었다. 그러던 중 브록은 미국에도 의료 지원이 절실하게 필요한 사람들이 있다는 사실을 알게 되었고, 그런 지역으로 의료 봉사단을 파견하기 시작했다.

브록은 모여든 미식축구 선수들에게 [짐을 싣고 온] 비행기에 대해 설명해 주었다.

"제2차 세계대전 당시 [노르망디상륙작전 개시일을 의미하는] 디데이에 사용되었던 바로 그 비행기입니다. 1944년 6월 6일, 바로 여러분과 나이가 비슷한 젊은이들이 이 비행기에서 낙하산을 타고 뛰어내렸죠. 그 가운데 많은 사람이 죽었어요."

선수들은 차분히 귀 기울여 듣고 있었다. 이제 일을 시작할 시간이다. 여러 해 동안 반복해 오면서 갈고 닦은, 마치 군사작전을 방불케 하는 정확한 브록의 지시에는 듣는 이로 하여금 신속하게 따라 움직이게 하는 힘이 있었다. 그의 지시에 따라, 미식축구 선수들이 비행기 안에 질서 있게 정리되어 있는 의료 물품 상자들을 하나씩 꺼내어 운반하기 시작했다.

서서히, 그리고 체계적으로 주말 진료소가 모습을 갖춰 갔다. 진료 장소가 한쪽에 준비되었다. 무료로 안경을 제작해 주는 공간도 있다. 공항 대기실은 6인용 치과 진료소로 탈바꿈했다. 해가 저물고 차가운 산 공기가 주변을 감쌀 무렵에는 공항을 향하는 차와 픽업트

럭들이 이미 길게 늘어서 있었다. 토요일 이른 새벽, 아직 밖은 어두 컴컴했지만 이미 400여 명이 기다리고 있었다. 힘든 노동으로 지쳐 버린 광부들, 늙은 농부들, 피곤한 주부들, 그리고 실업자들이 추위 속에서 담요로 몸을 감싸거나 코트를 두르고 줄을 선 채 문밖에서 번호표를 받았다. 만성 폐쇄성 폐 질환을 앓고 있으며 수전증으로 손을 덜덜 떨고 있는, 은퇴한 건설 감독관 찰턴 스트레이더가 말했다.

"전에는 치과 보험이 있었지만 이젠 없어요. 얼마 전부터는 이가 깨져 나가고 부러지고 있어요. 최근엔 이 하나가 계속 아파요."

전직 광부였고 침대 매트리스 공장에서 일한 적이 있으며 지금은 다발경화증을 앓고 있는 랜디 피터스도 치아 문제로 고생하고 있다.

"깨진 이가 몇 개 있고, 썩어서 구멍 난 것도 여러 개 있어요. 이 모양이 되니, 이젠 밥 먹기가 힘들어요."

신체장애가 있는 전직 광부 어네스트 홀드웨이는 이를 빼러 왔다고 말했다.

"지금은 안 아프지만 조만간 아플 테니까요."

석탄 광산에서 근무할 수 없게 되면서 치과 보험 수혜자 자격도 함께 상실했고, 이제 망가진 치아들은 그를 더 힘들게 하고 있다.

"관절염 치료약을 먹기 전까지는 이가 짱짱했어요. 이를 빼고 싶어 하는 사람이 어디 있겠어요? 이가 빠지면 수명이 몇 년씩 줄어든다면서요."

홀드웨이는 무릎 수술을 받아야 했는데, 의사는 수술받기 전에 망가진 어금니 세 개부터 빼야 한다고 했다.♦ 그때 어금니를 빼느라

♦ 몸 안에 염증이 있는 부분(치아)을 제거해야 수술할 수 있다.

빌린 1500달러를 최근에야 겨우 갚았다. 그는 다리를 잃지 않으려고 여전히 고군분투 중이라며 무서울 만큼 퉁퉁 부어오른 다리를 보여 주며 말했다.

"저는 좋은 사람이에요. 하지만 하느님은 저를 시험하기 위해 이런 시련을 주시나 봐요."

해가 완전히 떠올랐을 때쯤, 존스빌의 작은 도심지는 텅 비어 있었다. 커피숍의 웨이트리스가 말했다.

"다들 오지 의료 봉사단에서 이를 빼고 있을 거예요."

그날 내내, 치아를 뺀 환자들이 남은 치아 사이에 거즈를 물고 치과 진료소에서 나왔다. 그리고 간이 텐트 아래에 있는 접이식 의자에 앉아 기운을 차릴 때까지 쉬고 있었다. 함께 온 사람들이 진료를 마칠 때까지 기다리는 사람들도 있었다.

"저는 두 개를 뺐어요."

실직한 간호사인 엠마 마시가 말했다.

"예전에 때운 이 아래에 염증이 다시 생겼더라고요."

웨이트리스인 마시의 딸도 텐트 안에서 차례를 기다리고 있었다. 웨이트리스에게 미소는 경제적인 이유에서도 매우 중요하다.

"외모 때문만이 아니랍니다."

마시 역시 붉은빛이 도는 금발의 멋진 여성이었다. 그렇다. 치아가 엉망인 웨이트리스는 분명 인기가 없을 것이다.

"건강해 보이지 않는 웨이트리스에게 식사를 주문하고 싶어 하는 사람은 없을 거예요."

그 텐트 안에 있는 모두가 치아 때문에 고생하고 있었다. 마시가 말했다.

"이 지역에는 일자리가 부족해요. 그래서 다들 힘들어해요."

치과 진료를 기다리며 접이식 의자에 앉아 있는 순간조차, 지치고 힘들어 체념한 상태로 자기 파괴적인 행동을 하고 있는 사람들이 있었다. 심한 충치가 있음에도 콜라를 마시는 소녀. 비쩍 마른 엄마 품에 안겨 달달한 주스를 홀짝이는 아기. 숨이 넘어가도록 기침하면서도 느릿느릿 담배를 꺼내 무는 여자.

'사우스웨스트 버지니아 대학원 의학 교육 컨소시엄'의 연구 결과에 따르면, 이 지역에서 사람들을 괴롭히는 가장 큰 문제는 '불안'이다.

"자주 언급되는 불안의 원인은, 문제는 너무 많은데 해결책은 거의 없다는 데 있다."

이 문제를 연구한 사람들이 내린 결론이다. 컨소시엄은 이 지역 주민들의 자살 가능성이 다른 주에 살고 있는 사람들보다 70퍼센트 더 높다고 결론지었다.[4]

마시도 이런 우울한 사실을 잘 알고 있다.

"이 지역은 약물 남용이 끔찍해요."

완전히 망가진, 약물로 검게 변색된 치아들이 이런 상황을 잘 보여 준다. 이 지역은 오랫동안 가난했지만 사람들은 떠나고 싶어 하지 않는다.

"우리 뿌리가 여기에 있거든요." 마시가 말했다. "그것을 버리기가 어려워요."

이곳에는 안개로 둘러싸인 산과 녹색 숲의 고색창연한 아름다움이 있다. 사랑하는 가족, 친절한 이웃, 그리고 이방인까지 푸근하게 감싸 주는 정겨움이 있다.

치아가 수명이 다할 때 최후의 통증은 불꽃처럼 솟구친다. 오래전 사람들에게도 이런 통증의 흔적이 발견된다.

고대 기록이 이를 증명한다. 발굴 당시 턱을 동여맨 상태였던 고대 이집트인 미라도 있었다. 또한 알래스카에서 발견된 앞니 하나에는 구멍을 뚫은 흔적이 보이는데, 이는 1300년에서 1700년 사이의 것으로 추정되며 아마도 고름집에 따른 격심한 통증을 완화하기 위해서였을 것이다. 중세 시대 덴마크인의 치아 하나는, 치아에 구멍을 파고 그 속에 묵주 구슬 한 알이 끼워진 채로 발견되었다.[5]

충치는 진행성 질환이며, 관리하지 않으면 심한 통증을 유발하고 결국에는 발치를 피할 수 없다. 여러 가지 요인이 있지만 식습관이 중요하다. 오래전 정제된 음식이 드물었을 때, 치통은 주로 특권층의 골칫거리였다. 하지만 설탕 값이 내려가면서 치통의 주요 원인인 충치가 빈발해졌다. 달콤한 탄산음료를 즐기는 습관이 충치와 깊은 관련이 있다. 설탕물에 장시간 노출된 치아는, 다시 단단해져 스스로 회복할 기회를 잃는다.

오늘날 수백만 명의 미국인들이 매우 많은 약을 먹고 있다. 처방전 없이 편하게 구입할 수 있는 수백 가지 일반 의약품과 의사의 처방에 따른 다양한 약들이 치아를 질병에 더욱 취약하게 만든다.

약품 복용이 초래하는 부작용 중에는 침이 분비되는 양이 줄어드는 구강 건조증이 있다. 침은 치아를 씻어 내고 산성 물질을 중화해 충치가 진행되지 못하게 막아 준다. 치아를 단단하게 해주는 불소도 사용하지 않고, 가정에서 구강 관리도 잘하지 않고, 적절한 시기에 치과 진료도 받지 못하면 치아는 병든다. 격심한 치통은 드물지 않다. 수백만 명의 미국인들이 치통을 경험한다.

미국치과의사협회의 연구 결과에 따르면, 미국인들이 적절한 치과 진료를 받지 못하는 가장 큰 이유는 경제적인 문제이다.[6] 민간 의료보험은 물론이고 공공 의료보험이라도 있으면 치과 진료 비용 부담을 덜 수 있다.

그러나 치과 쪽으로 보험 혜택을 전혀 못 받는 미국인들이 [전체 인구의 3분의 1가량인] 1억 1400만 명 이상이다. 2010년에 입법화된 국가 의료보험 개혁◆이 어린이들에게는 치과 진료의 보장 범위를 넓히는 중요한 계기가 되었지만 성인들을 위한 제도는 거의 개선되지 않았다. 심지어 민간 의료보험에 가입한 많은 노동자들조차 치과 진료를 받을 때는 적절한 보험 혜택을 누리지 못한다. 일상적인 예방 진료는 보장받겠지만 충전물, 크라운, 근관 치료 및 임플란트 등의 시술을 받을 경우 가입자가 전체 치료비 가운데 일정 비율을 지불해야 하는데, 그 금액이 수백, 수천 달러에 이를 수 있다. 2015년 한 조사에 따르면 진료비를 못 내 어려움을 겪고 있는 미국 성인들 가운데 치과 진료비가 가장 큰 부분을 차지한다고 대답한 사람들의 비율이 12퍼센트였으며, "보험은 이런 문제를 해결해 주는 만병통치약이 아니다."가 연구진이 내린 결론이다.[7]

게다가 치과 보험의 보장을 받는 사람들 가운데 대부분은 은퇴할 때 치과 보험을 잃는다. 약 5500만 명의 노인과 장애인을 대상으로

◆ '오바마 케어'Obama care라고도 불리는 의료보험 개혁 법안이다. 미국 내 저소득층 무보험자 3200만 명을 건강보험에 의무 가입시키고 중산층에 보조금을 지급해 의료비 부담을 낮추는 내용을 골자로 한 〈환자보호 및 부담 적정 보험법〉이 2010년 3월 승인되어, 2014년 1월부터 시행됐다.

한 국가 의료보험 프로그램인 메디케어는 일상적인 치과 진료를 보장하지 않는다.

　미국에서 요양원에 거주하는 사람은 100만 명이 넘고, 그중 상당수가 치아 문제로 고통받고 있다. 1987년 연방법이 메디케어 및 메디케이드 기금을 수령하는 기관에 새로운 기준을 적용한 이후, 요양원은 반드시 구강 보건 서비스를 제공하도록 바뀌었다. 그러나 활동할 수 없어 침대에만 누워 있는 환자나 신체장애가 있는 환자들을 돌보려면 씻기기, 돌려 눕히기 등의 일상적인 요양 간호 행위만으로도 벅차기 때문에 단순한 칫솔질이나 틀니 관리조차 소홀히 하기 일쑤이다. 요양원 거주자에 대한 실태 조사에 따르면, "대부분의 경우 구강 위생이 불량하고, 따라서 충치, 잇몸 질환 등의 증상이 빈번하게 나타난다. …… 의료 및 간호 서비스는 대부분 꾸준하게 제공되었지만 구강 및 정신 보건 서비스는 훨씬 부족했다."[8]

　[치과의사나 치과위생사 같은] 치과 전문 인력이 요양원을 방문하는 경우도 드물다. 루이지애나주의 치과의사인 그레고리 폴스는, 그가 요양원을 방문해 만난 환자의 상당수가 치과 진료를 여러 해 동안 못 받은 상태였다고 말했다. 처음 만난 환자의 입을 들여다보면 충치, 심한 잇몸 염증, 이뿌리(이촉)만 남은 치아들, 심지어 구강암을 발견하는 경우도 있다고 한다. 그는 요양원 치과 관리자로서 급여를 받는다. 환자들은 대부분 메디케이드 혜택을 받지만, 그렇더라도 성인의 치과 진료는 적용 범위가 극히 제한적이다. 폴스는 그가 한 진료 중에 메디케이드에서 진료비를 부담해 주는 경우가 그러지 않은 경우보다 적을 것이라고 했다. 그는 산을 넘고 늪을 지나 이동식 장비와 진료 기구를 픽업트럭에 싣고 1년에 6만 4000~8만 킬로미터를 떠돌아다닌다고 했다. 그렇게 도착한 요양원 내 다목적 공동 공

간과 미용실에 [이동] 진료소를 설치해 틀니를 수리하고 치아를 뽑는 등의 진료를 한다.

"심각한 잇몸 질환이나 농양을 앓고 있는 환자가 900명쯤 됩니다. 제 환자의 절반이 그런 상태예요. 잇몸이 부은 사람들, 치아가 아픈 사람들, 치아가 흔들리는 사람들, 그런 문제는 제가 모두 치료합니다. 그리고 제가 해줄 수 있는 한에서는 도와주려고 해요.♦ 돈을 받든, 못 받든 말이죠. 환자 가족들이 진료비를 낼 때도 있고 요양원이 낼 때도 있지만, 아무도 지불하지 않을 때도 있어요. 그런 일을 합니다."

몇몇 환자들은 치매로 고통받고 있어서 입을 벌리게 하기도 어렵다. 하지만 보람 있는 일이라고 그는 말했다.

"휠체어에 앉아 있는 어떤 뇌졸중 환자는 틀니가 생겨 매우 기뻐했습니다. 그 환자가 힘들게 겨우겨우 주머니에 손을 넣어 그 안에 있던 빵을 꺼내어 제게 주더군요. '여기요, 선생님, 이거 받으세요.' 저는 그 할머니에게 남은 마지막 빵을 가져가고 싶지는 않았어요."라며 폴스가 웃으며 말했다.

"그 빵이 주머니 속에서 얼마나 오랫동안 있었는지는 말씀드리지 않아도 아시겠죠. 많이 가진 사람은 나누어야 해요. 그분은 그렇게 가난하지만 저한테 주려고 했잖아요."[9]

치과 문제로 고통받는 비율은 암울한 경제지표와 같다.

가난한 사람들은 치통으로 고생할 가능성이 더 높다. 그들은 구

♦ 발치 등으로 통증은 해결할 수 있지만, 보철에는 기공료 및 기타 비용이 들기 때문에 못 해주는 경우가 많다는 뜻이다.

강 건강이 더 나쁘고 치료해 줄 치과의사를 찾기도 어렵다. 치료비를 낼 돈이 없기 때문이다. 대략 다섯 명 가운데 한 명꼴로 가난한 사람들을 위한 연방-주 정부의 의료보험 프로그램인 메디케이드가 적용된다. 그러나 메디케이드 환자를 받아 주는 치과의사는 소수이므로, 메디케이드가 적용되더라도 진료 접근성이 떨어진다.

메디케이드에서 어린이들은 치과 진료 혜택을 받을 자격이 있지만 실제로 진료받기는 쉽지 않다. 미국 정부회계감사원의 2010년 조사에 따르면, 한 번이라도 메디케이드 환자를 진료했다는 치과의사는 대부분의 주에서 전체 치과의사의 절반에 못 미쳤다.[10]

미국치과의사협회가 실시한 2016년 연구에 따르면, 전국의 치과의사 가운데 42퍼센트가 [어린이를 대상으로 한] 메디케이드 프로그램인 인슈어 키즈 나우 데이터베이스에 참여자로 등록했다. 그러나 이 비율이 프로그램에 실제로 참여하는 치과의사의 비율을 반영하는 것은 아니다.

"등록한 치과의사가 실제로 메디케이드 등록 아동들을 치료하고 있는 것은 아닙니다. 막상 예약하려고 하면 받아 주지 않을 수도 있어요. 그저 등록했다는 것뿐입니다. 실제로 메디케이드 아이들을 치료하고 있는 치과의사에 대한 통계는 없어요."[11] 이 연구를 주도한 경제학자 마르코 부이치치는 말했다.

저소득층 성인들은 상황이 더 어렵다. 메디케이드 프로그램에서 성인의 치과 진료는 추가 비용을 부담해야 하는 선택 항목이다. 그러다 보니 가정 형편이 어려워, 지출을 줄여야 할 때 치과 진료비는 가장 먼저 줄이는 비용이 된다.

치통은 숙면을 방해한다. 먹는 것이 고통스러워지고 일하기도 힘들며 육아도 제대로 할 수 없다. 치과에 가기 어려운 가난한 사람들은 다른 방법을 찾는다. 그들은 때로는 불법적으로 손에 얻는 약에 의존하고 민간요법을 사용하며, 심지어는 통증을 이기지 못해 스스로 치아를 뽑기도 한다.

다시 리 카운티의 무료 진료소. 대부분 건장하고 강인해 보이는 산골 사람들 가운데 연약한 얼굴에 마스카라를 검게 칠한 타비타 헤이가 앉아 있었는데, 마치 폭풍 속에서 길을 잃고 날아온 열대의 작은 새처럼 보였다. 그녀는 남편, 시어머니와 함께 플로리다주 벨뷰 Belleview에서 열세 시간이나 차를 타고 이곳에 왔다. 그들은 자영업자였다. 부유한 은퇴자들의 집을 청소하고 반려동물을 돌보는 일을 했는데, 금요일 저녁에 일을 마치고 밤새 운전해 존스빌에 도착한 것이다. 세 사람 모두 치료가 필요했지만, 26세의 타비타가 가장 절실했다. 어금니 하나가 예전에 치료한 부분 아래로 다시 썩어서 통증이 매우 심했다.

"턱이 빠져 버릴 것 같아요. 너무 아파 이가 터질 듯한 때도 있어요. 배는 고픈데 먹을 수가 없어요. 그래도 잠은 자야 할 것 같아 발열 패드를 이 위에 올려놓아 보기도 했는데 소용이 없었어요."

일주일이나 일을 못 하다가 억지로 다시 출근한 것이 바로 엊그제였다.

"정말 일하려고 했는데 아무 일도 할 수 없었어요. 자동차 뒷자리에 앉아 울기만 했어요."

플로리다의 치과의사는 타비타에게 치아를 빼려면 500달러가 든다고 말했다. 하지만 그 돈이 없었다. 겨우겨우 무료 진료소까지 왔지만 너무 늦게 도착해 토요일 진료를 받을 수 없었다. 그들은 일요일까지 기다려야 했다. 어둠이 내리자 그녀는 남편, 시어머니와 함께 자신들이 타고 온 빨간 자동차에서 잠을 청했다. 타비타는 또다시 고통스러운 밤을 맞이할 것이다.

연구자들은 치아의 통증을 '날카롭고, 쿵쿵 울리고, 칼로 찌르는 듯한' 등의 단어로 묘사한다. 치아가 상해 나타나는 발열감 및 압력은 심하면 발작까지 일으킬 만큼 강한 통증을 유발한다. 잠이 들면 전신의 모세혈관이 팽창하므로 고통이 더 심해진다.

작가들은 어둠 속에서 느끼는 치통이 사람의 마음에 어떤 영향을 주는지에 대해 이렇게 표현했다.

"이런 문장을 읽은 적이 있어요. '한번은 이가 아파서 잠들지 못하고 있었는데, 이가 아파서 내가 못 자고 있다는 생각을 떨쳐 낼 수 없었고 그래서 계속 잠들지 못했다.'"

C. S. 루이스는 『헤아려 본 슬픔』에서 이렇게 썼다.[12]

"고통 그 자체뿐만 아니라, 고통을 계속 생각해야 한다는 것. 괴로움 자체보다도, 내가 괴롭다는 사실을 계속 생각해야만 한다는 것이 고통의 많은 부분을 차지한다."

두려움은 고통을 심화한다. 연방 통계청에 따르면 수백만 명의 미국 성인들, 즉 미국 성인 10명 중 한 명은 치아가 나빠졌음에도 치과 진료를 받지 않는 이유로 두려움을 들었다.[13] 로버트 폴리키는 자신의 연구에서 이렇게 밝혔다.[14]

"통증, 불안, 두려움을 어떻게 다룰지는 항상 치과 진료에서 중요한 부분을 차지하는 문제이다."

하지만 여전히 더 깊은 이해가 필요하다. 통증 자체의 정의가 꾸준히 진화해 오면서, 치과 공포에 대한 연구도 심층적으로 진행되어 왔다. 폴리키는 이렇게 지적했다.

"요즘 널리 받아들여지는 바에 따르면, 통증이란 말초에서 느끼는 단순한 감각이 아니다. 그것은 정신적인 인지다."

자신은 무기력하게 누워 있는데 치과의사가 내려다볼 때, 어떤 환자는 압도당하는 느낌을 받으며 극도의 공포를 경험한다. 또 어떤 사람들에게 그것은 사적 영역인 입안을 노출하는 행위이다. 누군가가 자신의 입안을 조사하고 평가할 수 있도록 보여 주어야 한다는 것 자체가 환자들을 위축시킨다. 일방적인 대화, 날카로운 도구, 치과 진료실 특유의 소리 및 냄새도 환자들에게 두려움을 불러일으킨다. 어떤 환자들은 구토를 하며, 어떤 사람들은 초조해한다. 어떤 사람들은 문제가 아주 심각해질 때까지 치료를 미룬다. 그렇게 치과 진료를 힘들게 받고 나면 더 두려워지고 더 피하려 든다.[15] 폴리키는 치과를 두려워하는 사람들은 다음 내원 약속을 지키지 않을 가능성이 그러지 않은 사람들보다 세 배 더 높다고 했다.

환자가 약속을 지키지 않을 경우 치과의사는 돈을 벌 기회를 잃기 때문에 환자를 비난하게 된다. 치과의사들이 메디케이드에 참여하지 않는 주된 이유도 메디케이드 환자들이 약속을 지키지 않는 비율이 높기 때문이다.

치과대학이 환자의 두려움을 해결하는 방법을 충분히 교육하지 못하고 있다고 말하는 사람들도 있다. 개인 치과 의원 대부분이, 통증을 두려워하는 환자들을 치료할 때 마취에 의존하는 경향이 있다. 그러나 마취는 그 자체로 비용이 들고 위험을 수반한다.♦

전문가들은, 겁에 질려 있는 환자를 치과용 의자에서 바로 만나지 말고 편안한 다른 환경에서 환자와 치료에 대해 먼저 이야기함으로써, 환자가 진료를 두려워하지 않고 자연스럽게 받아들일 수 있도

♦ 수면 마취를 가리키는 듯하다.

록 시간을 주라고 조언한다. 그러나 의료 정책 전문가들이 말하는 이른바 '집처럼 편안한 치과 진료실'을 만들려면 치과의사와 환자가 오랫동안 관계를 형성해야 하고 따라서 긴 시간이 필요하다. 그러나 무료 진료소에는 선의를 가진 '낯선' 치료자가 긴급히 고통을 해결해야 하는 환자 여러 명을 한꺼번에 만나게 되므로 그러기가 어렵다.

일요일 새벽, 타비타 헤이의 작은 얼굴이 창백했다. 화장이 모두 지워졌으며, 구겨진 옷을 입고 해골 그림과 해적이 그려진 양털 담요를 두르고 있었다. 발에는 검은색 고무 샌들을 신고 있었다.

헤이는 엑스선촬영을 했다. 치과 진료를 기다리는 줄이 짧아질수록 창백한 얼굴이 더 하얘졌다.

이동식 치과용 의자가 여섯 개 놓여 있고 치과의사들이 일하고 있는 공항 대합실 문턱에 그녀가 서있었다. 이제 거의 차례가 되었다. 줄의 맨 앞쪽, 호명되기를 기다리는 환자들이 벽 쪽 플라스틱 의자에 앉아 있었는데, 그 앞에서 그녀는 망설였다.

치과 특유의 냄새가 강하게 났다. 몸에 달라붙으면 잘 지워지지 않는 정향유 냄새, 금속성의 치아 분진.

"저 냄새야."

그녀가 중얼거렸다.

드릴이 돌아가는 소리가 들렸고, 금속 쟁반 위에 놓인 반짝이는 치과용 기구가 보였다.

"저는 주삿바늘이 싫어요. 아, 미쳐 버릴 것 같아요."

마침내 헤이의 차례가 되었다. 그녀는 이동식 치과용 의자 위로 올라가서는 의자를 꽉 잡고 흐느껴 울었다.

"자, 괜찮을 거예요."

마운틴 엠파이어 대학의 간호학과 학생인 다나 윌리엄스가 부드럽게 달래 주었다.

"계속 이러시면 치료를 받을 수 없어요."

치료를 못 받으면 플로리다에서부터 달려온 열세 시간이 수포로 돌아갈 것이다. 그리고 다시 차를 타고 돌아가는 열세 시간 동안 그녀는 통증에 시달릴 것이다.

"진정하세요. 심호흡을 하세요."

자원봉사 치과의사인 마이클 피냐토가 말했다. 윌리엄스는 그녀의 손을 잡고 안심시켰다. 피냐토는 헤이에게 마취제를 한 병 주사하고 나서 한 병을 더 주사했다. 그녀는 너무 아파 발버둥질했으며, 불안한 사람들이 흔히 그러듯이 [마취에도 불구하고] 여전히 아프다고 말했다. 신음 소리를 내기는 했지만 헤이는 마침내 치과의사가 발치 겸자로 치아를 뽑을 수 있을 정도로 안정되었다. 그녀의 발가락이 오그라들었고, 고무 샌들이 바닥으로 떨어졌다.

시간이 좀 걸렸지만 결국 치아를 뽑았다. 피냐토가 금속 쟁반 위에 뽑은 치아를 올려놓았다. 치아는 피가 묻어 붉게 반짝거리는 긴 이뿌리를 드러내고 있었다. 이제 헤이는 차분해졌다.

∼

피냐토는 뉴욕의 로체스터에서 비행기를 타고 이 무료 진료소로 왔다. 아직 진료를 시작한 지 얼마 되지 않았지만 그 역시 창백하고 피곤해 보였다. 그는 헤이에게 치료해야 할 치아가 하나 더 있는데 지금 빨리 해버리는 편이 낫겠다고 말했다.

"저, 말이죠."

피냐토가 헤이에게 말을 건넸다.

"당신 덕분에 제 수명이 한 2년은 줄어들 것 같아요."

그리고 피냐토는 다시 헤이를 치료하기 시작했다.

나중에 피냐토는 자신의 기술을 필요로 하는 사람들을 돕는 이런 자원봉사가 상당한 만족감을 준다고 이야기했다.

"저는 일종의 노동자예요. 그저 수동적인 사람입니다. 누군가가 제게 요구하는 것을 해주는 거예요."

그는 30년 넘게 치과의사로 일했고, 처음 진료했던 환자들 가운데 몇 사람은 여전히 뉴욕주 북부에 있는 그의 치과에서 진료를 받고 있다.

"그들의 치아는 아직도 건강해요."

그는 환자들의 필요를 충족해 신뢰를 얻었다.

"저는 치과 진료를 해요. 하지만 치료를 권하는 영업은 하지 않아요. 사람들이 요구하는 것을 해줄 뿐이죠."

요즘 치과는 미용 시술을 중시하기에 기본적인 진료를 제공하려는 치과의사를 찾기가 점점 어려워지는 것 같다고 그는 말했다.

"아무도 이렇게 돈 안 되는 기본적인 진료를 하려 들지 않아요."

광산업이 쇠퇴하기 전에는 애팔래치아 지역◆에서 치과를 찾기가 쉬웠다고 한다.

"그때는 [미국의 대형 철강 회사] 유에스스틸U.S. Steel Co.이 있었기 때문에 치과 보험을 든 사람들이 많았어요."

치과의사 크리스 헤런이 말했다. 그가 무료 진료소에 있었던 것은 아니다. 산 너머, 존스빌에서 145킬로미터쯤 떨어진 켄터키주 런

◆ 미국의 동남부에서 동북부를 거쳐 가는 애팔래치아산맥 주위 지역은 석탄이 풍부한 전통적인 미국의 공업지역이었으나 석탄 산업이 쇠락하면서 지역 경제도 내리막길을 걸어 미국에서 가장 가난한 지역으로 꼽힌다.

던London에 있는 자신의 치과 의원에서 전화로 인터뷰했다.

"전에는 제가 있는 이 도시에 고소득자들이 많았어요. 광산은 없었지만 관련 산업들이 많았죠. 하지만 광산이 쇠락하면서 함께 몰락했어요. 다들 떠나 버렸죠."

광산을 대체할 만한 새로운 일자리가 생기지 않았기 때문에 소득이 없어졌고, 의료보험도 없어졌다. 이제 이 지역은 치과의사들이 남아 있기 어려운 곳이 되었다. 게다가 최근 치과대학에 입학하는 학생들의 기대치는 예전보다 훨씬 높다고 한다.

"요즘 치과의사들은 충치 치료나 잇몸 치료처럼 기본적인 치료는 하고 싶어 하지 않습니다. 더 폼 나고 비싼 진료를 하고 싶어 하죠. 많은 젊은 치과의사들이 이곳을 떠나고 있어요. 병원을 팔고 다른 도시로 가려는 거죠."

하지만 젊은 치과의사들도 할 말이 있다. 치과의사로 일을 시작하는 시점에 그들은 이미 막대한 빚을 안고 있다. 미국치의학교육협회에 따르면 2014년 치과대학 졸업생은 평균 24만 7227달러의 학자금 대출을 받은 것으로 추산된다.

이들 대부분은 개인 치과를 열게 되는데, 그러려면 장비를 사고 직원도 고용해야 한다.

"치과도 사업입니다." 헤런이 말했다.

메디케이드가 치과의사에게 지급하는 진료비는, 민간 의료보험 회사가 지급하는 진료비나 자가 부담으로 치료받는 환자들이 지불하는 진료비보다 적다. 진료비는 주마다 다르다. 그러나 미국치과의사협회에 따르면, 평균적으로 메디케이드가 지급하는 어린이의 치과 진료비는 민간 의료보험 회사가 지급하는 진료비의 절반 정도에 불과하다.[16]

무료 진료소의 치과 기획자 존 오스본은 현재 치과 업계는 가난한 사람들을 치료하지 못하게 하는 구조라고 전했다.

"머해리 치과대학에 다니는 아들이 있습니다. 제가 졸업한 곳이지요. 학교에서는 사람들을 도우라고 해요. 하지만 제 아들이 졸업할 때쯤이면 학자금 대출이 30만 달러에서 40만 달러 사이가 될 거예요. 그런데 어떻게 [테네시주 메디케이드 제도인] 텐케어 환자를 볼 수 있겠어요? 어떻게 자원봉사를 나가서 진료를 할 수 있겠냐고요. 만약 제 아들이 그런 일을 한다면, 학자금 대출을 갚기 위해 부업이라도 뛰어야 할 거예요."

많은 치과의사들이 경제적 보상을 얻고자 부유한 지역에 개업해 부자들을 진료한다. 워싱턴 D.C.의 교외 지역이자 미국에서 가장 잘사는 지역 중 하나인 버지니아주 폴스 처치Falls Church 지역에는 치과의사가 매우 많다. 2015년 통계에 따르면 350명당 치과의사가 한 명 있었다. 한편 리 카운티에 인접한 버지니아주 디킨슨Dickenson 카운티에는 1만 5486명당 한 명 있었다.[17] 알래스카의 넓은 목초지와 캔자스의 시골에는 치과의사가 전혀 없는 곳도 있다. 도시든 시골이든 치과의사가 부족해 어려움을 겪는 지역은 전국적으로 꽤 많다.

그래서 치과의사가 부족한 가난한 지역은 도시와 시골을 가리지 않고 각 지역마다 그 나름의 사연이 있다. 외진 산악 지대인 존스빌은 그 나름대로, 허물어진 학교와 쇠락한 철문이 있는 워싱턴 D.C. 외곽의 범죄 지대는 또 그 나름대로.

성인이 될 때쯤, 가난한 미국인들 다수는 치통을 삶의 일부로 받아들인다. 연구에 따르면 수백만 명의 어린이가 치통으로 고생하고 있다. 통증은 삶의 모든 면에 악영향을 끼친다. 미국 전역에 걸쳐 2007년과 2008년에 집계된 광범위한 자료에 따르면, 지난 6개월간 치통을 겪었다는 어린이는 11퍼센트에 가까웠으며(6~12세는 14퍼센트) 그 수는 약 750만 명에 달했다. 저소득층의 소수 인종 아동, 그리고 장애 아동의 경우, 잘사는 집안 아이들보다 치통을 겪을 확률이 훨씬 더 높은 것으로 나타났다.[18]

20세기 초까지는 치통이 너무 흔해 평생 치통을 한 번도 경험하지 않는 사람이 거의 없었다. [충치를 예방하는] 불소가 널리 이용되고 치과 진료가 발전함에 따라, 다행히도 치통은 이제 그렇게 흔한 현상은 아니게 되었다. 그러나 이 조사는 치통이 완전히 근절된 것은 결코 아니라는 사실을 보여 준다. 예전과 다른 점이라면, 소수 인종 아동 및 장애 아동과 같은 취약 계층 아동들이 치통을 훨씬 더 높은 비율로 경험하며, 그 결과 다른 복합적인 문제들에 당면한다는 것이다.

구강 건강이 좋지 않은 어린이는 치통으로 학교를 결석할 확률이 다른 아이들에 비해 세 배나 높다.[19]

~

메릴랜드 교외에 있는 빈민가의 학교들을 순회하며 이동식 치과 진료소에서 환자를 보는 치과의사 헤이즐 하퍼는 치과용 의자 위에 붙어 있는 조명 손잡이에 [의사와 환자 간 감염을 막기 위한] 파란색 위생 테이프를 붙이면서 다음 아이를 맞을 준비를 했다. 2007년 이 지역 학교 학생 하나가 충치 치료를 받지 못해 합병증으로 사망한 사건이 있었다. 그 후 전직 치과대학 교수이자 오랫동안 치과계를 이끌어 왔던 하퍼는 치과대학생들과 동료들을 모아 이동 진료소를 꾸렸다.
  이동 진료소 트럭이 운행을 시작했고, 치과에 가기 어려운 아이들을 찾아갔다. 어떤 아이들은 치통이 있었다. 또 어떤 아이들은 치과 진료를 무서워했다. 둘 다인 경우도 있었다.

"선생님, 뭘 하실 거예요?"

꼬마 올리비아 데이비스가 치과 진료 의자에 오르며 물었다. 아이는 무지갯빛 반짝이가 뿌려진 운동화를 신고 있었다.

"네 신발 좀 봐. 반짝반짝하지? [치료하고 나면] 네 이도 그렇게 반짝거릴 거야."

하퍼가 말했다.

"그러고 나서 네 이가 몇 개인지 우리 같이 세어 보자."

그러나 올리비아의 얼굴에 수심이 더욱 깊어졌다.

"무서워하지 마. 안 아플 거야."

아이는 말없이 눈물만 흘렸다. 눈물방울이 갈색 뺨을 적셨다.

"왜 울지?" 하퍼가 부드럽게 물으며 아이의 입을 들여다봤다.

올리비아의 입안을 보고 나서 하퍼는 그 이유를 알게 되었다. 이제 겨우 다섯 살, 영구치가 나오기도 전이지만, 이미 썩은 치아가 많았다. 젖니 어금니(유구치乳臼齒) 하나와 젖니 송곳니(유견치乳犬齒) 하나가 빠져 있었다. 나머지 젖니 어금니 세 개에는 충치가 있었다.

"아픈 이가 있어?" 하퍼가 물었다. 아이는 흐느껴 울기만 했다.

하퍼는 아이에게 보라색 천으로 만든 사자 인형을 안겼다. 이를 드러내며 함박웃음을 짓고 있는 이 인형은 아이들에게 올바른 칫솔질 습관을 가르치는 데 사용하던 것이다.

"용감한 사자를 꼭 안고 있으면 무섭지 않을 거야."

하퍼가 진료를 준비하면서 말했다. 올리비아는 인형을 꼭 움켜잡았고 하퍼는 모터에 연결된 치과용 핸드피스를 꺼내어 올리비아의 치아를 닦아 줄 여러 가지 일회용 동물 모양 솔을 보여 주었다.

"어떤 걸로 할까? 펭귄? 아니면 얼룩말?"

진료를 하면서 하퍼는 올리비아의 충치에 대한 소견을 기록했는데, 빠른 시일 안에 치과에 가봐야 한다고 썼다. 올리비아는 치료를 받아야 한다. 그러지 않으면 충치가 더 심해질 것이다.

메릴랜드주는 미국의 가장 부유한 주 가운데 하나이다. 2007년 열두 살의 데몬테 드라이버가 사망한 사건이 일어나기 몇 해 전부터, 이렇게 부유한 주에 살고 있는 가난한 사람들의 치통과, 그 통증이 그들의 삶에서 만들어 내는 문제들에 대해 주립 치과대학의 연구자들은 경고의 목소리를 내왔다. 이들은 사회의 관심이 부족하다고 지적했다.

"부모들이나 보호자들의 답변에 따르면, 메릴랜드 내 학교에 다니는 아동의 약 12퍼센트가 한 차례 이상 치통을 경험한 적이 있다. 또 충치를 경험한 아동의 3분의 1이 치통으로 고생한 적이 있었다."

공중 보건 치과의사이자 연구자인 클레멘시아 바르가스와, 메릴랜드 대학교 치과대학에 소속된 바르가스의 조사팀은 2005년 발표한 논문에서 이렇게 설명했다.

"특정 사회 구성원의 3분의 1이 어떤 통증으로 괴로워한다면, 그리고 그것을 예방하는 방법이 존재한다면 아마도 매우 많은 연구가 이뤄졌을 것이다. 하지만 불행히도 많은 사람들이 치통을 그저 흔하고 사소한 문제로 치부하기 때문에, 훨씬 덜 일어나는 다른 질병에 더 많은 관심을 기울이고 연구한다."

조사팀에 따르면 치통을 느끼는 사람들 가운데 상당수는 이미 체념 상태로, 불평조차 하지 않는다.

"많은 어린이들이 통증을 일상적으로 받아들이며 자란다. 즉, 20세기 초반 사람들이 치통을 당연하게 생각했듯이 통증을 그저 정상적인 삶의 일부로 받아들이게 된다."[20]

메릴랜드의 가난한 성인들에게도 치아에 따른 고충은 흔하다.

이른 새벽, 메릴랜드주 로렐Laurel의 무료 진료소 앞에 줄 서서 기다리고 있던 맨디 르케이를 인터뷰했다. 맨디 르케이는 치아 11개를 빼려고 했다. 그녀는 치통 탓에 정상적인 생활이 불가능하다고, 한없이 사람을 무기력하게 만드는 것이 바로 치통이라고 했다.

"이가 아파서 엄마 역할도 제대로 할 수 없어요."

얼마 전 염증이 너무 심해 병원에 실려 간 적도 있다고 했다. 하지만 돈이 없어서 치료를 잘 받지 못한 채 퇴원했고, 부어오른 잇몸의 통증이 너무 심해, 고름을 짜내려고 스스로 잇몸에 칼을 댄 적도 있다고 했다.

메릴랜드 대학교의 치과대학 연구팀은 메릴랜드주에 사는 가난한 성인의 삶에 치통이 어떤 영향을 주는지, 그리고 이들은 이 문제를 어떻게 대처하는지에 대해 조사했다. 조사 결과, 응답자의 거의 절반이 지난 5년 동안 다섯 번 이상 치통을 경험했다고 답변했다.

"가장 최근 치통에서 느낀 통증의 강도를 물었다. 이에 거의 절반(45.1퍼센트)이 자신이 경험한 통증 중 가장 심했다고 답변했다."

통증을 느껴도 치과를 찾아가지 않는 사람이 많았다. 이들은 처방전 없이 구할 수 있는 약품을 사서 먹거나 민간요법을 시도한다. 신에게 기도하는 사람들도 무척 많았다.

"조사한 바에 따르면, 기도를 하는 사람이 매우 많았는데(75.4퍼센트), 흑인의 경우 특히 더 많았다(85.4퍼센트)."[21]

다른 주에도 기도하는 사람은 많다.

"저는 끊임없이 기도합니다."

그레고리 풀턴이 말했다. 그의 입안을 보면 여기저기 이뿌리만 남은 치아들이 있어 아랫니와 윗니가 제대로 맞물리지 않는다. 한 번씩 뭐라 표현하기 힘들게 심한 통증을 느꼈다고 그는 말했다.

"저는 마음속으로 기도합니다. 항상 기도합니다."

그는 한 손에 지팡이를 쥐고 플로리다주 탬파의 낮은 담벼락 위에 힘겹게 걸터앉아 있었다. 존 디어 모자◆를 쓰고 있었고 턱수염은 덥수룩했다.

풀턴은 점심을 든든하게 먹을 수 있는 트리니티 카페Trinity Café◆◆에서 이미 유명한 사람이다.

"식권은 있죠?"

목에 십자가 모양의 큰 메달을 걸고 있는 자원봉사자가 배식을 받기 위해 줄 서있는 풀턴에게 물었다. 풀턴이 고개를 끄덕였다. 그는 잔돈을 꺼내 30센트를 세어 옆 사람에게 건넸다.

"담배 한 개비만 사와. 같이 피우자."

주변 사람들은 풀턴을 '걸어 다니는 성경책'이라고 불렀다. 그는 성경을 처음부터 끝까지 40번이나 읽었다고 했다. 55세였지만 이미 노인처럼 보이는 풀턴은 마약중독과 감옥 생활 등으로 고된 삶을 살았다. 수감 기간을 고래 뱃속에서 요나가 보낸 시간에 비유하는 그는 출소 후 새로 태어났다고 했다.◆◆◆ 그는 [인슐린은 분비되지만 제대로

◆ 존 디어John Deere는 미국의 유명한 농기구 회사로, 존 디어 모자는 한국의 새마을운동 모자에 견줄 만하다.
◆◆ 플로리다주 탬파에서 2001년부터 시작된 무료 급식소로 평일 점심과 주말 아침을 제공한다.
◆◆◆ 『요나서』에 따르면, 요나는 하느님의 부름을 외면하고 도망가다 바닷속에 던져져 사흘 동안 고래 뱃속에서 지낸다. 그러다 구원을 받고 다시 세상으로 나온다.

작용하지 못하는] 제2형 당뇨병을 앓고 있었다.

풀턴은 틀니를 하고 싶은데, 그러려면 먼저 치아를 뽑아야 한다고 말했다. 그 과정을 지원하는 정부의 복지 프로그램이 있는지 알아보는 중이다.

치아의 염증이 심해지면 한 번씩 입안은 물론이고 얼굴까지 부어올랐다. 항생제가 일시적으로는 도움이 되었지만 이내 붓곤 했다.

치아는 상당히 견고하다. 물속에서도, 불 속에서도, 심지어 무덤 속에서도 몇 백 년 동안 버틸 수 있다. 하지만 '가난한 삶'이라는 재앙은 서서히 치아를 파괴한다. 삶의 무게, 혼란, 질병, 궁핍, 자포자기, 덧없음, 그리고 이런 불행을 견디다 못해 선택하는, 그리하여 결국은 더 큰 대가를 치르게 만드는 마약중독.

트리니티 카페에서 배식을 받기 위해 줄 서있는 사람들 중에는 이런 치통에 익숙한 사람들이 많다. 곱슬머리와 금빛 속눈썹을 가진 데이비드 힐은 마치 수심에 가득 찬 찰스 린드버그[*]처럼 생겼다. 그의 푸른 눈은 거친 빛을 띠고 있었고, 그는 자주 울었다.

그의 치아는 이뿌리부터 검었다. 그는 회색으로 변한 아래 앞니 하나를 가리켰는데, 부러져 구멍이 뚫려 있었다.

어떤 때는 통증이 너무 심한 나머지 마치 동반자처럼 느껴진다고 말했다.

"정말이지, 조금만 견디고 나면 오히려 기분이 좋아진다니까요. 일단 몸이 통증을 받아들이고 나면, 통증과 함께 춤이라도 출 수 있

---

[*] 1927년 뉴욕을 출발해 대서양을 건너 파리까지 무착륙 단독 비행에 처음으로 성공한 미국의 비행사.

을 것 같아요."

또 어떤 때는 마치 통증의 노예가 된 것 같다고 말했다.

"고통이 너무 심한데 제가 할 수 있는 게 아무것도 없어요. 구걸을 할 수도 없고, 어디 가서 돈을 빌릴 수도 없고 훔칠 수도 없어요. 차라리 총으로 머리를 쏴버리고 싶어요. 이런 괴로움에서 벗어나려면 죽는 게 가장 쉬울 것 같아요."

튼튼한 대나무 막대기를 지팡이처럼 짚고 있는 도널드 솔로몬은 앞니 하나가 빠져 있었다.

"거짓말이 아니야. 맥주 몇 잔 마시고 이 앞니를 내가 직접 뺐다니까. 그러고 나니까 아프지 않았어."

10년도 더 전에, 자전거에서 떨어진 뒤 벌어진 일이었다. 또 한 번은 돈이 생겨 치과에 가서 사랑니를 뺐다.

"사랑니에 큰 구멍이 났거든."

구멍 난 치아가 감염되었고, 감염된 치아는 빼야 한다는 사실을 그는 알았다. 몇 년 전, 탬파의 한 젊은이가 비슷한 감염으로 죽었다는 얘기를 들은 적이 있다. 겨우 열일곱 살이었는데 말이다.

그는 조용히 말했다.

"염증이 피를 통해 온몸에 퍼져 죽는다고 하데. 그걸 알았으니 돈을 써가며 치과에 가서 사랑니를 뺀 거야. 그래서 당신이 지금 나, 도널드 솔로몬과 이렇게 인터뷰도 할 수 있는 것이라네. 내가 이렇게 끈질기게 살아남을 수 있었던 건 그 덕분이지."

스테파니 올리바는 아기를 태운 유모차를 끌고, 점심을 먹기 위해 줄을 서있었다.

"어금니가 아파요."

그녀는 어깨를 으쓱하며 덧붙였다.

"충치 때문이겠죠."

점심시간이 되어 사람들이 안으로 들어갈 때, 풀턴은 다른 사람들에게 자기 앞의 줄을 양보하고 뒤에 섰다.

"나중 된 자가 먼저 되고, 먼저 된 자가 나중 되리라."♦

그는 따사로운 햇살 아래에서 부드러운 목소리로 중얼거렸다. 뒷줄에 있던 풀턴도 드디어 느릿느릿 식당에 들어섰다. 크리스마스트리로 장식된 식당에는 자원봉사자 두 명이 [멕시코 전통음악인] 마리아치를 연주하고 있었으며 활기가 가득했다. 돼지고기 커틀릿과 마카로니, 껍질 콩, 샐러드가 그날 식단이었다. 풀턴이 갑자기 가슴에 통증을 느꼈다. 구급차가 왔다. 그는 들것에 실려 요란한 불빛과 사이렌 소리를 남기고 떠나갔다.

[미국 플로리다주에 있는] 세인트피터즈버그의 길고 푸른 둑길 건너편에는 비영리 진료소이자, 미국에서 가장 오래된 무료 진료소 중 하나가 있다. 이곳은 이 도시의 노동 빈곤층 환자들에게 치과 진료를 제공한다. 도시의 멋들어진 레스토랑과 호텔에서 일하는 사람들, 건설 노동자, 환경미화원, 요양 보호사, 간병인 등이 그 대상이다.

"이곳에 오는 환자들을 보면 어른들, 심지어 노인들 중에도 난생처음 치과 진료를 받는다는 사람들이 어찌나 많은지 정말 놀라울 따름입니다."

세인트피터즈버그 무료 진료소의 소장인 수전 이스터가 전했다.

"오늘 아침에 온 부부도 모두 태어나서 처음으로 치과 치료를 받는다며 벌벌 떨더라고요."

♦ 『마태복음』 20장 16절.

2010년 미국의 보건 의료 개혁 법안이 통과된 이래, 장기근속 노동자들은 민간 의료보험 수급 자격을 가질 수 있었다. 그들은 이제 무료 진료소를 찾을 필요가 없어야 했지만 [치과가 포함된 의료보험이 별로 없어서] 무료 진료소의 치과 진료를 필요로 하는 사람들은 오히려 늘어나고 있다.

무료 진료소에는 치과용 의자가 마련되어 있지 않으므로 가까운 지역 보건소의 공간을 빌려 일과 후에 치과 진료를 제공한다. 환자들은 대부분 아주 오랫동안 치료를 받지 못하고 미뤄 온 상태이다.

무료 진료소의 치과 업무 담당자인 클라우디아 로자스는 이렇게 말한다.

"못 믿으시겠지만, 이 사람들 대부분은 지난 10년간 치과에 한 번도 간 적이 없어요. 심지어 태어나서 한 번도 치과 진료를 받은 적이 없는 사람들도 있습니다."

로자스는 콜롬비아에서 미국으로 온 이민자다. 콜롬비아에서는 치과의사로 일했지만 미국에서 치과의사가 되려면 치과대학을 처음부터 다시 다녀야 했기 때문에, 대신 치과위생사 자격을 취득했다. 무료 진료소 치과팀은 로자스와 치과 조무사 한 명, 이렇게 둘이다. [무료 진료소 인근] 지역 치과의사들을 설득해 자원봉사로 한 번씩 나와 몇 명의 환자라도 치료받을 수 있게 하는 것도 로자스의 주된 임무 가운데 하나이다. 무료 진료소에 온 환자들 중에는 마약중독 후 재활 과정에 있는 사람들도 있다.

"그런 사람들은 이가 다 녹아서 이뿌리만 남아 있어요."

로자스가 말했다. 그녀는 치아를 뺀 환자들에게 틀니를 만들어 줄 길이 있는지 알아본다. 틀니가 있어야 사회에 다시 나가서 일할 수 있을 테니 말이다. 그렇게 하면 질병과 고통의 순환 고리를 깨트릴 수 있으리라고 로자스는 기대한다. 구강 건강이 중요하다는 사실을 너무 늦게 깨닫는 사람들이 많다는 점을 안타까워하면서, 부모들이 일찌감치 아이들에게 가르쳐야 한다고 그녀는 말한다.

"저라면 아이에게 이렇게 말해 주겠어요. '이는 정말 소중하단다. 보석 같은 거야. 절대 잃어버리면 안 된다는 것, 명심해!'"

한 번의 모금 행사로 로자스와 동료들은 하루 동안 치과 진료를 열 수 있는 기금 5000달러를 가까스로 얻어 냈다. 이 돈은 마틴 루서 킹 2세 목사를 기리는 자선단체에서 후원했다. 2015년 어느 날, 50명이 넘는 환자들이 예약되어 있었고 이들을 치료할 자원봉사 치과의사 세 사람이 진료를 준비했다.

환자들 가운데 키가 크고 가냘픈 여인이 있었다. 그녀는 민박을 운영하는 레이크시아 게더스로, 벌써 몇 달째 얼굴이 부어오른 상태로 계속 일했다. 염증 때문에 잇몸이 쿡쿡 쑤셨다. 제일 많이 썩은 치아 하나는 이미 지난달에 뽑았다.

'마틴 루서 킹의 날'◆ 기념 진료소에서 자원봉사를 하고 있는 치과의사 실라스 대니얼은 무료 진료소의 이사회 구성원이기도 하다. 대니얼은 게더스의 엑스선사진을 들여다봤다. 문제가 많았다. 게더스의 턱 속에는 가시처럼 보이는 조각 두 개가 회색 그림자에 둘러싸여 묻혀 있었다. 뒤어금니 뿌리 두 조각이 부러져 염증에 감싸진 것으로, 잇몸 속의 물혹이다.

"치과 질환에서 나타나는 통증은 압력 때문입니다."

◆ 미국의 인권 운동가 마틴 루서 킹 2세를 기리는 미국의 연방 공휴일로, 1월 셋째 월요일이다.

대니얼이 설명했다.

"염증이 생긴 치아는 세게 흔들고 난 뒤의 콜라 병과 같아요. 압력이 매우 높아진 상태죠."

대니얼이 진료를 시작하자, 게더스는 무릎 위에 두 손을 포개 놓고 얌전히 있었다. 이뿌리를 빼내기가 쉽지 않았다. 가슴을 덮은 에이프런에 피가 묻은 것을 보고 게더스는 두려워졌다.

"이러다가 기절하면 어쩌죠?"

썩은 이뿌리를 빼내고 나면 지금보다 훨씬 더 좋아질 거라고 대니얼이 게더스를 안심시켰다.

"그대로 두면 염증 덩어리가 계속 커질 거예요. 그리고 혈압도, 백혈구 수치도, 혈당도 모두 엉망이 될 거예요."

이제 게더스의 몸은 무거운 짐을 벗게 되었다.

"자, 이제 새로 태어나셨네요."

대니얼이 게더스에게 말했다.

실업 상태인 간호조무사 도나 존슨 아게이트도 그날의 환자 중 한 명이었다. 치과에 대한 과도한 공포가 그녀를 더 힘들게 했다. 아게이트는 오늘 받을 치과 진료가 너무 무섭고 속이 메스꺼워서 간밤에 한숨도 못 잤다고 했다.

"어렸을 때 치과에서 정말 끔찍한 경험을 했어요."

이름이 불리자 그녀는 치과용 의자에 앉으려고 노력했지만 자꾸 벌떡 일어나곤 했다. 결국 피넬라스 대학 학생인 견습 치과 조무사 두 명이 와서 아게이트를 진정하는 데 힘을 보탰다. 키가 크고 호리호리한 젊은 조무사 엠라 쿠크는 그녀에게 심호흡을 하라고 했다. 나이든 할머니 코니 레너드는 손을 잡아 주었다. 그들은 아게이트가 치료받을 수 있도록 도왔다.

"그분들이 함께 있어 준 것이 큰 힘이 되었어요."

아게이트는 진료실을 떠나면서 감사 인사를 전했다.

그날 마지막 환자는 몇 달 동안 통증에 시달린 숀 쿠피였다.

때때로 통증이 너무 심해서, 근처에 있는 성 안토니 병원 응급실에 간 적도 몇 번 있었다. 하지만 그가 처방받은 약은 통증을 일시적으로 줄여 주었을 뿐이다. 쿠피는 레게 머리를 길게 늘어뜨린 키 크고 잘생긴 남자였다. 길고 우아한 손가락이 눈에 띄었다. 젊은 시절에 잠깐 방황했지만 지금은 학교에 돌아와 경영학을 공부하고 있다고 했다. 쿠피를 치료하는 자원봉사 치과의사 존 디는 엑스선사진을 들여다보고 머리를 가로저었다. 그는 심한 충치 말고도 잇몸 질환이 이미 많이 진행되었고, 이대로 두면 결국 모든 이를 빼게 된다고 경고했다.

쿠피는 그럴 줄 알았다고 나지막하게 중얼거렸다.

치과의사는 쿠피에게 국소마취약을 주사하고 치료를 시작했다. 쿠피의 치통은 치아 두 개 때문이었다. 첫 번째 치아를 빼는 데는 시간이 오래 걸렸다. 두 번째 치아에는 큰 충치가 있었다. 너무 심하게 망가져 발치를 피할 수 없었던 치아 두 개가 이제 진료 의자에 달린 기구 정리대 위에 놓였고, 뽑은 치아에 묻은 피가 서서히 말라 갔다.

쿠피는 치과의사와 조무사에게 감사 인사를 남기고 플로리다의 오후 햇살 속으로 사라졌다. 쿠피의 치아 두 개는 이제 곧 의료 폐기물 상자 속으로 들어갈 것이다.

3
응급 상황

~

미국의 의료 체계는 마치 입이 몸과 별개인 것처럼 짜여 있다. 100년이 넘도록 의료 체계는 이렇게 작동해 왔다. 그러나 치통에 시달리는 사람들이 [치과가 아니라] 응급실을 찾는 상황은 이 제도에 이의를 제기하고 있다. 해마다 수십만 명에 달하는 사람들이 치통으로 응급실을 찾고, 이들에게 들어가는 비용은 매년 수억 달러에 달한다. 하지만 그 많은 비용을 지출하고도, 곤경에 처한 환자에게 제대로 도움이 되지 못하기 일쑤다.

2011년 8월 23일 화요일 따뜻하고 맑은 아침, 카일 윌리스는 오하이오주 바타비아Batavia의 지역 병원인 머시 병원 응급실에 갔다. 그 병원은 윌리스가 살고 있는 작은 마을 아멜리아Amelia에서 수 킬로미터 떨어진 곳에 있었다. 24세인 윌리스는 자신이 자란 곳과 멀지 않은 4차선의 오하이오로 옆에 주차된 트레일러에 세 들어 살고 있었다. 윌리스가 일하는 패스트푸드 레스토랑은 집에서 16킬로미터쯤 떨어져 있었다. 세탁소와 현금 출납 상점check-cashing shops,♦ 철물점을 지나면 레스토랑이 보인다. 신시내티 시내와도 가깝다. 윌

♦ 신용이 좋지 않아 은행 계좌가 없는 사람이 개인 수표를 현금으로 바꾸는 금전 거래소로 현금 출납 시 수수료를 낸다.

리스는 여섯 살 난 딸 카일리를 키우고 있었다.

월리스는 보험도 없고 돈도 없었다. 그런데 사랑니가 아팠다. 병원 기록에 따르면 응급실에서 그는 '상세 불명의 치과 질환'으로 진단되어 진통제와 항생제를 처방받았다. 월리스의 고모 패티 월리스 콜린스는 그때 사정을 이렇게 설명했다.

"진통제는 4달러쯤, 항생제는 26달러였어요. 조카는 수중에 4달러뿐이었는데 아팠으니까…… 그래서 진통제만 받아온 겁니다." 월리스는 값이 더 비싼 항생제는 받아오지 않았다.

사랑니에 농이 차올랐고 감염은 더욱 심해졌다.

그 당시 콜린스는 사랑하는 조카가 고통스러워하고 있다는 사실을 전혀 몰랐다고 했다. 나중에야 그녀는 퍼즐을 맞추듯 그동안 일어났던 일들을 하나하나 짜 맞출 수 있었다. 조카가 아프다는 이야기를 처음 들었을 때 콜린스는 로스앤젤레스로 여행하고 돌아오는 길이었다. 공항에 도착해 어머니, 즉 카일의 할머니로부터 온 전화를 받았다.

"엄마가 전화로 말씀하셨어요. '패티, 카일은 이가 많이 아픈가 봐.' 그래서 저는 '집에 도착하면 한번 알아볼게요. 카일이 원한다면, 제가 아는 치과 선생님께 예약해서 카일을 봐달라고 할게요.'라고 했지요."

그러나 패티 콜린스에게는 조카 카일을 위해 치과 예약을 할 기회조차 없었다.

다음 날인 8월 30일 화요일 동이 트기 전, 카일 월리스는 다시 머시 병원에 갔다. 하지만 이번에는 구급차에 실린 채였다.

월리스의 얼굴이 심하게 부어올랐다. 병원 기록에 따르면 처음에는 알레르기 때문일 가능성이 높다고 봤다. 하지만 검사 결과 그 붓

기가 눈구멍 연조직염♦ 때문임을 알게 되었다. 사랑니에서 시작된
염증이 얼굴 조직을 통해 퍼져 나간 것이다. 그 뒤 의사들은 뇌를 둘
러싼 막에서 출혈을 확인했다. 거미막밑출혈♦♦이었다. 치통은 이제
전신의 위기 상황으로 악화되었다.

"그때쯤 이미 그 아이는 경련 탓에 제정신이 아니었어요."

콜린스가 말했다. 같은 날 오전에 윌리스는 다시 구급차를 탔다.
바타비아Batavia에 있는 조용한 교외 병원으로부터 32킬로미터를 달
려 신시내티 시내에 우뚝 솟아 있는 신시내티 대학 병원의 신경외과
병동으로 이송된 것이다.

"그렇게 구급차를 타고 대학 병원으로 간 거예요. 그때 윌리스는
혼수상태였어요."

당시 병원의 진료 기록은 다음과 같다.

"14시 42분 뇌사 판정. 가족 동의하에 …… 인공호흡기 제거함."

"딸이 전화했어요. '엄마, 빨리 오세요. 지금 당장 같이 가봐야
해요.'"

콜린스는 딸이 하는 말을 믿을 수 없었다고 했다. 가족 중 누구도
이 상황을 온전히 받아들이지 못했다. "의사 두 명이 와서 말했어요.
'환자는 생명 유지 장치에 의존하고 있는 상태입니다. 이제는 환자가

♦ 눈구멍의 피부 깊숙이 세균이 침범해 생기는 급성 고름염. 심각한 합병증
을 일으킬 수 있다. 눈확연조직염(봉와직염), 안와봉와직염이라고도 한다.
♦♦ 뇌를 감싼 거미줄 모양의 막인 거미막밑공간은 뇌의 혈액을 공급하는 대
부분의 큰 혈관과 뇌척수액이 차있는데 뇌혈관에 출혈이 생기면 가장 먼저
거미막밑공간으로 혈액이 새어 나간다. 갑자기 머리가 아프고 토하거나 의
식을 잃고 경련을 일으키는 뇌중풍과 비슷한 증상이 나타난다. 지주막하출
혈이라고도 한다.

직접 의사 결정을 할 수 없기 때문에 가족들이 결정을 내려 주셔야 해요.'"

가족들은 모두 함께 기도했다. "하느님, 카일을 돌려주세요. 왜 이러세요? 도대체 왜요?" 그러나 모두 끝난 일이었다. "우리는 모두 카일을 보러 들어갔어요. 직접 봐야만 했으니까요. 아시다시피 병원 사람들 말이, 눈을 보면 알 수 있을 거래요. 눈을 보니까 아무것도 없었어요, 아무것도……. 저는 다가가서 그 애한테 말했지요. '카일, 내가 보이니?' 여전히 아무 반응이 없었어요."

패티 콜린스의 남동생이자 카일 윌리스의 아버지는 의사들에게 생명 유지 장치를 멈춰 달라고 말했다.

"그 사람들이 선을 뽑았어요. 20분쯤 지났을까. 모든 것이 멈췄어요. 그렇게 끝이 났어요."

기록에 따르면 사망 원인은 치성 농양(치아로 인한 고름집)에 따른 뇌부종(뇌부기)이었다.

카일 윌리스의 장례식은, 그가 자랐던 오하이오강 옆의 작은 마을 뉴 리치먼드New Richmond에 위치한, 흰색 콘크리트블록으로 지어진 하느님의 교회Church of God♦ 건물에서 열렸다. 그는 시내 외곽, 숲이 우거진 가파른 언덕에 조성된 오래된 묘지에 묻혔다. 윌리스의 딸 카일리는 아빠를 그리워한다고 했다. 그 아이는 할아버지가 돌보고 있다.

패티 콜린스가 지난 일들을 정리해 이야기를 들려준 날은 끔찍하게 추운 2월의 어느 날이었다. 우아한 얼굴의 콜린스는 짙은 갈색 옷

♦ 미국 테네시주 클리블랜드에 본부를 두고 있는 오순절 교단의 교회.

을 입었고, 부드러운 갈색과 흰색 깃털로 만든 모자를 쓰고 있었다. 그녀는 한때 신시내티 벵골스◆ 소속 치어리더였으며, 제임스 브라운James Brown◆◆ 및 [펑크 밴드인] 팔리아먼트Parliament와 연주한, 유명한 펑크 베이스 기타 연주자 부시 콜린스와 결혼했다. 남편을 만났을 때 그녀는 에어로빅 강사였다. 결혼 후 그녀는 신시내티에서 남편의 음악 관련 일과 자선사업을 관리했다. 신시내티에서 콜린스 부부는 이 두 분야 모두에서 명망을 얻고 있었다.

조카가 사망한 뒤 콜린스 부부는 치과 진료의 중요성에 대해 공개적으로 발언하기 시작했다. 두 사람은 시의회 회의에 참석했다. 회의 주제는 카일 윌리스의 사망, 나아가서는 신시내티와 그 주변 지역에서 치과 진료를 제대로 받지 못해 생기는 문제들에 대한 것이었다. 시 공무원들은 이런 비극을 막는 방법에 대해 논의했고, 치료가 필요한 사람들이 적절한 시기에 진료를 받을 수 있도록 신시내티 중심가에 있는 시립병원의 진료 시간을 연장하기로 결정했다. 치과 진료실로 이어지는 좁은 복도에는 카일 윌리스를 추모하는 명판이 부착되었다.

병원을 방문한 콜린스는 밝게 웃는 조카의 사진을 바라보며 안타까워했다. "저 미소를 보세요. 저 이들도요. 그 아이는 그 사랑니, 단한 개만 문제였을 뿐이에요."

풀뿌리 시민 단체 '지금 치과에 가자'에 따르면 카일 윌리스가 사망한 2011년 한 해만, [메디케어나 메디케이드 같은] 공공 의료보험에

◆ 전미 미식축구 연맹NFL에 속한 팀.
◆◆ '솔뮤직의 아버지'로 불리는 20세기 가장 영향력 있는 가수·작곡가.

들었거나 의료보험이 없는 8만 4000명 이상의 오하이오 주민들이 치과 문제로 병원 응급실을 찾았다. 이들이 2014년에 발표한 보고서에 따르면 "오하이오 주민들이 응급실에 가는 이유 중 하나는 지역사회에 자신들을 받아 줄 만한 치과 의료 기관을 찾기 힘들기 때문이다. 오하이오주에는 연방 정부가 지정한, 치과 전문 인력 부족 지역이 84군데나 있다."[1]

윌리스가 살던 약간 시골풍인 클러몬트Clermont 카운티도 그런 지역 중 하나였다.

~

통증으로 고통받는 사람들에게 응급실의 문은 조건 없이 열린다. 환자는 주머니에 현금이 없어도, 예약을 하지 않아도, 신분증을 제시하며 자신의 신원을 밝히지 않아도 된다. 그저 접수대에 가서 도움을 청하면 그뿐이다. 메디케이드 및 메디케어 환자를 받는 모든 병원은 환자가 시민권자인지, 치료비를 지불할 능력이 있는지와 상관없이, 심지어 환자가 범죄자일지라도, 방문한 모든 환자의 상태를 확인해 문제를 해결해 주도록 되어 있다. [응급실이라고 적힌] 붉은 글자의 표지판은 적어도 당분간은 어떤 식으로든 고통을 줄일 수 있다는 희망을 준다.

치과 문제로 응급실을 찾는 환자들이 많아질수록 전체 보건 의료 체계에 엄청난 비용 부담이 된다. [응급실에서는] 환자에게 정말로 필요한 [치과] 진료는 거의 못 해주는 형편인데, 치과 진료 없이는 [진통제 처방을 해도] 문제가 더 악화되기 때문이다. 드물게는 항생제가 등장하기 전처럼 [감염 때문에] 생을 마감하기도 한다. 치과 문제로 응급실에 가야 하는 현실은 고통받는 환자들, 아수라장인 응급실에서 일하는 사람들, 그리고 세금을 내는 시민들, 그 누구에게도 만족스러운 상황이 아니다.

2000년과 2010년, 이 10년 사이에 치과 문제로 응급실을 찾는 수가 거의 두 배로 증가했다. 2014년 발표된 대규모 연구 결과에 따르면, 충치, 구내염, [입안의] 고름집, 잇몸 염증, 그리고 이와 관련된 불편함 등을 이유로 응급실을 찾은 건수가 2008년부터 2010년까지 3년 동안에만 400만 건 이상이고, 여기에 든 비용은 총 270억 달러에 달했다. 하지만 응급실을 찾은 환자들은 고작 약을 처방받았을 뿐 실질적인 치과 진료는 거의 받지 못했다. 그 10년 동안 환자 101명이 응급실에서 사망했다.[2]

전국적인 병원 응급실 데이터베이스에서 얻은 자료를 바탕으로 연구진은 다음과 같은 사실에 주목했다. 정기적으로 전문가의 관리를 받으면서 자가 관리도 함께 이뤄졌다면 이 수많은 문제들을 훨씬 저렴한 비용으로, 그리고 효과적으로 해결할 수 있었을뿐더러, 상당 부분은 예방도 가능했을 것이다. 하지만 보험이 없고 치료비를 지불할 능력이 부족해서, 정기적인 예방 서비스를 받지 못하거나 지리적으로 고립되어 있어서, 부실한 식단과 불량한 구강 위생 때문에 응급실 신세를 져야 할 정도로 입안 상태가 나빠지는 사람들이 생긴다고 연구진은 밝혔다. 아프거나 열이 나거나 상처가 나서 [비교적 사소한 문제로] 응급실을 너무 많이 찾는 것은 국가적인 문제가 된다. 특히 치과 문제로 응급실을 찾는 환자의 수는 다른 이유로 응급실을 찾는 경우보다 훨씬 빠르게 증가한다. 2015년 연구에 따르면 응급실 방문의 2퍼센트 이상이 [사고가 아니라 아프거나 열이 나는] 일반적인 치과 문제와 관계된 것으로 나타났다.[3]

의학적 관점에서는, 사람들로 하여금 응급실을 찾게 하는 무수히 많은 건강 문제의 절반 이상이, 만약 즉시 이용할 수 있는 다른 방법만 있다면, 굳이 병원에 가지 않아도 되는 것들이라고 전문가들은 말한다. 『뉴욕 타임스』의 [건강 부문 칼럼니스트인] 제인 브로디는 [앞서 언급한] 위기 상황을 다룬 칼럼에서 "사람들은 주치의의 진료실이 문을 닫은 시간이면 별로 심각하지 않은 문제로도 응급실을 찾곤 한다. 결국 전문가로서 의사는 전처럼 왕진을 가지도 않고, 휴일이나 한밤중에 환자와 연락이 닿지 않아서 생기는 문제를 해결하지 못하고 있는 것이다."라고 설명했다.[4]

하지만 치과 문제로 응급실을 찾는 사람들은 다니던 치과가 문을 닫아서가 아니라 대부분 주치의가 없기 때문에 간다. 미네소타 대학의 연구에 따르면 "응급실에 내원하는 환자들은 대부분 치과가 문을 연 주중에 응급실을 찾았다. 응급실 내원 환자의 약 75퍼센트가 주중에, 이 가운데 4분의 3은 오전 8시부터 오후 8시 사이에 내원했다. 따라서 대부분의 경우, 환자들은 치과가 문을 닫아서 응급실에 간 것이 아니었다. …… 다시 말해 응급실 방문은 [야간 진료와 같은] 일과 후 연장 진료의 필요와는 관계가 없다는 뜻이다." 그들은 미니애폴리스-세인트폴 지역에 있는 주요 병원 다섯 곳의 응급실 내원 중 1만 건이 넘는 사례를 분석했다. 내원에 따른 비용은 500만 달러에 달했는데 대다수의 환자는 민간 보험이 아닌 메디케이드 및 기타 공공 재원 프로그램의 수혜 대상자였기에 사실상 시민의 세금으로 [메디케이드 및 기타 공공 재원 프로그램 수혜자의 응급실] 치료비를 부담한 셈이었다.♦ 하지만 그마저도 환자들은 제대로 도움이 되는 치료를 받

♦ 한국은 1951년 〈국민의료법〉이 제정되면서 진료 거부를 금지했지만, 미국

지도 못했다. 공공 재원 프로그램을 적용받는 환자들을 진료할 치과의사가 부족한 현상은 미국 어디든 마찬가지다. "절반 이하의 치과의사가 공공 치과 보험 프로그램에 참여하며, 프로그램에 참여하는 치과의사도 한정된 수의 환자만 진료하는 경우가 종종 있다."[5]

2010년 〈환자보호 및 부담적정 보험법〉에 따라 메디케이드의 적용 범위가 확대되면서 메디케이드의 추가 수혜자가 된 사람은 수백만 명에 달한다. 그러나 이들은 여전히 치과 진료를 제공하는 치과의사를 찾기 힘들다. 2015년의 보고서는, 미국의 많은 주에서 새로 메디케이드를 적용받게 된 성인들에게 치과 진료를 해줄 곳을 여전히 찾기 힘들며, 그리하여 이들은 앞으로도 계속해서 응급실로 향할 것이라고 결론 내렸다. 연구를 이끈, 캘리포니아 대학교 샌프란시스코 캠퍼스 응급의학과 부교수 마리아 레이븐은 이렇게 설명했다.[6]

"외래 진료실에서도 충분히 치료할 만한 치과 문제로 응급실을 많이 찾는다는 것은 우리의 보건 의료 체계가 치과 진료를 기타 예방 진료와 다르게 취급한다는 사실을 보여 줍니다. 실제로 치과 진료는 한 사람의 전체적인 건강과 안녕well-being의 한 부분으로 고려해야 하는데도 말이지요."

은 1986년부터 연방법에 따라 응급실에 내원한 환자의 진료 거부를 금지하고 있다. 치료비를 지불할 능력이 없는 환자(대부분 메디케어나 메디케이드 수혜자)의 응급실 이용에 따른 환자 부담금은 없지만, 병원은 응급실 비용을 정부에 청구한다. 실제로 미국인의 응급실 이용은 2005년 1억 1530만 건에서 2016년 1억 4560만 건으로 증가했지만, 그중 메디케어, 메디케이드 및 무보험자의 응급실 이용 증가세가 2005년 59.2퍼센트(6820만 건)에서 2016년 66.3퍼센트(9660만 건)로 훨씬 가팔랐다(자료 : https://pubmed.nc bi.nlm.nih.gov/30977849).

29개 주에서 [사고가 아닌] 일반적인 치과 문제로 카운티 수준의 응급실을 찾은 비율을 조사한 연구에 따르면, 이런 사례의 대부분을 차지하는 도시 지역에서 메디케이드 치과 보험이 응급실 방문 횟수를 줄이지 못한 것으로 나타났다. 메디케이드 환자를 받아 주는 치과의사가 부족해 이들은 계속 응급실을 찾을 수밖에 없었다고 연구자들은 밝혔다.

오랫동안 이어져 온 의과와 치과의 간극을 좁힘으로써 이런 문제를 해결할 수 있으리라고 이들은 주장한다. 또한 응급실에 자체 치과 진료실을 갖추고, 치과 준✦의료인✦을 채용할 것을 제안했다. 의료 부족 지역에서의 진료 공백을 메우기 위해 지난 수십 년간 일해 온 전문 간호사✦✦와 유사한 치과 준의료인을 응급실에 배치하자는 것이다. 또한 환자에게 예방 목적의 정기적인 치과 방문을 의뢰하는 의료인이나 보험회사에 인센티브를 부여하는 방안도 제안했는데, 이

✦ 한국은 치과의사, 치과위생사, 치과기공사, 간호조무사 등이 있고 이들의 자격과 업무 범위가 법으로 정해져 있지만, 나라마다 상황에 따라 치과 치료사, 치과 간호사, 틀니사 등의 인력이 치과의사의 업무 일부를 제한된 조건 아래 수행하는 경우도 있다. 의과 영역에서는 의사 보조physician assistant나 전문 간호사nurse practitioner가 의사 업무의 일부를 수행하기도 하고, 북한의 경우 의사와 준의사를 두고 있다. 여기서 치과 준의료인은 전문적인 훈련을 받고 보조적인 치과의사 역할을 수행하는 인력의 의미로 사용했다.

✦✦ 1960년대 미국 의료 인력 부족을 메우기 위해 공식적으로 생긴 의료 직종으로 진단 및 처방과 진료 계획을 수립하고 환자를 돌볼 수 있어서 1차 의료를 제공하는 중요한 역할을 하고 있다. 주에 따라 의사의 감독하에 일하기도 하고, 독립적으로 환자를 진료할 수도 있다. 치과 준의료인을 채용하자는 제안은 치과위생사 등의 직군이 기존에 치과의사가 하던 환자 진료, 건강관리, 예방 업무의 일부 및 개원을 허용하자는 것이다.

것은 [현재 미국에서] 일반 의사나 보험회사가 대장암과 자궁암 검진을 위해 환자를 전문의에게 의뢰하면 인센티브를 받는 것과 비슷하다. 환자들이 치과 문제로 응급실을 찾는 상황에 주목하고, 그 원인이 치과 의료 체계와 그보다 넓은 범위의 보건 의료 체계 간의 단절 때문이라고 판단한 사람들은 레이븐의 연구팀 이전에도 있었다. 이런 식의 권고도 이들이 처음 한 것은 아니었다. 이 둘의 간극을 인식하고 그 틈을 메울 방안을 모색해 온 보건 의료 정책 전문가들은 오래전부터 있었다.

1926년에 윌리엄 존 기스*는 치과 체계를 비판한 보고서를 출간했다. "병원과 [자선단체가 운영하는] 진료소에서 제공해 온 치과 진료는 꾸준히 늘었지만 여전히 부족하다. 병원에 치과 전공의**가 필요하다는 사실은 명백하다."[7]

이런 위기 상황에 대응해 최근 일부 주에서는 지역사회 차원에서 몇 가지 조치를 취했다. 치과 및 공중 보건 그룹이 만든 응급실 전환 프로그램으로, 응급실로 향하는 환자들을 치과 진료소로 데려오려는 것이다. 공공 및 민간 비영리 지역사회보건센터는 2014년에 약 470만 명의 치과 환자를 진료했다. 이들은 빈곤 지역 및 농촌 지역에서 구강 보건 프로그램을 새로 만들거나 기존 프로그램을 확장할 수 있

---

* 미국의 생화학자이자 치과의사로 현대 치의학 교육의 창시자로 널리 인정받고 있다. 1926년 미국과 캐나다의 치의학 보고서인 「미국과 캐나다의 치과 교육: 교육 발전을 위한 카네기 재단 보고서」를 발표했는데, 이는 치의학의 중요성을 말하며, 전문 직업인과 의료 전문직 대학 교육을 치의학의 필수 요소로 확립한 획기적인 보고서였다.
** 전문의 자격을 얻기 위해 병원에서 일정 기간 교육과 훈련을 받는 의사로 흔히 인턴과 레지던트로 나뉜다.

도록 연방 보조금을 받았다.[8] 치과의사 단체가 맹렬히 반대하고 있지만 다른 몇몇 주와 치과 부족 지역에서 훈련 및 고용에 비용이 덜 드는 치과 준의료인 제도를 도입하려 하고 있다. 치과와 훨씬 거대한 보건 의료 체계, 이 둘의 간극을 줄이는 일은 쉽지 않다. 이 둘은 너무 오랫동안 떨어져 있었다.

~

200년 전에는 둘의 경계가 지금처럼 뚜렷하지 않았다. 카일 윌리스가 살았던 이동 주택 주차장에서 북동쪽으로 한 시간 거리에 오하이오주 베인브리지Bainbridge 마을이 있다. 지금은 박물관으로 남아 있는 작은 집은 1820년대에 존 해리스라는 동네 의사가 의대 진학을 준비하는 이들에게 수업을 했던 곳이다. 당시에는 정식 치과대학이 없었다. 치과는 통상적으로 '치료 기술'이라기보다 '장사'의 한 분야로 여겨졌다. 기록에 따르면, 해리스는 원하는 사람들에게 약간의 치과 기술을 가르치기도 했다. "그는 환자를 흔들의자에 앉혔고, 알코올로 마취를 했다. 수업 재료로는 원주민♦의 두개골과 영국에서 수입한 교과서를 사용했다." 『미국의 치과의사 : 사진과 그림으로 보는 미국 치의학의 초기 역사』에는 이런 설명이 있다.[9] 존 해리스에게는 채핀 해리스라는 동생이 있었는데, 채핀은 아마도 형에게서 치과 술

♦ 북아메리카 원주민을 가리키는 '인디언'은 콜럼버스를 포함한 유럽인들이 처음 도착한 곳을 인도로 잘못 알고 원주민을 그렇게 부른 데서 유래했다. 문제가 있는 용어라 미국에서는 '아메리카 원주민'Native Americans을 주로 쓰고, 역사적 사건 및 법률 용어에 인디언이라고 쓰기도 한다. 이 책에서는 법률 명칭을 제외하면 주로 '부족'tribla 및 '원주민'native이라고 썼고 아메리카 인디언American Indian도 일부 썼는데 번역어는 원주민으로 통일했다.

식을 배웠을 것이다. 얼마 후 채핀 해리스는 형으로부터 독립해 얼마간 오하이오에서 진료했다. 기록에 따르면 그는 [오하이오주] 그린필드Greenfield에서 1828년에 "발치, 스케일링, 충치 땜질" 등을 했다고 한다. 다시 오하이오의 블룸필드Bloomfield로 옮겨 2~3년 동안 "치과, 내과 및 외과" 의사로 일했다.[10]

채핀 해리스는 1830년대에 볼티모어에 정착했는데, 카일 윌리스를 사망에 이르게 했던 것과 비슷한 감염증을 접하게 된다. 여기저기 다니며 진료하는 동안 그는 자신이 본 환자 사례들과 다른 의사로부터 전해 들은 사례들을 모았다. 그가 수집한 환자 증례症例 기록 중 상당 부분은 통증과 광범위한 주위 조직의 파괴를 초래하는 치성 농양이었다. 때로는 감염이 뇌로 퍼지기도 했고, 때로는 목구멍을 막았다. 어느 쪽이든 모두 끔찍하게 끝이 났다. "[메릴랜드주] 프레더릭 Frederick의 내 동료 의사는 얼굴과 위턱 아랫부분에서 격심한 통증을 느끼며 괴로워하던 한 젊은 신사로부터 왕진 요청을 받았다. 그 고통의 원인은 어금니 뿌리에 있었다."

감염은 계속 진행되었고 "숙련된 의사의 고군분투에도 불구하고 염증은 빠르게 퍼졌으며, 치료하기 힘든 고열이 계속되었다. …… 며칠 후 환자는 사망했다."[11]

물론 오늘날 미국에서 치성 농양으로 죽는 경우는 당시보다 훨씬 드물다. 감염은 예방할 수 있고 치료도 가능하다. 그러나 그런 문제로 입원까지 하는 환자들이 여전히 있다. 여전히 사망에 이르기도 한다. 『근관치료학회지』♦에 발표된 논문에 따르면 "200년 전에는

♦ 치아 내부 신경관 질환의 원인·진단·예방·처치를 다루는 분야의 학술지.

[이뿌리 끝까지 연결된 치아 내부의 신경관인] 근관 감염의 결과인 고름집은 사형선고나 다름없었다. 사망의 주된 원인이 치성 농양인 경우가 종종 있었다."[12]

"치과학의 발전으로 이뿌리 끝 고름집은 예방과 치료가 가능해져 일반적인 치과 진료실에서 치료를 받는다면 치료 성공률이 높다. 하지만 치료하지 않고 방치할 경우, 입원으로 이어지는 심각한 결과를 초래할 수 있다." 2000년부터 2009년까지 9년 동안 전국적으로 이뿌리 끝 고름집에 따른 입원은 총 6만 1439건이었다. 물가상승률을 고려한 입원 비용은 8억 5890만 달러에 달한다. 평균 입원 기간은 3일에 가깝다. 사망한 환자는 총 66명이다. "치과 보험이 없으면 [비싼 진료비 등의 장벽 때문에] 치과에 가기 힘들뿐더러, 정부가 지원하는 치과 치료의 범위가 한정되어 있어서, 이뿌리 끝 고름집으로 입원하는 사태를 궁극적으로 막을 방법, 즉 예방 진료 및 정기검진을 받는 사람은 거의 없다." 환자들 가운데 거의 44퍼센트가 공적 자금으로 운영되는 메디케어 및 메디케이드 자금을 지원받았고, 이 비용은 결국 납세자들이 부담하게 된다.

~

사랑니에 발생한 염증으로 카일 윌리스는 죽음에 이르렀다. 그러나 사랑니 발치는 많은 젊은이들, 특히 치과 보험과 치료비를 지불할 수 있는 사람들에게는 통과의례와도 같다. 2014년 4월 『미국공중보건학회지』에 발표된 연구에 따르면 미국인들은 매년 사랑니 발치에 30억 달러를 지출한다. [사랑니 발치] 수술을 받는 데 가장 큰 영향을 미치는 [예측] 변수는 보험이 사랑니 발치를 보장하는지 여부였다. 『로스앤젤레스 타임스』는 2015년 사랑니 발치를 다룬 기사에서, 보장성이 높은 보험에 가입한 사람조차 20퍼센트의 본인 부담금, 즉 사랑니 네 개를 발치하는 데 최대 500달러까지 지불할 수도 있다고 보도했다. 이 기사에서 일부 전문가들은 문제를 일으킬 것 같지 않은 사랑니를 "[나중에 생길지도 모를 문제] 예방을 위해" 발치할 필요가 있는지 의문을 제기했다.[13]

반면에 가난해서 보험이 없거나, 공보험에 가입한 성인들은 반드시 필요한 치료조차 못 받기 일쑤다. 국가 재정이 어려울 때는 더욱 그렇다.

경제 침체기에 정부는 재정 부담 때문에 종종 메디케이드의 성인 치과 급여를 삭감하는 조치를 취한다. 하지만 경제가 어려울수록 메디케이드의 치과 보험을 필요로 하는 사람들은 더 많아지는데, 급여 삭감 결과 치과 문제로 응급실을 찾는 사람들이 증가하게 된다. 퓨 자선기금* 산하에 있는 퓨 국내 센터의 연구 결과에 따르면 치과 진료를 미루다가 생긴 충치나 고름집 등의 치과 질환 탓에 환자들은 오히려 더 비싼 응급치료를 받게 되고, 긴축재정 상태의 정부와 납세자들이 다시 그 비용을 부담하는 악순환에 이른다. [2008년 경제 위기 직후] 경기 불황기였던 2009년 한 해에 응급실을 찾은 환자들의 1차 진단명을 분석한 결과 83만 590건이 예방할 수 있는 치과 질환이었다. 이는 경기 불황 이전인 2006년과 비교했을 때 16퍼센트 증가한 것이다. "정부는 이런 비용의 일부를 메디케이드와 다른 공공 프

---

* 1948년 창설되었으며, 필라델피아에 본부를 둔 미국의 비영리·비정부단체로 공공 정책을 개선하고, 대중에게 알리고, 시민의 생활을 자극함으로써 공익에 봉사하는 것을 목적으로 한다. 환경, 경제, 보건 및 인적 서비스에 관련된 공공 정책 영역을 다룬다.

로그램을 통해 부담한다. 심각한 충치로 말미암아 병원에서 전신 마취까지 해야 하는 경우에는 특히 많은 비용이 든다." 퓨 자선기금의 보고서 「비용 부담을 피해 치과 대신 응급실을 택하는 현실: 세금으로 메꾸는 응급실 치과 진료비」에서 밝힌 사실이다. 퓨 센터는 불소가 함유된 식수를 공급받지 못하는 25퍼센트의 미국인들에게 주 정부가 수돗물 불소화 프로그램을 확대할 수 있도록 투자할 것을 제안했다. 그렇게 하면 환자들이 병원 응급실을 찾는 일도 줄고 구강 건강이 증진되어 최종적으로 [의료] 비용도 절감할 수 있다고 했다. 그리고 치과와 의과 진료의 간극이 큰 소외 지역에서 예방 치과 진료의 접근성을 늘릴 수 있도록 더 폭넓은 건강 보장 체계를 마련할 것을 권고했다. "의료인들이 치과 질환을 예방하는 데 좀 더 많은 역할을 해야 한다." 소아과 의사, 전문 간호사 등의 의료인들도 적절한 훈련을 받는다면, 구강 검사를 하고 어린 환자들에게 충치를 예방하는 불소 바니시를 발라 줄 수 있다. 추가 진료가 필요하면 아이들을 치과의사에게 의뢰할 수 있다. "[의사·간호사 등] 의료인을 [치과 진료에] 참여시키는 것은 좋은 해결책이다. 이들은 치과의사보다 어린아이들을 더 일찍 그리고 더 자주 만나기 때문이다."[14]

~

유니버시티 병원♦은 뉴저지주 뉴어크 중심부에 위치한 광역 1급 외상 센터이다. 끔찍한 부상을 입은 환자, 광범위한 감염 환자, 심각한

♦ 뉴저지주 의과 및 치과대학의 교육 병원이었다가 대학이 럿거스 대학교와 합병한 뒤 병원은 '유니버시티 병원'이라는 이름으로 남아 뉴저지주 소유의 독립된 의료 기관으로 운영되고 있다.

심장마비 환자가 끊임없이 쏟아져 들어올 뿐만 아니라 치통을 호소하는 환자도 이곳으로 온다. 이 병원은 뉴저지 빈곤 지역에서 치과 문제로 응급실을 찾은 사례를 분석한 2014년 연구에 포함되었다. 럿거스 의료 정책 연구소와 럿거스 치과대학 연구팀에 따르면, [치과 문제로 응급실을 찾은] 주된 환자 층은 의료보험이 없거나 메디케이드의 적용을 받는 젊은 성인들이었다. 연구 결과가 발표된 뒤, 럿거스 치과대학 학장인 세실 펠드먼은 "치과 치료에 대한 응급실 의존도가 높다는 것은 큰 문제를 의미한다. 첫째, 불충분한 치과 진료가 심각한 결과를 낳을 수 있다는 사실에 대해 놀라울 정도로 무지한 대중, 둘째, 구강 건강을 전신 건강의 중요한 측면으로 보지 않는 현재의 제도."라고 썼다. 그녀는 [지역신문인] 『뉴어크 스타레저』에 실린 한 객원 칼럼에서 "치과 진료는 여전히 하얀 치열을 갖기 위한 사치스러운 미용 시술이라는 오해가 많다."고 지적했다. 펠드먼은 또한 현재의 의료 제도가 치과 질환으로 고통받는 환자를 응급실로 내몰고 있다고 비난했다. "많은 사람들에게 치과에 간다는 것은 비용 면에서나 물리적으로 쉽지 않다." 민간 치과 의료 기관의 문은 사람들에게 여전히 닫혀 있지만 응급실 문은 항상 열려 있다.

이 날은 유니버시티 병원 응급실에 있는 모든 구역이, 쓰러지거나 피를 흘리거나, [고통에] 몸을 웅크린 사람들로 가득 찼다. 치통 환자 샤티나 자일스는 이미 특별 구역으로 옮겨져 그곳에서 간호사를 기다리고 있었다. 26세의 지역 전문대학 학생인 자일스는 입고 온 옷 그대로 병상에 시트 한 장만 덮고 누워서 그동안 치아에 무심했던 것을 후회하고 있었다. 특히 위 어금니가 가장 아팠다.

"입안에서 끔찍한 맛이 느껴져요. 이가 썩었나 봐요."

자일스는 말했다.

"이렇게 되도록 내버려 둔 것이 정말 부끄러워요."

그녀의 얼굴은 부어 있었다.

"밤새 울었어요. 머리가 터져 버릴 것 같아요."

그녀의 상황은 카일 윌리스가 맞닥뜨린 상황보다는 나았다. 유니버시티 병원과 같은 대형 교육기관에는 치과 응급 상황을 해결할 의료진과 장비가 있지만 지역 병원은 그렇지 못한 경우가 많다. 치성 농양이 심각한 환자가 와도 고름을 배출하는 치료를 받을 수 있다고 응급실 수석 전공의 데이브 우드코치가 말했다. 유니버시티 병원[응급실]에는 치과 전공의가 순회 근무를 하거나 치과 자문을 위해 치과 전공의를 호출할 수 있다. 이 병원은 럿거스 치과대학 옆에 위치해 있는데 치과대학은 이 병원의 중앙 로비 바로 옆에 있는 치과를 포함해 몇 개의 치과 진료실을 운영하고 있다.

치과 문제로 응급실에 도착하는 환자들은 [일반 환자와는 달리] 대개 자일스가 지나온 경로를 따른다고, 응급 의학과의 의무장 그레고리 수갈스키가 설명했다. 수갈스키는 군인 느낌을 주는 젊고 활기찬 의사였다. "대부분의 환자는 외래 응급실fast-track◆ 구간을 통과하면서 전문 간호사에게 진찰받습니다. 얼굴에 연조직염이나 고름집이 보이면 치과에 호출해 환자를 보러 와달라고 합니다." 치과의사는 진찰 후 환자에게 항생제와 진통제를 처방하고, 대개는 이후에 후속 치료를 받을 수 있도록 치과로 의뢰한다. 가난한 도시 주민을 진료하는 [유니버시티 병원] 의료진은 약값과, 환자들이 병을 치료하는 과

◆ 중증도에 따라 환자를 분류해, 경증 환자의 입실·치료·퇴원을 한 번에 시행해 응급실 체류 시간을 줄여 응급실 과밀화를 해소하려는 응급실 구역.

정에서 직면하는 어려움을 고려하면서 일할 수밖에 없다.

"환자들에게 보험이나, 지원받을 방도가 딱히 없다면 우리는 되도록 월마트 목록◆에 있는 5달러짜리 같은, 아무튼 값싼 약을 처방하려고 노력합니다. 그들이 구입할 수 없는 약을 처방하지는 않으려고 해요."

그럼에도 수갈스키는 고통받는 환자가 돈이 없어서 약을 한 가지밖에 못 살 때 어떤 약을 살지 잘 알고 있다. 환자는 카일 윌리스와 같은 선택을 할 가능성이 높다.

"둘 중 하나만 선택하라고 하면, 환자는 항생제보다는 진통제를 고를 겁니다."

[약 처방만으로 해결되지 않기 때문에] 나중에 꼭 치료를 받아야 한다고 수갈스키는 말하지만 병원 내에 있는 치과는 매일 아침마다 환자로 가득 찬다. [병원 내] 치과에서 필요한 치료를 받으려면 [다른 날로 예약해] 다시 내원해야 할 수도 있다.

"이 동네 환자들을 치료하면서 가장 큰 걱정은, 환자가 [응급처치 후] 후속 진료를 받지 않으면 어쩌나 하는 거예요."

그는 치과와 의과 두 분야 간의 협진이 나아지고 있다는 이야기를 듣지만, 여전히 응급실에서 치통을 해결하지 못할 때를 떠올리면 아찔함을 느낀다고 말했다.

"만약 제가 새벽 2시에 치통 때문에 괴로운데, 그때 유일하게 문을 연 곳이 응급실이라면, 할 수 없이 응급실에 가야 할 거예요. 하

◆ 미국의 월마트나 타깃 등 큰 마트 안에 있는 약국에서, 보험이 없어도 처방받은 복제약 30일 치를 4~5달러에 살 수 있는 약품 목록.

지만 [응급실에서는 해결되지 않으니] 결국은 다른 의료 체계인 치과로 다시 가야만 할 겁니다."

2조 9000억 달러 규모에 달하는, 미국의 현대적 의료 제도에서 치아는 배제되어 있다. 의과와 치과 사이의 깊은 간극에는 금기에 가까운 일종의 미스터리가 남아 있다. 심지어 전쟁터 같은 [응급실] 상황에서도 끄떡없던 의사에게도 치과 진료는 쉽지 않을 수 있다. 데이브 우드코치는 유니버시티 병원 전공의 수련 과정 동안 그가 상상할 수 있는 모든 종류의 응급 상황에 대처하는 법을 배웠다고 했다. 심지어 병원의 [입안, 턱, 얼굴 부위의 질환을 진료하는] 구강악안면외과에서도 2주를 보냈는데, 그곳에서 발치도 배웠다. "[입안] 마취법을 배우는 게 [구강악안면외과에 갔던] 주된 목표였어요. 하지만 이를 뽑는 진료실이 따로 있었고 이를 뽑으러 오는 환자들이 많았죠. 그래서 순회 근무를 하면서 이를 뽑았어요."

온갖 끔찍한 외상을 다 봐왔지만 그에게 발치는 여전히 어렵다.

"아마도 저는 치과의사로는 적합하지 않은 것 같아요."

그가 설명했다.

"제가 스물두 살이었을 때 충치가 처음 생겼어요. …… 제가 평생 겪어 본 것 중 가장 끔찍한 경험이었지요. 누군가가 제 치아에 구멍을 뚫는다는 것은. …… 만약 익숙해지지 않는다면…… 하긴 그런 사람이 있기나 할까요? 그런 제가 다른 사람의 치아를 빼려고 하니 마음이 편치 않았어요. 정말 부담스러운 일이에요. 눈을 심하게 다친 환자를 보는 것과 비슷해요."

수갈스키는 말없이 귀를 기울이고 있다가 그럴 수 있다고 말했다. "저는 이런 경우가 데이브만의 특별한 경우라고는 생각하지 않아요. 우리 의사들 대부분은 이를 뽑는 게 뭔가 껄끄러워요."

어째서 이런 감정이 생기는지 그는 설명할 수 없었다. 유니버시티 병원 응급실에 근무하기 전까지 수갈스키는 군의관이었다. 그는 이라크와 아프가니스탄에서도 복무했다. 총을 맞은 환자들, 지뢰 폭발로 다친 부상자들도 치료했다. 그 이후에도 심한 부상을 다룬 적이 여러 번 있었다. "우리는 튜브를 가슴에 넣어요. 사람들의 가슴을 활짝 열어젖히는 일도 아무렇지 않게 하지요. 저는 이제 그런 종류의 상황에서는 당황하지 않습니다. 하지만 글쎄요. 치아를 뽑는 일은 뭔가…… 당혹스러워요. 환자의 지극히 사적인 영역을 침범하는 느낌이기도 하고. 글쎄요, 잘 모르겠어요."

4
코 아래의 세계 : 구강

~

"치아만 보여 주면 당신이 어떤 사람인지 말해 줄 수 있습니다." 동물학자 조르주 퀴비에의 말이다. 그는 치아가 인생 역정을 말해 줄 수 있다고 믿었다. 18세기 말에서 20세기 초 프랑스에서 활동한 퀴비에는 각각의 동물들을 정교하게 구성된 완전체로 봤다. 그는 낙타의 앞니와 발목뼈는 서로 "무한한 조화"를 이룬다고 했다. 또 쥐사슴 chevrotain으로 알려진 작은 사슴의 송곳니와 종아리뼈도 그런 관계라고 생각했다. 육식동물의 이는 그 동물의 눈·다리·내장·뇌 등과 조화를 이루며 육식동물의 본능을 표현한다고 퀴비에는 주장했다. 그는 이만 보고도 어떤 생물인지 알아낼 수 있으며, 생태계에서 그 생물이 차지하는 위치를 추론할 수 있다고 했다. 혁명·격변·재난은 종 전체를 멸종할 수도 있다. 이제는 존재하지 않는 동물들의 이와 뼈는 멸종된 동물이 한때 존재했다는 사실을 보여 주는 증거라고 퀴비에는 주장했다. [동물의] 몸을 하나의 완성된 체계로서 본 그에게 적응에 따른 변화, 즉 진화는 받아들일 수 없는 주장이었다.[1]

고생물학의 아버지 퀴비에는 1832년 무덤에 묻힐 때까지 진화의 가능성을 부인했다. 그의 제자인 루이 아가시도 마찬가지였다. 찰스 다윈의 연구가 과학계를 흔들어 놓았을 때도 아가시는 진화를 납득하지 못했다. 1848년에 하버드 대학교 교수직을 수락한 아가시는 평생토록 확고한 수집광이었으며 탐험을 통해 수집한 많은 보물들을

하버드에 남겼다.♦

매사추세츠주 케임브리지 디비니티Divinity가에 있는 피바디 고고학·민속학 박물관은 다양한 뼈, 광물 및 유물을 모아 놓은 흥미로운 공간으로 빅토리아시대의 수집가들이 모아 놓은 전시물로 가득 찬 거대한 전시장이다. 이 날, 하버드의 고인류학자 타냐 스미스는 피바디에 있는 자신의 연구실로 걸어가던 중, 전시실을 지나다 오래된 유물, 즉 전투용 곤봉 앞에서 잠시 멈췄다. 곤봉의 표면에는 길게 휜 치아 여러 개가 줄지어 박혀 있었다. 치아의 하얀 법랑질에 있는 줄무늬가 유리 너머로 안에서 반짝이고 있었다.

스미스도 치아로 생명현상을 설명할 수 있다. 그러나 스미스는 치아를 하나의 완성된 체계의 증거로 보지 않는다. 그녀는 치아에서, 발달 과정에 일어난 중요 사건과 환경 변화의 기록을 읽어 낸다. 스미스에게 치아는 타임캡슐이다. 기술의 도움으로 그녀는 육안으로는 보이지 않는 이야기, 치아의 미세 해부학적 구조 속에 저장된 생명의 심오한 기록을 읽는다.

"우리의 입안에는 믿을 만한 시계가 있어요." 스미스는 설명했다. 치아는 인간이 태어나기 오래전부터 이미 만들어지기 시작한다. 수정란에서 배아가 만들어지고 몇 주 지난 뒤, 우리가 콩알만 한 크기의 배아일 때부터 치아의 발육이 시작된다. 치아 씨앗에 있는 주름에서 나중에 턱뼈가 만들어지는데, 그 주름 속에서 치아의 단단한 바깥 껍질이 조금씩 만들어진다. 이 과정은 매일매일의 맥박을 타고

♦ '루이 아가시 비교 동물 박물관'은 미국 하버드 대학교에 있는 자연사 박물관의 하나로 1859년 설립되었다. 세계에서 가장 많은 2100만여 종의 동물 표본을 소장하고 있다.

미세한 각기둥 다발이 분비되면서 이뤄진다. 우리가 성장하는 동안 흐르는 시간, 외상에 따른 충격, 몸에 생긴 변화가 이 바깥 껍질의 줄무늬에 기록된다. 치아에는 매일의 성장 연대기가 광물질 형태로 남아 있다. 세상에 태어나는 순간에 생긴 생리적 변화는 '첫 성장선'이라는 이름으로 젖니에 남아 있다. 만 6세쯤에 올라오는 첫 번째 영구치에서도 이 선을 확인할 수 있다.

태어날 때의 기록이 치아에 남아 있다는 말을 들으면 사람들이 깜짝 놀란다고 스미스는 말했다. "나무의 나이테에 대해서는 모두 알고 있지만 치아에도 그런 시간의 기록이 있다는 것을 아는 사람은 거의 없어요. 왜 그럴까요? 치아에 남아 있는 기록이 훨씬 더 정교하게 그 사람의 역사를 표현하는데 말입니다."

치아는 그런 점에서 매우 상세한 보고서이다. 개인의 역사를 넘어, 치아는 집단의 역사를 구성하는 데 도움이 되는, 진화 과정을 재구성하는 강력한 도구이다. "모든 영장류를 살펴보면 치아 발달은 뇌의 크기, 생식, 젖을 떼는 연령 등의 속성과 매우 밀접한 관련이 있어요." 그런 이유로 화석이 된 치아에는 진화의 경로에 대한 단서가 있다. 미세 해부학적으로 치아 화석을 관찰하면 우리를 인간으로 만든 결정적인 진화의 전환점을 밝혀 줄지도 모른다. 유년기가 길어지고 그 진행 속도가 느려지면서 인류의 초기 조상들은 두뇌 성장과 학습을 위한 시간을 더 많이 얻게 된다. 그 결과 좀 더 정교한 생존 기술을 얻을 수 있었고, 예전처럼 단순하지 않고 복잡한, 인간의 모습에 더 가까운 인류 사회를 구축할 수 있게 되었다. 빠르게 자라고 일찍 죽는 삶에서 더 길고 느린 어린 시절을 갖는 삶으로 바뀐 것은 언제부터일까? 이것이 스미스와 동료들이 품었던 의문이다.

그들은 그 해답을 고대인의 치아에서 찾으려 했다.

스미스가 연구를 시작했을 때 치아 바깥 껍질 안의 선을 읽으려면 화석을 잘라야 했다. 하지만 보물과도 같은 치아 화석 시료를 얻어 자르는 일을 허락받기는 매우 어려웠다. 그들에게는 대안이 있었다. 프랑스 그르노블에 있는 '유럽 싱크로트론 방사선 연구소'의 '수퍼 현미경'을 이용하는 것이었다. 이는 고에너지 엑스선을 이용한 싱크로트론으로, 관찰하려는 물체를 파괴하지 않고도 소프트웨어를 활용해 화석의 단면 영상을 연속적으로 얻을 수 있었다. 이런 과정을 거쳐 스미스와 연구팀은 그동안 발굴되었던 희귀한 어린이 화석들의 치아 바깥 껍질에 있는 극미세 줄무늬를 비교 연구할 수 있었다. 화석의 단면 영상에는 고대 아이들의 일일 성장 변화가 기록되어 있었다. 모로코 동굴에서 발견된 석기시대 8세 아이의 치아를 통해 스미스와 동료들은 아동 성장의 가장 초창기 기록을 추적할 수 있었다. 그들은 1만 6000년 전에 살았던 8세 아이가 오늘날의 8세 아이와 같은 비율로 성장하고 있다는 것을 밝혔다.[2]

고대 치아에 대한 미세 해부학적 검사는, 1924년 남아프리카 광산에서 발견된, 수수께끼 같은 타웅 어린이 화석♦을 비롯해 몇몇 유명한 어린이 화석의 기존 연령 평가에 이의를 제기했다. 해부학자 레이먼드 다트가 발견한 작은 오스트랄로피테쿠스의 머리뼈에는 완전한 젖니들이 온전히 있었고 첫 번째 어금니가 갓 올라오고 있었다.

♦ 인류의 조상으로 여겨지는 최초의 화석으로 1924년, 남아프리카의 타웅 지역에서 레이먼드 다트에 의해 발견되었다. 발견 당시에는 유인원의 화석으로 여겨, '남쪽의 원숭이'라는 뜻의 '오스트랄로피테쿠스'라는 이름을 붙였다. 그 후 시간이 지나면서 이 화석은 100만~200만 년 전에 살았던 인류의 화석으로 밝혀졌다.

치아 발육 상태를 증거로 해서 과학자들은 오랫동안 이 아이가 6세에 죽었다고 믿었다. 그러나 타웅 어린이의 치아 바깥 껍질 고리를 자세히 관찰한 결과, 첫 번째 어금니가 났을 때 그 아이는 겨우 3세 반이었음이 밝혀졌다. 타웅 어린이가 살던 시대인 100만~200만 년 전에는 유년기가 훨씬 빨랐던 것이다.

인류 조상을 기록하는 일은 원래도 복잡하고 감정 충만한 노력이 필요했지만 이런 발견이 이뤄진 뒤에는 더욱 복잡해졌다. "이야기가 간단하다면 쉬웠겠지요. 사람들은 '그래서 이렇게 되었어요.' 하는 식의 단순한 설명을 듣기를 원하거든요." 스미스는 말했다. 하지만 과학의 길은 간단하지 않다.

화석 치아에는 더 많은 단서가 남아 있다. 스미스는 이런 연구를 계속하고 싶다고 했다.

"저는 [화석에서 볼 수 있는] 생물학적 리듬을 연구하면서 한 개인의 삶을 밀착해서 들여다볼 수 있는 이 일이 참 좋습니다."

수천 년 동안 치아가 품고 있던 화학 성분은 우리에게 그들의 이야기를 들려준다.

예를 들어 바륨 원소는 고대와 현대 영장류에서 모유 수유의 생체 지표 역할을 한다. 연구를 통해 스미스와 동료들은 수유授乳 및 이유離乳의 기록을 구석기시대까지 거슬러 올라갈 수 있었다. 선사시대 치아에서 바륨 패턴과 성장선을 연구한 결과 벨기에의 스클레인sc-layn 동굴에서 발견된 젊은 네안데르탈인이 생후 7개월까지 모유 수유를 했다는 결론을 내릴 수 있었다.[3]

최근 스미스는 스트레스, 질병의 주기, 강우 패턴의 증거를 찾기 위해 야생 침팬지의 치아를 정밀 조사하고 있다. 아직 확실한 결과는 나오지 않았지만 그녀는 생명에 대한, 이 미로처럼 복잡한 연구를 계속하고 있다.

"생물학은…… 변화의 폭이 커서 쉽지 않네요."

스미스는 가벼운 한숨과 함께 말을 맺었다.

~

수천 년 동안 치유자들은 신체를 환경적 관점에서 이해했다. 그들은 일종의 '인간 생태학'으로 알려진 체액 이론을 사용해 통증과 전염병의 원인을 설명했다.[4] 이 이론에 따르면 치과 문제는 다른 신체 질병과 마찬가지로 온냉건습과 같은 체액의 특성이 달라져서 생긴 것으로 봤다. 다시 말해 기본 원소인 불, 물, 흙, 공기의 불균형이 원인이라고 본 것이다. "차가운 것은 뼈·치아·신경·뇌 및 척수에 좋지 않으며 따뜻한 것은 좋다." 히포크라테스의 경구에 기록된 내용이다. 봄이 오면 소모성 질환, 발열 및 입안의 통증이 발생할 것으로 예상되었다. "어떤 경우에는 치아 때문에 목이 붓거나, 혀의 염증, 고름집 등이 생겨 심하게 아플 수 있다."라고 [『히포크라테스 어록집』Hipocratic Corpus 중 일부인] 『전염병 III』에 사례가 기록되어 있다. 때로는 병든 치아가 몸 전체 상태를 악화시키는 것 같다고도 했다. 히포크라테스는 이 뽑기를 조심스러워하긴 했지만, 발치 후 류머티즘이 치료된 유명한 고대의 사례가 있다.

미생물에 관심을 기울인 것은 그보다 한참 뒤였다. 네덜란드의 직물 상인이었던 안톤 판 레이우엔훅은 인간의 입속에 얼마나 다양한 미생물이 존재하는지를 처음 발견하고 경이로워한 사람이었다. 17세기에 손수 제작한 현미경을 들여다보면서 그는 자신의 치아 표면 세균막과 침 속에서 생명체들을 발견하고 감탄했다. 1683년 9월 그가 유려한 필기체로 남긴 기록은 이렇다. "나는 …… 놀랐다. ……

살아 있는 조그만 생물이 매우 많았다. 움직임이 귀여웠다. …… 그 중에서 큰 것들은 움직임이 매우 힘차고 신속했다. 침 속에서 움직이는 모습은 마치 강물 속에서 헤엄치는 작은 물고기와 같았다. 어떤 것들은 팽이처럼 뱅글뱅글 돌았고 또 어떤 것들은 흡사 모기떼나 파리 떼처럼 무리 지어 날아다녔다. 무리 안에서 서로 왔다 갔다 하는 모습도 보였다."[5] 레이우엔훅이 만든 렌즈 덕분에 환상적인 미생물의 세계가 드러났고, 그 결과 건강과 질병에 대한 인식이 완전히 달라졌다. 그러나 충치와 같은 구강병을 미생물과 연결한 연구가 시작된 것은 그로부터 200년이 훨씬 지난 뒤였다.

충치와 치통은 삶의 불가피한 일부로 여겨져 왔으며, 치아를 치료하는 일은 기계적인 차원의 문제라고 사람들은 생각해 왔다.

17세기 [북아메리카의 영국 식민지로 현재의 매사추세츠주의 일부였던] 플리머스 식민지에서는 한 이발사 겸 외과 의사가 사람들의 치아를 치료했다. 18세기에는 미국 독립전쟁의 영웅이며 금 및 상아 세공업자인 폴 리비어가 보스턴에서 의치를 만들었다.[6]

19세기로 넘어가면서, 과학과 전문화는 서양 의학의 많은 측면을 변화시켰다. 임상 관찰을 더욱 강조했으며, 청진기·기관지경·후두경·내시경 등 다양한 장비가 발명되면서 세분화된 각 부위에 초점을 맞춰 질병을 연구하게 되었다. 의사와 외과 의사♦는 점점 더 협력하면서 심장·폐·후두·위·장의 특정 질환을 치료하는 새로운 접근

♦ 19세기까지 서양에서는 의사physician와 외과 의사surgeon를 다른 직업으로 인식했는데, 의사가 대학 혹은 그에 준하는 정규교육을 받고 증상에 따른 약물로 질병을 치료하는 사람인 반면, 외과 의사는 도제식으로 전수받은 손 기술로 상처를 치료하는 사람을 뜻했다.

법을 개발했다.

그러나 치과 분야는 여전히 상인의 영역이었다.

그러던 중 떠돌이 치과 기술자로 경력을 쌓아 온 채핀 해리스가 자신이 종사해 온 상업 영역을 전문직으로 격상하려는 작업을 시작했다. 1839년에서 1840년 사이 해리스는 볼티모어의 동료 호레이스 헤이든을 비롯한 몇몇 사람들과 함께 많은 일을 해냈다. 그 한 해 동안 최초의 치과 학술지를 발간했고, 미국치과의사협회를 결성했으며, 세계 최초의 치과대학을 설립했다. 1840년 볼티모어 치과대학이 개설된 것이다. 이전에 받은 교육을 인정받아 최초의 졸업생 두 명은 5개월 만에 학위를 받았다. "오늘, 세계 역사상 처음으로 치과 의술이 전문 직종으로 인정되었습니다. 여러분은 이제 공식적인 첫 번째 치과의사가 되었습니다." 의사이면서 치과대학의 치과 해부학 및 생리학 교수인 토머스 E. 본드 2세가 말했다. "이제 여러분과 작별할 시간입니다. 여러분, 세상으로 나가십시오!"[7]

두 번째 치과대학은 1845년 신시내티에 개설되었고 1870년에 이르자 치과대학의 수는 10곳이 되었다.

치과대학생들은 치아를 갈고 때우는 술식, 그리고 틀니를 제작하는 술식을 배웠다. 치아를 뽑는 방법도 배웠다. 그리고 미국이 영토를 넓힘에 따라* 전국 각지의 마을과 도시로 퍼져 나가 진료했다.

---

* 1840년대 이후 미국은 멕시코와의 전쟁 또는 협상으로 할양받은 지역, 러시아로부터 매입한 지역, 백인들이 이주해 주류가 된 뒤 스스로 병합되겠다고 한 지역 등을 자국 영토로 확장했다. 1840년대부터 1890년대까지 미국이 넓힌 영토는 지금의 미국 서부 지역인 텍사스주, 오리건주, 캘리포니아주, 네바다주, 유타주, 애리조나주, 콜로라도주, 뉴멕시코주, 와이오밍주, 알래스카주, 하와이주 등이다.

세계 최초의 치과대학이 설립될 당시에는 여전히 질병에 대한 고대 체액 이론이 지배적이었다. 채핀 해리스는 연구를 통해 치통의 원인이 고통의 종류만큼이나 다양하다고 확신했다. "매캐한 체액에 직접 접촉해서" 생기는, 혹은 뜨겁고 차가운 음식과 같은 "자극적인 성분"에 의한 "염증"을 대표적인 원인으로 봤고, 그 외의 원인으로는, "물리적 충격", "잇몸의 부기浮氣", "수은 약품", "부적절한 치아 치료", "감기, [만성질환으로 몸이 쇠약해진 증상인] 악액질惡液質, cachexy, 치아의 충격" 등이 있다. 그 밖의 불가사의한 원인도 있다. "우리는 방금 열거된 원인이 아닌, 다른 이유로 인한 치아 통증을 종종 보게 된다." 해리스는 이렇게 조언했다. "이는 치아와 신체 다른 부분 간의 병적인 부조화에 따라 유발되는 통증이다. 신경질적인 기질의 사람들과 임신한 여성들이 특히 이런 종류의 치아 통증을 겪는다. 때로는 위장 장애의 증상으로 치통을 느끼기도 한다."[8]

원인을 파악하기 어려웠기 때문에 [원인이 아닌] 증상을 치료하는 것은 치과의사의 몫이었다. 치아가 비교적 온전하게 남아 있는 경우에는 잇몸에 거머리 두세 마리를 올려놓아 피를 뽑기도 하고, 염증과 통증을 완화하기 위해 진정용 수렴제astringent♦를 사용하기도 했다. 그러나 이런 방법으로도 통증이 해결되지 않으면 이를 뽑는 수밖에 없었다.

채핀 해리스의 시대가 지나고 나서야 [나쁜 공기에 의해 질병이 발생한다는] 미아즈마 이론과 [체액의 불균형에 의해 질병이 발생한다는] 체액 이론은 사라지고 세균 이론에 찬성하는 분위기가 생겼다. 세균 이론

♦ 혈관을 수축시키고 체액 분비를 억제해 지혈·진통·방부·소염 작용을 하는 약.

은 19세기 후반 임상의학 및 공중 보건학에 혁명을 일으켰다. 도시 위생에서부터 병원 디자인, 이 닦는 습관에 이르기까지 모든 것에 대해 새로운 접근 방식이 도입되었다.

전염병, 치료 및 예방에 대한 새로운 이해로 수많은 생명을 구하게 된 것이다. 하지만 세균에 대한 새로운 두려움이 한동안 치의학을 다른 종류의 미아즈마설로 휘감았다.

윌러비 밀러라는 오하이오주 태생의 미국 치과의사가 독일에 가서 의사이자 과학자인 로버트 코흐의 실험실에서 일하기 시작한 것은 1880년이었다. 당시 독일은 열성적이고 호기심 많은 미국 의사를 끌어들이는 의료 연구의 중심지였다. 밀러가 독일에 갔을 때 코흐는 이미 탄저균 감염을 일으키는 특정 세균을 추적해 낸 뒤였다. 2년 뒤 코흐는 수백만 명의 목숨을 앗아 가는 결핵균을 발견해 발표했다. 코흐가 결핵에 대한 연구 결과를 설명하고 현미경 슬라이드와 조직 표본을 보여 준 강연은 오늘날까지도 의학 역사상 가장 중요한 강의 중 하나로 기억된다. 코흐의 방법은 질병을 연구하는 방식에 전면적인 변화를 가져왔다. 그는 세균을 배양하고 염색하는 기술을 발명했고 '코흐의 가설'이라고 하는, 특정 세균과 특정 질병 사이의 인과관계를 증명하기 위해 충족해야 할 일련의 조건들을 제시했다. 이런 공로로 코흐는 1905년 노벨상을 받았다.

한편, 윌러비 밀러는 입안 세균을 연구했다. 그는 환자나 개의 치아와 잇몸에서 채취한 미세 생명체들을 분류해 목록을 작성했다. 묵주 모양의 줄기로 된 것이 있었고 나선형도 있었다. 밀러는 심지어 심부름꾼 소년의 입안에서도 세균을 채취해 관찰했다. "그 소년은 오른쪽 아래 어금니가 심하게 썩어 있었고 주위의 잇몸은 치석과 음식물 찌꺼기로 덮여 있었으며 약간의 염증도 보였다." 밀러는 자신의 대표작을 비롯한 여러 저술을 통해 19세기 후반 당시 인간의 입 안을 생생하게 그려 냈다. 또한 충치의 원인에 대한 혁신적인 아이 디어를 제시했다. 그는 치아에서 발견한 세균들을 기생충으로 분류 했다. 세균들 중 일부는 분명히 파괴적인 힘이 있었다. 그들은 인간 숙주가 섭취하는 음식물 속의 탄수화물을 양분 삼아 번성한다. 밀러 는 세균이 식품에 포함된 당sugar을 발효시키고 산acid을 생성한다는 사실을 밝혔다. 세균이 만든 산은 치아의 단단한 바깥 껍질을 공격 해 파괴할 수 있다. 밀러의 결론은 이렇다. "산이 단단한 치아 바깥 껍질을 부식시키고 결국 파괴하는 것은 본질적으로 기생충에 의한 화학적 과정이라고 할 수 있다. 세균에 의한 탄수화물의 발효로 입 안에서 생성된 산이 치아의 단단한 바깥 껍질을 구성하는 미세 각기 둥을 녹인다는 사실은 여지없이 명백하다."

충치 조직을 얇게 자른 단면 표본을 현미경을 통해 관찰한 뒤 폐 허와도 같은 그 모습을 밀러는 이렇게 기록했다. "잘 염색된 썩은 상 아질◆ 단면은 세균학자이자 병리학자인 내 눈에는 엄청나게 아름다 워보였다. 더구나 미생물이 상아질에 어떤 식으로 강력하게 작용했 는지 눈으로 명확하게 볼 수 있었기 때문에 어느 누구도 [세균이 충치 를 일으켰다는 것을] 의심할 수 없을 것이다. 상아질에는 세균이 가득 차있었다." 일단 [세균이] 상아질 층을 통과해 내부의 빈 공간(치수강) 에 가득 찬 혈관과 신경에 도달하면 치아의 살아 있는 신경조직은 모두 감염되어 결국 염증 상태가 된다. 밀러는 이런 상태를 '신경의

◆ 법랑질 안쪽을 이루는, 연노란색을 띤 치아 구성 물질. 뼈와 비슷한 성질로 치아의 바깥 껍질보다는 무르지만, 뼈보다는 단단하다.

괴사'라 분류했고, 이렇게 되면 이 치아는 이미 돌이킬 수 없는 운명으로 접어든 것이다.

이렇게 현미경을 통해 밀러는 지난 여러 세대에 걸쳐 인류를 괴롭혀 온 '충치'라는 질병의 진행 과정을 목격했다. 밀러가 역설했듯이 치아 감염은 오랫동안 많은 생명을 앗아 갔다. 항생제가 발견되기 이전에는 충치에서 시작된 감염이 목이나 뇌로 퍼져 종종 치명적인 결과를 낳곤 했다.

입안 세균의 감염력에 대한 믿음에 고무된 밀러는 위생 관리가 매우 중요하다고 역설했다. 그는 환자들에게 침 속에 숨어 있는 병원균을 처리할 수 있도록 강력한 구강 세정제를 사용하도록 권유했다. 또한 동료 치과의사들에게는 손을 꼼꼼하게 씻고 기구를 멸균 소독하도록 강조했다.

거기서 밀러는 한 발 더 나아갔다. 실제로 그는 인간의 모든 질병의 원인이 구강에 있다고 보기 시작했다. 1891년 밀러는 당시의 중요한 치의학 학술지인 『덴털 코스모스』에 획기적인 논문을 발표했다. "감염의 중심은 인간의 입안이다." 밀러는 동료 치과의사들에게 입안 세균의 위험성에 대해 경고했다. "인간의 입은 다양한 병원성 세균의 집결지이자 배양지이다. 지난 몇 년 동안, 인간의 입이 신체의 다양한 문제를 일으키는 데 중요한 역할을 한다고 확신하는 의사와 치과의사가 점점 더 많아지고 있다. 베일에 가린 많은 질병들의 원인을 추적해 보면 그 원인은 결국 입안에 있다는 사실이 밝혀질 것이다."[9]

세균은 입을 통해 사람과 동물의 몸에 침입해 콜레라와 탄저균 같은 치명적인 전염병을 일으킨다. 하지만 입은 단순히 병을 일으키는 수동적인 관문이 아니었다. 밀러는 입을 세균의 저장고, 다시 말해 병균이 쉽게 증식할 수 있는 어둡고 습한 배양지로 봤다.

밀러는 1907년 맹장염의 합병증으로 사망했다.[10] 그는 입안 세균의 작용에 깊은 관심을 가졌지만, 그의 이론은 동료 치과의사들에게 널리 받아들여지지 않았다. 여전히 대부분의 치과의사들은 치아를 깎고 때우고 뽑는 등, 육체적으로 고되고 힘든 작업에 열중하고 있었다. 구강 질환의 원인에 관한 연구는 미국 치과대학 교육의 주된 관심사가 아니었다. 하지만 입안 세균의 위험에 대한 인식은 퍼져 나갔고 오히려 의료계에서 입안에 대해 많은 관심을 갖기 시작했다. 1910년 10월 영국 의사 윌리엄 헌터가 몬트리올의 맥길 대학교 의대 교수들에게 강연한 내용이 영국 의학 학술지 『랜싯』에 실리면서 열풍이 시작되었다. 헌터는 입이 인간의 질병을 야기하는 가장 중요한 부분이라고 주장했다. 그의 강연은 의사들에게도 대중에게도 강력한 인상을 남겼고, 헌터의 주장은 이후 30년간 치과계(그리고 구강 건강 및 질환)에 지대한 영향력을 미쳤다.

헌터의 강연은 멸균 소독 수술의 중요성에 대한 짧은 찬가로 시작해서, 주된 주제인 입안의 염증과 [입안 염증 부위에 있는 병원체가 혈관을 타고 전신으로 퍼져 전신 질환을 일으킨다는] 국소 감염 이론으로 열기를 고조했다. 그는 세간에 만연한 구강 질환의 상태를 충격적인 용어로 묘사했다. 가난한 사람들의 방치된 치아의, "세균에 감염된 이뿌리는 치석으로 둘러싸인 채 잇몸 밖으로 드러누워 있고 그 주위에는 잇몸이 부어올라 악취와 세균을 내뿜고 있습니다." 하지만 헌터는 그보다 더 나쁜 것은 [치과 치료 후에] 부자들의 입안에서 썩어가고 있는 치아와 잇몸이라고 주장했다.

헌터는 치과의사들에게 그 책임이 있다고 했다.

"치과의사가 보여 준 놀랍도록 독창적인 재주와 기술에 나만큼 경탄한 사람도 없을 것입니다. 하지만 지금은, 잘못 사용된 그들의 재주가 입안에 초래한 무시무시한 염증 덩어리를 나만큼 증오하는 사람도 없을 것입니다. 치과의사들은 병든 치아의 속, 겉 혹은 그 주변을 금으로 때우거나 씌우거나, [이가 빠진 부위에] 가짜 이를 만들어 넣거나, 달라붙는 틀니를 끼워 넣는데, 이건 입안의 염증 덩어리 위에 금으로 무덤을 쌓아 올리는 것과 같습니다. 이런 치료법은 기존의 의학이나 외과 수술의 어떤 영역에서도 유례를 찾기 힘들 만큼 무지막지한 행위입니다."[11] 헌터는 입안의 염증이 온몸에 퍼져 대장염·빈혈·신장염·궤양 및 성홍열을 포함한 여러 질병에 영향을 줄 수 있다고 경고했다.

치과라는 전문 영역이 세상에 모습을 드러낸 지 70년이 지날 때쯤, 치과의사들은 구강 질환을 치료하는 데 그들이 상당한 기여를 하고 있다고 자부할 수 있었다. 치과의사 호레이스 웰스와 에드먼드 켈스는 마취술과 엑스선 기술 분야에서 선구적인 업적을 일궈 많은 사람들의 찬사를 받았고, 20세기 초에는 좀 더 정교해진 전기식 드릴과 국소마취제 덕분에 치과 치료를 받을 때 고통을 크게 줄일 수 있었다. 미국의 충전재와 치료 기술은 국제적인 평판을 얻었다. 미국 치과의사들은 예전에 떠돌아다니면서 이를 뽑던 시절과 달리 이제는 여러모로 많이 발전했다는 자부심을 가지고 있었다. 그런 시기에 닥친, 헌터의 격렬한 비난은 치과계에 커다란 충격이었다.

의료계의 여러 지도자들도 재빨리 그 위험성을 경고하는 데 동참했다. 주목할 만한 일련의 연설과 논문에서 미국과 영국의 주요 의사들은 입을 모았다. '인간의 입은 매우 더럽고 오염된 구덩이다. 아픈 치아와 염증으로 부어오른 편도선은 새로 발견한 병균으로 가득하다. 이를 때우는 치과 치료는 위험하다. 다른 사람을 깨무는 것도

위험한데, 치아는 [날카로운] 무기인 데다 침도 세균으로 오염되어 있기 때문이다.'

영국의 연구자 존 스테드먼은 잇몸의 염증이 구강암·대장암·위암·항문암 및 직장암과 관련 있다고 주장했다. "나는 입안의 염증이 악성 질환의 주된 원인이라고 생각한다." 그는 세균에 감염된 치아를 제거하는 방법으로 관절 류머티즘 치료에 성공했다고 발표했으며 그런 경우가 한 번도 아니고 두 번이나 있었다고 했다.[12]

의사들은 딸꾹질부터 정신 질환에 이르기까지 다양한 질환(관절염·협심증·암·심내막염·췌장염·우울증·공포증·불면증·고혈압·호지킨병·소아마비·궤양·치매·독감)을 치료하기 위해 치아 및 편도선, 그리고 그 외에도 의심되는 모든 기관을 제거해야 한다고 주장했다.

때로는 이를 뽑을 때, 이뿌리에서 퍼져 나오는 세균을 막아 준다는 믿음으로, 백신을 제조해 투여하기도 했다.[13]

영국 작가 버지니아 울프도 이런 이유로 치아를 뽑는 시련을 겪었다. 1922년 5월 그녀는 친구인 재닛 케이스에게 편지를 썼다. "의사 선생님은 지금 인플루엔자 세균이 이뿌리 세 개에 모여 있다고 생각하고 있어. 매일 내 팔에 6500만 마리의 죽은 균을 주사하고 있는데 그렇게 하면 이를 뽑을 때 세균을 모두 없앨 수 있대. 희망을 가지기엔 믿기 힘든 설명이긴 한데, 그래도 지금으로서는 그 말을 따를 수밖에 없어."[14] 1925년 파티에서 쓰러진 뒤, 울프는 『아프다는 것은』이라는 제목의 에세이를 썼다. 이 에세이는 치과에서 이를 뽑은 뒤 정신을 차리는 순간을 묘사하면서 시작한다. 그녀는 그 느낌을 일종의 사후 세계 경험에 비유했다. "이를 뺀 뒤 치과용 의자에서 일어나 '입을 헹구세요. 입을 헹구세요.'라는 의사의 말을 들으면, 마치 내 쪽으로 허리를 숙여 천국에 잘 왔다고 말하는 신의 환영 인사를 듣는 것 같다."[15] 치료에도 불구하고 그녀는 16년 후 자살로 생을 마감할 때까지 정신적·육체적 질환에 시달렸다.

한편 미국의 미네소타주 로체스터Rochester에 있는 메이오 재단의 의사 찰스 메이오는 뉴욕주 치과의사회에서 연설하는 중에 국소 감염 이론의 중요성에 대해 상세하게 설명했다.

"저는 항상 치과의사에게 우애를 느껴 왔습니다. 몇 년 전까지만 해도 제가 직접 환자의 치아를 뽑기도 했으니까요. 저는 입속에 있는 오래된 문제[치아]를 제거하면, 환자가 어떤 질병을 앓고 있더라도, [그 질병을] 치료하는 데 차도가 있으리라고 믿고 있습니다."

메이오는 치아가 없으면 환자가 좋아하지 않으리라는 것을 인정했지만 대부분 질병의 원인이 입안에 있다고 확신했다. "나중에 많은 문제를 일으키는 감염 질환의 80퍼센트는 어린이의 편도선과 입에 있는 세균들 때문입니다." 그는 환등기를 틀고 수많은 치아의 감염 부위를 보여 주면서, 치아 감염이 이후에 전신적인 장애와 질환의 원인이 된다는 점을 강조했다.[16]

'완전한 제거', 즉 [전신 질환의 예방을 위해] 입안의 모든 치아를 빼 버리자는 의사들이 많아졌다.

뉴저지주 트렌튼 주립 병원의 최고 관리자인 헨리 코튼은 자신의 환자들이 정신 질환에 시달리는 원인이 치아를 포함한 구강 감염에 있다고 확신했다.

"1916년부터 이미 코튼은 신체에서 가장 명백한 감염 부위라고 할 만한 치아를 적극적으로 제거했다. 제대로 나지 않고 뼈 속에 묻힌 치아, 이뿌리가 감염되어 고름집이 있는 치아, 썩은 치아, 치아는 건강하지만 주변 잇몸에 염증이 있는 치아, 잘못 때운 치아, 닳아 버린 치아, 씌운 치아 등등 수많은 치아를 뽑았다. 대다수 환자들이 전혀 차도를 보이지 않았으나 어딘가에 있는 국소 감염원이 정신 질환의 원인이라는 그의 믿음은 확고했다. 코튼은 굴하지 않고 다른 국소 감염원을 찾고자 줄기차게 노력했다. 비장과 위에 이어 편도선과 상악동마저 제거의 대상이 되었다."

코튼에 관한 책을 저술한 정신의학자 앤드루 스컬에 따르면 코튼의 두 아들은 자살로 생을 마감했다. 아버지인 코튼이 국소 감염을 예방하기 위해 아들들의 치아를 빼야 한다고 고집한 뒤에 일어난 일이다.[17]

대규모 발치 사태에 직면해 치과의사이면서 치과에 방사선을 도입한 에드먼드 켈스는 치아 보존을 주장하며 들고일어났다. 그의 고향인 뉴올리언스에서 전국 치과의사대회가 열리기 전인 1920년 한 연설에서 켈스는 국소 감염 이론을 "시대의 범죄"라 부르며 치아가 "무지의 제단"에 바치는 희생양이 되고 있다고 맹렬히 비난했다. 그는 엑스선을 치아 검사에 활용하면 치과의사가 명확한 진단을 내릴수 있고, 이를 뽑자는 의사들의 불필요한 처방에 저항할 수 있다고 주장했다. 켈스는 [치아를 전문적으로 뽑는] "발치사"◆들에게 "의사들이 무분별하게 지시하는 발치 의뢰를 거부"할 것을 촉구했다. 그리고 "각 의과대학에서는 의대생에게 구강에 대해 가르칠 필요가 있습니다. 그러므로 의과대학은 정규 치과대학 교육을 마친 치과의사를 [교수로] 채용해야 합니다."라고 주장했다.[18]

하지만 치과의사들이 의사에게 저항하기란 쉽지 않았다. 의사와

◆ 치아를 전문적으로 뽑는 치과의사로 20세기 초반까지 '발치사'라는 명칭을 사용했다. 지금은 구강악안면 외과 의사로 부른다.

치과의사, 두 직업은 서로를 불신했으며, 이미 서로 다른 세계에 살고 있었다. 저명한 생화학자인 윌리엄 존 기스는 북미 치과대학 교육에 대한 1926년 카네기 재단 보고서에서 두 전문직 간의 긴장과 의사소통 부족 때문에 환자들이 고통받고 있다고 결론지었다. 많은 의사들이 치과의사를 낮게 평가하는 데다, 두 전문 분야의 교육 훈련 과정이 통합되지 않고 개별적으로 이뤄지기 때문에 문제가 더 커졌다고 기스는 주장했다.

보고서를 작성하기 위해 기스는 북미의 모든 치과대학을 방문했고 그 실태를 비판했다. 당시 미국에만 43개의 치과대학이 있었지만 그가 보기에 대부분의 치과 교육기관은 형편없고 돈만 밝히는 직업학교에 지나지 않았다. "의과학medical sciences과 구강 의학oral medicine에 대한 교육을 제대로 받지 못해 생물학에 무지한 치과의사들은 의사들에게 종종 무시당했다. 치과의사는 환자의 건강 문제에 대해 상의하고 자문을 구할 만한 상대가 못 된다는 것이 의사들의 생각이었다."[19] 치과를 인정하지 않는 분위기가 의사들 사이에서 워낙 확고했기에 컬럼비아 대학교에서 구강 질환 연구에 힘썼던 기스조차 의사들의 경멸에 시달렸다. 심지어 "주요 의과대학에서는 치과 분야의 연구를 제대로 된 연구로 인정하지 않는 분위기였다."

치과가 전체 보건 의료 체계의 필수 요소라는 기스의 믿음은 확고했다. 그는 치과대학 교육을 개혁해서 치과대학과 의과대학이 서로 긴밀한 관계를 맺고, 두 전문직 사이의 관계도 개선해야 한다고 주장했다.

기스는 미국치과의사협회 연설에서 지적했다.

"치과의사들과 의사들은 친밀하게 그리고 효과적으로 협력할 수 있어야 합니다. 그들은 지적으로 평등한 수준에 있어야 합니다. 치의학은 이제 단순히, 치아를 다루는 기술이 아닙니다."[20]

질병과의 전쟁을 내걸고 국소 감염 이론을 주장하는 사람들의 극단적인 접근 방식에 의문을 제기하는 사람들도 생겨났다. 필라델피아 카운티 의사회 회의에서 한 발표자는 이렇게 경고했다. "만약 계속해서 이런 폭력적 광기가 계속된다면 우리는 소화기관도, 분비선도, 치아도 없이 살아야 하는 사태가 발생할 수 있습니다. 잘못된 믿음과 수술 때문에 [역사상 유례없는] 어리석은 인류가 탄생하지 않으리라는 법도 없지요."[21]

수없이 많은 발치와 수술이 1930년대 내내 계속되었다. 그러나 미생물학의 발전으로 국소 감염 이론을 떠받치고 있는 연구는 보류되었고, 과거 연구에 대한 철저한 검토가 진행되었다. 반면에 국소 감염 이론의 지지자들은 자신들의 주장을 뒷받침하는 체계적인 임상 연구 결과를 제시하지 못했고, 연구 결과를 재현하려는 노력은 실패로 돌아갔다. 여러 해에 걸쳐 발치와 편도선 절제술을 목도한 뉴욕의 의사 러셀 세실과 머리 앤저빈은 연구를 통해, 치아와 편도선을 제거해 류머티즘을 치료할 수 있다는 주장을 반박했다. "편도선은 정상 여부를 떠나 개인 진료실에서 관찰되는 경우가 매우 드물다. 치아와 잇몸은 다들 잘 관리하기에 상태가 양호하다. 치료받지 않고 방치된 상악동염도 찾아보기 어렵다. 그럼에도 관절 류머티즘을 앓는 환자들은 여전히 있다."[22]

셀 수 없이 많은 이를 뽑았지만 [이를] 뽑으면 해결되리라 생각했던 질병은 여전히 사라지지 않았다.

연설과 논문으로 시작된 국소 감염 이론의 시대는 마찬가지로 연설과 논문으로 막을 내렸다. 1940년대에 들어서자 항생제를 사용하는 일이 많아졌는데, 이는 감염과 싸우는 새로운 도구였다. 기스의 보고서는 치과대학 교육제도에 개혁을 불러왔다. 수준 이하의 치과대학은 문을 닫았다. 문제점을 개선해 학교를 계속 유지하는 경우도 있었다.

그러나 치과대학과 의과대학 간에 긴밀한 유대가 이뤄져야 한다는 기스의 요구는 저항에 부딪혔다. 많은 치과의사들이 그의 생각을 거부했다. 1945년 기스는 자신이 속한 컬럼비아 대학교의 치과대학과 의과대학의 학부를 통합하려고 시도했다. 하지만 치과대학 교수진의 강력한 반대에 부딪혔다. 치과의사들의 항의는『미국치과의사협회지』편집자들의 박수갈채를 받았다. "자율성에 관한 미국의 대다수 치과의사의 견해는 명확하다. 치과의사들은 지난 수십 년 동안 교육과 임상에서 의과에 종속되지 않고 자율성을 유지하기 위해 싸워 왔다. 그렇게 해서 겨우 얻은 권리이다. 이제 와서 어느 집단에 의해 마음대로 좌지우지되도록 내버려 둘 수 없다."[23]

오늘날 거의 모든 미국의 치과대학과 의과대학은 분리된 조직으로 운영되고 있다.

일부 치과계 지도자들의 주장에 따르면, 심지어 제2차 세계대전 기간, 전시의 절박함 속에서도 치과를 의과에 통합하려는 시도에 대해 치과계는 저항했다. 미 국방부가 치과 군의관들을 의무사령부 지휘 아래 뒀을 때 몇몇 치과의사들은 심한 거부감을 드러냈다. 『구강위생』이라는 간행물 편집인의 글에 이런 내용이 있었다. "대중이 보기에 치과의 지위가 조금이라도 격하된다면, 결국 모든 치과의사의 삶에 영향을 미칠 것이다. 육군과 해군에서 치과의사가 자신의 부대에 대한 지휘권을 가질 수 없고 의무 부대Medical Corps의 지배하에 놓인다면 사병들도 곧 그 사실[치과의사가 의사보다 지위가 낮다는 사실]을 알아차릴 것이다. 미국치과의사협회는 치무 부대Dental Corps가 자율권을 되찾을 수 있도록 적절한 조치를 취해야 한다는 것이 치무 부대 장교들 대다수의 주장이다. 그렇게 하지 못하면 협회의 미래도 위험해질 것이라고 장교들은 입을 모았다."[24]

~

1940년, 전국 각지의 치과의사들이 볼티모어에 모여 치과의사라는 전문직 탄생 100주년을 기념했다. 회의장 안에는 채핀 해리스 및 그의 동료 호레이스 헤이든의 모습이 담긴 전시물과 세계 최초의 치과 대학에서 온 기념품들이 전시되어 있었다. 치과의사와 치통을 앓는 사람들의 수호성인 아폴로니아Apollonia가 후광을 띤 동상도 있었다. 아폴로니아는 3세기 무렵 [이를 뽑히는] 고문 후 화형을 당한 기독교 순교자로, 후대에 이를 뽑는 집게를 든 모습으로 묘사되었다.

이 행사는 언론에 널리 보도되었다. 하지만 미국의 구강 건강에 관한 소식들은 그렇게 좋은 내용이 아니었다. 미국치과의사협회 회장 아서 메리트는 엔비시NBC 방송의 라디오 프로그램에 출연해 "이 나라의 어린이들 중 90퍼센트 이상은 인류에게 가장 흔한 병인 충치에 걸려 있습니다."라고 전했다. 성인에게는 잇몸병도 만연했다. "구강 건강이 나빠진 가장 큰 원인은 [입안에 대한] 무관심입니다." 메리트는 사람들에게 치과에 갈 것을 촉구했다. "아무리 상태가 안 좋더라도 현대 치과학이 도울 방법이 분명 있습니다."

그러나 당시 행사 소식이 실린 신문에는 공중 보건 치과의사 아벨 월먼의 기고문도 함께 실렸다. 치과학의 도움을 이용하지 못하는 사람이 많다는 내용이었다.

"오늘날 미국에서 전문가의 지도에 따라 적절한 치아 관리를 받을 수 있는 사람들은 인구의 20퍼센트도 안 된다. 많은 미국인, 특히

1년 생활비가 1000달러 미만인, 미국 가구의 3분의 1은 치과 진료 비용을 감당할 수 없다."

그는 치과 진료에 공적 보조금이 지급된다면 도움이 되리라고 주장했다. 그리고 강력한 질병 예방 노력이 필요하다고 했다. 월먼에 따르면 당시 치과계의 주된 관심사는 완벽한 치료 기술에 있었다.

"물론 기술이 완벽해지면, 미국인들에게 높은 수준의 치과 진료를 제공할 수 있을 것이다. 하지만 여기에만 몰두하다 보니 예방을 위한 시도는 고사하고, 더 많은 사람이 치과 진료를 받아 건강을 향상하는 사업은 뒤로 밀렸다."[25]

그 당시 치과 분야의 지도자들은 수백만 명의 미국인들이 치과 진료를 받지 못하는 현실을 인정했다. 그러나 오히려 그들은 늘어나는 치과 진료 수요를 맞추려는 연방 정부의 제안에 격렬히 맞섰다. 그들은 자기 직업의 자율성을 지키기 위해 싸웠다.

제2차 세계대전 후, 의회 의원들이 국가 보건 의료 프로그램에 치과를 포함하려는 논의를 진행할 때, 미국치과의사협회 대표단은 이 계획에 반대하러 국회의사당을 방문했다.

"효과적인 방법이 아닐뿐더러 불가능합니다."

『미국치과의사협회지』의 편집자 해럴드 힐렌브랜드는 의원들 앞에서 주장했다.

"모든 미국인을 치료하기에는 치과의사의 수가 절대적으로 부족합니다. 게다가 그 많은 치료 비용을 어떻게 감당하겠습니까? 잔인하게 들리겠지만 현재 미국의 모든 성인이 필요한 모든 치과 치료를 받을 수는 없습니다. …… 수 세대에 걸쳐 치아 관리를 등한시한 사람들이 너무 많습니다. 그 많은 성인들에게 불가능한 일을 해주기보다는 더 많은 아이들에게 치과 질환을 예방하고 관리할 수 있는 프로그램을 시도하는 편이 현실적이라고 생각합니다."[26]

　치과의사 단체들은 국가 주도의 보건 의료 체계에 강력히 반대하고 있다. 그들은 오늘날에도 여전히 존재하는 민간 의료 체계를 굳건히 방어해야 한다고 믿기 때문에, 치과 진료를 확대하려는 시도에 계속 반대할 것이다.

~

국소 감염 이론은 과학자들의 모임에서, 교훈을 주는 이야기로 기억되곤 한다. 그럼에도 충치 발생에 관한 윌러비 밀러의 '화학 세균설'은 충치에 대한 새로운 시각을 제시했다는 점에서 가치가 있다. 치아 표면 세균막에 대한 그의 연구는 현대적인 칫솔의 발명에 영감을 불어넣었으며, 짧은 기간이었지만 미국의 공립학교에 구강위생에 관한 수업과 구강위생을 실천하는 운동을 일으켰다. 미국의 어린이들은 학교에서 이를 닦는 법을 배웠다. "깨끗한 치아는 절대 썩지 않는다."◆[27]라는 격언을 모두가 기억하게 되었다.

~

입안은 경이로움으로 가득 찬 어두운 공간이다. 치유력이 있는 액체[침]가 반짝이는 분홍색 점막으로 둘러싸인 입안을 씻어 낸다. 입안에는 지구에 사는 인구수만큼이나 많은 생물들이 살고 있다. 특히 입안에 살고 있는 박테리아는 600종이 넘는데, 그중에는 아직 알려

◆ 19세기 미국의 교육인 및 언론인으로, 절주·위생·건강 문제 등의 중요성을 역설했던 디오클레티안 루이스의 격언.

지지 않은 것들도 있다. 입은 생명을 유지하게 해준다. 소화 과정이 입에서 시작되며 입속에 있는 분비샘과 관이 만들어 내는 침과 림프는 질병을 예방한다.

　과학자들은 치아의 수수께끼, 입의 신비, 구강 건강과 전신 건강 사이의 관련성에 대해 깊이 파고들고 있다. 사람의 몸은 100조 개의 미생물이 살고 있는 초유기체이다. 몸에서도, 특히 입안에는 잇몸과 치아 사이의 틈, 치아 표면 세균막, 안쪽 볼, 혀의 표면, 단단한 입천장, 부드러운 입천장, 편도선, 침 등 나름대로 복잡한 생태적 공간이 있다. 이곳에서 무수히 많은 미생물들이 번성했다가 죽고, 서로 협력하고 경쟁하며, 다른 곳으로 이동하기도 한다. 그 미묘한 메커니즘을 우리는 이제 겨우 이해하기 시작했을 뿐이다.

　판 레이우엔훅의 시대에 그랬듯이 이렇게 조그만 미생물들이 움직이는 눈부신 모습은 지금도 여전히 연구자들의 가슴을 뛰게 한다. 2015년 보스턴에서 열린 치과 연구자들의 국제 학회에서 게리 보리시는 스펙트럼 영상 기술을 이용해 어둠 속 생생한 모습을 보여 주었다. [영상에 나타난] 고슴도치처럼 뾰족한 자주색 침이 달린 반구半球. 엉킨 실로 가득한 초현실적인 뜨개질 바구니 같은 것들은 실제로 입안에서 흔히 볼 수 있는 세균인 스트렙토코커스Streptococcus, 코리네박테리아Corynebacterium, 포르피로모나스Porphyromonas, 푸소박테리움Fusobacterium, 카프노사이토파가Capnocytophaga, 렙토트리키아Leptotrichia가 모여 있는 모습이었다.[28]

　그 모습은 수생생물과 그들이 살고 있는 축축한 야생 서식지를 연상시켰다. 이 미생물들은 매사추세츠주 우즈 홀Woods Hole의 해양생물 연구소Marine Biological Laboratory에 근무하는 젊고 건강한 근무자의 치아 표면에서 긁어 낸 세균막에서 나온 것이었다. 보리시도 매사추세츠주 케임브리지에 있는 뛰어난 구강 의학 연구소인 포사이스 연구소에 있지만 그 전에는 이 해양 생물 연구소에서 근무했다. 그는 해양 생태계를 연구하는 데 사용하던 통찰력과 방법으로 인간의 입안에 있는 미생물을 연구했다.

"미생물은 협력관계를 형성하고 영양분을 교환합니다. 산소가 필요하고 정착할 곳도 필요합니다."

보리시는 설명했다.

"미생물의 공동체가 어떻게 기능하고 있는지 이해하려면 개별 유기체만 봐서는 안 됩니다. 누가 누구 옆에 있고, 누가 무엇 옆에 있는지 알아야 합니다."

영상, 유전자지도 작성 및 정보학이 발전함에 따라 미생물 변수가 건강과 질병에 미치는 훨씬 더 복잡한 그림이 드러나고 있다.

체계적인 연구 결과는 항생제 사용에 관한 생각부터 출산 관행에 이르기까지 모든 것을 재구성하고 있다. 새로운 발견들은 충치와 잇몸 질환에 대한 생각도 바꾸고 있다. 충치와 잇몸 질환은 하나의 세균이 일으키는 질병이라기보다, 최근 연구자들의 표현에 따르면 "세균막 안 유기체들의 집합체"에 의해 발생하는 것으로 이해된다.[29] 건강한 사람의 경우, 입속 세균막 안의 미생물은 "역동적인 균형" 상태로 큰 문제를 일으키지 않지만, [만성질환 및 암 등의 질병으로] 균형이 깨져 신체 저항력이 감소하면 [질병을 일으키는 미생물인] 기회감염균이 우세해질 수 있다. 그렇게 되면 건강한 치아와 잇몸에서 발견되는 다른 미생물들은 그만큼 위축되기 쉽다. 이런 불균형이 미생물의 관점에서는 대재앙이 되기도 한다.

"치과 질환은 '생태학적 대재앙'의 결과일까요?" 2001년 미생물학 분야의 국제학술회의에서 열린 수상 기념 강연에서 영국의 연구자 P. D. 마시가 던진 질문이다. 21세기를 맞는 시점에, 구강 건강이라는 측면에서 무엇을 고민해야 할지를 시사하는 질문이다.[30]

입안이 (마치 산호초처럼 살아 있으면서 외부 자극에 취약한) 하나의 생태계라는 생각이 점점 신빙성을 얻고 있다. 구강 환경에 영향을 미칠 수 만한 요인은 많다. 흔히들 복용하는 수많은 약물은 침의 분비를 줄이고 결과적으로 입이 말라 충치가 발생하기 쉬운 환경을 만든다. 설탕을 섭취하면 산acid을 좋아하고, 충치를 일으키는 세균에 유리한 환경이 만들어진다. 구강위생 습관이 좋지 않으면 해로운 미생물이 지나치게 많이 번식한다. 부모들이 무심코 하는 행동들, 즉 숟가락을 아이와 함께 쓰거나, 떨어뜨린 공갈 젖꼭지를 집어서 입으로 씻은 뒤 아기 입에 넣어 주면, 충치를 일으키는 균을 아기에게 옮길 수 있다. 네덜란드의 연구에 따르면, 여름날 오후에 왕립 아르티스 동물원ARTIS Royal Zoo을 찾은 연인들에게 10초간 진한 키스를 하게 한 뒤 그 침을 채취해 분석했더니 평균 8000만 마리의 입안 세균을 서로 교환했다고 한다.[31]

입은 신체의 나머지 부분과 연결되어 있지만 우리는 그 둘이 어떻게 연결되어 있는지 아직 완전히 이해하지 못한다. 세균은 잇몸 질환과 관련이 있지만 과학자들은 여전히 세균이 잇몸 질환의 원인인지, 아니면 다른 이유로 조직이 파괴되고 그 결과 생긴 잇몸 틈새(치주낭)에서 세균이 번식하는지 확신하지 못한다.[32]

잇몸 질환은 그 자체로 몸을 쇠약하게 할 수 있고, 입 밖으로 나아가 수백만 미국인들이 앓고 있는 다른 신체적 질병과 관련된다는 연구 결과가 제시되었다. 그러나 입안과 입 너머 질병 사이의 연관성을 완전히 이해하려면 아직 갈 길이 멀다. 입안 점막의 질병과 침속의 항체에서 우리 몸의 전신 질환을 확인할 수도 있다.

입안 미생물은 심혈관과 위장 계통 및 관절에서도 발견된다. 하지만 미생물이 이렇게 멀리까지 이동했다는 사실이 갖는 의미는 분명치 않다. 이들이 먼 곳에서 발견된다고 해서, 입안 미생물들이 관절염, 당뇨병, 심혈관 질환, 비만과 같은 전신 질환의 원인이라고 할 수 있느냐는 문제에 대해 과학자들은 계속 논쟁하고 있다.

20세기 초의 진부한 국소 감염 이론 열풍은 잦아들었지만, 구강 질환이 전신 질환과 관련되었을지 모른다는 수수께끼는 현재 진행형인 질문이다.

이 질문은 열띤 논쟁을 야기하고 있다. 또한, 적어도 몇몇 경우에서는, 오랫동안 별개로 진행되어 온 의학 연구와 치학 연구 사이의 경계를 허물고 있다.

~

치주 질환과 관절 류머티즘 사이에는 연관성이 있는가? 이런 의문을 갖고 제프리 페인과 테드 미컬스라는 두 연구자가 공동 연구를 진행했다. 연관성이 없었다면 그들은 만나지 않았을지도 모른다. 두 사람은 모두 네브래스카 대학교에서 학생들을 가르치고 있었지만, 이들이 일하는 캠퍼스는 97킬로미터나 떨어져 있었다. 그들을 갈라놓은 것은 거리만이 아니었다. 역사와 훈련 과정에서도 분리되었다.

잇몸의 질병을 다루는 치주 과학을 전공한 치과의사 페인은 치과대학이 있는 링컨에서 근무했다. 연조직과 관절의 질병을 다루는 류머티즘학을 전공한 의사 미컬스는 네브래스카주 오마하에서 차로 한 시간 거리에 있는 대학 의료 센터와 보훈병원에서 근무하고 있었다. 2004년 한 동료 교수가 두 사람을 소개해 준 뒤로, 페인과 미컬스의 협업은 10년 넘게 이어졌다. 잇몸 질환과 관절 류머티즘은 종종 개별적으로 연구되기도 하지만, 공통된 특성도 많고 두 병을 함께 앓는 환자가 많았기 때문에 공동 연구를 통해 두 질병 사이의 연관성에 대한 새로운 통찰을 얻을 수 있었다.

잇몸 질환과 관절 류머티즘은 모두 만성 염증성 질환이다. 잇몸 질환은 잇몸과 치아 주위 뼈를 파괴하고, 관절 류머티즘은 관절을 이루는 물렁뼈(연골)와 뼈에 비슷한 피해를 준다. 병을 일으키는 미생물이 침입하면 우리 몸의 면역 체계는 염증을 일으키는 단백질을 만들어 미생물의 침입에 방어한다. 이 단백질이 질병 퇴치에 중요한 역할을 하는 것은 사실이지만 염증 반응은 양날의 검이 될 수 있다. 염증이 만성이 되면 우리 몸의 조직과 뼈를 파괴할 수 있으며, 때로는 이 과정이 걷잡을 수 없게 진행된다. 페인과 미컬스는 잇몸 질환과 관절 류머티즘이 염증 메커니즘을 통해 서로를 촉발하거나 악화시킨다고 짐작하고 있다. 잇몸 질환을 치료함으로써 관절 류머티즘에 따른 고통을 완화하거나 예방하는 데 도움이 된다는 것을 입증하기란 쉽지 않다. 그러나 전문직 간의 협력을 통해 구강과 전신 간의 연결 고리를 탐구할 수 있다고 페인은 말했다.

"우리는 구강을 신체의 나머지 부분과 분리하는 경향이 있습니다. 하지만 염증을 줄여 그에 따른 잠재적인 전신 위험을 감소할 수 있다면, 구강과 몸, 두 부분을 함께 살펴야 합니다. 그리고 환자 진료를 통합적으로 바라봐야겠지요."

하지만 전문 직종 간의 경계를 넘나들며 환자를 치료하고 연구하는 데는 여러 가지 어려움이 따른다. 관심이 커지고 있긴 하지만 현재 임상 체계에서는 아직 통합적인 치료에 대한 지원이 부족하다.

입은 몸의 일부일지도 모르지만 의사들은 수련을 받을 때 치아와 잇몸에 대한 부분은 그냥 지나친다.

"의사들의 수련 과정은 편도선부터 시작한다고 보면 됩니다."

페인의 의견에 미컬스가 동의하며 말을 이었다.

"저는 류머티즘 전문의입니다. 환자 한 명을 보는 시간은 겨우 15분이에요. 더구나 제 진료실에는 치과용 의자가 없어서 모든 잇몸을 제대로 검사하지 못합니다. 제가 잇몸을 그저 가볍게, 슬쩍 보는 것만으로도 많은 정보를 얻을 수 있지만, 사실 제가 하는 것은 표준 진료는 아닙니다. [치과와 의과 간 협업이] 필요할지도 모르지만, 그러려면 도약이 필요할 겁니다."

새로운 연구는 과거 연구의 토대 위에서 진행된다는 점에서, 두 직업 사이에 존재하는 또 다른 괴리, 즉 치학이 질병 진단 분야에서 의학에 뒤떨어진다는 사실도 협업을 어렵게 하는 요인이다. 일례로 류머티즘에 대한 진단 기준은 1980년대부터 도입되었지만, 잇몸 질환에 대해서는 여러 해 동안 연구자들이 서로 다른 정의를 사용해 왔다. 게다가 치과는 역사적으로 널리 받아들여지는 진단 용어 체계가 부족했다.

"우리의 모든 진료 행위 코드는 수술과 관련된 것입니다."

페인이 말했다. 치과에서 진료 행위 코드는 진료비를 청구하거나 환자의 기록을 보관하기 위해 오랫동안 사용되어 왔지만 구강 상태에 관한 표준화된 진단 코드 체계가 없었기 때문에 구강 질환의 작용을 이해하기 어려웠다고 일부 연구자들은 말한다.

"우리는 여러모로 의학에 비해 뒤떨어져 있습니다."

응용 치과학자이자 캘리포니아 대학교 샌프란시스코 캠퍼스의 교수인 조엘 화이트가 말했다.

"흑사병 시대에 의학은 사람들이 왜 죽는지 정확히 포착했습니다. 하지만 우리는 치아가 왜 빼야 할 정도로 망가지는지 아직도 알지 못합니다. 우리는 수백 년 뒤처져 있습니다. 표준화된 진단 용어는 치과의사가 치료를 하고 임상 결과를 추적하는 데 이로울 것입니다." 화이트는 표준화된 진단 용어 체계를 시범 운영하려는 국제 작업 그룹의 일원이다.

캘리포니아 대학교 샌프란시스코 캠퍼스의 네덜란드 출신 치과의사 엘스베트 칼렌드리안에 따르면, 일반적으로 받아들여지는 통일된 진단 코드 체계를 확립한다는 것은 치과 분야에서 역점을 두고 있는 중요한 변화인, "치료 중심 진료에서 진단 중심 진료로의 전환"을 의미한다.[33] 그녀는 하버드 대학교 교수로 치과 코드 계획을 진두지휘했다. 새로운 치과 정보 입력 체계에는 칼렌드리안의 모델, 세계보건기구의 국제 질병 분류, 미국치과의사협회가 개발한 체계가 통합될 것이다.

버팔로 대학교의 로버트 젠코와 같은 연구자들의 연구가 계속되면서 의료 기록과 치과 기록의 통합은 점점 더 중요해질 것이다. 지난 30년 동안 젠코는 잇몸 질환과 전신 건강의 관계를 연구해 왔다. 젠코는 1980년대 초 애리조나주의 힐라강 원주민 공동체에 있는 이동 진료소에서 연구를 시작했는데, 그곳 사람들에게 만연했던 두 가지 질병, 즉 잇몸 질환과 제2형 당뇨병을 연구했다. 북미 원주민 부족 가운데 하나인 피마족 3600명을 오랫동안 추적하면서 젠코와 그의 동료 연구자들은 "당뇨병이 있는 사람들에게 잇몸 질환이 더 많은가?"라는 연구 질문을 던졌다. 그리고 젠코는 연구 결과를 요약해 "압도적으로 그렇다."라는 답을 얻었다. 잇몸 질환이 당뇨병의 합병증이라는 결론은 이후 다른 연구들에 의해 뒷받침되었고 이제는 서서히 주류로 받아들여지고 있다. 일부 보험회사들은 당뇨병과 같은 질병이 있는 환자들에게 잇몸 치료를 제공했을 때 질병의 위험도를

낮추고 전체적인 의료 비용도 줄일 수 있다는 결론을 내렸다.[34]

한편, 젠코는 구강과 전신 사이의 질병 작용에 대한 연구를 계속했다. 그는 피마 원주민 공동체에서 잇몸 질환과 당뇨병이 많은 것은 비만 때문이며, 그들 사이에 비만이 만연한 것은 제2차 세계대전 이후 현대적인 식단을 채택하면서부터라고 믿는다. "사막에서 가뭄과 기근의 세월을 견디며 살아남기 위해 그들의 유전자는 지방을 최대한 보존하도록 진화한 것 같다." [대중 과학 잡지] 『사이언티픽 아메리칸』 특집호 에세이에서 젠코는 이렇게 설명했다. "제2차 세계대전 후 피마족 사람들의 전통 식단이 미국식으로 바뀌자 그들의 지방 섭취는 약 15퍼센트에서 40퍼센트로 급증했다. 그들의 유전적 진화[지방을 보존하도록 한 진화]가 역효과를 일으킨 것이다."

젠코 교수와 연구팀은 수년간의 연구를 통해 비만, 잇몸 질환, 당뇨병이 모두 염증에 의해 심화하면서 서로를 악화시킨다는 결론을 얻었다. 다른 연구자들은 좀 더 조심스럽게 접근한다. 질병은 매우 복잡하다. 그러나 생물학 [연구를 통한] 단서는, 앞으로 구강 건강을 건강이라는 좀 더 큰 범위에서 이해할 수 있도록 하고, 치과 진료를 한층 넓은 건강관리 시스템 안으로 불러들일 것이라고 젠코는 예측했다. 그는 인터뷰에서 치과 의료인과 의료인의 간극이 해소되고 두 분야가 연결되어야 한다고 말했다.

"우리 모두는 공통의 기초과학에 바탕을 두고 있습니다. 우리는 모두 비슷한 방식으로 훈련받습니다. 하지만 여전히 별개의 직업을 갖고 있습니다. 치과의사는 몸의 나머지 부분을 등한시하고 의사는 입안을 보지 않습니다."

과학에 힘입어 두 분야가 통합하리라고 겐코는 설명했다.

"우리는 환자를 하나의 전체로 봐야 합니다. 특히 당뇨병에서 그

상호작용은 매우 긴밀합니다. 당뇨병을 앓는 환자는 잇몸 질환에 걸릴 확률이 높습니다. 당뇨병 환자가 잇몸 질환을 앓으면 당뇨병이 악화됩니다. 두 질병 사이의 관계는 쌍방향 도로와 같습니다. 그래서 의사와 치과의사는 서로 협력해 환자를 봐야 합니다. 이렇게 두 직업은 하나로 모이고 있습니다. 입과 몸은 분리된 게 아닙니다."

~

19세기 독일의 병리학자 루돌프 피르호는 널리 퍼진 질병을 설명하기에 세균 이론만으로는 충분하지 않다고 생각했다. 전염병의 한가운데에서 그는 세균뿐만 아니라 빈곤과 정치를 발견했다. 사회의학의 아버지인 피르호는 이렇게 기술했다.

"의학은 사회과학이고, 정치는 크게 보면 의학의 한 부분이다."

종교의 세기와 과학의 세기를 지나는 동안 줄곧 입은 독특한 영역으로 남아 있었다. 두려움과 경외의 대상이자, 신분, 생존, 전염, 권력의 영역이었던 입은 현재 경쟁의 영역이기도 하다. 미국의 공중보건국장 데이비드 새처♦는 2000년에 치아 질환을 구강 질환으로, 구강 질환을 공중 보건의 위기로 그 의미를 재정립했다.

새처의 메시지는 미국 공중보건국의 문장인 닻과 두 마리의 뱀이 녹색 표지에 그려진 책자로 발간되었다. 『미국의 구강 건강 : 공중보건국장의 보고서』에 따르면 새처는 충치에서 잇몸 질환, 구강암에 이르기까지 "소리 없이 세상을 잠식한 무서운 질병"이 미국에서 맹

♦ 미국 공중 보건 서비스 부대의 4성 장군이자 13대 미국 질병예방본부장, 11대 미국 보건복지부 보건 담당 차관보, 16대 미국 공중보건국장을 역임했다.

위를 떨치고 있다고 경고했다.

"연령을 막론하고, 최악의 구강 건강으로 고통받고 있는 사람들은 모두 가난한 사람들이다. 특히 가난한 어린이와 가난한 노인이 [구강 질환에] 취약한 계층이다."

새처는 자신의 보고서에서 지적했다.

"특정 인종 및 소수민족 집단의 구성원들도 다른 집단에 비해 상당히 높은 비율로 구강 건강 문제를 겪는다."

이 보고서는 구강 건강 및 질환에 대한 생물학적 요인뿐만 아니라 더 폭넓은 결정 요인이라고 할 만한 환경 및 유전 요인, 건강 습관, 경제적·사회적 요인을 다룬다. 미국의 구강 건강에 대한 최초의 포괄적 연구인 이 보고서의 결론은 치과 보험이 없고 치과 치료비로 지출할 돈이 부족한 상황, 불량한 식습관, 흡연, 치과의사가 부족한 가난한 동네, 건강한 습관에 대한 무지 등이 이런 위기를 가져왔다는 것이다.

"입안이 건강하다는 것은 단순히 치아가 건강하다는 의미가 아니다."

새처는 강조했다.

"입안은 한 사람이 건강한지 아닌지를 나타내는 거울이며, 보초병이자 조기 경보 체계이다. 또한 다른 조직과 장기의 상태를 연구하기 위해 쉽게 접근할 수 있는 모델이며, 신체의 다른 조직과 기관에 영향을 줄 수 있는 질병의 원천이다."

보고서는 구체적인 행동을 촉구하며 마무리되었다. 더 많이 연구하고, 사람들이 치료받는 데 장애가 되는 요소를 제거하고, 시민, 국회의원 및 보건 의료인 등이 구강 건강의 중요성을 더 깊이 인식할 수 있도록 호소하며, "모든 미국인의 구강 건강에 관한 필요를 충족하고, 구강 건강과 전신 건강을 효과적으로 통합할 수 있는" 미국의 보건 의료 체계를 만들어야 한다는 것이었다. [미국인의] 구강 건강을 위해 노력하는 사람들에게 이 보고서는 뜻을 같이하는 사람들을 결집하는 계기가 되었다. 그들은 치과 문제에 따른 사망을 계속 강조했으며, 좀 더 많은 사람들이 치과 진료를 받을 수 있도록 치과 보조 인력을 활용하는 문제를 둘러싸고 오랫동안 부글거려 온 싸움을 자극했다. 개중에는 치과의사도 있었다. 그들은 조직된 치과계에 새로운 접근 방식으로 도전했다. 구강 건강에 대한 생물학적·정치적 이해는 계속 진화하고 있다.

한편 우리 코 아래의 세계, 즉 구강에서 미생물은 번성하고 분투하며 설명할 수 없을 정도로 여기저기 돌아다닌다. 우리 인간의 상태에 대해 소리 없이 증언해 온 치아는 때로는 잊혔다가 다시 발견되기도 한다. 치아는 우리 인간이 먼 거리를 이동하고, 고난을 겪었으며, 도구를 발명하고 살아왔다는 것을 말해 준다.

중국 동굴에서 발견된, 아마도 8만 년 이상 된 것으로 보이는 47개의 인간 치아는 현생인류(호모사피엔스)가, 기존 추정보다 수만 년도 더 전에 아프리카에서 다른 대륙으로 이동했다는 새로운 증거였다. 초기 이주민들의 치아를 통해 우리는 이들의 식습관, 질병, 문화, 동시대를 살았던 네안데르탈인과의 만남, 그리고 이들이 유럽으로 이동한 경로 등을 엿볼 수 있다.[35] 연구자들의 최근 발표에 따르면, 이탈리아 북부에서 발견된 1만 4000년 된 사랑니에서 지금까지 알려진 것들 중 가장 오래된 치과 치료의 흔적이 발견되었다. 구멍 난 사랑니, 즉 세 번째 큰어금니는 인류가 동굴 벽에 그림을 그리고 원시적 형태의 도구를 만들던 후기 구석기시대 젊은이의 것이었다. 분광 현미경을 사용해 얻은 충치 병소의 내부 영상에는 무언가를 깎아

서 끼워 넣은 조각이 보였다. 이는 분명히 인위적으로 채워 넣은 돌 조각이었다.[36]

2부

지금의 치과가 나타나기까지

5
치과의 탄생

~

채핀 해리스는 한밤의 캄캄한 어둠 속에서 마차를 몰았다. 해리스가 활동하기 훨씬 전에도 정직하게 이를 뽑는 사람도 있었고 여기저기 떠돌아다니는 돌팔이들도 있었다. 하지만 새로운 전문직으로서 치과 의사는 채핀 해리스가 만들었다고 할 수 있다. 남북전쟁 이전의 미국에서 대부분의 치과의사들은 해리스처럼 이 마을 저 마을 떠돌아 다녔지만 여느 여행자와는 달랐다. 그들은 가정집, 공장, 심지어 여관이나 술집에 임시 작업 공간을 차린 뒤 무시무시하게 생긴 기구들을 늘어놓고는 치아를 긁어내고, 파내고, 뽑았다. 구멍 난 치아 속에, 금이나 납을 녹여 주석과 은을 섞어 만든 아말감을 다져 넣기도 했다. 통증을 조절하기 위해 거머리, 비소, 붉나무에 생긴 혹 모양 벌레집과 겨자 씨앗, 아편으로 만든 약물, 식초 등을 사용했다. 사람들은 떠돌이 치과의사들에게 치료받기를 두려워하면서도, [그 결과가 만족스럽지 않은 경우가 많아] 이들을 폄하했다. [치과의사가 되기 위한] 공식적인 훈련 과정은 없었다. 누구든 자신을 치과의사라고 부르면 치과의사가 되었다. 채핀 해리스도 자신을 치과의사라고 불렀다.

1831년 또는 1832년의 어느 날 밤, 해리스는 볼티모어에서 48 킬로미터쯤 떨어진 시골 마을에 사는 의사의 침대 맡으로 달려가는 중이었다. 해리스가 도착했을 때 그 의사는 고열에 시달리고 있었으며 입은 감염으로 벌어지지도 않는 상태였다. 해리스가 자신의 글에서 '닥터 E.'라고 부른 의사는 2주 전부터 왼쪽 아래 사랑니에서 통증이 시작되어 동료 의사에게 연락했지만, 동료 의사는 이 사랑니는 뺄 수 없다고 딱 잘라 말했다.

하지만 며칠이 지나면서 통증은 점점 더 심해졌다. 처음엔 삼키는 것만 힘들더니 급기야 숨 쉬기도 어려워졌다. [너무 아파서] 피도 빼보고 설사를 유도하는 약도 먹어 봤지만 허사였다. 고름집이 잡힌 치아를 뺄 만큼 숙련되고 힘도 센, 경험 많은 의사가 필요했다. 해리스는 목재 쐐기를 닥터 E.의 입안에 밀어 넣어 "문제가 되는 치아를 충분히 뺄 만큼" 크게 벌렸다.

"그렇게 해서 그 의사를 괴롭힌 치아를 뺄 수 있었다. 그리고 얼마 지나지 않아 그가 완쾌했다는 소식을 전해 들었다." 해리스는 회고록에서 오래전 치유자들로부터 전해 내려온 격언을 덧붙였다.

"오래전 히포크라테스의 시대부터 의학에는 불변의 기본 원리가 있다. 의사들이 병을 치료하는 첫 번째 단계는, 일차적인 원인을 제거하는 것이다."

~

해리스는 1806년 뉴욕의 오논다가Onondaga에서 태어나 17세가 되던 해 오하이오주로 이사를 갔다. 그곳에서 아마도 형에게 기본적인 훈련을 받고, 치과 일을 시작해 20대 중반에는 남부와 남서부를 돌아다니며 치료했다. 1838년 해리스는 노스캐롤라이나주 리틀턴Littleton에 있는 작은 강변 마을에서 한 달을 보냈다. 1905년 치과 잡지에 실린 그의 일대기에 따르면 "해리스는 그 한 달 동안, 18제곱미터쯤 되는 작은 진료실에서 치과 치료로 4000달러 이상을 벌었다. 치과용 의자도, 머리 받침대도 따로 없었다. 해리스가 의자에 앉아 자신의 다리를 발 받침대에 올려놓았고, 환자는 바닥에 앉아서 해리스의 무릎에 머리를 얹은 상태로 치료를 받았다."[1]

그 날의 마지막 환자 진료가 끝나면 해리스는 글쓰기를 시작했는데 자정을 넘기는 경우도 종종 있었다고 한다.

"그는 근면 성실한 태도로 평생을 공부했다. 매일 쉬지 않고 일했으며, 일이 끝나면 지친 상태에서도 새벽까지 글을 썼다."

1838년 해리스가 쓰던 『치과 기술』이라는 책은 다음 해 볼티모어에서 출간되었다. 책 곳곳에 닥터 E.의 이야기와 같은 일화와 사례 연구를 소개하며 [치과 기술을] 가르치고 원리를 설명했다. 그는 돌팔이들의 교묘한 속임수나 엉터리 약, 헛된 약속에 대해 기술했다. 반대로 진심 어린 치유자들은 어떤 식으로 일하는지에 대해서도 썼다. 또 자신이 본 환자나 다른 치과의사들로부터 전해들은 환자의 이야기를 예로 들어 구강 질환을 어떻게 치료해야 하는지 수수께끼를 푸는 것처럼 설명했다. 잇몸에 종기가 난 젊은 신사, 얼굴이 부어올라 심한 통증과 불편감에 시달리는 저명한 신사를 다루는가 하면, 워싱턴과 볼티모어를 잇는 도로에서 역마차가 뒤집혀 턱뼈가 부러진 부인을 어떻게 치료했는지 적었다.

"얼굴에 난 상처를 제대로 소독한 뒤, 부러져 나간 턱 조각을 조심스럽게 위치시키고 묶어서 고정시켰다."

피가 계속 흘러 한 달 이상, 하루에 대여섯 번씩 소독해야 했다. 하지만 마침내 그녀는 회복되었다.

해리스는 "완벽히 회복되었다."라고 기록하며 인내심을 강조했다. 인내심. 그리고 한시도 방심하지 말 것.

가장 끔찍한 일화는 치아의 중요성과 치아 치료를 미루지 말고 즉시 받아야 한다는 것을, 그리고 치아가 우리 몸과 긴밀하게 연결되어 있다는 사실을 설명하면서 사례로 든 이야기들이었다.

"50세쯤 된 미혼 여성 W.는 안락한 환경에서 살고 있던 사람으로, 앉아서 보내는 시간이 길었다. 그녀는 오른쪽 뺨의 통증이 심해 힘들어했다."

의사를 찾았을 때 "의사는 통증의 원인으로, 아프다고 하는 쪽에 썩어서 반 토막이 나있는 두 번째 큰어금니를 지목했다. 위턱에 그 치아가 있는 부위가 통증을 느끼는 지점이었다. 치아를 둘러싸고 있는 잇몸도 검붉은 색으로 심하게 부어올라 있었다."

그녀는 이를 뽑고 싶어 하지 않았다. "하지만 치아를 즉시 빼야 한다고 의사가 충고했고" 그녀는 받아들였다. 그러나 치아를 제거하고도 통증은 지속되었다.

이 시절만 해도 [질병의 원인이 세균이라는] 세균 이론만으로는 감염이 어떻게 작용하는지 밝히지 못했다. 그리고 그녀의 주치의도 그가 본 상황을 묘사하면서 감염이라는 단어를 사용하지 않았다. 하지만 치아에서 시작된 감염은 위턱 안의 빈 공간인 상악동으로 이동했다. 해리스는 상악동에 구멍을 뚫어 은수저 한 숟가락 분량의 악취 나는 분비물을 퍼냈다고 기록했다. 의사는 [이를 뽑아도 통증을 호소하는] "감정"을 문제로 보고 이를 치료하기로 결정했지만 [감정 치료는] 어려움에 부딪혔고, 결국 "[외과적] 치료"를 해야 했다. 상악동에 뚫었던 구멍을 더 넓히고 "그 부위에 통상의 소독제와 살균제를 바르고, 환자의 전반적인 건강을 유지하기 위해 식이요법과 강장제를 처방했다."

모든 조치는 실패로 끝났다. 5월 26일 "환자는 완전히 의식을 잃고 몸이 마비되었다. 질병은 머리뼈 밑바닥을 뚫고 들어가 환자의 뇌를 완전히 망가트렸다."

해리스는 이렇게 기록했다. "같은 달 30일 환자는 사망했다. 그녀는 오직 죽음으로써, 우리가 생각할 수 있는 가장 끔찍한 질병으로부터 벗어날 수 있었다. 그 원인은 특별한 것이 아니었다. 썩은 치아를 방치한 것, 단지 그뿐이었다."

~

해리스는 치과 치료를 하면서 궁금한 것이 많이 생겼고, 이곳저곳 돌아다니면서 피곤한 와중에도 공부를 계속했다. 그는 끝없는 호기심을 좇아 "자신이 알고 있는 빈약한 지식에 만족하지 않고 크리스토프-프랑수아 델라바르,◆ 조지프 폭스,◆◆ 존 헌터◆◆◆ 등의 책을 꾸준히 구해 읽었다." 해리스의 전기를 보면, 그가 당시 프랑스나 영국의 앞서가는 치과의사들을 언급하는 내용이 나온다.[2] 유럽에서는 중세 시대 이래로 도제 훈련을 통해 치과의 기계적인 기술이 전수되었다. 그러다 18세기 초에 이르러, 프랑스의 외과 의사이자 치과의사인 피에르 포샤르를 포함한 몇몇 치과의사들이 과학 원리를 치과 진료에 접목하기 시작했다.

◆ 1787년 출생해 1862년 사망한 프랑스의 치과의사. 1815년 『치아학 혹은 인간 치아에 대한 관찰』을 저술했으며, 1819년 (오늘날 치아 교정 장치와 매우 유사한) 치아에 부착되는 철사 장치를 발명하기도 했다.
◆◆ 1775년 출생해 1816년 사망한 영국의 치과의사. 런던의 병원에서 1899년부터 진행한 치아에 대한 강의는 최초의 치과 강의로 알려져 있다. 1803년에 저술한 『인간 치아의 자연사』, 1806년에 저술한 『치아 질병의 역사와 치료』는 영국 치의학 초창기의 대표적인 책이다.
◆◆◆ 1728년 출생해 1793년 사망한 스코틀랜드 출신의 외과 의사이자 과학자. 1771년에 『인간 치아의 자연사 : 구조, 기능, 생성, 성장, 질병에 관한 설명』을 저술했다.

포샤르는 벌레가 치아를 갉아먹어 충치가 생긴다는 오랜 믿음이 틀렸다는 것을 현미경을 써서 밝혀냈다. 그는 돌팔이 의사 짓을 폭로했고, 동료들끼리 의료 정보를 공유해야 한다고 주장했다. 19세기 영국에서는 런던에 있는 가이스 병원의 의사들 사이에서 조지프 폭스가 실력자로 부상했다. 폭스는 이 병원에서 치과의사로 일했는데, 이곳에서 강의한 내용을 토대로 1803년과 1806년에 런던에서 책을 출판했다. 이 책이 해리스에게는 시금석이 되었고, 그는 폭스의 책에 주석을 달고 편집해 미국판으로 출판했다.[3]

치아를 다룬 폭스의 저술은 세밀하면서도 풍부한 내용으로 권위를 얻었다. 폭스는 자신의 책에서 인간의 입속 세상에 대해 알려진 내용을 명쾌하게 정리했다. "치아는 일반적인 뼈가 형성되는 과정과는 다른, 치아만의 독특한 방식으로 만들어진다."

폭스는 3차 신경이 치아의 감각과 관련이 있다는 사실을 알아냈다. 3차 신경은 12개의 뇌신경 가운데 다섯 번째 신경으로 세 개의 가지가 뻗어 나와 눈과 턱까지 도달하고, 치아의 통증을 뇌에 전달한다. 폭스는 태아가 자라나면서 초기 치아 홈에 생긴 작은 돌기로 시작해 턱뼈 안에서 점점 치아가 되어 단단해지기까지 치아의 발생학적 내용을 기록했다. 20개의 젖니가 난 뒤에 빠지면 이어서 32개의 영구치가 순서대로 나오는 내용도 대략 설명했다. 폭스는 앞니, 송곳니, 작은 어금니, 큰어금니의 모양과 기능, 치아의 단단한 바깥 부분과 이뿌리의 화학적 성분, 치석의 성분도 목록으로 만들었다.

폭스는 뜨겁거나 차가운 음식을 섭취하면 충치가 생긴다고 생각했다. 그는 19세기 초, 충치에 따른 참상을 묘사했는데 어린아이들에게도 통증이나 치아 손상은 예외가 아니었다. "3세 남짓한 아이의 모든 치아가 썩어 있는 경우가 두세 건 있었다. 어린 환자들은 대개 끔찍한 통증을 몹시 견디기 힘들어했고, 나머지 환자도 불안해하거나 편하게 음식을 씹지 못해 건강이 나빠지는 경우가 종종 있었다."

또한 폭스는 타인의 고통을 이용해 자신의 이익을 챙기는 사기꾼들을 조심해야 한다고 경고했다. 그 당시 신문에는 암에서 충치에 이르기까지 모든 병을 아프지 않게 낫게 해준다는, 기적의 치료약이라고 선전하는 특허 약품 광고가 가득했다. 실제로 당시 사람들에게 치아의 질병보다 더 두려운 병은 없었다.

폭스는 이렇게 설명했다.

"치통만큼 끔찍한 고통이 없기 때문에 사람들은 치통에 따른 공포와 통증을 사라지게 하고픈 희망 사이에서 휘둘리게 된다."

무시무시하게 아프기 때문에 통증에 시달리는 사람들이 쉽게 이용당하는 것이다.

"돌팔이 의사들은 이런 상황을 이용해 부적이나 엉터리 약으로 치통을 치료하는 척한다. 실제로 치료하는 순간만큼은 부적이나 엉터리 약이 효과가 있는 경우도 종종 있는데, [치통에 따른] 공포나 [통증을 사라지게 하고픈] 희망이 매우 강렬하면 일시적으로는 통증이 사라지는 것처럼 보일 수도 있다."

돌팔이들은 과학에 관심이 없었을지도 모른다. 하지만 과학에도 위험 요소는 있었다. 18세기 후반 스코틀랜드 출신의 유명한 외과의사 존 헌터는 [다른 사람의 치아를 환자의 턱에 심는] 치아 이식을 처음으로 시도했고, 그 후 수십 년 동안 [미국 동부와 서유럽의] 대서양 양안兩岸에서 치아 이식이 대유행했다. 동물실험으로 헌터는 치아가 "몸의 어느 부분과도 결합"할 수 있는 "생명 그 자체"라고 결론 내렸다. 헌터는 1778년에 수탉의 볏에 인간의 치아 씨앗을 성공적으로 이식했다고 발표한 뒤 인간을 대상으로 치아 이식을 시도했다. 이식

할 치아를 제공할 사람, 치아 이식을 원하는 사람들은 당장이라도 구할 수 있었다. 가공 설탕을 첨가한 의약품, 식품 및 음료수가 등장했고, 특히 [그것들을 쉽게 접했던] 부유한 사람들 사이에서 충치가 만연했다. 부자들은 싱싱한 치아를 원했고, 지독히도 가난했던 사람들은 자신의 치아를 팔려고 줄을 섰다.

헌터는 "가장 좋은 방법은 치아 모양이 비슷한 사람을 동시에 여러 명 준비시키는 것이다. 첫 번째 사람의 치아가 안 맞으면 두 번째 사람의 치아를 바로 뽑아 이식하면 된다."라고 조언했다.[4] 헌터도 이식 수술이 항상 성공하지는 않았음을 인정했다.

"이번 수술은 치아가 너무 꽉 끼게 들어가 실패한 듯하다."

실제로 몇몇 이식 수술의 결과는 재앙에 가까웠다. 치아 이식을 받은 사람은 입안에 염증이 생기기도 했고 매독에 걸리는 경우도 있었다. 폭스는 치아 이식의 유행을 "동의할 수 없는 치료법이며 매우 걱정스러운 현상"이라고 경고하며 비난했다. 해리스도 미국에서 출판한 폭스의 책에, 폭스의 의견에 동의한다는 주석을 달았다.

해리스는 경고했다.

"한 사람을 만족시키기 위해 다른 사람의 신체를 훼손하고 불구로 만드는 비열하고 잔인한 행위에 대해, 그리고 이 수술이 매우 고통스럽고 때로는 위험할 수도 있다는 사실에 대해 아무런 언급도 하지 않는다는 것은 대단히 부도덕한 일이다."

가난한 사람이 부자를 위해 자신의 치아를 판다는 생각은 대중의 상상력을 자극했고 연민을 자아내는 좋은 소재가 되었다. 당시 정기 간행물에 실렸던 단편소설 「치과의사에게 생긴 일」에는 치아를 사고 파는 장면이 묘사되었다. 이 소설은 아버지가 임종을 편히 맞이하도록 자신의 치아를 팔기로 결정하는, 가난하고 아름다운 여성의 이야

2부
지금의 치과가 나타나기까지
••
152

기이다. 치과의사인 니퍼스Nippers♦ 박사는 모자 상점에서 누추하지만 기품 있어 보이는 루이자를 보게 된다.

"루이자의 치아가 특히 박사의 눈을 사로잡았다. 지금까지 박사가 본 치아 중 가장 아름다웠다."

루이자는 예쁘게 수놓은 자수를 가져와 상점 주인에게 팔았지만 푼돈 정도였다. 옆에서 듣고 있던 박사는 루이자에게 다가갔다.

"예쁜 아가씨, 팔 게 더 없나요?"

"이제 가진 게 없어요, 선생님."

"아가씨는 자신이 얼마나 좋은 것을 가지고 있는지 모르는군요. 당신의 치아 몇 개를 팔면 큰돈을 벌 수 있어요."[5]

~

해리스는 긴 밤을 지새우며 『치과 기술』을 집필하는 데 매진했다. 치과의사로 환자를 치료하면서 그동안 자신이 깨달은 내용을 간추린 것이다. 프랑스와 영국의 뛰어난 치과의사들이 남긴 저술과, 미국의 동료 치과의사들이 보고 듣고 경험한 것들, 그리고 자신이 일하며 손수 관찰하고 터득한 치과 지식을 총망라했다. 1839년 볼티모어에서 출판된 『치과 기술』은 세계 최초의 치과대학 교과서가 되었으며 가장 인기 있는 치과 도서로 오랫동안 자리매김했다. 이 책은 그 후 74년 동안 이름을 바꾸어 가며 13판을 찍었다.

『치과 기술』은 해리스의 야심 차고 지칠 줄 모르는 투지의 산물

♦ 치과에서 이를 뽑거나 치료할 때 사용하는 '집게'라는 뜻도 있다. 치과의사를 나타내는 작명인 듯하다.

이었다.

해리스는 자신의 책에서 젖니의 아름다움을 찬미했다.

"하얗게 반짝이는 자그마한 씨앗."

그는 치아를 깨끗하게 유지하는 것이 중요하다고 역설했다. 해리스는 [이 사이에 낀] 음식 찌꺼기를 제거하기 위해 거위 깃털로 만든 이쑤시개 사용을 추천했고, 흰 붓꽃 뿌리, 석회, 돌가루로 만든 치약을 사용해 규칙적으로 이를 닦으라고 권유했다.

"치아의 청결에 대한 관심은 사람들이 흔히 생각하는 것보다 건강을 유지하는 데 큰 도움이 된다."

그는 충치가 일으키는 재앙에 대해 기술했다. 당시에는 염증이 충치를 발생시킨다고, 그러니까 치아가 안에서 시작해 밖으로 썩어 나간다고 믿는 사람들이 많았지만 해리스는 충치가 밖에서 안으로 진행된다고 확신했다. 치아 바깥 단단한 껍질의 불투명한 흰색 혹은 검은 점으로부터 충치가 시작된다고 생각한 것이다. "충치는 항상 치아의 바깥 껍질, 대개 가장 단단한 바깥 껍질 바로 밑에서 시작해 [신경을 둘러싸는] 내부의 막에 도달할 때까지 중심을 향해 진행한다." 그는 그 과정이 "[치아를 녹이는] 어떤 용제solvent의 작용"이라고 생각했다. 해리스는 치아를 최대한 보존해야 한다고 주장했으며 충치가 진행하는 것을 막기 위해 구멍을 파고 메우는 방법을 추천했다. "이런 방법을 통해, 충치가 생긴 치아가 더 망가지지 않도록 살려 낸 경우가 대단히 많다." 구멍을 파는 도구로 사용한 드릴은 평평한 것, 둥근 것, 체리 모양 등 형태가 다양했다. 드릴을 소켓에 끼워 넣어 빠르게 돌리면서 치아를 삭제했다. 메우는 재료로 주석이나 은을 사용하는 사람들도 있었지만 해리스는 그 금속들이 너무 빨리 부식되므로 사용하지 않아야 한다고 주장했다. 또한 납은 "전신 건강에 해로운 작용을 하기"때문에 특히 더 나쁘다고 했다.

해리스는 녹인 상태로 치아에 부어 넣어 굳히는 금속 아말감의 사용을 비난했는데, 특히 "수은과 은으로 만든 …… 로열 미네랄 수체다늄Royal Mineral Succedanium이라는 제품"을 강력하게 반대했다. 해리스는 이 재료를 사용해 "뛰어난 기술을 가진 척 행세하는" 돌팔이 치과의사들을 경계해야 한다고 조언했다. 이 재료로 때운 부분은 며칠만 지나면 언제나 "느슨해져서 빠진다." 해리스는 [치아의 구멍을 메우는] 재료로 혼합물이 아니라 단일 물질을 사용해야 한다고 주장했으며, 이때 사용할 수 있는 물질은 단 한 가지, 바로 금이라고 했다. "금은 치아의 구멍을 메울 수 있는 유일한 금속이다."

그 당시는 치아 안쪽이 붓거나 곪을 정도로 충치가 심각해졌을 때, 거머리를 사용하거나 팅크를 발라 통증을 가라앉힐 뿐 치아를 살릴 방법은 마땅치 않던 시절이었다. 해리스는 발치의 필요성을 강조했다. "치아를 뽑는 치료법은 보통 상대적으로 덜 중요하게 여겨지지만 발치만큼 환자를 공포에 떨게 하고 두렵게 하는 술식도 없다. 사람들은 문제가 되는 치아를 제거하기보다는 차라리 몇 주, 몇 달 동안 치통으로 고통받는 것을 선택하곤 한다."

당시 사람들이 발치를 두려워한 것은 [발치 자체가 고통스럽고 발치 중에 종종 사고가 있었기에] 그럴 만했다. 하지만 잘 훈련된 치과의사가 이를 뽑는다면 문제가 없을 것이라고 해리스는 말했다. "숙련된 치과의사에게 발치는 안전하고 쉬운 수술이지만, 비숙련자가 시도한다면 대단히 무섭고 위험한 결과를 초래할 수 있다." 그러면서 "위턱의 큰어금니 하나를 뽑으려다가 다섯 개의 다른 치아, 턱뼈 조각, 상악동을 감싸던 뼈의 파편을 함께 가져온" 어떤 대장장이의 일화를 예로 들었다.[6]

~

1830년대에 해리스가 정착한 볼티모어는 극단적인 면모를 보이는 놀라운 도시였다. 미국 철도의 발상지이면서 번성하는 항구도시이자, 상업 및 무역의 중심지로서 고딕 양식의 건물이 즐비하고 가스등이 거리를 밝힌 부와 산업의 메카였다. 하지만 항구를 따라 늘어선 빈민 구호소, 판자촌, 축사 수준의 허름한 집에는 비참한 생활을 하는 가난한 노동자들과 극빈자들이 무리 지어 살았다. [노예 출신으로, 19세기 미국의 노예제 폐지론자이자 연설가 및 작가였던] 프레더릭 더글러스를 포함한 노예들도 당시에 도시 북쪽의 담배 농장에서 돛단배를 타고 볼티모어로 내려왔다.

"우리는 일요일 아침 일찍 볼티모어에 도착해 볼리 부두Bowley's Wharf에서 멀지 않은 스미스 부두Smith's Wharf에 내렸다." 더글러스는 자서전에서 그날을 이렇게 기억했다.[7] 도살장으로 향하는 양 떼와 함께 배를 타고 도시로 온 것이 더글러스에게는 인생의 전환점이 되었다. 그가 자유를 얻고 부두에서 일하게 된 곳이 바로 이 도시였다. 여기서 그는 읽고 쓰는 법도 배웠다.

1807년 메릴랜드 의과대학(현재 메릴랜드 대학교 의과대학의 전신)이 문을 연 볼티모어는 과학 및 의학의 중심지였다. 학교는 롬바드Lombard가에 있는, 둥근 지붕을 석조 기둥으로 떠받친 다비지 홀♦이었는데, 로마의 판테온을 본떠 지은 건물이었다. 학교는 훌륭한 도서관

♦ 과거 메릴랜드 의과대학으로 알려진 다비지 홀은 1812년 11월 볼티모어에서 돔 형태의 3층 원형 건물로 문을 연 미국의 건축 문화유산으로 지금도 의학 교육에 사용되는, 서구에서 가장 오래된 의과대학 건물이다.

과 유명한 해부학 표본들, 수술실, 실험실 및 교육 병원이 잘 갖춰져 있었다. 세균 이론이 나오기 수십 년 전에 이미, 그 유명한 존 크로 퍼드♦가 그곳에서 질병의 원인은 "눈으로 보기 힘들 만큼 아주 미세한 생명체"일 것이라고 강의했다.

그 당시 의과대학에 입학하기를 희망하는 젊은이는 종종 의사의 집에서 견습생으로 일했다.

"견습생은 스승의 실험실에서 가루약을 퍼내고, 약병을 썼고, 알약을 조제하기도 했다. 그리고 의사와 함께 왕진을 다니면서 진료하는 모습을 봤다. 옆에서 진료 기구를 건네기도 하고 심부름도 했다."

메릴랜드 대학교의 역사에는 이렇게 기록되어 있다.

"견습생이 어느 정도 지식을 쌓고 나면, 조금씩 실제 환자를 진료했다. 이를 뽑거나 피를 뽑고, 심각하지 않은 경우라면 먼 거리로 왕진을 가기도 했다."[8]

의사들은 질병의 작용 원리에 대한 새로운 통찰을 눈앞에 두고 있었다. 그러나 장티푸스·황열병·말라리아·콜레라 등 볼티모어를 주기적으로 휩쓴 전염병의 원인은 아직 밝혀지지 않은 때였다. 어떤 사람들은 전염병의 원인이 나쁜 공기의 독이라고 봤다. 또 어떤 사람들은 항구 옆의 지저분한 주택에 몰려 살면서 그 주변을 어슬렁거리는 게으르고 가난한 사람들을 비난했다. 과학 자체도 불신과 두려

♦ 1746년 5월 3일 북아일랜드에서 태어나 영국의 동인도회사 외과 의사, 네덜란드의 식민지 군병원장으로 일하다가 1796년 미국 볼티모어로 이주했다. 미국에서 최초로 백신을 사용한 의사이자 질병의 원인을 연구한 의학자이다. 그는 매우 작은 동물의 분자가 인간의 몸에 들어와 질병으로 발전한다는 전염병 개념을 독자적으로 고안했다. 1813년 5월 9일 볼티모어에서 사망했다.

움의 대상이었다. [시신을 도굴해 해부용으로 쓴다는 소문에] 화가 난 폭도들이 어느 날 밤 해부학 실험실에 침입해 해부용 시신을 가져가 버렸던 일은 초기 의과대학 설립자들에게 오랫동안 잊을 수 없는 사건이었다.♦

무덤 도굴꾼들이 의학 연구에 쓸 시신을 제공했듯이, 치아도 비도덕적인 방법으로 거래되었다. 1833년 2월 23일 볼티모어에서 발행되는 주간지 『볼티모어 새터데이 비지터』에는 천사 날개 모양의 묘비 그림과 함께 실린 부고 기사와, 시 보건국이 작성한 묘지 매장 목록 아래에 두 개의 작은 안내문이 있었다. 하나는 "치아를 아름답고 하얗게" 만들어 준다는 치약 광고였고, 다른 하나는 작자 미상의 「주의」라는 제목의 글이었는데, 내용은 다음과 같다.

"한 통신원이, 사람의 치아를 구하려고 대담하게 무덤을 강탈하는 특정 사람들에게 주의를 당부했다. 또한 최근 사망한 젊고 고귀한 여인의 경우, 그녀의 치아는 고인이 세상을 떠나기 오래전에 다 썩어 버렸고, 게다가 그 치아들을 이미 친구에게 유품으로 넘겨주었으니, 고인의 치아를 탐내는 사람이 있다면 헛수고할 필요가 없다고 전했다."

이런 종류의 신문 기사는 당시 볼티모어의 작은 벽돌 이층집에서 숙모와 젊은 사촌(후에 그의 아내가 된다)과 함께 살고 있던 에드거 앨

♦ 19세기에는 의대의 해부학 실습을 위한 시신이 점점 더 많이 필요했지만 구하기가 어려웠다. 결국 묻힌 지 얼마 지나지 않은 무덤을 의사들이 직접 도굴하거나, 전문 도굴꾼을 고용하거나, 도굴한 시신을 사기도 했다. 심지어 1828년 스코틀랜드 에든버러에서 여관 주인이 투숙객 16명을 연쇄살인해 실습실에 팔아넘긴 사건도 있었다. 당시 시신의 도굴이나 매매를 금지하는 법은 없었기에 이를 제재할 근거는 없었다.

런 포의 열띤 상상력을 부채질했을 것이다.[9] 1835년 포의 초창기 작품, 치아에 병적으로 집착하는 남자를 묘사한 『베레니스』가 출판된 것도 그 무렵이다.

병으로 죽어 가는 사촌과 약혼한, 비탄에 빠진 에게우스가 소설의 서술자이다. 그는 약혼녀의 반짝이는 치아에 마음을 사로잡힌다.

"마음의 눈에는 오직 치아만 보였고, 치아는 그 자체만으로 온전히 하나의 존재가 되어 내 마음을 지배했다."

그녀가 묻힌 뒤, 에게우스는 광란에 사로잡혀 약혼자의 무덤을 파헤친다. 제정신을 차린 뒤 그는 자신의 방에서 진흙투성이 삽과 운명의 상자를 발견한다.

"떨리는 손으로 잡은 상자가 미끄러져 바닥으로 무겁게 떨어지면서 산산조각 났다. 그리고 상자 안에서 덜컹거리는 소리와 함께 치과 수술 도구들이 32개의 작고 하얀, 상아조각처럼 보이는 물체들과 뒤섞여 바닥에 흩어졌다."[10]

그 시절, 볼티모어의 치과의사 호레이스 헤이든은 학자, 과학자 및 예술가 등 도시의 사회 지도층 모임에서 활동했다. 그는 지역 문학회인 볼티모어 델피안 클럽Delphian Club of Baltimore의 회원이었으며 메릴랜드 과학 아카데미의 회장이었다. 헤이든은 다방면에 박식했지만, 앞으로 다가올 전문화 시대에 걸맞은 인물은 아니었다.

그의 삶에 대한 설은 다양한데, 그중 하나에 따르면 1769년 코네티컷주의 군인 가정에서 태어났으며 아주 어릴 때부터 글을 읽을 줄 알았다고 한다. 열네 살 때, 그는 배에서 사환으로 일하며 서인도제도로 항해했다. 스물네 살 때는 뉴욕으로 이주해 건축가로 일했다.[11]

헤이든이 치과 공부를 시작한 계기는 1792년 뉴욕의 치과의사 존 그린우드를 방문한 시점으로 거슬러 올라간다. 존 그린우드는 조지 워싱턴의 틀니[를 제작했고 그 틀니]에 자신의 이름 머리글자를 새겨 넣은 유명한 치과의사였다.[12] 헤이든은 1800년경 볼티모어에 와서 의학과 치과학을 공부하고 진료도 했다. [1812년 6월부터 1815년 2월까지 미국과 영국, 그리고 양국의 동맹국들 사이에서 벌어진] 1812년 전쟁 당시 영국이 볼티모어를 공격했을 때 헤이든은 입대해 보조 외과 의사로 복무했다.[13]

그는 생물학과 지질학 분야에서도 일했다. 헤이든은 누에치기, 치아가 나는 시기, 편도선 궤양 등을 다룬 다양한 논문을 썼다. 볼티모어 외곽에서 헤이든은 어두운 색의 결정질 광물을 발견하는데, 이 광물은 그의 이름을 따서 헤이드나이트Haydenite라 명명되었다. 1820년에는 미국에서 인쇄된 최초의 지질학 일반 서적을 출판했다. 이는 지구의 구조와 미국의 지형에 대한 광범위하고도 야심 찬 기획이었다. 이 책에서 그는 지구 표면에 있는 모든 암석들이 원시 바다에서 나온 광물이 결정화해 형성되었다고 주장하는, 당시의 유명한 이론인 수성론水成論, Neptunism을 반박했다.[14]

헤이든은 지질학 서적이 출판되기 전후로 2년 동안 의과대학에서 치과 강의를 시도했다.[15] 그러나 그 수업이 모든 사람들에게 호의적인 반응을 끌어낸 것은 아니다.

"헤이든의 강의를 들었지만 수업 내용은 [과학적인 근거 없이] 추측만 있을 뿐 만족스럽지 못했다."

학생 한 명은 편지에서 그의 강의를 이렇게 기억했다.

"몇 안 되는 쓸 만한 기술, 즉 발치, 충치 때우기, [치아 내부 공간의 신경 및 혈관을 제거하는] 신경관 치료 같은 수공업에 종사하는 이 사람들은, 그들 치과의사를 일깨우려는 헤이든 박사의 시도에 아무런 관심도 없었다. 하지만 비록 성공하지 못했다 하더라도, 치과에 대한 대중의 신뢰를 얻기 위한 박사의 노력은 인정받을 만하다."[16]

결국 치과 강의는 흐지부지되었다. 헤이든 혼자서는 치과 교육의 체계를 세울 수 없었다. 40년 후배인 채핀 해리스와의 협력이 필요했다. 1년 동안 잠도 못 자고 정신없이 돌아다니며 노년의 만물박사와 젊은 전문가가 힘을 합쳤다. 하지만 그들의 동맹 관계는 불안할 때도 있었다. 해리스는 치과가 학문이 되려면 가장 먼저 과학 학술지가 필요하다고 믿었다. 반면에 헤이든은 "학술지를 통해 치과 관련 전문 지식을 세상에 뿌리기에는 그 자신도 치과 지식을 습득하는 데 너무 많은 노력과 시간이 필요하지 않았는가."라며 해리스의 생각에 쉽게 동의하지 못했다는 설도 있다.[17] 그럼에도 두 사람은 뉴욕에 갔고 1839년 동료의 집에서 열린 회의에서 치과 학술지 창간을 도와줄 재정적 후원자도 얻었다. 마침내 1839년에 『미국치과학회지』 창간호가 발행되었다. 해리스는 그 후 몇 년 동안 그 잡지의 편집장을 역임했다.

두 번째로, 두 사람 모두 전국 수준의 전문가 단체가 필요하다고 절감했다. 헤이든은 이미 과거에 여러 번 전국 조직을 만들려 했지만 번번이 실패했다. 하지만 해리스와 뉴욕의 동료들이 힘을 합쳤고, 1840년에 드디어 미국치과의사회가 전국적인 치과의사 조직으로는 세계 최초로 설립된다. 헤이든이 회장으로 선출되었다.

마지막으로 전문적인 훈련 과정이 필요했다. 해리스는 그의 저서에서 이미 "의과대학 안의 전문 과목으로서 치과"를 설립해야 한다고 주장했었다. 해리스와 헤이든이 메릴랜드 대학교 의과대학 의사들에게 "의대 교육과정에 치과 교과목을 추가"하자고 제안했다는 오래된 설도 있다. 그 이야기에 따르면 이 제안에 대해 의사들은 해리스에게 편지를 보내 "'치과는 중요한 교과목이 아니'라는 핑계를 늘어놓으며 제안을 거부한다고 합리화했다."고 한다.

"역사적인 퇴짜"로 평가되는 의사들의 거부는 1904년에 기록된 학교 역사에서 언급된다.[18] 그러나 해리스가 받았다는 이 운명적인 편지가 발견된 적은 없다. 몇 년 동안, 치과의사라는 직업의 탄생과 관련된 이 이야기가 꾸며낸 것이라는 주장도 있었다. 오랫동안 메릴랜드 치과대학 학장으로 있으면서 학교의 역사를 연구하기도 한 J. 벤 로빈슨은 "의학에서 그런 태도를 취한 적은 없다. 그런 식으로 치학을 무시하는 견해를 표현했을 리가 없다."라고 말했다.[19]

의사와 치과의사 사이에 무슨 일이 있었든 간에, 해리스와 헤이든은 메릴랜드 대학교 의과대학 내에 전문과로 치과를 만드는 데 성공하지 못했다. 그때가 바로 미국에서 의학과 치학이 공식적으로 갈라진 시점이다. 이 사건을 사회학자 로버트 오셔는 이렇게 표현했다.

"그때 이후 지금까지 봉합되지 않은 균열이 시작되었다."

미국의 치학은 의학의 전문 분야로 자리 잡는 대신 "별도의 독립적인 의료 서비스"로 발전했다는 것이다.

"볼티모어 (치과)학교 설립과 관련된 상황뿐만 아니라 그때 이후로 지속된 사회적 관계는 역사적으로 중대한 결과를 가져온 '상징적 사건'이라고 볼 수 있다."라고 오셔는 기술했다.[20]

당시 의사들은 사회적으로 다양한 요구 및 압박에 직면해 있었던 것이 확실하다. 의사들은 자신들의 돈으로 메릴랜드 의과대학을 설립했으나, 학교를 유지하기란 쉬운 일이 아니었다. 대학교 운영진과 주 정부 이사회 간의 오랜 법정 공방 끝에 힘들게 학교를 다시 세운 것이 불과 얼마 전이었다. 전염병은 계속해서 도시를 위협했고 의사들은 속수무책이었다. 과학의 진보는 그들이 오랫동안 고수해 온 의학 이론과 치료법에 의문을 제기했다. 의학 내에서는 전문 과목들이 생겨났고, 기적의 치료법을 내세우는 돌팔이들과 사기꾼들도 여전히 존재했다. 의학은 매우 불안정한 위치에 놓여 있었다.

한편 해리스와 헤이든은 대학에서 치과의사를 양성하겠다는 계획을 포기하지 않았다. 오셔가 언급했듯이, 두 사람은 이미 검증된 선례를 따르려 했다. 정식 교육이 없다면 치과의사는 미천한 장사치로 남을 뿐, 결코 전문직으로서의 특권을 얻지 못하리라고 생각했던 것이다.

해리스는 뉴욕으로 가서 뉴욕 의과대학에 '치과 과장'을 세우려 했지만, 그 노력 또한 실패했다. 그러나 해리스가 참석한 어느 저녁 모임에서 13명의 [치과의사] 동료들이, 볼티모어에 치과대학을 설립하라며 각각 100달러씩을 기부했다.[21] 볼티모어로 돌아온 해리스는 헤이든의 사무실에서 밤을 새우며 세계에 유례가 없던 학교를 만들 계획을 짰다. 1839년에서 1840년으로 넘어가는 겨울, 그들은 볼티모어 주민들의 서명을 받아 주 의회에 치과대학 설립을 허가해 줄 것을 청원했고, 인가를 받았다. 입법부가 통과시킨 법안의 내용은 다음과 같다. 한 학기는 4개월이며, 교수들은 1년에 적어도 한 학기 이상 수업을 해야 한다. 학교는 두 학기 동안 모든 수업에 참석한 학생들에게 치과의사 학위를 수여하는 권한을 가진다.

1840년 볼티모어 치과대학이 문을 열었다. 많은 사람들의 기대 속에 시작했으나 학교 건물도 준비되지 않은 상태였다. 첫 번째 강의는 캘버트Calvert가에 있는 침례교회에서 열렸다. 교수들의 집에서도 수업이 진행되었다. 대학 총장은 호레이스 헤이든이었다. 채핀 해리스는 학교의 초대 학장이었고 동시에 [손상된 치아를 진단하고 치료하는] 치과 보존학과 [치아가 결손되었을 때 발생하는 기능장애를 치료하고 외형을 회복하는] 치과 보철학을 강의하는 교수였다.

해리스는 첫 입학생 다섯 명을 모아 놓고 이렇게 말했다. "여러분이 하려는 이 직업은 명예로울뿐더러 [사회에] 여러모로 쓸모가 있는 직업입니다. 여러분이 하는 일은 사람들에게 큰 도움이 될 것입니다. 여러분은 사람들의 통증을 크게 덜고 생명을 위협하는 수많은 치명적 문제를 줄일 것입니다."[22]

1841년, 사회로 첫발을 내딛는 첫 졸업생들을 앞에 두고, 의사이자 병리학 교수인 토머스 E. 본드 2세는 이렇게 연설했다.

지난 학교 교육에서 우리 교수진은 치과가 단순한 기술이 아니라는 것을, 의학과 별개로 떨어져 있지 않다는 것을 가르쳤습니다. 오히려 치과는 인간을 치료하는 과학의 주요한 한 부분을 차지한다고 여러분은 배웠습니다. 여러분이 배운 지식은 광범위하고 정확한 해부학적 연구에 기반해 있습니다. 사람의 몸은 모든 부분이 정교하게 짜여 연결되어 있는 하나의 유기체입니다. …… 우리는 여러분에게 우리의 신체는 모든 부분이 서로 연결되어 있는, 하나로 통합된 것이라고 가르쳤습니다.[23]

그러나 헤이든과 해리스의 위대한 업적은 그들 사이에서 수시로 발생한 불화 탓에 퇴색했다. 급기야 1842년에는 상악동의 질병에 관한 상충되는 이론을 각자 발표함으로써 돌이킬 수 없는 반목을 낳았다. 둘의 격렬한 다툼은 바로 그들 자신이 창간한 그 치과 학술지에서 이뤄졌다.

호레이스 헤이든이 1844년에 사망했을 때, 그의 업적을 칭송한 사람은 해리스가 아니라 병리학 교수인 본드였다. "그는 지식을 그 자체로 사랑했고, 타고난 호기심을 가지고 자연을 탐구했다. 그는 천재들의 특성인, 지칠 줄 모르는 호기심을 타고난 사람이었다."[24]

그 후 10년이 넘는 시간 동안 치과의사라는 새로운 전문직은 '아말감 전쟁'으로 알려진 싸움을 거치며 와해되었다. 해리스와 헤이든이 설립한 미국치과의사회는 회원들에게 아말감을 사용하지 않겠다는 서약서에 서명하도록 강제했다. 하지만 이를 거부한 치과의사들이 많았다. 치과 학술지의 논문들은 수은 아말감의 해악과 장점에 대한 논쟁으로 가득 찼고, 결국 미국치과의사회는 1856년에 문을 닫았다.

~

같은 시기, 세계 곳곳에서 좀 더 근본적인 병인과 발병 양상에 대한 탐구가 진행되고 있었다. 새 지평이 열리고 있었다. 베를린에 있던 병리학자 루돌프 피르호가 발진티푸스의 발생을 조사하기 위해 프러시아 통치하에 있는 북부 슐레지엔의 가난한 농촌 지역으로 간 때가 1848년이다. 발진티푸스로 사망한 이들은 대부분 토지를 소유하지 못한 폴란드계 소수민족이었다. 그들의 빈곤과 굶주림을 묘사한 결과 보고서는 결정적으로 역학적 상상력에 불을 지폈다. 런던의 의사 존 스노가 콜레라 전염의 근원으로 브로드Broad가와 케임브리지Cambridge가의 모퉁이에 있는 오염된 펌프를 추적한 것이 1854년이었다. 그는 희생자들의 물 공급원을 추적한 지도를 작성해 그 질병이 수인성전염병이라고 결론 내렸다. 빈민가의 오염된 공기와 타락한 생활이 질병의 원인이 아니었던 것이다. 스노와 피르호의 뒤를 이은 학자들은 질병의 원인을 제거하는 문제를 논할 때, 물론 미생물에 대한 이야기도 했지만, 지역사회의 물리적·사회적 조건에 대해서도 이야기했다.

이것이 사회의학, 예방의학, 공중 보건학이었다. 동시에 [환자 치료를 목적으로 하는] 임상의학은 개별 장기 및 병리학을 중심으로 한 국소적 연구로 옮겨 가고 있었다. 의학은 모든 가능성을 타진해 전문화하는 방향으로 발전하려 노력할 뿐만 아니라, 이제 치유에 접근하는 방식으로 수술 및 그 이상의 것을 통합하며 확장하고 있었다.

치과의사들도 의사들과 별도로 자신들의 길을 갔다. 1867년 하버드 대학교에 설립된 치과대학은 공식적으로 의과대학과 연계되어 있었지만 이런 예는 드물었고, 수년간 치대 교육과 의대 교육을 더 잘 통합하려는 노력이 오갔다. 1926년, 저명한 윌리엄 존 기스는 치과 제도에 대한 획기적인 비평에서 "기존의 치과의사가 기계장치를 조작하거나 외과 수술에 치중했다면, 이제는 점점 더 환자의 전신을 고려하는 내과 의사의 역할과, 환경과 사회적 요인이 질병에 미치는 영향을 조사하는 위생학자 역할에 관심을 기울일 필요가 커지고 있다."라고 밝혔다.

개혁은 일부 이뤄졌지만, 이후 본질적으로 치과의사와 치과 진료는 미국의 더 큰 의료 체계와 분리된 채로 남게 되었다. [민간 보험이 대부분인 미국의 치과 보험 환경에서] 치과 진료를 받으려면 [일반 의료보험과는] 별도의 협상♦을 하게 되었다. 치과 전문직은 여전히 충치 및

♦ 미국의 의료 기관은 진료가 끝난 뒤 진료비를 청구하는데, 의료보험 가입자의 경우 보험회사가 청구 비용을 심사해 일정한 비용을 지불하고 환자는 가입한 의료보험 상품에서 정해진 본인 부담금만 지불한다. 이 과정에서 의료 기관과 보험회사 사이에 진료비 협상이 이뤄진다. 한편 의료보험이 없거나 가입한 의료보험에서 보장하지 않는 진료를 받았을 경우 역시 의료 기관에서 청구한 진료 비용을 '깎는' 과정이 존재한다. 본문의 내용은 치과 보험이 의료보험과 별개로 존재하거나 치과 보험에 가입한 사람이 적기 때문에 상기 협상 과정이 별도로 존재한다는 의미이다.

기타 구강 질환을 치료하는 데 필요한 외과 수술에 주력했는데, 큰 병원에 소속된[봉급을 받는] 의사들과는 달리, 치과의사들 대부분은 개인 의원에서 진료했다. 치과 진료비 지불을 위한 별도의 재원 조달 체계도 생겨났다. 치과의사들은 이제 전문직의 기준을 세우고 면허를 발급했을 뿐만 아니라 전문가 조직을 구성해 자율성을 지키고자 했다. 하지만 사회의학에 관심을 가지거나, 질병의 양상을 더 폭넓게 연구하거나, 집단을 대상으로 구강 건강을 향상하려는 치과의사의 수는 훨씬 줄어들었다. 실험실에서 건강과 질병의 미시적 원인 및 조건을 연구하는 치과의사의 수도 눈에 띄게 줄었다.

채핀 해리스는 1860년에 세상을 떠났다.

"지나치게 자유로웠던 해리스 박사는 유가족에게 충분한 재산을 남기지 못했다."

1905년에 발간된, 해리스의 삶을 그린 전기에 나오는 내용이다. 50명의 저명한 치과의사들이 '해리스 추모 기금'을 제안했고, 남은 가족들을 부양할 기부금을 모을 위원회를 결성했다.

"몇 달에 걸쳐 대대적인 모금 운동을 펼친 결과 위원회는 1000 달러에 가까운 기부금을 모을 수 있었지만, 모금 진행 비용으로 약 900달러가 쓰였다고 보고했다. 이런 내용의 메모와 함께 해리스 여사에게 전달된 돈은 겨우 85달러에 불과했다."

해리스 여사의 반응은 다음과 같았다고 한다.

"이따위 거지 같은 돈, 내겐 필요 없습니다. 가지고 가세요."

해리스는 치아가 전신 건강에 미치는 중요성을 강조해 왔다. 하지만 그의 책 『치과 기술』의 간략한 서문은 그의 견해 역시 충분히 넓지 못했음을 보여 준다.

"이 책에서 해부학은 간략히 다루었다. 독자들은 자신이 치료하고 있는 치아를 이해하는 데 필요한 정도만 알면 되기 때문이다."

해리스의 책은 이미 오래전부터 아무도 읽지 않는 유물이 되었다. 메릴랜드주 베데스다Bethesda에 있는 국립 의학 도서관에 가면 오래되고 낡아서 만지면 부서질 듯한 그 책의 사본을 볼 수 있다. 통증, 원인을 모르는 증상, 교훈, 수수께끼를 다룬 해리스의 책은 마치 호박 화석에 갇힌 벌레의 표본처럼 진열장 안에 남아 있다.

『치과 기술』이 발간된 이후, 셀 수 없을 만큼 많은 감염 치아가 제거되었다. 충치는 대부분 예방할 수 있지만 아직 인류가 정복하지 못한 질병이다. 오히려 연방 정부의 통계는 정복은 고사하고, 미국의 어린이와 성인 모두에게 가장 만연한 만성질환이 충치라는 사실을 보여 준다.[25] 충치에 따른 손상과 흔적은 사라지지 않는다. 썩어서 부스러지고 구멍 난 치아는 세균 감염의 결과인 것이다.

~

2007년 1월 11일, 볼티모어에서 약 48킬로미터 떨어진, 채핀 해리스의 시대였다면 하루 낮과 밤을 꼬박 달려야 도착했을 외진 시골, 이곳에 사는 데몬테 드라이버라는 소년이 학교에서 집으로 돌아왔다. 평소에는 매우 활기찬 아이였는데 그날은 유달리 기운이 없었다.

"데몬테는 계속 머리가 아프다고 했어요." 어머니인 앨리스 드라이버가 말했다. 할머니가 데몬테를 집에서 가까운, 남부 메릴랜드 병원으로 데려갔다. 데몬테의 할머니와 할아버지가 살고 있는 브랜디와인Brandywine은 도시와 농촌의 중간쯤 되는 지역이며, 할머니와 할아버지의 집은 [지금은 농사를 짓고 있지 않는] 휴경지 근처의 나무 숲그늘에 서있는, 빨간색과 하얀색이 칠해진 트레일러였다. 데몬테는 약을 받아왔다. 두통, 부비동염, 고름집을 치료하는 약이었다. 다음 날인 목요일, 데몬테는 학교에 갈 수 있었다.

"그런데 금요일에는 상태가 더 나빠졌어요. 걷지도 못했죠."앨리스가 말했다. 앨리스는 데몬테를 프린스 조지스 카운티 병원으로 데려갔고, 그곳에서 척수 검사와 전산화 단층 촬영을 했다.

"병원에서는 데몬테가 뇌막염에 걸렸다고 하더군요."데몬테는 워싱턴 D.C.에 있는 국립 어린이 병원으로 급히 옮겨져 응급 뇌 수술을 받았다.

"병원에서는 뇌 왼쪽에 감염이 있어서 그 부분의 뼈를 제거했다고 말했어요."토요일에 데몬테는 발작을 일으키기 시작했다."감염이 재발했대요. 그래서 다시 수술을 해야 했지요."

데몬테는 두 번째 뇌 수술을 받았고, 이번에는 고름집의 원인이 되는 치아도 함께 제거되었다. 바로 [만 6세에 나기 때문에] 6세 구치라고 불리는, 왼쪽 위 어금니였다. 이 치아는 젖니가 빠질 무렵 가장 먼저 나는 최초의 영구치 어금니 네 개 중 하나이다. 위에 두 개, 아래에 두 개가 있으며 이뿌리가 굵고 머리가 넓어 아주 튼튼한 치아이다. 음식을 씹어 먹는 데 중요한 기능을 하지만, 어릴 때 나오기 때문에 충치가 생길 위험이 아주 높다. 이 치아가 썩어서 치아 속 신경까지 감염된 것이다. 의사들은 고름집의 세균이 데몬테의 뇌까지 퍼졌다고 설명했다.

"이 아이는 지금 살기 위해 [세균과] 싸우고 있습니다."

의사의 말은 온종일 좋은 소식만을 기다리며 겨우 버티던 앨리스에게는 청천벽력과도 같았다.

"그리고 저는 쓰러져 버렸어요."

가까운 친척들까지 모두 데몬테의 병실 침대 옆에 모여 하늘에 기도했다.

"기도하고 기도하고 또 기도했어요. 우리는 병상 주위에 모여 있었어요. 어머니, 언니, 오빠, 그리고 새언니까지. 아버지만 빼고 모두 왔어요. 아버지는 병원이라면 질색을 하시거든요."

대가족이 모여 데몬테를 살려 달라고 기도했다. "데몬테는 이틀 내내 잠만 잤어요. 저는 아이가 영영 깨지 못할까 봐 두려웠어요."

마침내 데몬테는 눈을 떴다.

"기적 같았어요." 그로부터 12일 후인 2007년 1월 24일, 어머니는 아들의 침상 옆에서, 충치 하나에서 시작된 이 기묘한 악몽을 되돌아보며 앞으로의 일을 고민하고 있었다.

데몬테의 머리 꼭대기에는 여전히 가는 흉터가 남아 있었다. 뇌를 수술하기 위해 두개골을 연 자국이다. 데몬테는 아직 건강을 되찾지 못했다. 퇴원하고 나서 아이가 어디에서 지낼지가 걱정이었다. 앨리스 드라이버는 가난했다. 그녀는 가정 폭력을 피해 집을 떠나 노숙을 하던 참이었다. 데몬테는 병이 났을 당시 외가에서 살고 있었다. 앨리스는 여성을 위한 건설 노동자 교육과정을 수강하면서 일자리를 찾고 있었지만 데몬테가 아픈 뒤로 구직 활동을 중단한 상태였다. 앨리스는 집을 얻을 능력이 없었다. 그렇다고 부모님이 살고 있는 트레일러로 다시 데몬테를 데려갈 수도 없었다.

"갈 곳이 없었어요. 우리 가족은 조용한 사람들이 아니거든요. 손상된 곳이 뇌의 앞부분이니, 모든 면에서 매우 민감한 상태였죠."

그 후 며칠 동안 데몬테는 아침에 일어나 천천히 움직이면서 물리치료를 받고, 7학년 진도에 맞춰 수학 숙제를 하고, 크래커를 먹고 싶다며 어머니를 졸랐다. 게임을 하게 해달라고 조르기도 했다.

"다시는 이 아이를 보지 못할까 봐 걱정하느니 차라리 데몬테가 저를 짜증나게 하는 편이 낫다고 생각했어요." 그때 앨리스는 여전히 힘들었지만, 그래도 새로운 희망으로 마음이 조금은 가벼워졌다.

"아이가 회복되고 있어서 너무 기뻤어요. 그저 데몬테가 퇴원 후에 안전한 곳으로 갈 수 있기를 바랄 뿐이었죠."

마침내 데몬테는 퇴원했다. 2주일 넘는 기간에 쓴 치료비는 총 25만 달러에 달했다. 그리고 데몬테는 다른 병원('아픈 어린이 병원')에서 다시 6주간의 치료를 시작하기로 했다. 별일 없이 시간은 차분히 흘러갔다. 데몬테는 물리치료♦와 작업치료♦♦를 받았고, 공부를 했으며, 엄마인 앨리스, 데몬테의 형제들, 그리고 학교 선생님들 등 문병 온 사람들과 즐거운 시간을 보내기도 했다. 선생님 중 한 명이 직접 운전을 해서 데몬테를 만나러 왔는데, 선생님이 면허증을 잃어버렸다는 사실을 주변 사람들 모두가 잘 알고 있었다.

"선생님, 이렇게 오시면 어떻게 해요! 선생님은 운전 면허증이 없으시잖아요!" 데몬테는 예전 그 장난꾸러기로 돌아가 이렇게 소리쳤다. 그리고 선생님에게서 선물로 받은, 천으로 만든 작은 강아지 인형을 안고 사진을 찍기 위해 자세를 취했다.

하지만 데몬테의 눈빛은 어딘가 기운이 없고 안색도 어두웠다고 앨리스는 말했다. 2월 24일 토요일, 데몬테는 아무것도 먹으려 하지

♦ 주로 근골격계와 신경계 이상에 따른 운동장애에 중점을 두고 재활 치료를 하는 보건 의료의 전문 분야로, 한국에서는 관련 학과를 졸업하고 국가시험을 거쳐 보건복지부 장관의 면허를 받는 여섯 가지 의료기사(임상병리사, 방사선사, 물리치료사, 작업치료사, 치과기공사, 치과위생사) 직종 중 하나이다.

♦♦ 기능이 저하된 사람에게 신체 및 인지 기능 향상, 생활 활동 훈련, 교육, 상담, 사회제도 연결 등을 통해 최대한 독립적인 일상생활과 능동적 사회 참여가 가능하도록 돕는 보건 의료의 전문 분야이다. 영어 'occupation'을 한국과 일본에서는 작업作業이라고 번역하고 있다.

않았다. 그래도 기분은 좋아 보였다. 데몬테와 앨리스는 카드놀이를 하고 침대에 함께 누워 텔레비전 쇼를 봤다. 그날 저녁 엄마가 돌아간 뒤, 데몬테는 엄마에게 전화해서 이렇게 말했다.

"엄마, 잠들기 전엔 꼭 기도하세요."

다음 날 아침, 2월 25일 일요일, 이번엔 앨리스의 어머니가 앨리스에게 전화를 했다. 아이가 반응이 없다고 했다. 앨리스는 서둘러 병원으로 갔다.

"제가 그곳에 도착했을 때, 이미 우리 데몬테는 이 세상 사람이 아니었어요."

6

소외된 삶

~

『워싱턴 포스트』가 데몬테 드라이버의 사망을 다룬 기사를 보도한 이후, 세계의 여러 신문과 인터넷 사이트를 통해 이 사실이 알려졌다. 현대 문명사회에 살고 있는 많은 사람들의 호기심을 자극하는 끔찍하고도 흥미로운 기사였다.

채핀 해리스는 데몬테 드라이버의 경우와 유사한 수많은 끔찍한 죽음에 대한 기록을 남겼다. 그는 이런 비극을 목도하며 치과의사라는 전문 직종이 필요하다고 확신했다. 21세기에 이르러 전문적인 치료와 항생제의 발전, 그리고 수돗물 불소화 덕분에 미국에서 치과 감염에 따른 사망은 다행히도 매우 적다고 알려져 있다. 하지만 오늘날 볼티모어에서, 해리스의 자리를 이어받은 메릴랜드 치과대학 교수들에게 데몬테 드라이버의 죽음은 그리 놀라운 일이 아니었다. 여전히 만연해 있는 구강 질환과, 그로부터 야기되는 심각한 결과를 그들은 요즘도 종종 목격한다. 미국에서 좋은 직업과 민간 치과 보험, 스스로 지불할 만큼의 충분한 돈이 있는 사람들의 경우 치과 진료를 받기 어렵지 않다. 하지만 가난하거나, 일을 해도 가난하거나, 보장되는 항목이 적은 보험에 가입했거나, 메디케이드에 의존하거나, 아예 아무 보험에도 가입하지 못한 사람들은 치과 진료를 받기 매우 어렵다는 것을 교수들은 충분히 알고 있다.

애팔래치아산맥에 걸쳐 있는 메릴랜드주의 서쪽 끝자락부터 [메릴랜드주 동쪽의] 체서피크만을 따라 있는 외딴 어촌 마을에 이르기까지, 비싼 치과 진료비를 감당할 수 없는 가난한 사람들이 결국 향하는 곳은 바로 여기, 세계에서 가장 오래된 메릴랜드 치과대학의 부설 진료소이다. 환자들은 저렴한 비용으로 치료받기 위해 몇 시간이 걸리더라도 이곳에 와서 새벽부터 줄을 서서 기다린다. 노먼 티나노프, 클레멘시아 바르가스를 비롯한 메릴랜드 치과대학의 교수들은 오랫동안 치과대학생들을 가르치고, 연구하며, 직접 환자를 치료하고, 학생들이 환자를 치료하는 것을 지도해 왔다. 그리고 메릴랜드처럼 부유한 주에 살고 있는 가난한 성인과 어린이가 소리 없이 고통받고 있는 치과 질환의 유행과, 이들을 치료할 치과의사들의 부족에 대해 경고하는 수많은 논문들을 발표했다.

메릴랜드주 내, 헤드 스타트♦ 학생들을 대상으로 진행한 연구에서 바르가스, 티나노프 및 동료 연구자들은, 3세에서 5세 사이의 아동 중 절반 이상이 충치가 있어도 치료하지 못하고 있음을 밝혔다. 이 아이들 중 상당수는 이미 통증을 느낄 만큼 상태가 심했다. 연구자들은 데몬테 드라이버가 사망하기 5년 전에 발표한 이 논문에서, 미국의 헤드 스타트 아동 대부분이 메디케이드 대상이 될 만큼 가난했지만 "메디케이드의 적용을 받는 아이들 가운데 겨우 20퍼센트만이 치과 진료를 받았다."라며 우려를 표했다.[1]

♦ 취학 전 3~5세 저소득층 아동과 가족에게 언어·보건·영양·정서 및 학부모 참여 등 다방면에 걸친 포괄적 서비스를 제공하는 미국의 복지 프로그램이다. 1964년 존슨 행정부에서 빈곤의 악순환을 끊겠다는 취지로 만들어졌으며, 1994년부터는 임산부와 0~2세 아동에게까지 헤드 스타트 프로그램을 확장하는 조기 헤드 스타트 프로그램이 시작됐다.

시급한 제도적 문제점 외에도, 그들은 치과의사들이 충치를 다루는 시각이 너무 좁다는 점을 염려했다. 의학에서 분리되어 독립적인 분야를 구축한 치학에서는, 충치에 대해 오랫동안 기계적 해결책만을 다뤄 왔다. 그러나 충치는 기계적 결함 이상의 것이다. 평생 지속되는 고통과, 때로는 비극적인 결과를 초래할 수 있는 복잡한 질병이며, 한번 시작하면 점점 더 심해지는 진행성 질병이다. 특히 치과 진료비를 감당할 수 없는 수백만 명의 미국인에게는 더욱 그렇다.

채핀 해리스의 시대 이후, 세계 최초의 치과대학인 메릴랜드 치과대학은 작은 사립학교로 시작해 세계적인 수준의 교육기관으로 발전했다. 하지만 티나노프는 여전히 만연한 이 질병에 치학이 어떻게 접근할지가 남은 과제라고 말했다. 그는 치과대학의 개인 연구실 책상 앞에 앉아 있었고, 창밖으로는 볼티모어 구시가의 풍경이 펼쳐져 있었다. 창밖에서 들어온 빛이 그의 책과 창턱에 놓인 제비꽃을 비췄다. 그는 현재 치과의사들의 관심이 충치를 제거하고 메우는, 수술과 수복이라는 분야에 집중되어 있다고 말했다. 그는 이제 치과의사들이 질병의 근본적인 원인을 다뤄야 한다고 주장했다.

"치과는 항상 외과의 한 전문 분과로 취급되었습니다. 그리고 그것이 현재 제가 실수라고 생각하는 지점입니다." 티나노프는 말했다. "핸드피스를 치워 버리고, 이 질병을 [파내고 때우는] 수복이 아니라 예방의 관점에서 접근해야 합니다."

티나노프는 볼티모어에서 태어나고 자랐는데, 그의 집안에서 처음으로 대학을 다녔고, 부모는 모두 의류 산업 노동자였다. 아버지는 단춧구멍을 만들었고, 어머니는 의류 공장에서 일했다. 티나노프의 연구실 벽에는 새를 관찰하는 데 열심이었던 그가 직접 찍은 사진들이 걸려 있었다. 그중 하나는 둥지 안의 아기 울새 여럿이 줄지어 입을 벌리고 있는 사진이었는데, 그 모습이 치과 치료를 받으려고 기다리는 아이들을 연상시켰다.

티나노프는 충치와 염증이 심한 어린이들을 치료하는 일에 대해 말했다. 상태가 심각할 때는 수술실에서 진료해야 하는데, 수술실을 배정받기까지 대기하는 시간이 매우 길어질 수 있다는 것이다. 한번은 티나노프의 대기자 명단에 있던 아이가 사망했는데, 이 사실을 두고두고 잊을 수 없었다.

"아이의 직접적인 사망 원인이 치아 질환이었는지는 확실하지 않아요. 솔직히, 알아보고 싶지도 않았어요. 너무나 고통스러운 일이니까요."

티나노프는 진료실을 넘어 볼티모어 인근 지역 사람들에게 다가가는 것, 그리고 질병이 발생하기 전에 미리 아이들을 검진하고 예방 진료를 하는 것이 중요하다고 했다. 하지만 가난한 사람들이 지금의 [치과 의료] 제도로는 자신의 치아 문제를 해결할 수 없다고 체념하며 두려워할 뿐 아무 기대도 하지 않는 현실을 바꾸기란 쉽지 않았다. 더구나 심각하게 궁핍한 가정들에 구강 건강이 중요하다는 인식을 확산시키는 것은 벅찬 과제였다.

그러나 티나노프의 동료이자 공동 연구자인, 메릴랜드 치과대학 조교수 클레멘시아 바르가스는 오래전부터 이 일에 대한 열정을 간직해 왔다. 바르가스의 부모는 각각 치과의사와 사회복지사였다. 그녀는 모국 콜롬비아에서 치과대학을 졸업한 뒤, 트럭에 짐을 싣고 가난한 농촌 마을로 내려가 의무 농촌 복무 기간을 채우면서 치과의사로서 일을 시작했다. "해야 할 일이 참 많았죠. 꽤 가치 있는 일이라고 생각했습니다."

바르가스는 그 후 애리조나 주립대학교에 진학해 사회학 박사 학위를 받았고, 메릴랜드 대학교에 임용되고는 치과대학 학생들에게 개별 환자를 진료하는 방법뿐만 아니라 공중 보건을 가르쳤다. 그녀는 공동체를 질병에 취약하게 만드는 사회적 조건이 무엇인지 학생들이 고민할 수 있도록 격려했다. 또한 치과대학 학생들과 팀을 조직해, 볼티모어 안팎의 가난한 학교와 마을을 찾아다니며 아이들을 검진했다. 치료가 필요한 아이들은 치과에 보내 치료를 받도록 하고, 아이들에게 예방 진료를 실시했으며, 치아를 건강하게 유지할 수 있도록 가르쳤다. 아파도 내색하지 않고, 무기력하고 자포자기 상태로 있는 아이들을 보며 바르가스는 고민에 빠졌다. 그녀는 아프면 아프다고 표현할 수 있도록 지도해 주라고 학생들에게 당부했다.

그녀는 치과대학 학생들이 자신의 직업에 대해 좀 더 폭넓은 관점에서 생각할 수 있도록 장려했다. 치과에 찾아오는 환자뿐만 아니라 전체 지역사회의 구강 보건을 향상하기 위해 무엇을 할 수 있을지에 대해서도 고민해야 한다고 가르쳤다. 이런 주제에 흥미를 갖는 학생들이 몇몇 있었지만, 대부분의 학생들은 그저 치과대학을 졸업해 성공적으로 개인 치과를 운영하는 데만 관심이 있는 듯했다. 바르가스는 미국에서 신출내기 치과의사가 성공하려면 적당히 부유한 동네에 자리를 잡고, 의료보험에 가입해 있거나 진료비를 부담할 만큼 경제적으로 능력 있는 환자를 골라 진료해야 한다는 사실을 잘 알고 있었다. 치과의사라는 직업이 시작된 이래, 치과의사 개인의 이런 선택이 이 나라의 거대하고도 성공적인, 개인 치과 의원 중심의 체계를 만들어 왔다. 이처럼 치과의사들이 어느 지역에서 개원할지, 어떤 환자를 진료할지를 선택하는 현실이 오늘날의 격차를 낳았다.

"우리는 공적 자금으로 학생들을 치과의사로 교육시키고 있습니다. 이렇게 교육받아 치과의사가 된 사람들이 나중에는 개인 치과를 열고, 환자들을 골라 치료합니다." 바르가스는 말했다. "제 말의 요점이 바로 이건데요, 아주 중요합니다. 치과의사는 어떤 이유로든 환자를 거부할 수 없어요. 돈만 있다면 말입니다. 민족, 인종, 성적 취향, 전신 건강 상태를 이유로, 심지어 에이즈 환자일지라도 진료를 거부하면 안 됩니다. 직접 치료하거나, 그러지 않으면 전문가에게 의뢰해야죠. 하지만 환자가 돈이 없으면 거부할 수 있거든요. 문제는 바로 이것입니다. 서글픈 일이에요."

미국치과의사협회의 「윤리 강령 및 전문 직업인 행동 지침」에 따르면, "치과의사는 환자의 인종·신념·피부색·성별·국적 등을 이유로 진료를 거부할 수 없다." 그럼에도 이 지침은 치과의사가 진료할 환자를 선택할 수 있도록 허용한다. "치과의사는 진료함에 있어 합리적인 범위 내에서 환자를 선택할 수 있는 재량권을 가진다."[2]

"관행을 유지하려는 세력은 매우 큰 힘을 가지고 있습니다." 바르가스는 말했다. "다른 한편에는 치과 치료가 필요한데 받지 못하고 있는 어마어마한 수요가 있고요. 그러니까 제 말은, 우리가 개인의 선택에 맡겨 해결하려는 이 부분이, 사실 매우 심각한 사회문제라는 겁니다. 둘 사이에는 크나큰 괴리가 있어요."

다른 사람들도 비슷한 우려를 제기했다. 퍼시픽 대학교 아서 A. 두고니 치과대학에서 심리학과 윤리학을 가르치는 브루스 펠티에 교수는 치과의사가 환자를 고른다는 발상은 전문 직업인의 책임감과는 상반된 의미를 가진다고 기술하며, 다음과 같이 덧붙였다. "신중하게 환자를 선택한다는 것은 환자나 환자에게 필요한 사항에 대해서는 전혀 고려하지 않는다는 뜻이다. 실제로 그것은 오히려 환자를 위한 의무를 포기하라고 부추기는 것처럼 보인다."[3]

오늘날 미국의 치과계에서는 치과의사와 장사꾼, 고객과 환자 간의 경계가 모호해졌다고 펠티에는 지적했다. 펠티에와 동료 연구자 롤라 주스티는 "판매와 치료라는 양립할 수 없는 두 개념의 긴장 관계"가, 개인 치과 의원의 성공적인 운영을 위한 경쟁과 비용 때문에 생겨났다고 썼다.[4]

그러나 이런 체계는 그대로 유지되어 왔다.

~

1964년 1월의 춥고 맑은 어느 날, 린든 B. 존슨 대통령은 국회 의사당에서 노인과 어린이를 위한 대대적인 연방 정부 보건 의료 프로그램을 만들자는 연설을 했다. 존슨 대통령은 토머스 제퍼슨의 말을 인용하면서 시작했다. "건강이 없다면 행복도 없습니다. 따라서 건강에 대한 관심이 다른 모든 것에 우선해야 합니다." 그는 천연두를 극복하고 소아마비를 거의 없애고, 인플루엔자 및 결핵으로 인한 사망률을 크게 낮춘 의학의 진보에 찬사를 아끼지 않았다.

그러나 그는 여기에서 만족하지 않아야 한다고 주장했다. 미국 노년층의 상당수가 은퇴할 때 보험이 없는 상태라는 사실을 언급하면서 루스벨트 시대에 만든 기존 사회보장 프로그램을 확대해, 노인들을 위한 기본적인 의료 서비스 비용을 지원하는 안건에 동의해 줄 것을 의회에 촉구했다. "이렇게 하면 재난과도 같은 과도한 병원비로 괴로워하는 노인들이 훨씬 줄어들 것입니다."

그는 여기서 멈추지 않았다. 존슨은 가난한 어린이들을 위한 보건 의료 프로그램이 있어야 한다고 했다. "미국 사회의 오래된 두 전통, 가난한 노인들을 방치하지 않고 돌봐야 한다는 전통과, 모두의 소중한 자원인 우리 아이들을 위해 헌신해 왔던 전통은 서로 일치합니다." 그는 특히 만성질환과 정신장애가 있는 수백만 명에 대해 말했다. 그리고 아이들의 안타까운 치아 상태에 대해 이야기하는 것을 잊지 않았다. "15세가 되었을 때, 보통 아이들에게는 10개가 넘는 충치가 있다고 합니다."

"우리 아이들에게 필요한 적절한 의과 및 치과 서비스를 제공하려면 할 일이 많습니다. 지금 도움이 가장 절실한 곳은 빈곤 가정에 살고 있는 1500만 명의 아이들입니다." 존슨은 의사와 치과의사의 수가 절대적으로 부족하므로 의과대학과 치과대학을 신설해야 하고, 노후된 병원 및 진료소에 대한 연방 정부의 투자가 필요하며, 의과의 전문 과목들을 통합해 지역사회 기반의 포괄적인 종합 진료를 제공할 수 있도록 하는 연방 정부의 지원이 중요하다고 말했다. "늦추면 늦출수록 문제는 더 복잡해질 것이고, 우리 국민들은 마땅히 누려야 할 건강과 행복을 누리지 못할 것입니다."

건강이라는 주제에 대한 존슨의 발언은 이것이 마지막이 아니었다. 다음 달에 그는 다시 의회에 가서 특별 발언을 했다. 미국의 영아 사망률♦은 다른 선진 9개국보다 높았다. 치료받으면 나을 수 있음에도 치료받지 못한 채 고통받는 수천 명의 시민이 있었다. 노인 지원을 받으려는 노인의 3분의 1은 건강 문제 때문이다. "그 외에도, 심각한 질병에 걸려 그동안 모은 돈을 다 써버리고 가족을 빈곤에 빠뜨리는 경우가 허다합니다. 이런 사람들에게 노년이란 두렵고 어두운 나락으로 떨어지는 것을 의미할 수 있습니다."

존슨은 킹 앤더슨 메디케어 법안의 통과를 촉구했다. 하지만 치

♦ 생후 1년 이내 사망한 영아 수를 해당 연도의 1년간 총 출생아 수로 나눈 비율로, 보통 천분비(‰)로 나타낸다. 건강 수준이 향상하면 영아 사망률이 줄어들기에 국민 건강 상태를 측정하는 지표로 널리 사용된다.

과계 지도자들은 이 법안에 의구심을 보였다. 의료계 단체의 지도자들과 마찬가지로 이들 역시 의료의 사회화에 대해 뿌리 깊은 두려움이 있었다.

"정치학을 공부하는 학생들이라면 노년은 '두렵고 어두운 나락'과 같다는, 짧고 인상적이며 감정에 호소하는 표현으로 가득 찬 대통령의 발언을 좋아할지도 모르겠다. 하지만 이런 발언은 논리적이고 사실을 중시하는 [치과대] 학생들의 호응을 받지는 못할 것이다." 1964년 3월, 『미국치과의사협회지』 사설의 내용이다.

이 사설은 메디케어의 배후에 깔린 전제에 의문을 제기하며, 의과 및 치과 서비스를 정부가 통제할 때 일어날 일들을 우려했다. "지금의 혼란은 노년층에 대한 의료 체계가 급변하는 과도기에 나타나는 현상일 뿐임을 그들은 간과하고 있다. 다른 나라의 사례로도 알 수 있듯이, 국가 관리하에서 의료의 질은 오히려 급격히, 그리고 반드시 저하된다. 이런 사실을 반드시 기억해야 한다." 사설은 뒤이어 치과의사들에게 당부했다. "앞으로 몇 주 동안, 우리는 킹 앤더슨 법안을 물리치기 위해 심혈을 기울여야 한다. 특히 올해는 선거를 앞둔 만큼, 국회의원들이 지역 유권자의 견해에 무심할 수 없다는 것을 모든 치과의사들은 명심해야 한다."[5]

하지만 1964년 11월 3일 동시에 치러진 대통령 선거와 상·하원 선거에서 메디케어를 지지하는 민주당이 압도적으로 승리했다.♦ 존슨은 1965년 건강에 대한 연설에서 메디케어 법안 통과를 재차 요

♦ 민주당의 린든 B. 존슨은 1820년 이래 미국 대선 최고 기록인 61.1퍼센트라는 득표율로 대통령에 당선되었고, 하원과 상원 선거에서도 각각 295석(공화당 140석)과 68석(공화당 32석)으로 민주당이 승리했다.

구했을 뿐만 아니라, 가난한 사람들을 위한 보건 의료 프로그램에 대한 자신의 생각을 더 많이 이야기했다. 이후 메디케이드라고 불리는 프로그램이었다.

메디케이드는 1960년 의회에서 제정된 커-밀스 프로그램을 확대해 만든 제도였다. 커-밀스 프로그램은 '치료가 필요한' 노년층을 원조하는 사업이었는데, 모든 주에서 실시하지는 않았다. 노인들이 커-밀스 프로그램의 수혜자가 되려면 공적 부조를 받을 만큼 심하게 가난하지는 않지만 의료비를 지불할 여유는 없다는 자격 심사를 통과해야 했다. 치과의사 단체는 기존의 커-밀스 프로그램은 지지했지만, 어린이들에게까지 대상을 일괄 확대하는 예상치 못한 변화에는 반대 목소리를 높였다. 메디케어든 메디케이드든, 의료 서비스의 제공에 대해 시장 기반 접근을 택하지 않았다. 사회적 차원의 재정 지원 계약이었던 것이다.

"역사의 거대한 흐름 속에서, 저는 우리가 지금 매우 중요한 기로에 서있다고 확신합니다." [뉴욕주 남서부] 시러큐스의 구강외과 의사 데이비드 케네디는 1966년 [뉴욕주의 주도인] 올버니에서 열린 입법 공청회에서 이렇게 주장했다. "만약 메디케어 법안이 발의된 상태 그대로 의회에서 통과된다면, 우리는 맹목적인 진짜 사회주의 국가로 가는 것입니다."

[시러큐스] 오논다가 카운티 치과의사회 회장이자 뉴욕주 구강외과의사회 회장인 케네디는 이렇게 덧붙였다. "그렇게 되면 우리 시민들은 누군가가 자신의 자유를 침해했을 때 그것에 대항할 용기나 결단력을 갖지 못하게 될 것입니다."[6]

결과적으로 치과 혜택은 두 프로그램 모두에서 빈약한 자리를 차지하게 되었다. 메디케어는 노년층을 위한 일상적인 치과 진료를 포함하지 않았고, 지금도 그렇다. 메디케어에서는 의학적으로 반드시 필요하다고 간주되는 매우 좁은 범위의 치과 진료만을 보장한다. 애초에 메디케이드는 치과 진료를 포함하지 않았다. 어린이들의 경우, 1968년에 조기·정기검진, 진단 및 치료 프로그램에 대한 법안이 통과된 이후 메디케이드에 치과 진료를 받을 권리가 추가되었다. 이 프로그램은 충치를 포함해 어린이들에게 자주 발생하면서도 예방이 가능한 다수의 질병에 대해, 적절한 시기에 개입해 미리미리 치료하고자 만들어진 프로그램이다. 가난한 성인의 경우 치과 진료를 보장 범위에 포함할지는 연방 정부가 결정하지 않고 주 정부에 맡겼다.

~

규모와 범위 모두 메디케이드가 메디케어보다 훨씬 크기에 "미국 보건 의료 체계의 주력"이라고 불렀다.[7] 이 프로그램은 민간 의료의 손이 닿지 않는 부분에 개입한다. 위기에 처한 사람들, 지극히 가난한 사람들, 이 방법이 아니면 치료받을 기회가 없는 사람들을 위한 것이다.

　하지만 대부분의 치과의사들은 계속해서 메디케이드를 피하고, 메디케이드에서 의료비를 지불해 주는 환자들을 받지 않는다. 치과의사들은 메디케이드에 참여할 때 직면하는 관료주의적 장벽에 대해 상당한 불만을 토로한다. 또한 가난한 메디케이드 환자들을 상대하면서 좌절감을 느끼는 치과의사들도 많다고 한다. 약속 시간에 나타나지 않는 일이 흔하고, 구강 건강을 중시하지 않으며, 자신의 치아를 돌보지 않는 모습에서 오는 좌절감이 그것이다. 치과 의원을 운영하다 보면 간접적인 지출도 많은데 메디케이드 환자들을 치료하면 손해를 본다고 치과의사들은 소리 높여 말한다. 평균적으로 메디케이드는 어린이 치과 진료비의 경우 민간 의료보험에서 지급하는 것의 절반만 치과의사들에게 지급한다. 미국치과의사협회에 따르면 그 비율은 주써마다 다르다.[8] 메디케이드에 참여하는 치과의사의 수에 대한 추산도 주마다 다르다. 2010년 미국 연방 조사에 따르면, 많은 주에서 대부분의 치과의사들이 메디케이드 환자들을 거의 받지 않거나 전혀 받지 않는다고 답변했다.[9]

미국치과의사협회는 2014년에 치과의사의 42퍼센트가 미국의 인슈어 키즈 나우 데이터베이스에 메디케이드 제공자로 등록했음을 확인했으나, 가난한 메디케이드 환자들이 실제로 치료받을 수 있는 치과의사가 적은 문제는 오랫동안 지적되어 왔다. 치과 진료 현황에 대해 미국치과의사협회가 별도로 조사한 결과에 따르면, 2013년에는 개원 의사 중 35퍼센트만이 공적 부조를 받는 환자를 치료했다. 1990년 44퍼센트보다 많이 낮아진 수치이다.[10]

치과의사와 가난한 환자 간의 사회적 격차도 진료를 제공하려는 시도를 어렵게 만들 수 있다. 부자들은 가난한 사람들이 진료를 받으러 병원에 가는 과정에서 많은 걸림돌에 부딪힌다는 점을 잘 받아들이지 못한다. 이들은 전화와 교통수단을 자유롭게 이용하기 어렵다. 저임금 직장에서 일하는 노동자가 치료받기 위해 근무 시간을 빼기란 대부분 불가능하다. 구강 건강을 유지하고 적절한 시기에 치과 진료를 받는 일은 다른 긴급한 필요에 밀려 뒷전이 되기 쉽다. 그들의 부모 역시 정기적으로 치과에 다니지 못했을 수 있다. 그들 자신도 이전에 치과에서 매우 나쁜 경험을 했을지도 모른다.

캘리포니아 대학교 로스앤젤레스 캠퍼스의 은퇴한 교수이자 공중 보건 치과의사 겸 연구자인 제임스 프리드는 환자에게 치과의사의 힘은 무시무시할 수 있다고 지적했다. "통제력이 상실된 기분일 겁니다. 나는 이 아래에 있는데 치과의사는 저 위에 있는 것 말입니다. 치과의사는 무엇이든 할 수 있을 것만 같지요. 그러니 치과용 의자에 앉기란 정말 싫을 겁니다."

"그리고 나서 치과의사가 나를 평가하는 거죠. 치과의사가 물어요. '하루에 몇 번이나 이를 닦습니까?' 환자는 생각하겠지요. '내가 뭐라고 대답하든, 그게 치과의사가 듣기에 충분하겠어?' 다른 한편 온종일 구강 건강에 대해 생각하는 치과의사들 역시 환자들에게 좌절할 수 있어요. 치과의사는 이렇게 생각할 거예요. '제대로 좀 하면 안 되는 거야? 나는 매일매일 이렇게 당신 입안을 건강하게 만들기 위해 노력하는데, 도대체 집에서 어떻게 관리하고 있는 거야? 정말 미치겠군.' 치과의사는 때로 이런 감정을 숨기지 못하고 밖으로 드러낼 수도 있어요."

한편, 심리적으로 건강하지 못한 부모의 경우 아이들이 이를 닦도록 가르치는 기본적인 지도조차 제대로 못 한다는 연구 결과가 있다. 디트로이트의 연구진은 아이의 이를 잘 닦도록 할 자신이 있는 부모의 자녀들이 실제로도 이를 더 자주 닦았다는 결론을 내렸다. 피곤하거나 바쁘거나 우울해하는 부모는 자녀의 구강 건강을 돌볼 수 있다는 자신감이 가장 낮았다.[11]

일련의 소규모 집단(초점 집단) 인터뷰에서 노스캐롤라이나 대학교 보건 대학원 연구팀은 메디케이드 혜택을 받는 아이들을 데리고 치과를 찾았던 다양한 인종·민족의 부모 및 보호자의 경험·태도·인식에 대해 조사했다. 많은 보호자들이 치료받을 치과를 찾아내는 과정이 힘겨웠다고 말했으며, 심지어 굴욕적인 경우도 있었다고 했다.

"메디케이드 환자를 받아 준다는 치과를 가까스로 찾은들 예약할 만한 시간이 거의 없었고, 힘들게 예약에 성공해도 치과에 타고 갈 교통편을 구하느라 이리 뛰고 저리 뛰어야 해요. 이런 과정을 다 거치고 나면 내가 이것밖에 안 되나 싶어 낙담하고, 녹초가 돼서 치과 치료를 받을 의욕이 사라지는 거죠."

참가자들은 치과의사들이 아이들을 보거나 만지기를 꺼리는 듯한 경우도 있었다고 했다. "우리 애들이 더럽다는 거죠." 치과 직원들은 치과의사보다 태도가 더 안 좋았다고 했다. 접수를 받는 직원이 메디케이드 환자인 것을 알고는 달갑지 않게 맞았고, 메디케이드 등록증을 받을 때 무시하는 느낌을 주는 등 다른 환자와 다르게 대우했다고 말했다.

"눈물이 나는 것을 겨우 참았어요."

한 어머니가 말했다.[12]

그래도 이 사람들은 예약은 할 수 있었던 경우이다. 일리노이주에서는 한 연구팀이, 메디케이드 아이들의 치과 예약이 민간 의료보험을 가진 아이들보다 얼마나 더 어려운지 알아보기 위해 앞니가 부러진 아이의 부모로 가장하고 지역 내 85개 치과에 전화해 예약을 잡아 봤다. 한 달 간격으로 치과마다 두 번씩 전화했는데, 한 번은 메디케이드 혜택을 받는 아이의 부모인 척 전화했고, 다른 한 번은 민간 의료보험을 가진 아이의 부모인 척 전화했다. 메디케이드와 민간 의료보험 각각 170번의 전화 통화에서, 메디케이드 아이들의 36.5퍼센트, 민간 의료보험을 가진 아이의 95.4퍼센트가 예약을 잡는 데 성공했다.[13]

~

가난하고 외딴 지역은 특히 치과의사가 더 부족하므로 치과 치료를 받기가 더 어려울 거라고, 미국 보건복지부 산하 '보건 자원 및 서비스 행정국'은 밝혔다. 보건 자원 및 서비스 행정국은 의사, 정신과 의사, 치과의사가 부족한 지역에 관한 자료를 수집해 '의료인 부족 지역'을 표시한 지도를 작성했다. 2016년 미국의 치과 전문 인력 부족 지역을 지도에 표시했더니 약 5000개의 점이 찍혔고, 점으로 찍힌 지역에는 "치과 진료에 대한 기본적인 접근성이 부족한" 약 4900만 명의 미국인이 살고 있었다.[14] 보건 자원 및 서비스 행정국은 2015년 보고서에서 이 지역의 치과 진료 수요를 충족하려면 7000여 명의 치과의사가 필요할 것으로 추정했다.

향후 10년간 전문 인력 부족 문제는 더 심해질 듯하다. 은퇴자와 신규 면허자 수를 계산해 인력[시장] 참여 양상이 현재와 동일하다고 가정하면 2025년에는 활동 중인 치과의사의 수가 20만 2600명으로 6퍼센트 증가하지만, 치과의사의 수요는 10퍼센트 증가할 것으로 예상된다. 이런 인력 부족 현상은 일부 주와 인구 계층에 특히 더 심각한 문제가 될 텐데 가장 심각한 지역은 캘리포니아주, 플로리다주, 뉴욕주가 될 것으로 예측되었다. 연방 보고서는 치과 진료가 필요함에도 진료받지 못하는 상황(미충족 치과 의료)은 "가까운 곳에 치과가 없고, 진료비 지불 능력이 없고, 구강 건강 정보를 이해하는 능력이 부족해 기본적인 구강 건강관리를 이미 포기한 취약 계층에게는, 치과 진료 접근성을 더 악화시킬 것"이라고 지적했다.

보고서는 치과위생사의 수가 크게 증가하는 것에 주목했고, 늘고 있는 치과 수요를 해결하는 데 이들을 활용함 직하다고 여겼다.

"현재 전국적으로 각 주들은 치과 진료 접근성을 개선하기 위해 노력 중이다."

보고서는 이렇게 덧붙였다.

"예를 들어 미네소타주와 메인주에서는 치과위생사들에게 추가 교육을 실시해 치과의사의 영역을 넓히는 방법을 모색하고 있다."[15]

보고서의 어조는 중립적이었다. 미네소타주와 메인주, 그리고 최근에는 버몬트주에서 치과위생사들이 발치 및 치아 삭제까지 진료 범위를 넓혀 환자를 볼 수 있도록 추가 교육을 받을 길을 열었다. 하지만 치과의사 단체는 수년간 이런 조치에 강력히 반대해 왔다. 또 다른 주에서는 이보다 훨씬 제한적인 시도조차 막강한 저항의 벽에 부딪히고 있다.

미국치과의사협회의 지도자들은 현재 (그리고 미래에도) 치과의사가 부족하다는 보건 자원 및 서비스 행정국의 보고서가 잘못되었다고 주장한다. 미국치과의사협회 산하 의료정책연구소의 수석 경제학자 마르코 부이치치는 정부 기관이 공급 적정성에 대한 진짜 실체는 파악하지 못한 채 '단순히 인구 대비 공급자 비율'만을 언급한다고 말한다. 그에 따르면 미국 전역의 치과의사들은 더 많은 환자를 볼 시간이 있다고 했다.

부이치치는 다음과 같이 언급했다. "첫째, 전국적으로 세 명 중 한 명 이상의 치과의사가 더 많은 환자를 볼 시간이 있다고 답변했다. 둘째, 치과 진료를 가로막는 주요 원인은 경제적인 이유가 압도적이라는 명백한 근거가 있다. 진료할 사람이 없어서가 아니다. 현재 상황에서 의료 시장에 치과의사의 공급을 늘리는 건 치과 진료 접근성을 개선하는 올바른 해결책이 아니다. 오히려 치과 진료 접근성을 높이려면 공급자 측면이 아니라 수요자 측면에서 방안을 강구해야 한다. 특히 저소득층 미국인들의 치과 진료 접근성을 높이기 위해서는 더더욱 그렇다."[16]

치과의사는 이미 충분하다고 부이치치 등은 말한다. 필요한 치과 진료비를 낼 만한 돈을 가진 사람들이 어떤 지역에는 많지 않을 뿐이다.

　최근 몇 년간 주 정부와 연방 정부는 빈곤층, 취약 계층, 그리고 〈환자보호 및 부담적정 보험법〉에 따라 조성된 보험 시장에서 의료 보험에 가입하는 사람들을 위해 대대적으로 치과 프로그램을 신설하고 재정을 지원하고 있었다. 이런 [재정이나 행정 집행] 면에서 치과 시장에 대한 정부의 역할이 매우 중요한데, [정부 계획에서] 치과 관련 사업은 종종 간과하는 경우가 많았고 예산 배정도 부족했다는 것이 미국치과의사협회 지도자들의 의견이다.

　그럼에도 일부 지역에서는 개선될 조짐이 보였다. 메디케이드 개혁과 확대, 치과 진료 접근성을 높이려는 주 정부의 혁신적인 노력 등 다양한 요인에 힘입어 최근 몇 년 동안 더 많은 어린이들이 치과 진료를 받고 있다. 메디케이드 성과를 담은 일련의 연방 정부 보고서에 따르면, 2000년과 2012년 사이에 한 번 이상 치과 진료를 받은 메디케이드 등록 어린이의 비율은 29퍼센트에서 48퍼센트로 증가했다. 하지만 가난한 어린이의 경우 의과 진료에 비해 치과 진료를 받는 수가 훨씬 적다. 2016년 연방 정부 보고서에 따르면 메디케이드 유아와 아동 10명 중 아홉 명은 의과 진료를 받았다.◆[17]

◆ 한국의 경우 국민건강보험공단에서 발간한 『2017년 건강검진통계연보』에 따르면 2017년도 건강검진과 구강 검진 수검률은 각각 일반 건강검진 78.5퍼센트(건강검진), 31.8퍼센트(구강 검진), 생애 전환기 건강 진단(40세, 66세 대상) 79.8퍼센트(건강검진), 31.4퍼센트(구강 검진), 영·유아 건강검진 72.1퍼센트(건강검진), 42.0퍼센트(구강 검진)로 의과에 비해 치과 검진 수검률이 낮았다. 한편 보건복지부의 '2018년 아동 구강 건강 실태 조사' 결과에 따르면, 12세 아동의 최근 1년간 치과 진료 수진율은 71.0퍼센트였고, 경제 상태를 상중하로 나눴을 때 각각 최근 1년간 치과 진료 수진율은 73.8퍼센

한편, 성인의 치과 내원은 감소하고 있다. 2012년 자료에 따르면, 근로 연령층 성인 가운데 3분의 1을 조금 넘는 사람만이 치과에 방문한 적이 있다고 답변했다.[18] 전국 수준의 대규모 조사에서 근로 연령층 성인 다섯 명 중 한 명은 치과 진료가 필요하더라도 경제적 여건이 안 된다고 답변했다.[19] 2014년 말, 민간 혹은 공공 치과 보험을 가진 미국인은 전체 인구의 3분의 2에 약간 못 미치는 2억 500만 명이었고, 1억 1400만 명은 어떤 보험도 없었다.[20]

미국치과의사협회는 치과의사들이 가난한 사람들을 진료하도록 끌어들이기 위해, 메디케이드에서 치과에 지불하는 진료 수가를 올리고, 치과에서 작성해야 하는 불필요한 서류 작업을 줄이도록 오랫동안 로비 활동을 벌여 왔다. 미국치과의사협회는, 구강 건강이 종종 정부 지원에서 뒷전이었다고 주장하며, 치과 진료 및 연구에 더 많은 국가 예산을 지원받기 위해 애썼다. 2010년 제정된 〈환자보호 및 부담적정 보험법〉은 필수 건강 급여에 아동 치과 급여를 포함했지만, 후속 규정에서는 부모에게 이를 강제하지는 않았다.♦ 의료보험 시장에서 성인의 치과 진료는 필수 급여는 아니었지만, 2016년까지

트, 69.9퍼센트, 62.8퍼센트였다. 동 조사 결과의 최근 1년간 미충족 치과 치료 필요율은 15.0퍼센트였고, 경제 상태를 상중하로 나눴을 때 각각 최근 1년간 미충족 치과 치료 필요율은 12.4퍼센트, 15.5퍼센트, 25.3퍼센트였다(자료: http://kosis.kr/search/search.do?query=%EA%B5%AC%EA%B0%95%EA%B2%80%EC%A7%84).

♦ 〈환자보호 및 부담적정 보험법〉에 따르면, 메디케이드 적용을 받는 저소득층을 제외한 미국인이 민간 의료보험에 가입할 때 소득수준에 따라 정부가 차등 지원을 하는데, 이때 어린이가 있는 부모들이 민간 의료보험에 가입을 하면 보조금을 지급하지만 치과 보험 가입은 강제 사항이 아니다.

는 거의 모든 민간 의료보험에 성인의 치과 진료가 포함되었다.

의료 개혁법[〈환자보호 및 부담적정 보험법〉]은 주 정부에 메디케이드 프로그램의 확대를 강력하게 권고했다. 그러나 메디케이드에 성인을 위한 치과 진료는 포함하지 않기로 결정한 주도 있다. 특히 긴축정책 시기에 주 정부는 성인을 위한 치과 진료 비용까지 부담할 여력이 없다고 판단해 가장 먼저 예산 삭감 대상에 올리곤 했다. 미국치과의사협회의 지도자들은 정부가 공공 치과 프로그램에 더 많은 예산을 지원해야 한다고 요구한다. 하지만 동시에 그들은 자신들의 전문직 자율성과 민간 의료 체계를 지키기 위해 싸워 왔다. [환자 진단·치료·처방이 가능한] 전문 간호사에 견줄 만한 새로운 치과 준의료인의 도입을 막는 데 치과계는 결사적이었다. 이런 인력을 도입하라고 요구하는 사람들은 이들이 치과 진료 비용을 낮추고 [치과의사가 부족한 기존 지역까지도] 더 넓게 배치할 수 있다고 주장한다.

~

치과 진료가 필요한 사람들이라도 만약 공공 의료보험이든 민간 의료보험이든 보험이 없거나 진료비를 지불할 돈이 없다면, 구강 건강의 중요성을 이해하지 못한다면, 정기적인 예방 진료를 뒷전으로 제쳐 두고 중요하게 여기지 않는다면, 그들의 필요는 진료로 이어지지 않는다. 공급자, 즉 치과의사를 아무리 늘린다 해도 이 문제는 해결되지 않는다는 것이 미국치과의사협회 지도자들의 주장이다.

"자동차 엔진오일 교환과 비슷하다고 생각하면 됩니다. 도움이 될 거라는 생각으로 지역에 아무리 많은 자동차 정비소를 설치하더라도, 사람들이 엔진오일을 교환할 돈이 없다면, 엔진오일 가격을 바꾸지 않는 한, 사람들이 엔진오일을 교환할 수 있는 능력 자체는 달라지지 않아요." 2015년 미국치과의사협회의 부회장이었던 메인주의 치과의사 조너선 션킨이 설명했다.

션킨 자신도 가난한 가정에서 자랐으며, 그의 가족도 메디케이드에 의존한 적이 있었다. 그는 메이케이드 환자들을 치료한다고 했다. 하지만 메디케이드 제도가 잘되어 있다는 메인주에서조차, 메디케이드 환자들을 진료하기가 쉽지만은 않다고 그는 말한다.

"매일매일, 내가 왜 메디케이드 환자를 치료하고 있는지 회의가 들어요. 메디케이드 제도에 대한 좌절감 때문입니다."

몇몇 주에서는 메디케이드 진료 수가를 인상함으로써 가난한 환자들을 치료하겠다는 치과의사를 끌어들이는 데 성과가 있었다. 하지만 다른 주에서는 가난한 사람들에게 치과 진료를 받게 해줄 만큼 경제가 좋지 못하다. 특히 인구가 드문 시골 지역이 더더욱 그렇다고 션킨은 말한다.

"치과도 사업입니다. 연방 정부의 인증을 받은 보건소나 민간 의료 기관에서 일하는 치과의사든, 독립적으로 진료하는 치과위생사든 간에 말이죠. 적어도 치과를 운영할 만한 진료비는 받을 수 있어야 해요. 그만큼 돈을 낼 수 있는 환자들이 와줘야 하고요. 그래야 전기료도 내고 직원 월급도 주면서 치과 문을 열어 놓을 수 있으니까요. 빚도 갚아야 하고요. 필요한 경비야 그 밖에도 많죠."

최근 몇 년간 치과의사들의 수입은 좋은 편이다. 「치과의사들은 이제 의사보다 시간당 더 많은 돈을 번다」라는 머리기사가 있었다. 미국 의료인들의 소득을 비교한 2010년 연구 결과를 발표한 기사였다.[21] 이 연구에서 하버드 대학교와 [미국의 대표적인 싱크 탱크인] 랜드 연구소의 연구원들은 20년간 미국 인구 조사국의 자료를 사용해 의사, 치과의사, 약사 등 의료 전문직의 소득 변화를 평가했다. 1996년부터 2010년까지 치과의사들의 시간당 평균 소득은 64.30달러에서 69.60달러로 늘었는데, 이는 같은 기간에 65.40달러에서 67.30달러로 증가한 의사의 소득을 앞서는 수치다.

2014년 미국치과의사협회의 계산에 따르면 개원하지 않은 일반 치과의사의 연평균 순수익은 13만 4020달러, 개원한 일반 치과의사의 경우 18만 3340달러였다. 전문의 자격이 있는 치과의사는 한 해 32만 2200달러를 벌었다.[22]

미국 노동통계국에 따르면 치과의사의 평균 급여는 2015년 시간당 76.11달러로 연간 약 15만 8000달러를 벌었다.◆[23]

2015년 빈곤층 3인 가족의 연간 소득은 2만 90달러였다.◆◆

~

[수요가 있는 곳에 공급이 있는] 시장 덕분에, 미국의 부유한 지역은 대부분 치과의사가 넘쳐 나고, 환자를 유치하려는 치과의사들 사이의 경쟁 또한 치열하다. 볼티모어 내항에 면한 한 호텔 컨벤션 센터 연회장에서, 유명한 치과 마케팅 전문가인 로저 레빈이 2015년 어느 여름날, 치과의사들과 치과 직원들을 상대로 이틀에 걸친 세미나를 열었다(이곳에서 두 블록 떨어진 캘버트가에는, 채핀 해리스가 최초의 치과대학생 다섯 명 앞에서 입학식 축사를 했던, 장미 문양 색유리로 장식한 침례교회

◆ 한국고용정보원의 발표에 따르면 2019년 현재 치과의사 중위 소득은 연간 9000만 원, 하위 25퍼센트 소득은 연간 8000만 원, 상위 75퍼센트 소득은 연간 1억 850만 원이다.
◆◆ 한국의 보건복지부가 발표한 2020년 3인 가족 기초 생활 보장의 생계 급여 수급권자 연간 소득 기준은 1393만 4000원이다.

가 있었다).

"자, 받아 적으세요."

로저 레빈이 말했다.

"지금 당신이 가진 것을 누군가가 노리고 있다는 사실을요."

레빈은 윤기가 도는 푸른색 정장을 입고 있었다. 장밋빛 넥타이에는 핀 마이크가 달려 있었고, 그의 치아 색은 눈이 부실 만큼 밝았다. 레빈의 아버지와 할아버지 모두 치과의사였다. 레빈은 자신도 당연히 치과의사가 될 것이라 믿으며 자랐다. 그는 메릴랜드 대학교 치과대학을 졸업했지만 막상 치과의사가 된 뒤에는 할아버지와 아버지가 운영하던 치과를 물려받기보다 '치과 경영' 분야에 더 큰 흥미를 느꼈다. 1985년 현대 미용 치과 붐의 여명기에 회사를 설립한 그는 지금 자칭 세계 최대 규모의 치과 컨설팅 회사인 레빈 그룹을 이끌고 있다. 그의 회사는 볼티모어, [애리조나주] 피닉스, 프랑스 마르세유에 사무실을 두고 있다. 레빈은 세계를 돌며 매년 수십 차례 세미나를 개최한다. 하지만 지난 이틀 동안 그는 집 근처인 볼티모어에 있었다.

그가 말했다.

"이 모든 것은 1980년대에, 라미네이트와 함께 시작되었습니다. 오늘날 우리는 진짜 사업을 하고 있는 것입니다."

그의 할아버지는 1920년대에 치과대학을 졸업했다. 치과의사들 사이에 동료애가 있던 그때만 해도 치과의사가 새로 개원하면 이미 자리 잡고 있던 치과의사들이 모두 그 사람을 도와주었고, 심지어 환자를 보내 주기까지 했다고 그의 할아버지는 이야기하곤 했다.

"우리 치과의사들은 여전히 똘똘 뭉치죠. 하지만 요즘은 누군가 새로 우리 지역에 병원을 열면 우리는 그 사람을 없애려고 암살자를 고용합니다!" 레빈의 농담에 한바탕 웃음이 터져 나왔다.

레빈의 고객은 치과의사들이다. 그는 다른 치과의사에게 환자를 뺏기지 않는 방법을 가르치는 컨설팅 사업을 하고 있다.

"경쟁에서 이기려면 마케팅을 해야 합니다."

마케팅은 복잡하고 힘든 문제이지만 치과대학에서 학생들은 이런 내용을 충분히 배우기 어렵다고 그는 덧붙였다. 게다가 많은 사람들이 이 문제를 단순하게 생각한다고 했다.

"칫솔에 이름을 새겨서 돌리는 것만으로는 부족해요. 병원에서 환자들에게 그 이상을 해야 합니다."

레빈은 환자가 자신의 친구에게 치과의사를 추천할 마음이 들게끔 해야 한다고 말했다. 많은 사람들이 치과에 가기 싫어하는 마당에 환자로 하여금 다른 사람들에게 추천하게 만들기란 정말 어려운 일이자, 엄청난 도전이라고 이야기했다.

"사람들은 재미있는 것을 좋아합니다. 대회나 시합 같은 건 재미있죠. 치과 진료? 재미없어요. 우리는 신경 치료를 합니다. 참 무시무시한 말 아닙니까, 세라?"

레빈은 강의 중간에 참석자의 이름을 불렀다. 지난 이틀 동안 그는 세미나에 참가한, 연회장 안에 있는 모든 사람의 이름을 외워 보이는 신묘한 능력을 보여 주었다. 데일 카네기의 추종자인 레빈은 자신이 경전처럼 여기는 [1936년에 출판된 카네기의 책] 『데일 카네기 인간관계론』을 인용하며 말했다. 환자가 두려움을 느끼지 않도록, 의사의 말을 잘 듣도록 만들려면 전문적인 기술이 필요하다고. 그래야 환자를 붙잡을 수 있다고.

"샤론, 환자가 당신의 치과를 방문해 진료받는 경험을 인생에서 특별한 순간으로 느끼도록, 단순한 정기검진이 아니라 매우 중요한 일로 느끼도록 만들어야 합니다."

성공은 우연히 얻어지지 않는다고 레빈은 말했다.

"생산성을 높이는 건 복잡한 게임과 같습니다."

복잡한 게임에서 이기려면 훈련을 통해 능숙한 설득력을 갖춰야 한다고 레빈은 강조했다. 영업에 적당한 언어는 따로 있다는 것이다. 레빈은 예언했다.

"내일 12시쯤이면 우리는 환자들을 우리가 원하는 대로 움직일 수 있게 될 것입니다."

"환자에게 아무 말이나 하면 안 됩니다. 필요한 말은 따로 있어요. 가치를 표현할 단어와 문장을 적절한 순서에 맞춰 대본으로 만들어야 합니다. 적으세요. 중요합니다. 환자를 움직이는 능력이 바로 이것입니다. 정해진 대본대로 하는 거예요."

그가 요점을 강조할 때, 화면 위에는 과녁의 정중앙을 맞추는 화살이 애니메이션으로 재생되었다.

레빈은 치과의사들이 환자에게 허술하게 마케팅을 해서, 치과 진료로 돈을 벌 기회를 놓치는 경우가 다반사라고 주장했다.

"치과의사들은 1년에 평균 65만 달러의 매출을 올립니다. 65만 달러로 물론 먹고살 수 있어요. 75만 달러로 살 수도 있어요. 안 될 건 없어요. 그렇죠, 론? 하지만 주 4일 근무로 100만 달러를 벌 수도 있거든요. 전문의가 아닌 평범한 일반의도 충분히 가능합니다."

레빈은 치과의사들이 정당하게 치료해야 할 문제를 과소 진단하고, 치료할 수 있는 상태를 지나쳐 버리는 경우가 많다고 말했다. 그는 모든 환자를 여러 단계로 철저히 검사할 것을 권했다. 잇몸에 염증은 없는지, 치아 표면에 이상은 없는지 구석구석 꼼꼼하게 살피라는 것이다. 치아의 외형을 아름답게 개선할 여지가 있는지도 확인해야 한다.

"사람들은 화장품을 사는 데 기꺼이 지갑을 엽니다. 대공황 시기에도 립스틱을 샀어요. 환자들이 몰라서 그렇지, 치과의사가 치료가 필요한 곳을 말해 주면 따를 환자들이 분명 있습니다."

임플란트 검진을 통해, 뽑고 임플란트로 바꿔야 할 치아를 더 찾아낼 수 있다. "존스, 치과 임플란트로 당신 삶의 질이 얼마나 높아질지는 당신 자신에게 달려 있어요. 임플란트의 재료가 티타늄이니 어쩌니 하는 말은 할 필요가 없어요. 티타늄은 생체 적합성이 뛰어난 재료고, 환자들은 임플란트의 재료가 티타늄인지 뭔지는 신경 쓰지 않아요. 회사가 고객에게 판매하는 것은 제품 그 자체가 아닙니다. 진공청소기를 원하는 사람은 없어요. 사람들은 깨끗한 바닥을 원하는 거죠." 그다음에는 반듯하게 고른 치아를 원하는 교정 환자를 발굴해 낼 수 있는 치아 교정 검사가 있다.

진료비 지불과 관련해서는, 선불을 강력하게 권했다. 레빈은 치료가 시작되기 전에 환자가 치료비 전액을 지불하면 할인해 주라고 했다. 진료비를 한꺼번에 내기 부담스러워하는 사람들에게는 의료용 신용카드와 같은 다른 결제 수단을 찾아 줄 수도 있다.

"'상당히 괜찮은 방법 네 가지를 살펴볼까요?'라고 환자에게 말해야 합니다. '상당히 괜찮은'이라는 단어에는 강력한 힘이 있어요. 힘이 있는 단어는 에너지를 만들어 냅니다."

치료가 모두 끝나기 전에 환자들이 치료비를 완납하게 하라고 레빈은 강조했다. "여기, 존스 씨가 있어요. 마지막 진료를 하기 전에 존스 씨가 치료비를 다 내도록 해야 합니다. 만약 치료가 끝날 때까지도 환자가 돈을 모두 내지 못하면 어떻게 할 수 있겠어요? 이미 붙여 놓은 금니를 벗겨 낼 거예요? 존스 씨 것으로 만든 틀니를 다른 환자들에게 줄 수 있어요? 자, 우리에겐 뭐가 있죠? 대본이 있다고 했지요? 바로 진료 예약을 다시 잡는 겁니다. 돈을 받지 않고는 진료를 끝내지 않도록 말입니다."

환자들이 진료 예약을 철저히 지키도록 접수 직원들은 총력을 기울여야 한다고 그는 말했다. "중요합니다. 받아 적으세요. 진료 시간 직전에 예약을 취소하는 일은 절대 생기지 않도록 해야 합니다. 그런 것은 [예약하고 연락 없이 나타나지 않는 손님인] '노쇼'no-show입니다. 우리를 엿 먹이는 거예요."

세미나는 온종일 거침없이 진행되었다. 그날 하루가 끝날 무렵까지도 레빈은 강연장 안에 있는 누구보다도 기운이 넘쳐 보였다.

~

다음 날도 마찬가지였다. 토요일 이른 아침, 볼티모어 내항에 있는 컨벤션 센터 밖은 습했다. 닻을 내리려고 서서히 다가오는 큰 배는 아침 안개 속에서 마치 유령 같았다. 몇몇 관광객들은 바다에 면해 있는 하드록 카페와 수족관 쪽으로 어슬렁거리고 있었다. 100년도 더 전에 프레더릭 더글러스가 농장으로부터 도망해 도착한 바로 그곳이었다. 그곳에서 가까운 샤프Sharp가에는, 채핀 해리스 시대에 치과용 기구와 재료를 판매하던 상점이 있었고, 그 옛날 채핀 해리스가 수년간 충실히 편집장으로 일했던 세계 최초의 치과 학술지에는 "해리스 교수가 개량한 이 뽑는 집게(발치 겸자), 헤이든 교수가 발명한 충치 구멍 메움기(충전 기구), 절대 썩지 않는 스톡턴의 인조 치아 묶음을 한데 모아 팝니다!"라는, 그때 그 상점에서 팔았을 치과 기구와 재료 광고가 실렸었다.

세미나가 열리는 연회장에서는 시간에 맞춰 어제처럼 멋지게 차려 입은 레빈이 나타났다. 오늘은 회색 정장에 파란색과 흰색의 줄무늬 셔츠, 노란색 문양의 넥타이, 반짝이는 커프스단추와 시계를 차고 있었다. 오늘의 첫 순서는 '로저와 커피 한잔'으로, 치과의사들이 질문할 수 있는 시간이었다. 레빈은 대답에서, 사례 발표와 환자들이 자신의 입안을 볼 수 있게 해주는 구강 카메라를 효과적으로 사용하라고 제안했다. "우리는 치과의사입니다. 이런 장난감 같은 것들을 좋아하지요. 하지만 이 장난감이 성공의 비결은 아닙니다. 구강 카메라만 있다고 해서 환자들이 치료에 동의하지는 않습니다. 환자들이 치료에 동의하게 만드는 우리의 판매 기술, 즉 사례 발표 기술이 중요합니다."

지혜롭게 동업하는 방법을 묻는 사람도 있었다.

"동업에 적당하지 않은 사람도 있습니다. 유치원 성적표를 기억해 보세요. 여러분 중에는 다른 사람들과 잘 어울리지 못하는 분들도 있어요."

프린스 조지스 카운티에서 메디케이드 환자들을 진료하는 여성 치과의사 음폰 우모런은 레빈에게 메디케이드 환자들을 받는 것에 대해 어떻게 생각하는지 물었다.

"우리는 메디케이드 환자들을 꽤 많이 진료합니다."

레빈은 말했다.

"도움이 필요한 메디케이드 환자들을 받는 것도 좋은 일이죠."

하지만 레빈은 청중들에게 메디케이드 환자들을 신중하게 받아야 한다고 경고했다. "그 사람들은 약속을 지키지 않는 경우가 많습니다. 여러 명이 우르르 몰려와 대기실을 차지하기도 합니다. 대기실에 있는 물건들이 없어질 때도 있어요. 자꾸 뭐가 없어지는 거예요. 수건 같은 것 말입니다. 화장실에 있는 예쁜 장식 바구니도 자꾸 없어져요. 한번은 변기 뚜껑이 없어졌다는 얘기를 들은 적도 있어요."

그는 메디케이드 환자들에게는 예약 시간에 늦거나 안 오는 일이 없도록 처음부터 예약 시간 엄수를 강조해야 한다고 말했다.

"그 사람들에게 잘해 주지 말라는 게 아닙니다. 다르게 관리해야 한다는 거예요. 제대로 돈을 내고 치료하는 사람들에게는 절대 하지 않는 말을 그 사람들에게는 하는 거죠. 우리는 메디케이드 환자들도 소중하게 생각해요. 하지만 조금 꼼수를 부리는 겁니다. 메디케이드 환자들만 따로 모아 예약한다든가, 뭐 이런 거 말입니다. 일반 환자들은 치과에 왔을 때 메디케이드 환자들과 함께 있는 것을 좋아하지 않아요. 사람들은 자기와 비슷한 사람들과 같이 있고 싶어 하는 법이거든요."

그들은 다시 연회장으로 돌아왔다.

"환자에게 대본에 따라 적재적소에 말하는 것은 과학입니다."

레빈이 말했다.

"힘을 가진 말. 적으세요, 중요한 거예요. 바로 에너지를 만들어 내는 말입니다."

"'훌륭해요. 멋져요. 대단해요. 엄청나네요. 믿을 수 없을 정도로 멋지네요.' 힘을 가진 말은 에너지를 만들어 내고, 에너지는 신뢰를 창출합니다."

"저는 오늘 밤 런던행 비행기를 탈 예정인데요, 비행기에서 듣는 말을 한번 생각해 보세요. '안전벨트를 착용하세요. 좌석 테이블을 접어 주세요. 등받이를 제자리로 세워 주세요.' 사람들은 명령받기를 좋아합니다."

"'존스 부인, 지금 잔액을 결제해 주세요.' 환자에게 하는 말, 대본의 마무리는 항상 이렇게 명령형으로 해야 합니다."

"환자들에게 지시를 내려야 해요. 이렇게요. '존스 부인, 이 치아는 되도록 빨리 신경 치료를 해야 합니다.'"

"치과 진료 예약의 81퍼센트는 치아 한 개만 치료하고 끝납니다. 우리는 환자들과 그저 이야기만 하고 있어요. 영업을 해야 하는데 말이죠."

그리고 시간 낭비라는 또 다른 문제가 있다.

"환자 예약을 조정하는 것이 시간 관리의 핵심입니다. 신경 치료를 하다 말고 정기검진 환자를 검사해야 한다면 거기서 시간 손실이 생깁니다. 그렇죠, 산지브? 피 같은 우리 돈이 낭비된다고요. 이런 출혈을 막기 위한 신제품, 그 피를 막아 주는 거즈가 있습니다. 바로 치과위생사들입니다."

환자 예약을 좀 더 촘촘하게 잡아야 한다고 그는 말했다.

"여러분은 15분 단위로 약속을 잡나요? 10분 단위로 약속을 잡았을 때 높아지는 생산성은 1년에 13일입니다. 시간당 10분을 절약하면, 1년에 32일을 더 일하는 것과 맞먹는 정도로 생산성이 높아집니다. 주 4일 일하는 치과의사의 경우 1년에 두 달 더 일하는 셈이 되는 거죠."

정오가 되어 워크숍을 마무리할 때가 되었다.

"우리는 치과위생사의 역량을 끌어올려 최대한 활용하는 시스템을 만들어 드릴 겁니다. 그 효과는 매우 강력합니다."

레빈은 단언했다. 적절한 능력을 갖춘 치과위생사는 환자를 식별하고, 교육하고, 환자에게 동기를 부여할 수 있다고 레빈은 설명했다. 그는 요점을 표현하기 위해 치과위생사와 치과의사, 환자 간의 대화를 예로 들었다.

"멋쟁이에다 돈도 많고, 엄청 라미네이트를 하고 싶어 하는 환자가 있어요. 어서 들어가 보세요.'라고 치과위생사가 치과의사에게 말합니다. '[치과위생사인] 비키에게 설명을 들었어요. 윗니 여섯 개에 라미네이트를 하고 싶어요.'라고 환자가 치과의사에게 말하죠. 그럼 다 된 거예요."

레빈이 말했다.

"치과위생사들은 진단할 권한은 없어요. 자, 이제 치과의사는 무엇을 해야 할까요? 다 된 밥에 코만 빠뜨리지 않으면 됩니다."

～

레빈 그룹의 도움으로 경영 상태가 개선된 한 치과에 대한 이야기로 그날의 세미나는 마무리되었다. 직원이 일곱 명인 원장은 은퇴할 생각이었고 연매출액은 약 92만 달러였다. 적당한 동업자를 찾아 한동안 치과를 같이 운영하다가 차차 넘겨주면서 은퇴하고 싶었지만, 치과는 주먹구구식으로 운영되고 있었다.

"운영이 중구난방이긴 했지만 병원 자체는 장점이 많았어요."

레빈은 말했다. 환자를 응대하는 접수 직원의 말솜씨가 조금 허술했고, 치과위생사들은 환자들이 스케일링을 위해 병원을 다시 찾도록 진료를 예약하게 하는 기술도 익혀야 했다. 환자들 대부분은 주머니 사정이 빤해 고액의 치과 진료를 권하면 거절하기 일쑤였다. 레빈 그룹이 제공한 스케줄 관리, 환자 응대 언어 교육 및 새로운 진료비 지불 체계를 적용한 뒤로는 매출액이 117만 달러로 증가했다고 레빈은 전했다.

"훌륭한 시스템이 있어야 비로소 고객에게 훌륭한 서비스를 제공할 수 있습니다."

치과 마케팅의 전문가는 이 말을 남기고 런던으로 떠났다.

"리츠 칼튼 호텔과 마찬가지입니다. 중요한 것은 환자들에게 환상적인 경험을 제공하는 것입니다."

치과위생사라는 새로운 직업의 탄생

~

채핀 해리스가 치과를 체계화한 19세기에, 그는 자신이 만들어 낸 이 전문직을 보호할 장치를 만들어야 한다고 생각했다. 지난 수천 년 동안 치유자들은 [병을 치유한다는 점에서 실질적인, 그리고 그것으로 평판을 얻게 되는] 권력과 기술을 조심스럽게 지켜 왔는데, 이는 그들이 누리는 권위와 사회적 특권의 원천으로 여겨졌다. 따라서 해리스는 자신의 책과 연설에서, 주기적으로 도시와 마을을 떠돌아다니며 효과도 의심스러운 아말감 치료와 약물을 팔고 다니는 이들을 가난뱅이 보부상이라고 폄하했고 몰아내야 할 악으로 간주했다.

"치과는 동네를 서성거리는 돌팔이의 약탈로부터 보호받을 울타리조차 없는 무법천지입니다."

1843년 7월 볼티모어에서 열린 제4차 미국치과의사회 연례 회의에서 해리스는 동료 치과의사들을 모아 놓고 연설했다.[1]

그는 치과의사들이 각자가 속한 주에서 새로운 법률이 통과되도록 노력해야 한다고 촉구했다. "치과 진료의 원칙에 대해 피상적이고 한정된 지식밖에 없으면서 잘 아는 척하는 무지한 떠돌이들 때문에 사람들이 다치거나 사기당하지 않도록, 우리가 지역사회를 지켜야 합니다. 이들은 치과의사들이 갖출 자격을 가려내는 시험이 생긴다면 합격할 능력도 없는 자들입니다."

결국 치과대학 교육 기준, 면허제도, 의료법이 제정되었고, 해리스가 가장 우려한, 돌팔이들로 인한 피해도 줄었다. 이제 떠돌이 사기꾼들은 치과의사들에게 위협이 되지 못했다. 오히려 현대 치과의사들 중 일부는 치과에서 그들을 도와 일하면서, 스케일링 및 잇몸 치료를 하고, 엑스선사진을 찍고, 불소 도포와 실런트를 하고, 환자들을 교육시키는 치과위생사들의 야망을 더 걱정하고 있다.

20만 명쯤 되는 미국의 치과위생사는 대부분 여성이다. 진료하기 위해 필요한 준학사associate's degree 자격을 갖추려면 보통 3년의 교육과정을 거쳐야 한다. 치과위생사 훈련 과정에서는 질병 예방을 강조한다. 치과위생사의 절반 이상이 파트타임으로 일하는데, 미국 노동통계국에 따르면, 시간당 보수는 약 34달러이다. 그들은 치과의사의 감독하에 일하며 대부분 개인 치과에서 근무한다.

그러나 최초의 치과위생사들은 개인 치과가 아닌 현장에서 주로 근무했다. 그들은 학교에 다니는 어린이들과 부대 막사 안 군인들에게 구강 보건 사업을 펼쳤다. 지난 수십 년 동안, 수많은 미국인이 반드시 필요한 치과 진료를 받지 못해 긴급하게 뭐라도 해야 할 때마다, 훈련받은 치과 보조 인력의 활동 영역을 넓히자는 요구가 있었다. 즉, 요양 시설의 노인이나 저소득층 아동 및 성인 등 현 의료 제도의 손길이 닿지 않는 사람들에게 경제적인 의료[치과 보조 인력이 좀 더 싼 가격에 제공하는 적절한 치과 서비스]를 제공하자는 주장이었다. [사회운동이 활발하고 정치 개혁 열망이 컸던 1890~1920년대] '진보의 시대', 제2차 세계대전 말기, [메디케어와 메디케이드 같은] 대대적인 연방 차원 보건 프로그램이 심의를 거쳐 만들어지던 1960년대가 그런 시기였다. 최근에도 미국의 공중보건국장이 『미국의 구강 건강 : 공중보건국장의 보고서』를 발간하고 오바마 행정부에서 〈환자보호 및 부담적정 보험법〉이 통과됨에 따라 이런 논의가 다시 일어나고 있다.

바로 지금 말이다.♦

치과의사 단체는 오래전부터 이런 노력에 반대해 왔다. 의료계에서도 의사 보조♦♦나 전문 간호사가 생길 당시, 전문직 자율성을 둘러싸고 유사한 갈등이 벌어졌다. 권위 있는 미국 의학원의 보고서 『미국의 구강 건강 증진』에 따르면 새로운 직종이 도입될 때마다 의료 단체들의 광범위한 저항에 부딪혔다고 한다.

[의사 보조나 전문 간호사 제도가 도입될 당시에도] 의사들은 환자의 안전이 우려된다고 주장했다. 미국 의학원은 "새로운 유형의 실무자가 등장하거나 기존의 전문가가 업무 범위를 확장하려고 할 때, [그로 인해 이익을 침해당한다고 여기는 쪽에서] 우려를 제기하는 경우는 [보건 의료 내부에서] 종종 보는 일이다."라고 했다. 하지만 수년에 걸쳐 간호사들은 [새로운 업무 영역에서] 그들의 능력을 입증해 보였다.

"전문직의 업무 영역을 둘러싼 갈등에서는 일반적으로 훈련이

♦ 『미국의 구강 건강』 출간은 2000년 5월, 〈환자보호 및 부담적정 보험법〉(오바마 케어) 승인은 2010년 3월, 시행은 2014년 1월이다. 이 시기에 미국 각 주의 장기 요양 시설, 공중 보건 시설 등에서 치과의사의 지시와 감독 없이 치과위생사의 독립적인 진료가 허용되었다(자료 : https://www.adha.org/resources-docs/7513_Direct_Access_to_Care_from_DH.pdf).

♦♦ 의사를 도와 환자의 진단 및 처방을 담당하는 치과 준의료인으로 미국의 1차 의료 분야에서 중요한 역할을 하고 있다. 전문 분야에 따라서는 수술을 보조하거나 간단한 수술을 직접 하기도 하고, 내원 환자의 1차 상담 및 처방 등의 업무를 담당하기도 한다. 1961년 미국의사협회 연례 회의에서 새로운 의료 직종의 필요성이 제기되었고, 뒤이어 1965년 듀크 대학교 병원에서 의사 보조 교육과정을 개설해 첫 의사 보조가 배출되었다. 1970년에는 미국의사협회가 의사 보조를 정식 의료 보조 인력으로 인정하고 훈련 과정에 대한 지침을 만들었다. 현재 교육과정 대부분은 석사 과정이다.

덜된 개인들의 경우를 들며 진료의 질이 낮다고 주장하지만, 그 주장을 뒷받침할 근거는 적다." 이 보고서에 따르면 "[전문 간호사도 포함되는] 고급 전문 간호사는 출산 및 마취 등 고위험 진료에 종종 관여하지만, 진료의 질에서 전문 간호사가 의사와 비슷하다는 증거가 많아지고 있다."[2]

오늘날 미국의 간호사 400만 명은 전문직의 독립성이라는 측면에서 치과위생사보다 훨씬 앞서 있다. 더구나 400만이라는 간호사의 수 자체가 힘이 된다. 간호사들은 대체로 치과위생사들보다는 더 큰 보건 의료 체계, 즉 병원이나 보건소에서 일할 가능성이 크다. 이와는 대조적으로 전형적인 치과위생사는 개인 치과 안에 있는, 6제곱미터쯤 되는 작은 진료실에서 일한다. 2015년 미국치과위생사협회의 회장을 역임한, 애리조나의 치과위생사 질 레스먼은 "치과위생사가 일하는 곳은 창문이 없는 경우도 있어요. 하루 여덟 시간을 밖이 보이지 않는 곳에서, 그야말로 세상과 단절된 채 고립되는 겁니다."라고 말했다.

일부 치과위생사들은 고립된 환경에 도전하고 변화를 만들어 내기 위해 노력하고 있다. 어쩌면 그들은 생계를 걸고 고용인이자 강력한 전문가 집단인 치과의사에 맞서 싸우고 있는지도 모른다. 지금까지 치과위생사들이 일군 진보는 때때로 매우 힘겨운 투쟁의 결과였다.

~

미국에서 최초의 성공적인 치과 위생 학교를 설립한 앨프리드 폰스는 1890년 치과대학을 졸업했을 때 이미 치과에 대해 많은 것을 알고 있었다. 당시는 세계 최초의 치과대학인 볼티모어 치과대학이 문을 연 지 50년이 지난 때였다. 그의 아버지인 시빌리언 폰스 역시 볼티모어 치과대학에서 학위를 받고, 번성하는 항구도시인 코네티컷주의 브리지포트Bridgeport에서 치과 개원의로 활발하게 활동하고 있었다. 시빌리언 폰스는 전문 직업인으로도, 사회 지도층 인사로도 성공한 사람이었다. 그는 지역 및 주 치과의사회 회장을 여러 차례 역임했고, 시의회 의원, 부시장, 시장으로도 활동했다.

하지만 이 시대의 치과의사는 고된 노동을 하는 전문 직업이었다. "하루에 10시간을 의자에 앉아 일하는 것이 일반적이었습니다," 아들 폰스의 동료인 치과의사 조지 우드 클랩은 그 시절을 이렇게 회상했다. "양심적인 치과의사 대부분이 [치아 내부 빈 공간의 혈관과 신경 염증을 치료하는] 신경 치료며 충치 치료를 하느라 눈과 등을 무척이나 혹사했으니까요."

"커다란 아말감 덩어리를 치아의 구멍에 박아 넣어야 했고, 얇은 금박을 조금씩 치아에 다져 넣기도 했는데, 환자에게도 치과의사에게도 무척 고된 작업이었습니다."[3]

치과의사들은 항상 눈이 피로했고, 때로는 치아 파편이 날아와 박히는 바람에 눈을 다치기도 했다.[4] 진료를 하다 보면 마취에 사용하는 에테르, 클로로포름이나, 아말감 치료에 사용하는 수은 증기를 마시는 경우도 있었다. 엑스선촬영 탓에 화상을 입기도 하고, 환자로부터 결핵에 감염되기도 했다. 환자들이 몰고 온 세균과 입 냄새, 그리고 환자들이 갖는 공포심에 시달리는 것은 치과의사들의 일상이었다. 환자들 역시 두려움이 컸다. 치과 치료는 종종 고통스러웠고 충치 치료로 메워 넣은 곳이 잘못될 확률도 매우 높았다.[5]

클랩은 "치과의사의 진료 환경도 열악했고, 환자 입장에서도 치과 진료가 고통스러웠기 때문에, 당시에 치과가 높이 평가되기는 어려웠어요. 치과의사 역시 시민의 건강을 지키는 수호자로 인식되기 힘들었지요."라고 말했다. 그래도 앨프리드 폰스는 치과대학을 졸업한 뒤 아버지의 치과에서 10년 가까이 일했다. 그가 1899년 북동부 치과의사협회 학술회의에서 열린 워크숍에 참석한 바로 이 날, 그의 경력에 새로운 전기가 마련되었고 이는 장차 미국의 치과 의료 제도가 변하는 계기가 되었다.

오늘날 세계의 공중 보건 지도자들은 광범위한 '하류'의 질병을 예방하기 위해 질병과 사회문제의 '상류' 원인에 주목한다.♦ 질병과 장애라는 고통스럽고 값비싼 결과가 널리 퍼지는 것을 막기 위해 유해한 병원균과 납을 제거한 깨끗한 물을 공급한다거나, 한때 수백만 명을 불구나 사망에 이르게 했던 소아마비와 디프테리아 같은 질병에 대한 예방접종 시행이 그 예이다. 앨프리드 폰스가 처음 치과의사로서 생활을 시작했을 때는, 이런 발상을 비롯한 많은 생각들이 우후죽순처럼 솟아나던 시기였다.

미국은 빠르게 변하고 있었다. 이민자들이 마치 파도처럼 밀려왔고 도시가 점점 성장해 갔다. 기술 발전은 새로운 가능성을 제시했고, 여러 분야의 사상가들은 점점 커져 가는 삶의 복잡성과 씨름하고 있었다.

하지만 '진보의 시대'로 기억되는 그 시절에는 일종의 낙관주의

♦ 질병의 원인과 대처 방법을 상류와 하류에 빗대, 질병에 걸린 환자들(강물에 빠져 떠내려 오는 사람들)을 의료 기관에서 치료(하류에서 구조하기)하는 방법과, 질병을 일으키는 사회·경제·환경 요인을 파악하고 개선(상류로 올라가 사람들을 강물에 빠뜨리는 원인을 찾고 해결하기)해 질병을 예방(사람들이 물에 빠지지 않게 하기)하는 방법으로 설명하는 표현이다.

가 있었다. 교육·효율성·위생을 향상함으로써, 기계화되고 다양해지는 사회에서 일어나는 문제들을 해결할 수 있으리라 여겼다. 치과 영역에서도 그렇게 할 수 있다고 앨프리드 폰스는 생각했다.

그가 참석한 워크숍에서는 충치를 빼거나 [드릴로 깎고 메우며] 외과적으로 치료하는 것 말고, 구강 질환이 생기지 않도록 미연에 방지하는 예방에 초점을 맞췄다. 필라델피아의 치과의사인 D. D. 스미스가 고안한 이 술식은 치아 표면에서 세균 막, 즉 '끈적한 [세균] 찌꺼기'를 철저히 제거하는 데 중점을 뒀다. 환자들에게는 정기적인 치과 진료를 받도록 했다. 또한 가정에서 치아를 깨끗하게 닦고 관리하는 방법과 올바른 식습관에 대해서도 가르쳐 주었다. 질병의 세균설이 제기되기 전에도 몇몇 치과의사들은 이런 예방 중심의 시술로 구강 질환을 줄일 수 있다고 주장했다.

하지만 적어도 앨프리드 폰스가 보기에 (치과 진료실에서 시행할 만한 예방 진료 시스템에 기반해) 실용적 구강 위생 진료를 처음으로 시행한 사람은 바로 스미스였다. "스미스는 진정으로 예방 치과 진료의 아버지였다." 폰스는 후에 이렇게 기술했다.[6]

앨프리드 폰스는 의욕에 가득 차서 자신의 일터로 돌아왔다. 그는 4년 동안 스미스의 방법을 적용했고, 그 결과 환자의 치아와 잇몸의 상태가 좋아졌다고 발표했다. "[치아의 세균 막을 제거하는] 예방 진료의 영향으로 입안 전체가 건강해졌다."고 클랩은 말했다. 환자의 잇몸은 훨씬 건강해졌고 충치가 덜 생겼다. "비로소 환자들은 구원을 얻었고, 치과의사들은 고역에서 벗어나게 되었다."

그러나 예방 진료는 시간이 많이 걸리는 작업이었다. 1905년 앨프리드 폰스는 진료 보조원이자 그의 사촌이었던 아이린 뉴먼에게 예방 술식을 훈련해 치과에서 예방 진료를 돕도록 했다. 이 시기에 구강 위생을 개선하려는 움직임, 즉 구강 위생 운동은 다른 곳에서도 일어나고 있었다. 독일에서는 최초로 [학령기 아동을 위한] 학교 치과 진료소가 만들어졌고, 따라서 예방 진료를 맡아 시행할 새로운 치과 보조 인력을 양성하려는 생각도 싹트고 있었다.

1902년 [오하이오주] 신시내티의 치과의사인 C. M. 라이트는 자신이 기고한 「치과 분야 준전문직 양성을 위한 호소문」에서 "영예롭고 유용한 종류의 일을 할 품위 있고 교육받은 여성"을 양성하자는 구상을 발표했고, 앨프리드 폰스는 바로 이 글에서 영감을 얻었다.[7] 라이트는 이 특수한 진료 분야가 치과를 혁명적으로 변화시켜 더 높은 수준으로 끌어올릴 것이라고 단언했다.

"저의 제안은 기존에 생각할 수 있는 어떤 예방 조치, 즉 물 끓여 마시기, 환기, 위생적인 수도관, 운동과 식이 조절, 목욕보다 더 예방 의학이 추구하는 바에 부합합니다." 이 글에서 라이트는 이렇게 주장했다.

"우리 남자들은 치아의 충치를 깎고, 넓히고, 메울 재료가 들어갈 구멍을 만들어, 금의 깨끗한 표면이 치아의 단단한 바깥 껍질을 대체할 수 있도록 기초 작업을 합니다. …… 자, 이제 입 전체를 지혜롭고 체계적으로 관리함으로써 충치와 그 밖의 질병을 예방할 수 있도록 인내하며 성실히 일하는 전문가가 있다면 우리가 그들을 인정하고 존중하지 않겠습니까? 바로 이것이 모두가 동의하면서도 간과하던 치과의 근본적인 개념입니다."

몇몇 오하이오주 치과의사들은 라이트의 의견이 불편했다. 그들은 이 새로운 직업의 종사자들이 치과를 직접 운영하지 않는다는 확신이 필요했다. 라이트는 그들의 우려를 풀어 주려고 했다. 라이트는 그가 제안한 새로운 제도는 여성들이 보조 인력으로만 남아 있도록

설계되었다고 동료 치과의사들에게 말했다.[*]

"이 여성들이 취업을 하려면 치과의사의 인정과 추천이 있어야 합니다. 이런 장치가 치과의사의 영역을 침범하지 못하게 하는 장벽이 되어 치과의사를 보호할 것입니다."

라이트는 신시내티에 있는 오하이오 치과대학의 교수였는데, 이 대학은 볼티모어 치과대학보다 5년 늦게 설립된, 유구한 역사를 자랑하는 대학이었다.[**]

여성을 치과 간호사 겸 조무사로 양성할 목적으로 설계된, 라이트의 1년의 특수 과정은 1910~11학년도에 개설되었으며 해부학, 충치 치료술, 마취, 예방, 치과용 약물 및 진단에 대한 교육과 임상 실습이 포함되었다. 그러나 오하이오 프로그램은 불과 세 차례 시행한 뒤에 중단됐으며 졸업생들도 치과 간호사로 일할 수 없었다. 이 프로그램이 중단된 것은 치과의사들의 반대 때문이었을 것이다.

"치과 간호사 교육과정은 시작부터 오하이오주 치과의사들의 격렬한 반대에 부딪혔다. 1914년에 이 과정이 중단된 것도 치과의사들의 반대 때문이라고 보는 견해가 타당하다."

---

[*] 미국의 치과의사 중 여성은 2020년 현재 34.5퍼센트, 한국의 전체 치과의사 중 여성은 2019년 현재 27.5퍼센트이고, 미국의 치과위생사 중 여성은 98퍼센트, 한국의 치과위생사 중 여성은 99.1퍼센트로 치과의사와 치과위생사는 성별 분업이 뚜렷하다(자료 : 보건복지부, 「2020 보건복지통계연보」, 미국 치과의사협회 의료정책연구소, https://www.ada.org/en/science-research/health-policy-institute/dental-statistics/workforce, 미국치과위생사협회, https://www.adha.org/resources-docs/72210_Oral_Health_Fast_Facts_&_Stats.pdf).

[**] 오하이오 치과대학은 1845년 오하이오주 신시내티에 세워진, 세계에서 두 번째 사립 치과대학이었으나, 1926년에 문을 닫았다.

미국치과위생사협회의 공식 역사 기록에서 윌마 모틀리는 이렇게 설명했다.[8]

하지만 코네티컷주에서는 앨프리드 폰스가 한 걸음 더 나아갈 수 있었다. 1907년 세상을 떠난 그의 아버지처럼, 앨프리드 폰스 역시 치과의사인 동시에 사회 지도층 인사였다. 브리지포트시 교육위원회에서 활동한 앨프리드 폰스는 콩나물시루처럼 빽빽한 공립학교 교실의 학생들 사이에 충치가 유행하는 것을 보고 이를 널리 알렸다. 그는 충치 예방에 힘쓰기 위해 뜻을 같이하는 치과의사 동료들을 끌어모았다. 폰스는 신문에 기고를 하고, 학교 내 구강 보건 프로그램을 위한 전면적인 캠페인을 벌였다. 그는 자신이 주장하는 바를 적나라하게 보여 주기 위해, 시 공무원들과 만나는 자리에 아이들을 데려가 아이들의 입안을 실제로 보여 줬다. 그리고 마치 복음 전도사처럼 입안의 세균 감염에 따른 폐해를 설파했다.

"이 아이에게서 가장 눈에 띄는 문제는 비위생적인 입안의 상태이다."

폰스는 기고문에서 이렇게 밝혔다.

"돼지우리나 쓰레기 하수구에서 악취가 심한 물질이 시냇물로 스며들고, 저수지로 흘러들어 가 결국에는 도시의 상수도를 오염시키는 것처럼, 입안의 부패한 음식물 찌꺼기는 고름집과 썩은 치아에서 나오는 독성 물질과 섞여, 천천히 그리고 틀림없이 사람의 몸에 나쁜 영향을 미친다. 엉망인 입안이 결국은 병을 키우는 것이다."[9]

예방 사업은 아이들부터 시작해야 했다. 그리고 모든 아이들에게 그 손길이 미치려면 체계적이어야 했다. 미국 전역에 구강 위생 서비스를 필요로 하는 수백만 명의 어린 환자들이 있었다. 집에서 치아를 스스로 관리하는 방법을 배워야 하는 이들이 수백만 명이었다.

미국의 치과의사들만으로는 수백만 명을 돌볼 수 없었다. 잘 훈련된 보조 인력이 필요했다.

"진료하느라 바쁜 치과의사가 [진료실 밖에서] 예방 사업까지 하려면 하루에 진료할 환자 수를 대폭 줄여야 할 것이다. 치과의사를 도울 사람이 필요한데, 나는 이 일을 도와줄 이상적인 조수가 여성이라고 생각한다. 여성은 [예방 사업이라는] 이 한 가지 형태의 진료만 하라고 해도 기꺼이 자신의 모든 에너지를 쏟겠지만, 남성은 만족하지 못할 것이다." 폰스는 이렇게 기술했다.[♦]

1913년에 폰스는 치과 위생 학교를 열었다. 학교는 브리지포트의 워싱턴Washington가 10번지에 있는, 벽돌로 된 그의 멋진 치과 건물에 함께 있었다. 학교 시설은 질서와 청결을 유지하기 위해 세심하게 설계되었다. 학생들은 6개월 과정으로 기구 소독, 치아 청결 및 영양에 대해 배웠고, 어린이들에게 스스로 치아를 관리하도록 가르치는 법도 배웠다. 강사는 하버드 대학교 및 다른 학교의 저명한 치과 교육자들이었다.

폰스의 기록에 따르면, "1913년 11월 17일 학교 선생, 훈련받은 간호사, 경험 많은 치과 보조원 및 치과의사의 배우자 세 명을 포함해 33명의 여성으로 교육과정을 시작했다. 그리고 1914년 6월 5일, 27명이 치과위생사가 되어 졸업했다." 최초의 치과위생사 양성 학교 졸업생이자, 코네티컷주에서 면허를 받은 최초의 치과위생사는 폰스의 사촌이자 그동안 충실히 치과 진료를 보조한 아이린 뉴먼이었다.

♦ 요즘이라면 있을 수 없는 발언이겠지만, 당시는 1910년대였고 미국에서 여성 참정권이 도입된 시기는 1920년이었다.

폰스는 치과위생사들이 코네티컷주에서 일할 수 있도록 주 의회를 설득했다. 그리고 그는 시 교육청을 설득해 "첫 졸업생 중 10명을 고용해 학교 아동의 치아를 매일 검사하고 예방 진료를 하며, 1~2학년 학생들 전체에게 자가 관리 방법을 가르치도록" 하는 데 성공했다.[10] 이동식 치과용 의자와 진료 기구로 무장한 이 여성들은 1914년에 드디어 학교 예방 진료를 위해 출근했다.

폰스의 치과위생사 양성 학교에서는 3년간 총 97명의 치과위생사가 배출되었다. 몇몇은 개인 치과에서 근무했고, 다른 몇몇은 학교 치과 진료소가 늘어남에 따라 그곳에 배치되었다. 전문 기술을 인정받아 다른 진로를 택한 졸업생도 있었다. 졸업생 중 한 명은 [코네티컷주] 뉴헤이븐 병원에 상주하는 치과위생사로 고용되었다. 또 다른 졸업생은 [코네티컷주] 스탬퍼드Stamford에 있는 예일 앤드 타운 자물쇠 회사Yale & Towne Lock Company에 속한 공장 치과 진료소에 취직해 회사 직원들의 구강 건강을 돌봤다.

~

제1차 세계대전은 브리지포트를 극적으로 변화시켰다. 도시는 전쟁에 쓸 물자를 조달하는 군수 지원 센터 역할을 했고 젊은 군인들이 시내로 쏟아져 들어왔다. 1917년에 치과위생사들은 군인들의 치아를 검사하고, 깨끗하게 닦아 주었으며, 칫솔을 나눠 주면서 구강 건강 교육을 하고, 추가 진료가 필요한 사람들을 지역 치과의사에게 의뢰했다. 그리고 점점 더 많은 유럽 이민자들이 이 도시로 몰려들었다. 학교는 미국에 막 정착한 아이들로 가득 찼고, 그들 중 다수는 영어를 사용하지 않는 가정의 아이들이었다. 학교 교사들과 교장들은 감당하기 힘들 만큼 정신없는 상태였다.

폰스는 후에 회고록에서, 당시는 학교 구강 보건 프로그램을 시작하기에 더없이 힘든 시기였다고 회상했다. 하지만 5년에 걸친 노력의 결과는 성공적이었다. 치과위생사가 근무하는 학교 전체에서 충치가 3분의 1로 줄었고 학교 성적도 향상되었다고 폰스는 전했다. 같은 기간에 이 도시에서는 디프테리아, 홍역 및 성홍열이 감소했고 대다수의 다른 도시들보다 전후 독감 유행◆을 잘 이겨낼 수 있었다.[11] 폭스는 보고서에 다음과 같이 적었다. "지역 보건 당국자는 학교 치과위생사들이 애쓴 덕분에 지역사회의 위생 인식 수준이 올라갔다고 치하했으며, 이것이 결국 현대 보건 종사자들이 좇아야 할 목표라고 했다."

그 후 10년 동안, 치과위생사 양성 프로그램은 꾸준히 다른 주로 확대되었다. [브리지포트에서 발간된 조간신문] 『브리지포트 텔레그램』은 1927년 기사에서 "현재 미국에는 학교 10곳에서 치과위생사를 양성하고 있으며, 26개 주에서는 여성들이 이 직업에 종사할 수 있도록 법을 개정했다."라고 보도하면서, 폰스가 뉴욕주 치과의사회에서 수여하는 권위 있는 상을 수상했음을 밝혔다.[12] 치과위생사 모델은 대중의 열렬한 환영을 받았다. 지역 신문이 각 학교마다 충치가 있는 아동의 비율을 비교해 보도하는 모습은 마치 표준화된 시험 점수를 비교하는 요즘의 언론 기사 같았다. 신문 삽화에는 치과위생사가 아이들을 돌보는 장면을 보여 주기도 했다. 펜실베이니아주의 해리스버그 지역신문인 『이브닝 뉴스』 1면에는 사진 특집으로 「도시

◆ '스페인 독감' 혹은 '1918년 인플루엔자 대유행'으로 불리는 세계적인 독감의 유행으로, 5000만 명이 넘는 사망자가 발생했다.

의 놀이터에서 바쁘게 일하고 있는 치과위생사들」이라는 머리기사
가 실렸다.[13]

이때 학교 진료소에 관여했던 치과의사들에게 학교 진료소는 직
업적 자부심의 원천이었다. "병원이 오랫동안 나눔의 정신과 직업적
의무를 통해 의사의 '사회적 믿음'을 확립한 것처럼, 1920년대의 공
립학교는 치과에 바로 그런 역할을 해주었다." 이는 로버트 우드 존
슨 재단♦의 의뢰를 받아 랜드연구소가 작성한, 공립학교 내의 치과
에 대한 보고서 내용이다.[14] "20세기 초 학교 치과의 진전은, 일반
대중이나 의사 단체에 치과의사가 다른 어떤 의료 전문직에 뒤지지
않는 진정한 '의료 전문직'이라고 홍보하려는 치과의사 단체의 열망
과도 맞아떨어졌다."

그러나 이 분야의 몇몇 지도급 인사들 사이에서는 치과위생사와
위생 운동에 대한 우려가 커지고 있었다. 위생 운동을 추동했던 '진
보의 시대'는, 제1차 세계대전을 지나면서 훨씬 더 보수적인 분위기
에 자리를 내줬다. 미국으로 밀려드는 이민자들과 세계 곳곳에서 확
산되는 공산주의에 대한 공포가 퍼지던 시절이었다. 미국에서 의사
와 치과의사 단체들은 국가 의료♦♦라는 생각에 반대하기 시작했다.

펜실베이니아주 치과의사회 회장 월터 A. 스펜서는 1919년 총회

♦ 존슨 앤드 존슨의 창업자가 1972년 설립해 미국인의 건강과 의료 서비스
를 개선하는 데 주력하는 자선 재단. 의료 서비스 접근성을 높이고, 어린이
비만 문제를 해결하는 활동을 집중적으로 지원하며, 주거의 질, 폭력, 가
난, 신선한 먹거리 등 개인의 건강에 영향을 주는 사회 환경 연구도 진행하
고 있다.

♦♦ 의료 규제 및 세금으로 조성된 기금에 기초한 정부 주도의 보편적 의료
제도로, 미국에서는 '사회주의 의료'와 비슷한 의미로 통용된다.

연설에서 "구강 위생 선동꾼들이 말하는 치과 치료 수요를 현재의 치과의사 공급으로 충족하기는 어렵습니다."라고 그 심각성을 언급했다.[15] 그리고 같은 자리에서, 매사추세츠의 치과의사인 토머스 J. 배럿은 치과위생사 모델을 사회주의 의료와 연관시킨 논문을 발표하며 엄중하게 경고했다.

"국가적인 필요니 어쩌니 하는 말은 꺼내지 마십시오. 당장 지금, 질 낮은 교육을 받은 치과위생사들이, 이 위대한 국가의 모든 아이들의 치아를 하나하나 제대로 보살필 수 있다고 생각하십니까? 그럴 만큼 충분히 많은 치과위생사들을 공적 비용으로 훈련할 수 있다고 믿습니까? 그것은 '독일에서 만들어진' 생각이며, 독일의 가부장주의와 '독일의 문화'인 것이지, 펜실베이니아주나, 혹은 다른 어떤 주에서도 실행될 수 없습니다." 배럿은 보조 인력들이 지금 치과의사의 영역을 뺏기 직전이라고 하면서 「새로운 종류의 치과의사 : 우리는 그것을 원하는가?」라는 제목으로 연설했다.

"선동꾼들은 구강 위생이 충치를 줄이는 장점이 있다고 억지로 강조할 뿐만 아니라, 더 나아가 [치아를 깎는] 기구를 제외한 다른 모든 것을 치과위생사에게 넘겨주려 합니다. 숙련된, 제대로 교육받고 경험도 많은 치과의사들로부터 빼앗아서 말입니다."[16]

연설 후 격렬한 논쟁이 일어났다. 그의 논리에 의문을 제기한 사람들도 있었지만 많은 치과의사들이 치과 보조 인력을 치과의사 직업에 대한 위협으로 간주하며 배럿의 주장에 동조했다. 한 참석자는 이렇게 말했다. "문제가 아주 심각한 것 같다. 치과위생사 면허를 부여하고 자격을 통제할 수 있다면 괜찮겠지만, 일단 면허를 주고 나서 발생하는 대부분의 문제는 통제 불가능할 것이다."[17] 치과위생사들의 업무 영역이 통제 가능할지를 둘러싼 치과의사들의 우려는 커져만 갔다.

윌리엄 존 기스는 1926년 북미 치과 교육제도에 대한 조사에서 [가까운 장래에] 치과위생사가 "어린이들에게 예방 치과 진료"를 제공할 가능성이 매우 크다고 썼다. 그리고 많은 치과의사들이 치과위생사라는 새로운 구강 보건 전문직으로부터 위협을 느끼고 있다는 사실을 인정했다. "치과의사들 사이에는, 치과위생사가 자신들의 의무에 만족하지 않고 법정 범위를 넘어서 진료 영역을 독자적으로 확장할지 모른다는 두려움이 널리 퍼져 있다."

학식이 있는 전문가로서 기스는 비현실적인 우려라며 일축했다. "치과위생사들이 치과의사 역할을 대신하지 않을까 걱정하는 것은, 치과의사가 의사의 역할을 할까 걱정하는 것보다 더 비현실적이다."라고 그는 설명했다.[18]

~

제1차 세계대전 이후 미국 사회에 널리 퍼진 보수적인 분위기와 공산주의에 대한 두려움 속에서 미국의사협회는 '국가 의료'에 반대하는 캠페인을 시작했다. 그리고 학교 진료소가 문을 닫기 시작했다. 대공황의 여파로 프랭클린 루스벨트 대통령을 비롯한 진보 성향 정치인들이 국민 의료보험 제도의 실시를 추진하자 치과의사 단체 지도자들도 의사 단체에 합류해 정부 주도 의료에 반대하는 싸움에 동참했다.

『미국치과의사협회지』는 사설에서 "국가 주도의 치과 진료는 원칙적으로 잘못된 것으로, 이를 추진한다면 그 결과는 처참할 것"이라고 주장했다. "치과 전문직을 착취하려는 이 괴물 같은 제도를 반대하는 힘든 싸움이 시작될 것이다. 경각심을 갖지 않으면, 우리 치과의사들의 파멸을 초래하고, 국민들도 비효율적인 진료를 받게 할 치과 의료 제도에 우리 모두 묶일 것이다." 또 다른 사설은 이렇게 경고했다.

학교 진료소가 줄어들면서 치과위생사는 개인 치과로 출근했다. 그러나 전과 달리 의과·치과 진료를 못 받게 된 어린이들은 다음 10년 동안 미국을 괴롭힐 것이었다.

1943년 세계는 전쟁의 소용돌이에 휩싸였다. 하지만 징병 연령인 미국 젊은이 가운데 수백만 명은 군대에 복무하지 못했다. 1941년 12월 7일 진주만 공습 이후 실시된 징병검사◆ 결과, 건강 문제로 군 복무에 부적합 판정을 받은 젊은이들은 전체 징병 대상자의 3분의 1에 달했다. 정신 질환, 결핵, 성병 및 충치가 만연했다. 6주 동안의 첫 번째 징병검사 대상자 100만 명 중 20만 명이 치아 상실로 복무 부적합 판정을 받았다.◆◆ 미국 국회의사당에서는 플로리다주 상원 의원인 클라우드 페퍼가 주재한 상원 교육·노동위원회 산하 소위원회에서 청문회가 소집되었다. 의원들은 이 위기를 심각하게 인식하고 문제의 원인과 해결책을 찾고자 했고, 청문회에서 증인들의 증언이 이어졌다. 여기에는 징병관들이 발견한 '치아 상실로 인한 장애'가 있는 수많은 젊은이들도 포함되었다.

◆ 미국 정부는 1917년 선발 징병청이라는 독립기관을 설치하고 징병 제도를 수립했다. 1941년 미국이 제2차 세계대전 참전을 선언하고 대통령이 동원령을 선포하자, 선발 징병청은 6주 단위로 100만 명씩 모두 1600만 명 징집을 목표로 21~37세 남성을 대상으로 징병검사를 실시했다.

◆◆ 당시 치아 상실 사유의 복무 부적합 판정 기준은 서로 맞물려 씹을 수 있는 위아래 치아 세 쌍이었다. 즉, 맞물린 치아가 적어도 위턱과 아래턱에 각각 세 개씩 있어야 군 복무를 할 수 있었다.

미국의 참담한 건강 수준에 대한 염려뿐만 아니라, 모든 미국인을 돌보기에는 부족한 치과 인력에 대한 우려가 이어졌다. 그리하여 정부 주도 계획과 인력 혁신을 통해 국민에게 의료 서비스를 확대하려는 시도가 이어질 수 있었다. 워싱턴에서는 의원들이 국민 의료보험 제도의 입법 과정에 들어갔다. 1946년 당시 미국 상원에서 논의되었던 법안은 의안 번호 S1606, 바그너-머리-딩겔 법안*이었다.

상원 교육·노동위원회에서 증언하기 위해 워싱턴으로 온 미국치과의사협회 대표들은 법안에 반대한다는 의사를 표명했다. 국민 의료보험 제도에 치과를 포함하려는 계획은 하나같이 비현실적이라는 것이 그들의 주장이었다. "치과의사의 수가 충분하지 않기 때문에 어린이와 성인 모두에게 완전한 치과 진료를 약속하는 어떠한 프로그램도 불가능할 것"이었다.[19] 미국치과의사협회는 이보다 훨씬 축소된 조치를 제안했다. 질병 예방을 위한 연구에 연방 정부가 예산을 지원할 것, 그리고 아동과 청소년을 위한 지역사회 차원의 시범 프로그램에 보조금을 지급하는 것이었다.

법안을 발의했던 교육·노동위원회 위원장 제임스 머리 상원 의원이 미국치과의사협회 대표들에게 질문했다.

"그렇다면 당신들은 지금 미국에서 치과의사가 심각하게 부족하다는 사실을 알고 있다는 겁니까? 그리고 현재의 치과의사 인력만으로는 미국 국민 모두가 충분하고 완전한 치과 치료를 받을 수 없다는 것도 알고 있다는 겁니까?"

---

* 민주당의 뉴욕주 상원 의원 로버트 바그너, 몬태나주 상원 의원 제임스 머리, 미시간주 하원 의원 존 딩겔이 1945년 5월 24일 발의했다.

"그렇습니다, 의원님."

미국치과의사협회의 법제위원장인 칼 플래그스태드가 대답하자 머리가 맞받아쳤다.

"그렇군요. 물론 치과의사들이 치료비를 충분히 낼 수 있는 사람들만 치료하기에도 바쁘다는 건 사실이지만, 만약 치과 진료가 무료가 되면, [돈을 안 내는] 미국인 모두를 치료할 치과의사는 별로 없다는 게 당연하다는 것이군요."

"맞습니다."

플래그스태드가 대답했다.[20] 전후 시기에, 의료보장을 확대하려는 연방 정부의 노력에 저항하는 치과의사 단체 대표들은 치과의사가 부족하다는 사실은 인정했지만, 진료가 필요한 사람들을 위해 치과 인력을 추가로 양성하려는 계획에는 단호하게 반대했다.

1940년대 후반, 보스턴의 포사이스 치과 진료소◆에서 치과 보

◆ 1910년 가황고무 및 직물 사업으로 부를 일군 토머스 알렉산더 포사이스와 존 해밀턴 포사이스 형제가 보스턴에 세운 포사이스 치과 진료소는 취약 계층 아동을 위한 치과 진료, 치과 임상 교육 및 훈련에 중점을 뒀다. 1914년부터 보스턴의 취약 계층 아동에게 치과 진료를 제공했고 1916년에는 치과위생사 학교를 설립해 2002년까지 치과위생사를 위한 교육 및 훈련 프로그램을 제공했다. 1950년 부족한 치과 공급 문제를 해결하기 위해 매사추세츠주 공중보건부 요청으로 미국 아동국의 예산 지원을 받아 치과위생사가 충치 치료 교육 및 훈련을 받을 수 있는지 여부를 판단하기 위한 5년 연구가 시작되었으나, 치과의사들의 반대로 10개월 만에 연구는 종료되었다. 1930년대부터 1950년대까지 충치와 불소, 영양, 세균의 연관성에 관한 연구에 힘썼고, 1960년대부터는 연구 중심 조직으로 탈바꿈했다. 1996년에 포사이스 연구소로 이름을 바꾸었다. 현재 포사이스 연구소는 하버드 치과대학을 포함한 많은 기관들과 협력하고 있는 세계적인 치과 및 두개안면 연구 기관이다.

조 인력이 젖니의 충치 치료를 할 수 있도록 가르치는 교육과정이 시작되었다. 매사추세츠주 정부가 승인 및 감독하고, 미국 아동국의 자금을 지원받는 이 사업은 학교에서 일하는 데 관심이 있는 12명의 치과위생사들을 대상으로 2년 동안 추가 교육을 실시하려는 기획이었다. 이에 대해 치과의사 단체 대표들은 분노했다.

매사추세츠주 피츠필드시의 [지역 일간신문인] 『버크셔 카운티 이글』은 "주 의회 청문회장에 매사추세츠주 치과의사 300여 명이 몰려들어 치과위생사가 학교 진료소에서 아동 충치 치료를 할 수 있도록 허용하는 법안 철회를 요구했다."라고 보도했다.[21]

"어제 법안의 폐지를 요구하면서 치과의사회의 대변인은 이를 두고 '사회주의 의료로 가기 위한 초석'이라고 규정했다. 그리고 치과위생사들이 받게 될 2년간의 교육이, 치과의사들이 환자를 진료하기 위해 치과대학에서 6년을 공부하는 것과 같을 수는 없다고 주장했다."

결국 치과의사들의 반대로, 치과위생사의 직무 영역을 확대하려던 계획은 10개월 만인 1950년에 중단되었다. 보건 공무원들은 치과 진료를 받지 못하는 사람이 늘어나게 될 것이라고 걱정했다. 그러나 10년 뒤에는 상황이 달라졌다. 1961년 드디어 미국의 치과조사위원회는 치과 진료가 필요한 사람들이 진료받을 수 있도록 치과위생사의 업무를 확대하라고 권고했다. 또한 치과의사와 경쟁할 가능성이 높다는 우려 탓에 그동안 남성은 치과위생사가 되지 못했다. 위원회는 남성 치과위생사들에 대한 법적·교육적 규제를 철폐할 것을 요구했다.[22]

1965년 메디케어 및 메디케이드 프로그램이 시작됨에 따라 모든 종류의 의료 서비스에 대한 수요가 급증했다. 의료 분야에서는 의사 보조나 전문 간호사가 새로운 직종으로 등장했는데, 특히 소외 지역과 시골 등에서 진료 수요가 증가함에 따라 부족한 진료 인력을 보충할 방책이었다.

치과의사이자 혁신가인 랠프 로벤은, 치과위생사가 진료 영역을 넓히면 지금보다 치과 진료비를 낮출 수 있고, 따라서 더 많은 사람들이 치과 진료의 혜택을 누리게 될 것이라고 생각했다. 1970년대 초, 로벤의 지도 아래 포사이스에서는 새로운 실험인 '로툰다 프로젝트'를 시작했다. 보스턴의 포사이스 연구소 안에 특별히 만들어진 원형 진료실에서, 선발된 치과위생사 몇 명이 치아를 드릴로 뚫고 다시 메우는 훈련을 받았다. 진료실은 바큇살 구조로 설계되어 환자의 사생활은 보호하면서, 강사들은 치과위생사들의 훈련 과정을 감독할 수 있었다. 로벤은 "이 프로젝트는 향후 수십 년 동안 치과가 직면할 최대 난제에 대처할 한 가지 접근법이다. 즉, 모든 인구에 고품질의 구강 보건 의료를 제공하는 것을 목표로, 최소한의 기본적인 치과 진료를 받는 미국인의 수를 지금보다 두 배 가까이 늘리려는 것이다."라고 말했다.[23]

그는 당시 미국의 치과 제도에 대한 분노를 숨기지 않았다.

"치과의사들은 오래전부터 구태의연한 철학을 암묵적으로 공유해 왔는데, 치과 진료는 진료비 부담이 없는 부자들만 누리는 특권이라는 것이다. 그 결과 미국의 치과의사 인력, 교육 시설, 진료 방식은 기껏해야 인구의 절반에 해당하는 사람들의 요구만 충족하도록 만들어졌다."

이번에도 치과의사 단체 지도자들은 프로젝트를 중단시키려 나섰다. 매사추세츠주 치과면허위원회◆는 주 법무부 장관으로부터 이 프로그램이 주 정부의 치과 의료법을 기술적으로 위반했다는 결론을 받아 냈다.

[매사추세츠주 로웰에 본사를 둔 지역 일간지] 『로웰 선』은 1974년 1월 2일 다음과 같이 보도했다. "매사추세츠주 치과의사회장인 존 호락 박사는 '포사이스 직원들과 지지자들은, 그들이 가능하다고 생각하는 것은 뭐든 마음대로 하려 한다.'라고 말했다." 그는 치과위생사들이 치아에 드릴로 구멍을 뚫고 메우는 것에 반대한다는 의사를 표명한 것이다. 신문은 또 "치과의사회 회장은 주 치과면허위원회의 조치가 치과의사 전문직을 보호하기 위한 것 같다고 말했다."

호락 박사는 "그들은 그것[로툰다 프로젝트 -지은이]을 통해 더 많은 사람을 치료할 수 있다고 말하지만, 치과의사도 환자가 넘쳐 나는 것은 아닙니다. 우리는 절대 바쁘지 않아요."라고 말했다.

로벤의 연구 결과가 발표되었다. 치과위생사들은 그들이 고급 훈련 과정으로 습득한 결과를 시연했다. 전국의 신문들은 다양한 머리기사로 국제합동통신UPI의 기사를 인용했는데, 그중 상당수 기사가 치과의사의 모습을 부정적으로 그렸다. "치과위생사, 치과의사를 긴

◆ 해당 주의 주민을 보호하고 양질의 치과 진료를 보장하기 위해 주 치과 관련 직종(치과의사, 치과위생사 등)의 진료와 면허(등록, 갱신 등) 및 징계 등의 업무를 관장하며, 위원으로 치과의사와 치과위생사 및 제3자가 참여하는 (비정부) 치과 규제 기관이다. 의료인의 면허와 징계를 중앙정부(보건복지부)가 관장하는 한국과는 다른 점이다.

장시키다", "치과위생사가 치과의사보다 나았다", "치과의사, 더 많은 실수를 하다."

하지만 프로젝트의 전망은 어두웠다. 로벤의 관찰에 따르면, 의료 전문직이 진화함에 따라, 이제는 환자들도 통상적인 의료 행위를 [보조 인력에게] 위임하는 의사들의 결정을 받아들이고 있다. 로벤은 "그러나 미국 치과 전문직은 [치아를 파고 메우는] 통상적인 충치 치료처럼 [치료받기 전 상태로] 되돌릴 수 없는 종류의 시술을 위임한다는 개념을 여전히 받아들이지 못한다."라고 썼다. "그 이유 중 하나로 생각할 만한 것은, 많은 치과의사들이 의사들처럼 확고한 전문직 상象을 갖지 못한다고 느껴서일지도 모른다."[24]

주 의회에 로비를 하고 전국 곳곳에 있는 주 치과면허위원회와 날선 공방을 벌인 결과 이제는 많은 진전이 이뤄졌다고 치과위생사들은 말한다. 지금은 12개가 넘는 주에서 치과위생사들이 메디케이드에 직접 진료비를 청구할 수 있다. 2016년 현재, 미국치과위생사협회에서 '직접 접근' 상태라고 분류하는 총 39개 주에서는, 치과의사가 먼저 보지 않은 환자에게 치과위생사가 적어도 한 번은 진료를 제공할 수 있다.

상황은 주마다 천차만별이다. 캘리포니아에서는 고급 면허를 소지한 치과위생사가 치과의사의 원격 감독하에 저렴한 임시 재료로 충치를 치료하는 등 다양한 치료를 할 수 있다. 심하지 않은 충치를 최소한으로 파서 치료하는 방법에는 마취도, 드릴로 깎는 과정도 필요 없다. 손 기구로 부드러운 충치 부위를 긁어내고, 불소가 포함된 글래스 아이오노머 실런트로 겉을 발라 충치가 진행되지 못하게 막는다. 임시 수복 치료 등 다양한 이름으로 불리는 이 방법은 네덜란드 치과의사가 이동 진료소에서 사용하려고 처음 개발했으며, 다양한 환경에서 충치를 효과적으로 치료할 방법으로 세계보건기구가 20년 이상 장려해 왔지만 미국 치과의사들은 이 치료법의 사용을 미뤄 왔다.

최근 1년 동안 치과의사의 3분의 1만 메디케이드 환자를 치료하고, 여덟 개 카운티가 '치과 사각지대'로 분류될 정도로 치과의사가 부족한 콜로라도주에서는 치과위생사도 상당한 수준의 독립적인 지위를 얻었다. 그리하여 2015년에는, 거대 보험 회사인 델타 덴털의 자선단체인 델타 덴털 재단이 콜로라도주 내에 있는 병원 16곳에 300만 달러 이상을 투입해 치과 진료실을 설치했다. 각 진료소에는 치과위생사가 한 명씩 배치되었다.

반대의 경우도 있다. 2016년 조지아주에서는 치과의사가 없는 요양 시설과 학교 진료소에서 치과위생사가 스케일링을 할 수 있도록 하는 법안이 폐기되었다. 주 내 치과의사들이 강력하게 반대한 결과였다. 미 하원 보건·복지위원회 위원장을 맡은 조지아주 매리에타Marietta시의 공화당 하원 의원 샤론 쿠퍼는, "한 법안에 대해 이토록 강한 적대감이 표출된 것은 난생처음 봤다."라고 전했다.[25]

100년도 더 전부터 혁신가들의 실험, 그리고 비영리단체, 학회, 대학, 연방 기관이 진행한 연구와 보고서 등은, 치과위생사, 특히 추가 훈련을 받은 숙련된 치과위생사들이 치과 진료 사각지대에 놓인 수백만 명의 치과 진료 접근성을 높인다는 결론을 꾸준히 제안해 왔다. 치과위생사 단체의 지도자들도 이에 동의한다.

"너무 오랫동안 구강 보건 서비스는 각 진료 행위별로 비용을 지불하는 개인 치과에서만 받는 것으로 알고 있었습니다. 이런 식으로는 소수 취약 계층뿐만 아니라 다수 일반 대중에게도 접근성이 절대 높다고 할 수 없지요."

미국치과위생사협회의 워싱턴 로비스트인 캐런 실랜더는 말한다. "우리는 구강 보건 서비스에 접근할 만한 다른 길을 열어야 합니다. 구강 건강을 1차 진료에 통합할 필요가 있어요. 일례로 임신한 여성을 진료할 때는 치과위생사가 산부인과와 함께 일할 수 있겠지요. 소아과와 함께하며 어린이를 볼 수도 있고요. 이렇게 통합된 1차 진료 환경에서 스스로 구강 관리를 할 만한 어린이와 부모 혹은 보호자를 상담하고, 예방 목적의 진료도 제공할 수 있어요. 이런 식으로 치과위생사가 1차 진료에 참여하는 것이지요."

사적으로 대화해 보면, 치과위생사들에게 지금보다 더 큰 역할을 맡기는 것이 불가피하다는 사실을 치과의사들도 알고 있다고 실랜더는 말했다. 그녀도 그렇게 하는 것이 합리적이라고 확신했다.

"왜 시브이에스 미니트 진료소◆에서 대상포진 예방접종을 하듯이 거기서 충치를 예방하기 위해 치아에 실런트와 불소를 바르면 안 되나요? 우리는 충치를 예방하는 방법을 알고 있어요. 그럼에도 사람들이 그런 예방 처치를 쉽게 받을 수 있도록 하지는 않아요."

치과위생사들은 시민사회 조직에 참여하거나, 때로는 연방 정부 시민 감시단의 지원도 받으면서, 끊임없이 변화를 촉구해 왔다. 사우스캐롤라이나주에서 변화를 일구려 노력한 치과위생사 태미 버드의

◆ 미국 최대의 의약품 유통 회사(약국)인 시브이에스 헬스CVS Health의 부서로 미국 최초의 소매 의료 서비스 제공 업체다. 시브이에스 약국 안에 있으며, 저녁과 주말을 포함한 일주일 내내 영업하고 예약은 필요 없다. 미니트 진료소는, 전문 간호사와 의사 보조가 근무하며, 예방접종, 외상 처치, 각종 검사와 교육을 제공한다. 1차 의료를 가로막고 환자의 건강관리를 단편화한다는 비판이 있지만 미국의 많은 주에서 만성질환 관리 등 1차 의료 기관의 역할을 한다는 의견도 있다.

10년 여정은 그녀를 거의 파멸시키다시피 한 기나긴 고난의 연속이었다.

버드는 독실한 신자이자 침착하고 강인한 여성으로, 다른 지역의 치과위생사 지도자들과 함께 수년간, 치과위생사들이 학교에 방문해 아이들의 구강을 관리할 수 있도록 사우스캐롤라이나 주법州法을 개정하기 위해 일했다. 제대로 치료받지 못한 채 방치된 구강 질환은 사우스캐롤라이나주의 고질적인 문제였고, 이를 고민한 사람은 버드뿐만이 아니었다.

1980년으로 거슬러 올라가, 이미 주 의회 심의위원회 위원들은 이런 문제를 충분히 우려했고, 따라서 주 치과면허위원회에 "사우스캐롤라이나주의 치과 서비스 확대를 위해 치과위생사의 진료 범위를 넓히고, 치과위생사를 치과의사의 통제 아래 둔 규제를 완화할 것을 고려"하도록 요청했다.

당시 사우스캐롤라이나주에는 치과의사가 한 명뿐인 카운티도 있었다. 치과위생사가 소외 지역에서 치과의사의 감독 없이 혼자 일할 수 있도록 규정을 변경한다면 "예방 진료와 교육을 받을 수 있는 인구가 더 늘어날 것"이라는 게 심사 위원의 의견이었다. "요양원에 있는 사람들, 질병이나 장애로 집 밖을 자유롭게 돌아다니기 힘든 노인들, 그리고 가난한 환자들은 이런 방법이 아니고서는 치과 진료를 받을 수 없을 것이다. 치과위생사들이 개입한다면, 공중 보건과 복지가 더 잘 제공될 것이다."

이미 치과위생사들에게 그런 공중 보건 업무를 허용하고 있는 주들이 있다고 심사 위원들은 지적했다. 그러나 사우스캐롤라이나주에서는 치과의사가 환자를 먼저 진찰하지 않는 한 치과위생사가 단독으로 환자를 볼 수 없도록 규제했다. 문제는 어려운 환자들을 적극적으로 진찰하는 치과의사들이 별로 없었다는 것이다.

메디케이드 건강검진 결과 충치는 '사우스캐롤라이나주 학교 아이들의 가장 큰 건강 문제'로 확인되었다. 하지만 미취학 아동 건강 검진에 따르면 1997학년도에 가난한 지역 초등학교에 입학하는 어린이 중 13퍼센트만이 예방 치과 진료를 받았다고 사우스캐롤라이나 의과대학의 연구팀이 발표했다.[26]

치과위생사들은 계속해서 더 많은 진료 권한을 요구했고 주 치과 의사 단체 지도자들은 이를 저지했다.

"우리는 법안을 통과시키려고 노력했어요."

버드는 말했다.

"정말로 노력했어요."

변화를 향한 그들의 노력은 거의 희망이 없는 것처럼 보였다. 그 법안은 절대 통과되지 않을 듯했다. 하지만 1999년 어느 날 갑자기 버드는 깨달음을 얻었다. 다음 날 저녁에 교회에서 있을, 십 대들을 대상으로 하는 성경 수업을 준비하고 있을 때였다. 성경 수업은 '하느님이 계획하신 커다란 기획'에 대한 것이었다. 이 일은 "네가 상상하는 것보다 훨씬 더 크고, 네가 치를 수 있는 값보다 훨씬 더 비싸서, 너의 능력으로는 도저히 감당할 수 없는 것이다." 수업 주제에 대해 깊이 생각하던 버드의 뇌리에 섬광처럼 떠오른 것이 있었다. 그녀가 하고자 하는 구강 위생 개선을 위한 운동이 바로 이런 기획이라는 것!

"주님께서 그곳에 나타나 말씀하셨어요. '너는 한 번도 나에게 청하지 않더구나.' 그래서 제가 대답했습니다. '주님, 이는 바로 당신의 기획입니다.' 저는 그분께 이 일이 성사될 수 있도록 도와 달라고 기도했어요."

마침내 얼마 지나지 않아 일이 풀리기 시작했다. 주 의회 의원들은 치과의사 단체 지도자들과 함께 치과 진료가 부족한 문제를 해결할 조치를 취하기 시작했다. 메디케이드 서류 작업이 간소화되었고, 메디케이드 환자를 치료하고 받는 진료 수가가 인상되었다. 주 치과의사회는 더 많은 치과의사를 메디케이드 프로그램에 끌어들이기 위해 공격적인 캠페인을 벌였고, 실제로 새로 가입한 치과의사도 있었다.[27] 그리고 2000년 주 의회는 태미 버드가 여러 해에 걸쳐 통과시키기 위해 노력한 그 법안을 승인했다.

"2000년 3월, 우리 법안이 통과되었어요."

이 법안은 치과위생사가 학교에서 스케일링 및 충치 예방을 위한 실런트를 시행하기 전에 치과의사가 먼저 어린이를 진찰해야 한다는 전제 조건을 삭제했다. 그 전까지는 [학교에서] 스케일링과 실런트를 시행하려면 치과의사가 진찰한 뒤 서면 허가를 내줘야 했지만, 이제는 이런 요구 사항이 없어진 것이다.

"이 새로운 법으로, 치과 진료를 받는 데 걸림돌이 되던 규제가 사라졌습니다."

짐 호지스 사우스캐롤라이나 주지사는 법안에 서명하면서 이렇게 말했다.

"이제 부모들은 치과에 데려가기 위해 자녀를 학교에서 조퇴시킬 필요가 없어졌고, 노인들은 실버타운 안에서 치과 진료를 받을 수 있게 되었습니다."

새 법은 "치과위생사들이 학교, 요양원, 보건소, 보건 의료원 및 자선 기관 같은 장소에서 예방 치과 진료를 할 수 있도록 허용한다."라고 명시했다. 주지사는 성명서에서 법 제정 취지를 설명했다. "치과의사들이 이런 곳에서 전업으로 진료하는 경우는 거의 없기 때문에 치과위생사들에게 권한을 주었습니다."[28]

하지만 큰 문제가 남아 있었다. 치과위생사들을 어디에서 구할 것인가? 누가 그 서비스를 조직할 것인가? 버드는 어렵게 얻은 승리가 공허해질 수도 있음을 곧 깨달았다. 사우스캐롤라이나주에는 그 일을 할 준비가 되어 있는 치과위생사 팀이 없었다. 버드는 새로운 딜레마에 직면했다. 그녀의 현재 삶은 매우 만족스러웠다. 굳건한 결혼 생활, 잘 크고 있는 딸, 삶의 중요한 부분인 교회. 개인 치과 의원에서의 직장 생활도 성공적이었고, 급여도 안정적이었다. 게다가 근무하는 치과는 직원들에게 정기적으로 4일간의 장기 주말 연휴를 즐길 수 있도록 해줄 만큼 근무 환경도 좋았다. 그럴 때면 버드는 가족들과 수상스키를 즐기곤 했다.

사우스캐롤라이나주의 새로운 법이 버드에게는 기도에 대한 응답처럼 느껴졌다. 이제 그녀는 응답한 하느님이 자신에게 무엇을 기대하는지 알고 싶었다.

"저는 거듭 기도하며 그 질문의 답을 구했어요."

그리고 마침내 알게 되었다. 하느님은 버드가 치과 진료를 받지 못하는 아이들의 입안을 돌봐 주기를 원했다. 그런 아이들이 자그마치 25만 명이었다. 하지만 혼자서 할 수는 없는 노릇이었다. 버드는 하느님께 자신은 한 번도 사업을 해본 적이 없고, 그 방법도 모르겠다고 기도했다.

"하지만 주님은 계속해서 말씀하셨어요. '사랑하는 나의 딸아, 이것은 오래전부터 내가 계획한 너의 사명이다.' 그리고 그 말씀이 서서히 제 심장을 사로잡았어요. 남편에게 가서 말했죠. '황당하게 들리겠지만, 치과 일을 관둬야겠어요. 그리고 우리 집을 담보로 대출받아 사업을 시작하고 싶어요. 치과위생사들을 학교에 보내 아이들을 돌보는 일을 시작했으면 해요.'"

그녀가 남편 짐에게 이 결심을 이야기했을 때, 그의 첫 반응은 웃음이었다. 하지만 잠시 나갔다가 다시 집 안으로 들어온 그는 훨씬 더 심각한 표정으로 진심인지를 확인했다.

"그리고 제가 대답했지요. '네, 맞아요. 진심이에요.'"

~

버드는 중소기업청에 대출을 신청했다. 그리고 2000년 10월에 직장을 그만뒀다. 하필 13일의 금요일이었다.

"12월 28일, 마침내 우리는 자금을 지원받았어요. 25만 달러를 대출했습니다."

버드의 집과 중고차를 담보로 삼았다. 버드는 치과위생사들이 학교에 갈 때 필요한 기구들을 주문했다.

"저는 그 법안이 통과되었다는 것은 하느님의 거대한 기획이 시작되는 신호라고 생각했어요. 그리고 그건 정말로 제가 생각했던 것보다 훨씬 더 커져 버렸지요. 그런 말씀이 있잖아요. '주님께서는 네가 결코 가본 적도 없고 원하지도 않았을 그런 곳으로 너를 인도하신다.'라고요. 글쎄요, 이제 보니 주님께서 정말로 그렇게 하시긴 했네요."

버드는 회사의 이름을 '건강 증진 전문가'라고 지었다. 그녀가 구상한 사업의 내용은 다음과 같다. 치과위생사들은 사업에 참여하고자 하는 학교를 방문해 무료로 아이들을 검사한다. 그리고 각 아이의 집으로 편지를 보내 구강 건강 상태를 보고한다. 부모의 허락을 받아 스케일링, 불소 도포 및 실런트를 시행한 뒤 진료비를 메디케이드, 민간 의료보험 회사, 혹은 아이의 부모에게 직접 청구한다. 치과위생사가 보기에 충치가 의심되는 경우에는 치과에 가보도록 권고할 것이라고 버드는 설명했다.

버드는 치과위생사의 서비스에 대해 메디케이드로부터 직접 진료비를 받을 수 있으리라는 전제하에 이 모든 사업을 기획했다.

"우리가 하는 일에 대한 비용을 받을 수 없다면 이 사업은 불가능해요. 우리는 구강 보건 서비스에 대한 진료비를 직접 받을 수 있어야 합니다. 무료 자원봉사만으로는 현실적으로 이 일을 지속할 수 없어요."

모든 주에서 치과위생사가 메디케이드에 직접 비용을 청구할 수 있도록 허용한 것은 아니었다. 사실, 대부분의 주에서 치과면허위원회는 치과의사만이 메디케이드에 청구서를 제출할 수 있도록 했다. 그러나 버드는 주 메디케이드 제공자 설명서만 참조했을 뿐, 치과위생사가 치과의사를 통해서만 청구서를 제출해야 한다는 사우스캐롤라이나주의 단서에 대해서는 미처 확인하지 못했다.

버드는 주 정부 보건복지부 국장인 샘 그리스월드에게 편지를 보냈고, 국장으로부터 사업이 잘 진행되도록 돕고 싶다는 답장을 받았다. 그리스월드는 답장에서 "보건복지부와 '건강 증진 전문가' 사이의 공공/민간 파트너십 프로젝트를 통해 어린이들의 구강 건강 향상에 도움이 될 수 있다면 기쁜 일입니다."라고 했다.[29]

"우리 직원들은 등록된 치과위생사들이 예방 진료를 하면, 메디케이드에서 진료비가 지불되게 할 방안을 찾고 있습니다. 보건복지부는 등록된 치과위생사들과 협력해 메디케이드 대상 저소득층이 구강 보건 서비스를 더 쉽게 이용하기를 고대하고 있습니다."

바로 그 무렵, 주 치과의사들을 대표하는 조직인 사우스캐롤라이나주 치과의사회에는 비상이 선포되었다. 「치과위생사들이 쳐들어

온다! 치과위생사들이 쳐들어온다!」. 2000년 10월『사우스캐롤라이나주 치과의사회보』의 머리기사다. 뒤이은 사설은 주 치과위생사회 회원들의 최근 활동에 대해 경고했다. "치과위생사들은 보험 제공자 번호의 승인과 배정을 요구하고 있다. 이는 치과위생사들에게 보험 회사로부터 직접 진료비를 받을 권한이 부여된다는 것이며, 따라서 이들이 독립적으로 진료하는 중요한 계기가 될 것이다!" 사설은 이렇게 결론 내렸다. "이런 시도는 민간 의료에 대한 공격이다."

그리스월드의 사무실에서 이 프로젝트를 논의할 회의가 잡혔다. 버드는, 회의에 그리스월드는 당연히 참석할 것이고, 아마도 주 치과의사회를 대표하는 사람이 두세 명 정도 올 것이라고 짐작했다.

"그런데 제가 주차하고 보니, [경호용으로 많이 쓰이는, 쉐보레chevro-let의 대형 스포츠 유틸리티 차량SUVs인] 서버번Suburban이 쫙 깔려 있는 거예요. 길가에 서버번이 일고여덟 대나 서있기에 생각했지요. '여기 지금 대통령이라도 와있나? 이 차들은 다 뭐지?' 여기저기 사방에 커다란 스포츠 유틸리티 차량들이 있었거든요. 잠시 후 차문이 열리면서 엄청난 수의 치과의사들이 우르르 쏟아져 나왔어요."

회의에서 치과의사들은 법적 조치를 취하겠다며 버드를 위협했다. 사우스캐롤라이나주 치과의사회의 상임 이사인 핼 조른이 2000년 11월 회보에 기고한 내용은 이렇다. "고문 변호사의 지도에 따라 이사회에서는 찰스 밀우드 주 치과의사회장과 본인, 이렇게 두 명이 사우스캐롤라이나주 보건복지부 및 관련 기관에 즉각 업무상 금지 명령을 요청하도록 결정했다. 일반적인 감독하에 수행하는 치과위생사들의 진료 행위에 대해 메디케이드가 직접 치과위생사에게 진료비를 지불하지 못하도록 한 것이다."

전문가들은 사우스캐롤라이나주에 있는 메디케이드 등록 아동 중 25만 명이 치과 진료를 받지 못하고 있다고 보고했다. 조른은 자신의 기고문에서 문제가 있는 쪽은 아이들의 부모이지 치과의사가 아니라고 했다.

"사우스캐롤라이나주의 공립학교에는 치과 진료를 받지 못하는 수천 명의 학생들이 있다. 그 아이들이 치과 진료를 받지 못하는 것은 치과 팀의 치과의사, 치과위생사, 치과 조무사가 아이들의 치과 진료 요구에 무관심해서 그런 것이 아니다. 부모가 자녀의 입안에서 무슨 일이 벌어지는지 관심이 조금도 없기 때문이다."

핼 조른은 이렇게 주장했다.

"신경 치료가 필요한, 앨런데일Allendale 카운티의 한 아이에 대한 이야기를 들었다. 어머니는 치과 약속을 두 번이나 연이어 어겼으며, 그다음에 나타나서는 '아이가 이가 아프다고 징징거리는 게 지긋지긋하니 치아를 빼달라.'라고 했다고 한다."

치과의사들과의 회의를 마치고 돌아가면서 버드는 걱정과 두려움에 몸이 떨렸다. 그녀는 직장을 그만뒀고 집을 담보로 대출받았다. 되돌아가기에는 너무 늦었다. 어쨌든 앞으로 나아가야 했다.

"[치과위생사의 진료에 대한] 진료비를 직접 청구하기 위해 법정으로 싸움을 끌고 가면 시간이 너무 오래 걸릴 것 같았어요. 그래서 우리가 받을 진료비를 청구해 줄 치과의사를 찾기로 했어요."

논란이 일던 상황에서, 그런 치과의사를 구하기가 쉽지는 않았지만 결국 [사우스캐롤라이나주 뷰퍼트Beaufort 카운티의 섬] 힐튼 헤드Hilton Head에 있는 치과의사가 도와주기로 했다.

버드는 서너 명의 치과위생사와 함께 서너 개의 학군에서 시작할 계획을 세우고 사업을 시작했다.

"2001년 1월 1일 치과위생사 두 명을 고용했고, 드디어 아이들을 검진하기 시작했습니다."

해당 법안을 바꾸기 위해 함께 노력했던 주 상원 의원 존 드러먼드는 2001년 2월, 자신의 고향에 있는 한 초등학교에서 치과위생사가 아이들의 치아를 검사하는 모습을 직접 볼 기회가 있었다. "저는 사우스캐롤라이나의 모든 학교에서 이 프로그램이 시행되기를 바랍니다."라고 그는 지역 신문 기자에게 이야기했다.[30]

버드는 말했다.

"프로그램이 시작되었어요. 1월부터 4월까지 우리 프로그램에 대한 소문이 돌았고, 모든 카운티 교육청에서 이 프로그램에 동참하고 싶어 했지요."

버드는 더 많은 물품을 주문했고 더 많은 치과위생사들을 고용했다. 새로운 카운티에 있는 학교에서 프로그램을 요청하면, 그녀는 그 지역에 있는 치과위생사를 찾아 회사의 일원으로 함께 일하도록 했다. 버드는 대출을 더 받았으며 메디케이드에 진료비도 청구했다. 하지만 진료비 입금은 지연되었다. 첫 월급을 주기까지, 버드의 하루하루는 긴박한 나날이었다. 실제로 자신도 2년 반 동안 돈을 전혀 받지 못했다. 그럼에도 버드는 꿋꿋이 사업을 밀고 나갔다. 학년 말인 5월♦까지, 치과위생사들은 사우스캐롤라이나주 전역의 20개가 넘는 지역에서 1만 9000명이 넘는 어린이들을 검진했고, 그중 4000명에게 스케일링, 실런트, 불소 도포 등을 시행했다.[31]

6월이 되었다. 치과의사의 검진 없이도 치과위생사들이 학교에서 아이들의 구강 관리를 할 수 있도록 법안을 통과시켰던 주 의회

♦ 미국은 8월 중순에 새 학년이 시작해 다음 해 5월에 끝난다.

는 휴회에 들어갔다.

6월 15일, 사우스캐롤라이나주 치과의사회는 주 전역의 학교 관계자들에게 편지를 보냈다. 편지의 내용은 사우스캐롤라이나주에 있는 치과의사들이 "우리 팔메토주Palmetto State◆의 구강 건강 위기에 대처하기" 위해 노력 중이라는 주장이었다. 주 메디케이드 프로그램을 개혁한 결과, 치과의사들은 올해 현재까지 6만 명의 어린이를 추가로 치료했다고 했다.

그러나 편지는 뒤이어 "사우스캐롤라이나주 아이들의 구강 건강에 직접적으로 영향을 미칠, 또 다른 위기가 다가오고 있다."라며 경고했다. 편지에서 언급하고 있는 위기는 바로 태미 버드와 그녀의 회사인 '건강 증진 전문가'였다. 편지는 버드의 회사가 지역 치과의사들과 협력하지 않는다고 했다. 학교에서 치과위생사의 치료를 받으면, 이미 그 전에 '동네 치과의사의 환자'였던 아이들이라도 저 멀리 힐튼 헤드에 있는 '건강 증진 전문가' 감독 치과의사의 "환자로 등록"되어 버린다고 했다.

"주말이나 수업 중에 아이가 치통을 앓아 치과를 가야 한다면 아이를 힐튼 헤드까지 데려가야 하겠습니까?"

"그러니 어떻게 되었겠어요?"

버드가 말했다.

"많은 교육청에서 우리와 함께 일하기로 했다는 양해 각서를 되돌려 보내오기 시작했어요. '우리는 이 사업이 이렇게 논란이 될 줄

◆ 팔메토는 미국 남동부에서 흔하게 자라는 작은 야자수로 사우스캐롤라이나주의 별칭이기도 하다.

은 전혀 몰랐습니다. 이 사업은 당분간 보류하도록 하겠습니다.' 그리고 거기에 치과의사회에서 받은 편지를 동봉했더군요."

그리고 주 의회가 휴회하는 동안, 치과면허위원회는 치과위생사가 치료하기 전에 치과의사가 먼저 아이들을 검진해야 한다는 요구 사항을 법안에 다시 넣을 계획을 추진했다. 그것은 의회가 이전에 폐지한 조항이었다.

치과의사의 검진 요건을 없앤 법 개정을 지지해 온 길다 콥-헌터 하원 의원은 그 계획을 알아채고 7월 11일에 치과면허위원회에 항의 편지를 보냈다.

"사우스캐롤라이나주의 치과면허위원회가 긴급 규정이라는 미명하에 치과위생사의 진료를 극도로 제한하는 법 개정안 발의를 계획하고 있다는 사실을 알게 되었습니다. 이런 조치는 주지사가 이미 서명한 법률의 입법 의도에 반하는 행동입니다."

그럼에도 치과면허위원회는 긴급 규정을 강행했다.

위원회가 요청한 긴급 규정 요청 서류는 "치과위생사가, 면허가 있는 치과의사의 사전 검사나 결정 없이 시술한 결과 발생하는 상해로부터 우리 주 환자들을 보호하기 위해 즉각적인 조치를 취해야 한다."라고 밝혔다. "우리 위원회는 치과위생사의 위법행위에 대한 초기 불만을 접수했다. 치과의사가 사전에 환자를 봐야 한다는 규정이 없으면 치과의사가 충치나 기타 심각한 치과 질환을 평가해 적절한 진단을 내리기 전에 치과위생사가 마음대로 불소 도포와 실런트 및 스케일링을 하게 된다고 결론 내릴 수 있다. 따라서 치과의사의 사전 검사는 반드시 필요하다."

~

"그들은 긴급 규정을 선포했어요."

버드는 말했다.

"법률상 의회가 휴회 중일 때 시민의 생명이 극도로 위험한 상황에 처할 경우 정부는 시민을 보호하기 위한 긴급 규정을 통과시킬 수 있다는 조항이 있거든요."

치과면허위원회 관계자는 국민의 건강을 위한 행동이었다고 언론에 밝혔고 에이피AP는 다음과 같이 보도했다.

"치과의사 단체는 숙련되지 못한 치과위생사가 아닌 치과의사들이 질병을 진단함으로써 어린이들을 보호해야 한다고 말했다."

스케일링이 일부 어린이들, 특히 심장 질환이 있는 어린이들에게 위험할 수 있기 때문에 스케일링을 받기 전에 항생제가 필요할 수도 있다고 경고했다.

"전혀 드문 일이 아닙니다. 약을 미리 먹고 치료받아야 하는 사람들을 우리는 매일 만납니다."

찰스 맥스웰 [치과면허위원회] 위원장은 AP의 인터뷰에서 이렇게 말했다.[32]

하지만 같은 기사에서 학교 관계자는 치과위생사들의 프로그램을 옹호했다.

"우리는 학교 보건실에서, 이가 아프다며 찾아와 우는 아이들을 만납니다. 그렇게 아프면 교실에서 아무것도 배울 수가 없어요."

교장인 수 헨드릭스는 말했다.

AP의 인터뷰에서 버드도 이렇게 말했다.

"치과 진료는 치과 의원에 가야만 받을 수 있어요. 하지만 현실은, 치과에 가지 못하는 환자들이 많다는 것이죠."

사우스캐롤라이나주의 유력 일간지 『더 스테이트』는 사설에서 치과면허위원회의 움직임을 비난했다.

"수천 명의 사우스캐롤라이나주 아이들을 도우려는 사업이 치과의사들의 독단적인 규정 때문에 진척되지 못하고 있는 듯해 답답하다. 우리 주에 있는 많은 저소득층 가정의 아이들이 일상적인 예방 치과 진료를 받지 못하고 있다. 주 보건복지부에 따르면, 지난해 메디케이드 자격이 있는 사우스캐롤라이나주 어린이 중 65퍼센트가 한 번도 치과의사를 만난 적이 없는데, 이는 약 25만 명의 어린이가 치아 관리를 받지 못하고 있다는 것을 의미한다."

사설은 치과의사의 주장도 인용했다. "치과의사들은 어린이들의 치아 건강을 위한 최고의 진료는 정기적으로 방문해 관리받는 우리 동네 주치의 치과를 만듦으로써 가능한 것이지, 떠돌이 치과위생사가 띄엄띄엄 학교에 방문해서는 불가능하다고 믿는다." 그러나 사설은 다음과 같이 이어갔다. "하지만 최상의 의료 서비스를 제공하려는 욕심 때문에 일부 어린이들이 예방 치과 진료를 전혀 받지 못한다고 하면 애석하고 부끄러울 따름이다."

버드와 변호사는 치과면허위원회가 시행하려는 치과의사의 검진 요건[의 재도입]을 막기 위해 행정법원에 소송을 제기했다. 법원은 이 사안을 다룰 공청회가 필요하다고 했고, 공청회는 10월로 잡혔다. 치과면허위원회의 긴급 규정은 앞으로 6개월 동안은 유효했다.

버드는 말했다.

"저는 이렇게 생각했어요. 7월부터 내년 1월까지 이런 식으로 우리에게 재정적인 압박을 가하면 도저히 버틸 수 없으리라고요. 그리고 앞으로는 그 누구도 이런 일을 하려 들지 않을 거예요."

그해 늦여름, 버드는 주 치과면허위원회와 치과의사회를 고소했다. 내용은 다음과 같았다.

"치과의사들은 예방 치과 진료를 치과위생사들이 못 하게 막고 자신들만이 독점하기 위해 단체 행동을 하고 있다."

하지만 판결이 날 때까지는 긴급 규정의 내용을 지켜야 했다.

"그래서 치과의사 두 명을 고용했어요. 그리고 절반의 치과위생사를 해고해야 했지요."

버드는 가을 학기가 시작되는 것이 두려웠다. 몇몇 지역은 겁을 먹고 프로그램을 취소했지만, 여전히 13개 지역에서 프로그램이 정상적으로 운영되고 있었다. 버드와 함께 일하는 치과위생사는 13명이었다. 치과의사들이 학교를 돌아다니며 아이들의 입안을 검사했지만, 구강 검진 결과를 기다리는 동안 치과위생사들의 절반은 일이 없었다. 치과위생사들이 돌본 아동의 수는 긴급 규정 이전에 비해 수천 명이 줄어들었다. 더구나 국세청에서 날아온 분기별 세금 고지서가 쌓여 갔지만 세금을 낼 돈이 없었다. 그녀는 파산할 지경이었고, 가족과 함께 살고 있는 집마저 잃을 것 같았다. 어느 날 밤, 버드는 사무실 바닥에 엎드려 울었다. 울면서 무엇을 위해 기도해야 할지조차 모르겠다고 하느님께 말했다.

한참을 울던 버드는 마침내 몸을 일으켜 차를 몰고 집으로 향했다. 어둠 한가운데서 하느님을 찾는다는 내용의 복음성가[〈주께서 인도하시네, 나를 인도하시네〉Lord move, or move me]가 라디오에서 흘러나왔다. "가사는 이렇게 이어졌어요. '산이 길을 막고 문이 잠겨 있어도 …… 주께서 인도하시네, 나를 인도하시네.'"

그러자 갑자기 평온함이 찾아왔다.

"저는 이렇게 중얼거렸어요. '네, 하느님. 고맙습니다.' 왜 그랬는지는 잘 모르겠어요. 하지만 불안했던 마음이 진정되었지요."

회사는 부채의 늪으로 점점 더 깊이 빠져들었고 버드는 미국치과위생사협회에 도움을 요청했다. 미국치과위생사협회는 연방거래위원회에 이 사실을 알렸고 정부 감시 기관이 조사에 착수했다. 한편 버드는 지속적으로 학교 이사회를 방문해 그들을 안심시키고 신뢰를 회복하려고 노력했다. 이사회에서는 항상 이렇게 질문했다.

"학교에서 치과위생사들이 하는 진료가 사실은 질이 떨어진다는 미국치과의사협회의 편지를 받았습니다. 아닌가요?"

그럴 때마다 버드는 대답했다.

"네, 편지의 내용은 사실이 아닙니다."

그녀는 계속 일을 했다. 다른 방법이 없었다. 2003년 9월 버드가 저당 잡힌 도요타Toyota 캠리Camry를 운전하고 있을 때 휴대전화 벨이 울렸다. 『더 스테이트』 기자의 전화였다. 그는 주 치과면허위원회가 '부당한 사업 활동 방해' 혐의로 기소될 거라는 보도 자료를 연방거래위원회로부터 받았다고 했다.

"이 소식에 대해 할 이야기가 없으신가요?" 기자가 물었다. 버드는 내용을 확인한 뒤에 답변하겠다고 말하고는 전화를 끊었다. 그리고 애써 마음을 가라앉혔다.

연방거래위원회는 "대부분 개원 치과의사들로 구성된 사우스캐롤라이나주 치과면허위원회는 면허가 있는 치과위생사들이 학교에서 시행하는 스케일링, 실런트, 불소 도포를 부당하게 제한함으로써 예방 치과 서비스 제공에 대한 공정한 경쟁을 막았다."라는 기소 내용을 자세히 설명했다. 2000년 주 의회에서 이미 "치과위생사는, 치과의사치과의사가 구강 검사를 한 어린이에게만 서비스를 제공할 수 있다."라는 요건을 삭제한 법안을 통과시켰음에도 "2001년 치과면허위원회는 의회가 삭제한 바로 그 요건을 다시 적용했고, 심지어 학교에서 시행하는 불소 도포에까지 그 범위를 확대했다."라는 사실을 강조하면서 기소 내용은 이어졌다.

"치과면허위원회의 조치는 수천 명의 학령기 어린이, 특히 경제적으로 취약한 어린이들에게 예방적 구강 건강관리 서비스를 받을 기회를 박탈하는 결과를 가져왔다."

연방거래위원회는 "경제적 이해관계가 걸린 사익 추구형 산업 참여자들이 취한 독점적 행위는 국가 정책에 반하는 것"이라고 결론 내렸다. 설사 일말의 이점이 있다고 하더라도, "경쟁을 저해해 결국 소비자에게 피해를 끼친다는 점"에서 폐해가 더 크다고 봤다.

주 치과면허위원회는 기소 내용에 이의를 제기했다. 위원회는 버드의 프로그램에서 일하는 치과위생사들에게 편지를 보내 "치과위생사 면허로는 허용되지 않는 위법 진료를 하고 있을지 모른다."라고 경고했다.

치과면허위원회는 미국 연방 대법원까지 가서 연방거래위원회와 싸웠다. 그러나 미국의 최고법원은 이 사건을 기각했고 이전 법원의 판결은 유효했다.

2007년에 사건은 완전히 해결되었다.♦ 사우스캐롤라이나주 치과

♦ 치과면허위원회의 긴급 규정은 2002년 1월에 6개월 기한을 끝으로 만료되었고, 치과면허위원회는 긴급 규정을 영구적인 규정으로 채택해 달라고 제안했지만, 2002년 2월 주 행정법원은 이 제안이 불합리하고 국가정책에 반한다고 판결했다. 주 의회는 2003년 6월, 공중 보건 활동으로 시행하는 치과위생사의 예방 치과 진료에는 치과의사의 사전 구강 검진이 필요하지 않다고 법을 개정했다. 연방거래위원회는 2003년 9월, 치과면허위원회를 〈연방거래위원회법〉 5조 위반 '불공정한 경쟁'과 '불공정하고 기만적인 행

면허위원회는, '치과의사의 구강 검진을 거치지 않아도 공중 보건 활동으로 치과위생사가 어린이를 진료할 수 있도록 하는 정책'에 대한 지지 성명을 주 전역의 모든 치과의사, 치과위생사 및 교육감에게 공표하라는 명령을 받았다.

연방거래위원회는 치과면허위원회의 행위를 향후 10년간 감시하겠다고 발표했다. 제프리 슈미트 연방거래위원회 경쟁국장은 성명서에서 "이번 사례가 보여 주듯이, 주법이 허용하지 않는 방식으로 경쟁을 제한하는 주 치과면허위원회의 행위는 독점금지법◆의 적용을 받습니다."라고 밝혔다. "이 사건은 학교에서 어린이, 특히 저소득층 가정의 어린이에게 예방 치과 서비스에 접근할 수 있게 해주었다는 점에서 중요합니다."

~

세월이 흐르고 버드의 프로그램은 자리를 잡아 가고 있다. 버드와 치과위생사들이 지금까지 봐온 아이들은 수만 명에 이른다. 버드는 이제 수상스키를 포기하고 요가를 즐긴다. 근처 체육관에서 요가를 가르치기도 한다. 그녀는 여전히 기도하고 여전히 싸우고 있다.

"저는 또 한바탕할 준비가 되어 있어요." 그녀는 쓴웃음을 지으

위'로 기소하고 2004년 7월 치과면허위원회의 이의를 기각했다. 치과면허위원회는 연방거래위원회의 판결에 이의를 제기하며 항소를 제기했지만 항소법원은 2006년 5월 항소를 기각했고 2007년 1월 연방 대법원도 이 사건을 기각했다(자료 : https://www.ftc.gov/news-events/press-releases/2007/06/south-carolina-board-dentistry-settles-charges-it-restrained).

◆ 미국에서는 1890년 〈셔먼독점금지법〉, 1914년 〈클레이턴독점금지법〉, 1914년 〈연방거래위원회법〉 등 3법을 독점금지법으로 통칭한다.

며 결연한 목소리로 말했다.

매사추세츠주를 여행했을 때, 그녀는 예전에 로툰다 프로젝트로 논란이 되었던 포사이스 연구소에서 주말 강좌를 들었다. 캘리포니아에서는 전문 훈련을 거친 치과위생사가 충치를 최소 침습 치료♦로 치료하기 시작했는데, 버드가 받은 수업은 그 치료법의 변형인 무삭제 충전 기술♦♦에 초점을 맞췄다. 버드와 다른 수강생들은 충치 표면을 적절하게 처리한 뒤 충치를 예방하는 불소 함유 글래스 아이오노머 실런트로 코팅하는 방법을 배웠다. 이 방법은 어린 환자, 두려움이 많아 치과 치료를 받기 힘들어하는 환자, 장애인 환자에게 유용한 것으로 알려져 있다. 연구 결과에 따르면 안전성과 장기적인 효과도 입증되었다.[33]

"치과위생사들이 임시로 충치를 메울 수 있을 겁니다. 이는 충치 진행을 막는 1차 예방 진료에 해당합니다."

버드는 말했다. 주 치과의사 단체들이 다시 싸움을 걸어올 경우에 대비해 이번에는 그녀도 함께 싸울 지지 기반을 만들고 있다.

"저번에 기사를 읽었어요. 치과에서는 벤츠를 만들어 내요. 그건

♦ 최소 침습 치료는 전통적인 치료법보다 절개나 삭제를 작게 하거나 아예 하지 않고 치료한다. 외과의 내시경 수술이나 로봇 수술을 예로 들 수 있으며, 치과에서는 초기 충치 부위를 드릴로 깎지 않고 실런트, 불소, 레진 등의 재료로 치료한다.

♦♦ 일반적인 충치 치료는 보통 국소마취제를 주사한 뒤 드릴을 사용해 충치 부위를 제거하는데, 이런 치료법은 고도로 훈련된 치과 인력과 전기 사용 및 기구가 필요하며 비용도 많이 들기에 저개발국에서 사용하기 어려울 수 있다. 무삭제 충전 기술은 충치를 관리하기 위한 대안적 접근으로 국소마취 주사와 전기 장비를 사용하지 않고 손 기구만을 사용해 충치 부위를 제거하고 메우는 치료법이다.

정말 멋지죠. 폼도 나고 잘 달리죠. 치과의사들은 [닛산Nissan의 중형 승용차] 알티마Altima나 [도요타의 중형 승용차] 캠리를 만들려고 하지 않아요. 하지만 그거 아세요? 벤츠를 살 여유가 없는 사람들도 많아요. 그런 사람들은 알티마, [도요타의 하이브리드 승용차] 프리우스Prius, 캠리를 살 거예요. 치과위생사들은 준비되어 있어요."

그녀가 말했다.

"여기 넘쳐 날 만큼 많은 치과위생사들이 있잖아요. 우리가 치과의사가 되겠다는 것이 아니에요. 치과 치료를 못 받는 사람들을 위해 우리가 일할 수 있다는 겁니다."

8
시스템

~

치과 의료 인력의 문제[고용과 전문직 자율성]를 시장의 문제로 논의의 틀을 바꾼 연방거래위원회는 미국 전역에서 벌어진 (치과면허위원회 및 의회를 발끈하게 만든) 논쟁에서 강력한 목소리를 냈다. 사우스캐롤라이나주에서 벌어진 사건 외에도, 학교 이동 치과 진료를 중단시키기 위해 로비했던 루이지애나주 치과의사회와 맞섰고, 메인주에서는 치과위생사가 치과의사의 감독 없이 진료할 수 있게 해달라고 주장하기도 했다. 그러나 몇몇 치과의사 단체들은 여전히 강력한 권한을 가진 연방거래위원회에 맞서고 있다. 그들은 자신들의 행동이 치과의사들의 사리사욕을 위해서가 아니라 미국인들을 질 낮은 의료로부터 보호하려는 것이라고 주장한다.

조지아주에는 연방 정부가 치과 의료 인력 부족 상태라고 지정한 지역이 150개나 있다. 2016년 연방거래위원회는 조지아주에서 불붙은 논쟁에 끼어들었다. 치과위생사들은 치과의사의 '직접 감독' 없이 요양원·학교·보건소에서 기본적인 예방 치과 진료를 할 수 있도록 허용해 달라는 법안을 통과시키기 위해 싸우고 있었는데, 연방거래위원회는 조지아주 의회에 상정된 684호 법안을 지지하면서, 조지아 주민의 27퍼센트만이 치과 진료를 받고 있다는 사실을 주 정부 공무원들에게 상기시켰다. 이 법안은 "특히 조지아주에 사는 가장 취약한 계층에게 치과 진료 접근성을 높이고 비용 면에서 효율적인 진료를 받을 수 있도록" 해줄 것이라고 연방거래위원회는 주장했다.

이에 지지자들은 그 법안이 통과되리라는 희망과 용기를 얻었다. 조지아주 치과의사회의 요청에 따라 수정 사항이 추가되기는 했지만 법안 제정은 입법 절차를 통해 계속 진행되고 있었다. 그러나 그 법안은 의회 법사위원회에 상정된 뒤 갑자기 폐기되었다. 지지자들은 주 치과의사회가 법안을 폐기하기 위해 막후에서 로비를 했다고 비난했다.

조지아주 치과의사회 사무총장 프랭크 카팔도는 성명을 통해 이미 익숙한 해명을 했다. 그는 치과의사들이 이 법안에 반대하게 된 궁극적인 이유는 환자들을 염려했기 때문이라고 주장했다. "수많은 수정안을 제안했던 조지아주 치과의사회가 해당 법안이 의회 법사위원회에 상정되자마자 왜 입장을 바꿔 반대했을까요? 간단합니다! 결국 가장 중요한 것은 우리 치과의사들이 '해를 끼치지 말라'는 제1 윤리 강령을 무시할 수 없었기 때문입니다. 이 법안이 통과되면 환자들은 치과위생사가 스케일링할 때 잠깐 입안을 본 것을, 치과의사의 구강 검진과 같다고 여겨 다시 구강 검진을 받지 않을 수 있습니다. 이런 환자들에게는 분명히 피해가 갑니다. 맞습니다. 684호 법안이 통과되면 치과의사의 감독을 받지 않는 치과위생사들을 파견해 메디케이드 환자를 보고 진료 수가를 받을 수 있으므로 치과는 오히려 돈을 벌 수 있을지 모르지만, 치과의사들은 자신의 이익 대신 조지아주에서 가장 가난하고 취약한 시민들의 안전을 택하기로 한 것입니다." 2017년 조지아주 의회는 치과위생사가 학교와 노인 요양 시설에서 치과의사 없이 진료할 수 있도록 허용하는 법안을 마침내 통과시켰다.

~

최근 연방거래위원회와 치과의사들 간의 법정 대결이 세간의 이목을 끌었는데, 이는 저소득층의 어린이나 고통받는 요양 시설의 노인에 게 예방 치과 진료를 제공하기 위한 유자격 치과위생사들의 노력과 관련된 것이 아니었다. 그와 달리, 돈이 오가는 치과 관련 산업을 둘러싼 것으로, 교외 휴양 시설과 쇼핑센터에 작은 가게를 차려 치아 미백 제품을 팔고 미백 서비스도 하던 소매업자들과 치과의사들 사이의 분쟁이었다.

하얗던 치아는 먹고 마시고, 담배 피우고, 늙어 감에 따라 누렇게 변할 수 있다. 치아 미백은 과산화수소수 함유 약품을 이용해 치아를 탈색해 하얗게 만드는 것이다. 치아 미백 시장의 규모는 미국 미용 치과 상품 및 서비스 시장에서 수십억 달러에 달한다.[1] [집에서 혼자 할 수 있는] 자가 치아 미백 제품은 처방전 없이 약국에서 판매되고 있으며 치약만큼 구하기 쉽다. 일부 미용실과 쇼핑몰의 한쪽에서 치아 미백을 직접 해주기도 한다.

그러나 치아 미백 치료는 치과의사들에게도 안정적인 수입원이다. 미국치과의사협회는 미용실 운영자를 포함해, 치아 미백 서비스를 제공하는 다양한 사람들과 경쟁해 왔다. 치과의사들은 의사 면허도 없는 사람이 치과 진료를 하고 있으며, 이런 사람들이 결국 소비자를 위험에 빠뜨릴 수 있다고 주장했다. 조지아주 '치아 요정 치아 미백' 가게 주인인 트리샤 에크는 2014년 폭스 뉴스와의 인터뷰에서, 주 치과면허위원회 조사관이 가게에서 자신이 하던 치아 미백이 무면허 치과 진료라고 했고, 그래서 사업을 접었다고 말했다. "치과 면허위원회에서 온 사람이 제게 가게 문을 닫게 할 수도 있다고 했어요. 벌금을 내고 교도소 신세를 지게 하겠다고요. 그러니 겁이 많이 났죠."

판매업자들이 치과면허위원회가 보낸 협박 편지를 받은 적도 있다. 치과의사가 아닌 판매업자들을 지지해 온 자유주의 싱크 탱크[공익 법무법인 정의 연구소]에 따르면, 최근 몇 년 동안 최소한 25개 주의 치과면허위원회가 이런 시설을 폐쇄하는 조치를 취해 왔다.[2]

노스캐롤라이나주에서는 치아 미백을 둘러싼 다툼이 10년 넘게 지속되었고, 2014년에는 결국 미국 연방 대법원까지 올라갔다. 그때까지, 주 치과면허위원회는 치과의사가 아닌 치아 미백 서비스 제공자 및 제품 생산 업체들에게 47통 이상의 공식 중지 명령 편지를 발송해 무면허 치과 의료 행위는 범죄라고 경고했다. 미국치과의사협회는 법정에서 노스캐롤라이나주 치과면허위원회를 지지하는 한편, 미국 식품의약국에 탄원서를 제출해 과산화수소수 함유 치아 미백 제품에 대한 규제를 강화할 것을 요청했다. 하지만 치아 미백 제품을 화장품으로 분류하던 식품의약국은 이 요구를 받아들이지 않았다. 연방거래위원회도 시민의 안전을 위해서라는 치과의사들의 주장을 받아들이지 않았다. 연방거래위원회는 "노스캐롤라이나주 치과면허위원회는 치과의사가 아닌 사람들이 치아 미백 제품과 서비스를 소비자에게 판매하는 것을 금지했다. 이는 공정한 경쟁을 막는 불법적 행위이다."라고 밝혔다.

2014년 10월, 미국 대법원의 대법관 아홉 명은 주 치과면허위원회가 치아 미백 업자들에게 위협적인 중지 명령 편지를 발송할 때 연방 독점금지법을 위반했는지 여부를 철저히 조사했다. 연방거래위원회를 대신해 법무부 차관보 맬컴 스튜어트가 법원에 출두했다. 노스캐롤라이나주 치과면허위원회 위원 여덟 명 중 여섯 명이 개인 치과 의원을 운영하는 치과의사였으며, 시장을 통제하려 한 이들의 행위는 "명백히 자기 이익을 위한 것"이었다고 그는 주장했다.

그러나 주 치과면허위원회의 변호사는 치과의사들의 행동이 연방 독점금지법의 적용을 받지 않으며, 치과면허위원회의 위원들은 주 정부의 대리인으로 활동했다고 주장했다. 치과 전문직의 일원으로서, 위원회의 치과의사들은 주 내 치과 관련 진료 활동을 규제하는 최고의 자격을 갖춘 사람들이라는 것이다.

"이해관계가 상충할 위험이 있는 것은 맞습니다. 하지만 해당 직종에 대해 이들이 가진 전문 지식을 이용함으로써 얻을 수 있는 이득이 훨씬 큽니다."

하심 무판 변호사는 주장했다.

루스 베이더 긴스버그 판사는 치과면허위원회가 주 정부의 대리 기관으로서 특별한 보호를 받을 자격이 있다는 주장에 문제가 많다고 보는 듯했다. 이미 하급법원은 치과면허위원회가 정부의 관리 감독 없이 독단적으로 중지 명령 편지를 보냈다고 판결했다. "주법에서는 치과면허위원회에 그런 권한을 준 적이 없습니다. 무슨 근거로 독점금지법에서 이들만 예외가 될 수 있다는 건가요?"라고 판사가 질문했다. "여기서 문제는 치과면허위원회가 매우 많은 중지 명령을 내렸다는 것입니다. 그들에게는 그럴 권한이 없습니다. 어떤 기관도 그럴 권한은 없어요."

결국 미국의 최고법원은 치과의사들에게는 패소 판결을, 치아 미백 업자들에게는 승소 판결을 내렸다. 대법관 대다수가 동의한 결정이었다. "치아 미백 업자들이 저렴한 서비스를 하고 있다는, 다른 치과의사들의 민원을 접수하자마자, 치과면허위원회의 위원들(이 중 일부는 자신이 운영하는 치과에서 치아 미백 시술을 하고 있었다)은 시장에서 경쟁자들을 퇴출시키기 위해 행동을 취했다. 이 과정에서 위원회는 정치적 책임이 있는 당국자의 감시 권한을 언급하는 대신, 형사적 책임 운운하며 위협하는 내용의 영업 중지 명령 우편물을 보냈다."[3]

대법원은 업자들의 치아 미백 서비스 제공을 합법으로 판결했다.

~

19세기에 미국의 치과의사들과 의사들은 자신들의 서비스 시장을 보호하기 위해 단체를 조직했다. 전문가로서 그들은 상업에 종사하지 않는다고 주장했으며, 그래서 역설적으로 그들의 상업 활동을 제한할 수 없다는 주장은 성공적으로 받아들여졌다. 그리고 현재까지 100년이 넘도록, 그들은 의료 시장에서 독점적인 지위를 누려 왔다.

이런 독점은 1975년, 대법원의 '골드팝 대 버지니아주 변호사회' 판례*로 타격을 입었다. 대법원은 전문 직업인이라도 독점금지법의 적용을 받는다고 판정했다. 이 판결은 당시 미국 전역을 휩쓸던 변화의 물결, 즉 정부와 전문가의 규제에서 벗어나, 자유 시장 원칙을

---

* 1971년 루스 골드팝과 루이스 골드팝은 버지니아주 페어팩스Fairfax 카운티의 주택을 사기로 하고, 주택 담보 대출을 받고자 변호사에게 연락했다. 주택 담보 대출을 받으려면 주택 검색을 해야 했는데, 변호사만 수행할 수 있는 일이었다. 변호사는 페어팩스 카운티 변호사회가 발간한 기본 법률 서비스에 대한 최저 요금표에 제시된 주택 가격의 1퍼센트 수수료를 요구했다. 골드팝은 더 싼 가격을 찾으려고 다른 변호사에게 문의했지만 모두 최저 요금표보다 낮은 수수료를 거부해 〈셔먼독점금지법〉 1조의 가격 담합에 해당한다며 변호사회를 고소했다. 1975년 6월 16일 대법원은 〈셔먼독점금지법〉에 따라 가격 담합이 불법이므로 법률 전문가도 이 법을 따라야 하고, 기본 법률 서비스에 대한 최저 요금표는 자유로운 경쟁을 제한하므로 불법이라는 판결을 내렸다.

따르며 소비자의 선택에 맡긴다는 전환이 이뤄지던 전반적인 사회 분위기와 일치했다. 이에 연방거래위원회는 의료 시장에서 일어나는 반경쟁적 행위를 조사해 기소하기 시작했다.[4] 연방거래위원회는 소비자가 더 저렴한 가격으로 더 많은 서비스에 접근할 수 있도록 하기 위해 빠르게 움직였다. 그들은 오랫동안 의료 및 치과 광고를 막고 있던 규제를 철폐하려 했다. 1982년 대법원은 미국의사협회의 광고 금지 규정을 없애야 한다는 연방거래위원회의 의견을 인정하는 판결을 내렸다. 조건부 합의의 일환으로, 미국치과의사협회는 "허위 및 오해의 소지가 있는" 경우 규제할 수 있다는 항목만을 남기고 광고를 허용했다.[5] 또한 연방거래위원회는 전국의 주 의회와 치과면허위원회에 의견을 제출해, 일부 서비스는 치과의사가 아닌 업자들이 치과의사와 경쟁할 수 있도록 조치했다.

"치과 진료의 혁신이 치열한 경쟁으로 이어지면서 이제는 소비자에게 좀 더 저렴한 비용으로 고품질의 진료를 제공할 수 있게 되었습니다. 그 결과 소비자가 기본 서비스에 한층 쉽게 접근할 수 있다면 사회와 경제에 이로울 것입니다. 혁신과 개선을 통해 치과 진료에 안전하게 접근할 기회를 확대함으로써, 의료 비용은 낮아지고 사람들은 건강하고 안전한 삶을 영위할 것입니다." 치과 규제 관련 연방거래위원회의 업무를 소개하는 자리에서 연방거래위원회 자문 변호사인 구스타프 키아렐로가 발표한 내용이다.[6]

치과위생사와 치아 미백 업자를 둘러싼 싸움보다 더 큰 이슈였던, 치과 치료사에 대한 오랜 논쟁에서도 연방거래위원회는 큰 역할을 했다. 치과 치료사라는 모델은 지난 수십 년에 걸쳐 세계 여러 국가에서 채택되어 왔지만, 이는 미국 치과의사 단체 지도자들을 격분시킨 문제였다. 치과 치료사는 기술적인 훈련을 받은 치과 진료 공급자로서 그보다 위에 있는 치과의사가 주도하는 팀의 일원으로 일하지만, 종종 치과 진료실 밖으로 나가 학교, 노인 종합 복지관, 치과 의원이 없는 오지 마을의 진료소 등 현장으로 파견되기도 한다.♦ 치과 치료사는 치과의사보다 교육 비용이 적게 들고 교육 기간도 짧은데, 일반적으로 의생명과학, 수기手技[손 기술] 및 임상 치과 교육에 중점을 두는, 2년 또는 3년의 집중적인 과정을 거친다. 교육을 거쳐 면허를 취득한 치과 치료사는 전통적으로 치과의사만 할 수 있었던, 치아를 깎거나 뽑는 진료 등을 할 수 있다.

미국에서는 치과위생사, 아메리카 원주민 및 풀뿌리 조직 등을 대표하는 단체들이 치과 치료사 모델을 적극적으로 받아들였다. 퓨 자선기금, W. K. 켈로그 재단,♦♦ 로버트 우드 존슨 재단 및 라스무선 재단♦♦♦ 등 유수한 자선 재단들의 지지는 치과 치료사 모델을 받아들이려는 단체들을 크게 북돋웠다. 각종 의료 서비스에 대한 접근성을

♦ 치과 치료사는 방사선사진 촬영, 기본적인 예방 치과와 충치 치료, 국소마취, 젖니 발치 및 구강 보건 교육을 담당하는 치과 준의료인이다. 미국의 일부 주, 영국, 오스트레일리아, 뉴질랜드 등에서 치과 치료사 제도를 시행하고 있으며 국가 및 지역에 따라 진료 가능 범위가 다르다. 치과위생사와 달리 충치 치료와 젖니 발치를 할 수 있다는 점에서 다르다.

♦♦ 1930년 시리얼 발명자 윌 키스 켈로그가 설립한 자선 재단으로 지역사회와 협력해 사회경제적으로 취약한 어린이의 발달 프로그램을 지원하고 있다. 1996년 중남미 3억 5000만 명을 대상으로 식염 불소화 사업(상수도 보급률이 낮은 지역에서 소금에 불소를 첨가하는 충치 예방 사업)을 지원했고, 2010년 미국 다섯 개 주에서 구강 위생 프로그램 및 이동 치과 진료소 사업, 미국 내 소수민족의 치과 진료 보조 사업을 진행했다.

♦♦♦ 미국 알래스카주 은행가였던 엘머 라스무선이 설립한 알래스카주의 자선 재단으로 치과 진료를 포함한 다양한 비영리사업을 지원하고 있다.

높일 방안을 모색하는 것은 자선 재단의 중요한 사명 중 하나이므로 이들은 (치과의사협회가 반대의 이유로 제시해 온) 치과 치료사 모델의 안전성과 비용 효율성에 대한 연구 보고서를 꾸준히 발표해 왔다.

몇몇 치과위생사들이 치과 진료술을 익혔던 포사이스 실험 이후로, 치과의사가 아닌 사람들을 교육해 많은 사람들에게 더 저렴하게 치과 진료를 제공하려는 시도가 이어져 왔다. 미국치과의사협회는 치과 진료 중 '비가역적 외과술'로 분류되는 진료는 오직 치과의사만이 할 수 있다고 주장하며, 치과 치료사 제도를 막기 위해 엄청난 돈을 들여 로비를 벌였다.

지지자들은 연방거래위원회가 시기적절하게 개입한 덕에 치과 치료사 모델이 발전할 수 있었다고 평가한다. 2013년에 연방거래위원회는 자체 권한으로 치의학인증평가원이 고려하고 있는 치과 치료사 교육 프로그램의 인증 표준을 검토했다. 치의학인증평가원은 미국 내 치의학 교육을 감독하는 기관이다. 치과 치료사 모델 지지자들은 연방거래위원회의 검토를 거쳐 치과 치료사 모델이 공인되리라고 기대하며 두 손 들어 환영했다.

연방거래위원회는 "치과 치료사 훈련 프로그램을 새로 개발해 치과 치료사의 공급을 늘리면 기본적인 치과 진료를 이용할 기회가 많아지고, 공급자 간의 경쟁이 강화되어 국민들은 치료 비용을 줄일 수 있으며, 특히 취약 계층의 치과 진료 접근성이 확대될 것"이라고 지적했다.[7]

2015년 마침내 미국 치의학인증평가원은 치과 치료사 같은 치과 준의료인 교육 프로그램이 인증 평가를 신청할 수 있도록 공식 교육 표준안을 채택했다. 치과 치료사 제도를 지지한 사람들에게는 기념비적인 결정이었다.

"이것은 상당히 중요한 사건이에요."

비영리 소비자단체인 '지역사회 촉매'♦의 치과 접근성 개선 프로젝트의 팀장 데이비드 조던이 말했다.

"치과 치료사 제도를 도입할지를 고려하고 있는, 적어도 10개 주의 정책 입안자들에게는 이 표준안이 일종의 지침서가 될 겁니다."

미국치과의사협회가 이 결정을 반기지 않았다는 사실은 다음 성명서에서 드러난다. "미국치과의사협회는 치의학 교육의 질을 높이는 데 치의학인증평가원이 기여한다는 점은 인정하나, 치과의사 이외의 직종에 외과 술식을 허용하는 결정에는 강력하게 반대한다."[8]

~

이른바 배웠다고 하는 전문 직종이라면, 사회에서의 특권적 지위를 유지하기 위해서라도 사익보다 공익을 우선시하고 지역사회의 이익을 위해 행동할 것이라고 우리는 기대한다. 예를 들어, 미국치과의사협회 및 이와 연계된 각 주의 치과의사회를 포함한 치과의사 단체들은 전국적으로 수돗물 불소 농도 조정 사업을 강력히 지지해 왔고, 이 사업을 통해 지난 두 세대에 걸쳐 미국의 충치는 극적으로 감소했다. 또한 미국치과의사협회는 검증된 논문을 싣는 수준 높은 학술지를 발행하고, 치과 용품과 재료를 개발하고 검증하기 위해 장비를 갖춘 실험실을 운영하고 있으며, 보건 정책에 대한 연구 지원도 하

♦ 의료 제도 개혁, 합리적 가격으로 의료 질 개선, 지역사회 개입을 통한 건강의 사회경제적 결정 요인 개선, 약가 정책, 의료 보장성 확대 등의 보건 의료 관련 사안에 소비자가 조직적인 목소리를 내고, 결정 과정에 참여하기 위해 1998년에 설립해 미국 40개 주에서 활동하는 시민 단체이다.

고 있다. 15만 7000여 명에 달하는 미국치과의사협회 회원 의사들에게, 매년 아동 구강 건강 증진 사업인 '어린이에게 미소를' 행사 및 무료 치과 의료봉사에 동참하도록 독려하기도 한다.

미국치과의사협회 집행부도 치과 의료가 부족한 지역이 많고, 응급 치과 진료비가 비싸며, 노인들은 거동이 불편해 치과에 가기 어렵다는 점을 인정한다. 미국치과의사협회는 이런 문제들을 해결하기 위해 연방 정부와 주 정부가 치과 진료에 대한 보조금을 지급해야 한다고 주장하며, 치과 치료사 모델 대신에 자신들이 2006년부터 새로 만든 '지역사회 구강 건강 코디네이터' 모델을 홍보하고 있다. 미국치과의사협회에 따르면, 미국인들의 구강 건강이 위협받고 있는 것은 주변에 치과가 있어도 가난, 언어, 지리적·문화적 장벽, 육아나 교통수단 같은 지역사회 요인 탓에 치과에 가지 못해서다. 따라서 교육 프로그램을 통해 양성된 '지역사회 구강 건강 코디네이터'가 치과 진료를 받지 않는 소외 계층 사람들에게 예방 중심의 구강 건강 교육을 하고, 치료가 필요한 경우 환자를 해당 지역사회 치과의사에게 진료받을 수 있도록 돕게 하자는 것이다.◆ 치과의사들은 현재 제도의 문제는 구강 건강을 우선순위에 두지 않는 국가 의료 정책의 실패에서 비롯되었다고 주장한다.

2012년에 W. K. 켈로그 재단은 뉴질랜드에서 캐나다에 이르는 무려 54개 국가에서 일하고 있는 치과 치료사들을 대상으로 연구한 보고서를 발표했다. 이 방대한 보고서는 치과 치료사가 "거의 100년

◆ 2017년 현재 미국 전역에서 150여 명의 학생이 지역사회 구강 건강 코디네이터 교육을 받고 있으며, 졸업생들은 40개 주에서 일하고 있다.

동안 환자들에게 양질의 예방 및 치료 서비스를 제공해 왔다."는 결론을 내렸다.

미국치과의사협회는 이 보고서에 대해 "미리 정해진 결론을 뒷받침하고자 작성된, 460쪽에 달하는 옹호 문서"일 뿐이라고 일축했다. 협회는 켈로그 보고서에 대한 성명서에서 앞으로 치과 의료가 변해야 할 필요성은 인정하면서도, 치과 문제에 대한 해결책이 치과 치료사는 아니라고 주장했다.

"일부 미국인들이 겪는 공중 보건의 위기를, 드릴로 파내고 때우고 뽑는 방식으로 접근해서는 극복할 수 없다. 수많은 질병의 바다에 '치료사' 몇 명 더 던져 넣는다고 해서 그 바다에 구멍이나 하나 뚫을 수 있겠는가." 미국치과의사협회는 "실질적으로 모든 구강병은 예방할 수 있기 때문에, 외과적 치료 모델에서 질병 예방 모델로, 구강 건강을 대하는 태도의 근본적인 변화"가 필요하다고 주장했다.

궁극적으로 위기의 책임이 치과의사에게 있거나, 치과 치료 접근성이 부족해서가 아니라고 미국치과의사협회는 말했다. "질병에 시달리는 사람들이 치료받지 못한다는 것은, 결국 우리 사회가 구강 건강을 이해하고 그 중요성을 인정하는 데 실패했다는 것이다. 수돗물 불소 농도 조정 사업, 생후 만 1세 이전 치과 방문, 학교 구강 보건 교육, 학교 구강 검진, 학교 실런트 프로그램, 치과와 의과의 협력 개선, 치료가 필요한 사람들에게 현실적인 치료비 지원 등 다양한 예방 조치에 국가가 자원을 투여한다면, 치료받지 못한 구강병을 근절하자는 목표를 향한 극적인 첫걸음이 될 것이다. 이런 조치 없이는 치과 치료사가 미국인의 구강 건강에 긍정적인 영향을 끼치지 못할 것이고, 이런 조치가 시행된다면 치과 치료사 자체가 필요 없을 것이다. 따라서 치과 치료사에 대해 더 논쟁하는 것은 불필요하다."9

양쪽의 싸움은 이어졌고 미국치과의사협회 지도자들의 목소리는 높아져만 갔다. 이들은 전국 각지의 주 의회 의사당과 워싱턴의 국회의사당에서 막강한 영향력을 발휘해 왔다. 미국치과의사협회는 캠페인과 로비 활동을 위해 막대한 돈을 모금하고, 워싱턴 D.C.에서 활동하는 수많은 입법 및 정책 전문가를 고용했다. 최근 치른 선거를 분석한 정치 연구소인 책임 정치 센터는 미국치과의사협회를 미국 의회에서 가장 영향력 있는 로비 단체로 선정하기도 했다. 정치 후원금을 추적하는 한 단체는 미국치과의사협회의 로비 지출이 지난 수년간 매년 200만 달러를 넘겼다고 밝혔다.

오바마 행정부의 의료 개혁법 〈환자보호 및 부담적정 보험법〉이 최종 통과되기 몇 달 전, 미국치과의사협회 지도자들은 소속 치과의사 회원들에게 그때그때 업데이트한 문건을 보내고, 회원들이 해당 지역 의원들을 만나 강조할 내용을 알렸다. 그리하여 '의료 공급자의 참여를 강제하는', '민간 시장의 가격을 직접 혹은 간접 조절하려는', '정부 주도 의료 시스템으로 바꾸려는' 계획에 치과의사들이 반대한다는 의견을 의원들에게 확실히 전달하게끔 했다.

미국치과의사협회는 예방과 공중 보건에 초점을 맞춘 정책의 방향 자체는 지지했다. 하지만 정부가 메디케이드의 치과 프로그램에 추가 재원을 투자하지 못한 점을 비판했다. 또한 무료 치과 진료소의 장비 구입에 보조금을 지급하고, 메디케이드 치과 진료 수가를 일반 비보험 치과 진료 수가와 동등하게 하는 〈필수 치과 의료법〉의 통과를 지지했다.[10] 2009년 워싱턴 리더십 컨퍼런스에서 미국치과의사협회는 연방 빈곤선 아래에 있는 모든 성인이 치과 진료를 받을 때 메디케이드 혜택을 받을 수 있도록 하는 방안을 추진했다.

"메디케이드는 수백만 명의 가난한 시민들에게 '의료보장'을 약속하지만 부적절한 재원이 프로그램의 목표를 무산시키고 있다."

미국치과의사협회는 성명을 통해 이렇게 밝혔다.

"대부분의 주에서 메디케이드 치과 진료 수가는 합리적 수준의 진료비에 미치지 못한다. 따라서 치과의사들이 메디케이드에 참여하려면 손해를 볼 수밖에 없는 실정이다."

~

2010년 3월 버락 오바마 대통령은 〈환자보호 및 부담적정 보험법〉에 서명했다. 이 법은 주 정부가 메디케이드를 확대하는 데 강력한 동기를 제공했다. 2016년 초까지, 메디케이드를 확대한 대부분의 주에서, 1500만 명 이상이 새로운 혜택을 받았다. 그러나 기존의 대규모 연방 의료 개혁 시도와 마찬가지로 프로그램에 불완전하게 포함된 탓에 치과 치료는 필수가 아닌 선택 항목이었다.

아동을 위한 치과 보험이 이 법의 필수 의료보험 묶음에 포함되었지만, 주 및 연방 의료보험 상품◆에 치과 보험이 무조건 포함되도록 강제하지는 못했다. 즉, 정부 운영 의료보험에 가입할 때 자신이

◆ 미국의 의료보험은 민간 보험회사가 운영하는 민간 의료보험과 주 및 연방 정부의 지원을 받는 공공 의료보험(메디케어와 메디케이드 등)으로 나뉜다. 하지만 공공 의료보험도 매년 가입 자격을 확인해 본인의 조건에 맞는 보험을 골라 가입(구매)해야 하고, 추가 의료 서비스 혜택이 보장되는 메디케어 파트 C와 처방약도 보장하는 메디케어 파트 D는 정부가 정한 보험 판매 및 가입 규칙에 맞춰 정부 인증 민간 보험 회사가 가입자(소비자)에게 판매하고, 정부에서 예산을 지원받아 운영한다. 즉, 미국의 공공 의료보험은 정부가 직접 운영하기도 하지만 일부 공공 의료보험은 정부 대신 민간 보험 회사들에게 운영을 맡기고 그 운영을 지원한다.

나 아이들을 위한 치과 보험만 빼고 의료보험에 가입하는 경우가 많았다. 치과 보험이 필수 의료보험과 별도로 판매되었기 때문에, 다른 의료보험과 동일한 보조금을 받지도 못했다.

〈환자보호 및 부담적정 보험법〉이 시행되었어도, 수백만 명의 미국인이 여전히 치과 보험의 혜택을 받지 못하고 있다. 설사 메디케이드의 보장성이 확대되어 치과 보험에 가입한 사람들일지라도, 앞서 수백만 메디케이드 수혜자들이 경험한 것과 동일한 난관에 직면했다. 즉, 많은 지역에서 메디케이드 환자를 받아 주는 치과의사를 찾기 힘들었다. 이런 문제를 인식한 의료 개혁법에서는, 주 정부가 더 효율적이고 더 낮은 비용으로 의료 서비스를 제공할 방법을 모색하고자 여러 시범 사업을 지원했다. 한 예로 '대안적 치과 의료 공급자 시범 사업'을 통해, 치과 치료사 모델 같은 시범 사업 구축을 목적으로 총 15개 주에 각각 약 400만 달러씩 보조금을 지원하기로 했다. 의회의 2011년 정부 예산안 심의 과정에서, 60개 이상의 공중보건, 소비자, 구강 보건 단체들이 이 시범 사업에 큰 기대를 걸었다.

일반치과학회♦와 미국소아치과학회를 비롯한, 치과의사를 대표하는 여러 단체들이 가입한 미국치과의사협회는 보조금 지원을 막도록 의회 의원들에게 압력을 넣었다. 2011년 3월 8일, 당시 미국치과의사협회장인 레이먼드 기스트와 총무 이사 캐슬린 올로클린이 상원 노동, 보건 복지, 교육 및 관련 기관 소위원회 위원장들에게 보낸 서한은 다음과 같이 시작한다. "미국치과의사협회는 대안적 치과 의료 공급자 시범 사업에 대한 예산 지원에 반대 입장을 표명한다."

♦ 1952년 설립해 미국과 캐나다의 일반 치과의사 3만 7000명이 회원이다.

2000년 이후로 새로운 치과대학 다섯 곳이 문을 열고, 또 다른 치과대학 개설이 논의되는 상황이었다. 미국치과의사협회 집행부는 의회 의원들에게 "치과의사의 수가 증가하는 상황에서, 치과 치료사에게 비가역적 외과 술식을 훈련해 환자를 진료하게 하는 치과 준의료인 모델의 경제적 타당성을 뒷받침할 근거는 없다."라는 사실을 강조했다.[11]

결국 시범 사업 예산안이 전액 삭감되었다. 하지만 치과 치료사들은 아랑곳하지 않고 진료를 시작했다. 치과 진료가 절박하게 필요한 사람들이 있기도 했지만, 예산 전액 삭감에 항의하는 행동이기도 했다. 미국치과의사협회와 알래스카주 치과의사회의 소송에도 불구하고 치과 보조 치료사가 알래스카주의 원주민 부족 지역, 외딴 섬, 그리고 교통망이 현저히 부족한 마을에서 일하기 시작했다. 또한 미네소타주와 메인주, 최근에는 버몬트주에서도 변형된 치과 치료사 모델이 채택되었다. 매사추세츠주·캔자스주·미시간주·뉴멕시코주·오하이오주 등에서는 입법을 비롯해, 시범 사업 및 치과 치료사를 승인하기 위한 여러 조치를 저울질하고 있다.

그 외 원주민 부족 공동체들도 그들 사이에 만연한 구강 질환을 해결할 방법으로 치과 치료사 모델을 받아들였다.

2016년 초, 워싱턴주 스캐짓Skagit 카운티에 있는 스위노미시 원주민 부족 의회 지도자들은 연방 정부의 규제 및 주 면허법을 거부하고 치과 치료사를 자신들의 진료소에 배치하겠다고 발표했다. 곧이어 오리건주는 두 부족◆이 치과 준의료인을 고용할 수 있도록 시

◆ 쿠스, 엄프콰, 시우슬로 원주민 연합 부족과 코키유 원주민 부족.

범 사업을 승인했다.

치과 치료사 모델을 옹호하는 사람들은 치과의사가 가지 않는 곳에 치과 치료사가 가서, 치과의사 단체들이 해결하지 못하는 문제들을 해결할 것이라고 말한다.

알래스카 원주민들은 지난 3세기 동안 큰 변화를 겪으면서도 생존과 기원을 상징하는 고대 전통, 춤과 의식, 사냥과 낚시 등의 생활방식을 지키기 위해 싸워 왔다. 하지만 서구식 식습관이 점점 일반화되면서 알래스카 원주민의 충치 문제는 갈수록 심각해졌다. 비행기, 보트 또는 설상차雪上車를 이용하지 않고는 도착할 수 없는 외딴 마을까지 탄산음료가 화물 상자에 실려 운반된다. 하지만 수돗물이나 기타 지역사회의 물 공급원에 충치를 예방할 수 있는 불소를 첨가하는 경우는 거의 없다. 사람들은 눈 녹은 물을 마실 뿐이다. 더구나 알래스카 원주민 보건 서비스는 항상 재정이 부족해서 외딴 지역에서 일할 치과의사를 고용하는 데 어려움을 겪어 왔다. 어쩌다 치과의사가 오더라도 곧 떠나 버렸다. 결과적으로 알래스카 원주민 어린이들 가운데 충치로 고통받는 아이의 비율은 연령이 비슷한 다른 미국 어린이보다 두 배 이상 높다. 알래스카에서 20세가 되었을 때 이가 하나도 없는 경우는 드문 일이 아니다.[12]

얼음 안개에 싸인 안군Angoon 마을은 회청색 바다로 둘러싸인 [알래스카주 남부의] 싯카Sitka 자치구 동쪽에 자리 잡고 있다. 마을 너머에는 깊은 숲으로 뒤덮인 산들이 있다. 예로부터 사람들은 이곳을 '곰의 요새'라고 불렀고 지금도 곰이 인간보다 많다. 안군 마을에 얽힌 이야기들은 마을 여기저기 나있는 좁은 길을 따라 흩어져 있다. 마을에는 자그마한 러시아정교회 목조 건물이 있고 조상들의 토템, 물고기, 곰 등으로 장식된 키 큰 나무 기둥이 줄지어 서있다. 작은 발전소와 알래스카 원주민 마을 회관과 함께 목조 주택이 여러 채 있는데, 그중 하나는 바닷속으로 무너져 내렸다. 마을 가장자리에는 독수리가 종종 먹이를 찾아 들르는 쓰레기장이 있다.

그리고 현대식 진료소가 있다. 조명이 켜진 창문 너머로 짙은 파란색 수술복 차림의 치과 보조 치료사 브라이언 제임스가 일하는 모습이 보였다. 그는 틀링깃Tlingit♦ 부족 특유의 탄탄한 체구에 숱이 많고 검은 머리, 그리고 짙고 반짝이는 눈동자를 가졌다. 제임스는 다음 환자인 레지 넬슨을 반갑게 맞았다. 넬슨은 동네에 사는 노인으로 몇 달 전 진료소에 와서 심하게 썩은 이를 뽑았다. 오늘은 충치 치료를 받으러 왔다.

"치료할 이가 하나 더 있네요."

제임스는 넬슨에게 국소마취제를 주사한 뒤 낚시에 관해 잠시 대화를 나눴다. 시작할 준비가 되자 제임스는 말했다.

"뭐든 불편하거나 아프면 왼손을 올리세요. 그러면 진료를 멈출게요."

그러고 나서 제임스는 법정과 국회의사당에서 논쟁을 초래한 '비가역적 외과 시술'을 했다. 그는 치과용 버를 핸드피스에 끼웠다. '위잉' 하는 소리와 함께, 그는 넬슨의 어금니에서 썩은 부위를 조심스레 파내고, 파낸 부위를 메웠다.

제임스가 치과 보조 치료사가 되기로 결심했을 때, 미국에는 그가 훈련받을 만한 곳이 없었다. 부족은 그를 비롯해 여덟 명을 알래

♦ 북미 태평양 북서부 연안의 원주민. 모계사회로 수렵·채집 문화를 유지해 왔다. 미국 알래스카주에 약 1만 4000명, 캐나다 브리티시컬럼비아주 북서부와 유콘 준주准洲에 약 1200명이 거주한다.

스카 최초의 치과 보조 치료사로 키우기 위해 뉴질랜드로 보내 기술을 배우게 했다. 알래스카주 법무부 장관은 2005년에 이 부족이 치과 보조 치료사 제도를 시행할 권리가 있다고 결정했다. 주 및 연방 치과의사 단체 모두 치과 치료사 제도에 반대했지만, 법무부 장관은 원주민 의료 서비스 제공과 관련된 연방법이 주 치과 진료법에 우선한다고 설명했다.

그럼에도 치과의사 단체는 고소했고 여론전을 펼쳤다. 알래스카주 치과의사회가 의뢰한 전면 광고에는 "알래스카 원주민에게 질 낮은 치과 진료를 제공하려는 시도에 분노한다."라는 큼지막한 헤드라인과 함께 으르렁거리는 곰이 등장했다. "알래스카 주민 중 어느 누구도 치과의사 학위가 없는 무면허 치과 치료사에게 치료받아서는 안 된다. 드릴로 파내는 치과 수술을 받으면 되돌릴 수 없다."[13]

미국치과의사협회와 주 치과의사회가 제임스 및 또 다른 치과 보조 치료사들을 지명해 소송을 걸었고 이 프로그램을 중단시키겠다고 지속적으로 위협했지만, 그는 훈련을 마친 뒤 일을 시작하기 위해 알래스카로 돌아왔다. 2007년에 이 사건은 해결되었다. '알래스카 원주민 부족 보건 협력단'◆을 반대하는 치과의사 단체의 주장은 주 고등법원에서 기각되었고, 치과 보조 치료사들은 앞으로도 원주민 거주 지역에서 합법적으로 일할 수 있게 되었다. 제임스는 연방 '〈원

◆ 1997년 여러 원주민 지역 보건 단체의 협력으로 설립되어 앵커리지에 위치한 비영리 조직. 알래스카 원주민 의료 센터를 공동 운영하며 알래스카 원주민에게 의료 서비스를 제공하고 있다. 2003년에는 알래스카 치과 조무사 프로그램을 개발해 치과의사의 감독 아래 농어촌 주민들에게 구강 보건 교육과 일상적인 치과 진료를 제공할 수 있는 치과 치료사를 양성했다.

주민 보건 복지법)의 지역 보건 조무사 프로그램'을 통해 면허를 받았는데, 이 사업은 1950년대 알래스카 원주민 마을을 황폐화한 결핵 전염병에 대한 긴급 대응으로 시작되었다. 외딴 마을이라 전문적인 의료 서비스가 미치지 못하는 상황에서, 마을 주민들 중 몇몇이 지역 보건 조무사로 선발되어 훈련받았고, 이들이 마을 주민들의 생명을 구할 치료와 약품을 제공했다.[14]

지역 보건 조무사들은 알래스카 전역 수백 개 마을에서 기본적인 의료 서비스를 제공하는 데 성공했지만, 치과 질환의 유행에 대처하는 훈련을 받지는 못했다. "마을 진료소에서 필수적인 의료 서비스는 제공되었지만, 주민들이 치과 치료를 받으려면 수상비행기나 보트를 타고 수백 킬로미터를 가야 하는 경우가 많았다." 연구에 따르면 절반이 넘는 어린이들이 충치가 있어도 치료받지 못했으며, 많은 노인들이 잇몸 질환으로 고통받고 있었다.[15]

제임스가 훈련받고 온 이후, 치과 보조 치료사 양성을 위한 2년간의 집중 훈련 프로그램이 알래스카에도 만들어졌다. 학생들은 구강 건강에 대한 지역사회 교육과 예방 진료뿐만 아니라 기본적인 충치 치료법을 배운다. 또한 자신의 업무를 원격으로 감독하는 치과의사와, 컴퓨터를 통해 방사선사진과 환자 기록을 함께 검토하고 전화나 전자우편으로 환자 사례를 논의하면서 추가로 400시간의 경력을 쌓아야 한다.

노인의 충치 치료를 끝낸 뒤, 제임스는 환자의 치아와 잇몸을 요오드 용액으로 씻어 내며 소독했다. 그리고 치아의 단단한 바깥 껍질인 법랑질을 강하게 만들어 충치를 예방할 수 있도록 불소 용액으로 양치하도록 했다.

"남은 이는 최대한 잘 보존하도록 애쓰겠네."라고 노인이 부드럽게 말했다. "내 나이가 이제 일흔이야. 아마 10년쯤은 더 살겠지."

"더 오래 사실 거예요. 할머니가 돌아가신 때가 95세였나, 97세였나, 그랬어요." 제임스는 어깨를 으쓱하며 웃었다. 그의 할머니가 정확히 언제 돌아가셨는지는 아무도 몰랐다. 치료를 마친 뒤, 틀링깃 청년과 노인은 진료소 문 앞에 잠시 머물렀다. 오랜 세월 대대로 전해 내려온 그들의 풍습에 따라 포틀래치ₚₒₜₗₐₜₐₜₕ◆를 할 때처럼, 출신 부족의 이름을 말하며 자신의 집단 정체성을 밝히고 고대 부족의 순서에 따라 자리 잡았다.

"나는 큰 독수리 둥지Big Eagle Nest 집안 사람이네."

넬슨이 말했다. 제임스는 코호Coho 집안 출신이라고 했다.

"자네도 댄스 축제에 참여하나?" 넬슨이 물었다.

"저는 누우 틀레인Noow Tlein 댄서들과 춤을 출 겁니다." 제임스는 주노에서 반년마다 열리는 큰 실라스카 축제◆◆에서 공연하는 유명한 그룹 이름을 말했다.

노인은 미소를 지으며 진료소를 떠났다. "문제 생기면 연락 주세요." 제임스가 그에게 말했다. "금요일까지는 여기 있을 겁니다."

◆ 캐나다 북서 해안에 사는 몇몇 부족들의 문화적 관습으로, 우두머리나 부유한 자들이 출생·성년식·결혼식·장례식 같은 의례나, 추장 취임식, 집들이 같은 의식을 통해 손님들에게 음식과 선물을 나눠 주는 행사였다. 그러면서 서열과 지위를 확인하고 물자나 부를 분배하며 친족을 통합하는 역할을 했다.

◆◆ 알래스카 주도인 주노에서 2년마다 6월 첫째 주에 열리는 틀링깃, 하이다 Haida, 심시언Tsimshian 원주민 문화 행사이다. 알래스카 원주민 지역 회사들 중 하나인 실라스카 법인의 실라스카 문화유산 연구소가 후원 및 주관한다.

제임스와 그의 조수는 수상비행기를 타고 금요일에 싯카로 돌아
갈 예정이다. 그들은 다음 달에 다시 안군 마을의 진료소로 돌아와
일주일간 머물 것이다.

~

"알래스카는 정말 독특해서, 이런 곳에는 치과 치료사 같은 새로운
모델이 필요할 수 있어요."

베설Bethel시의 툰드라 식당에서 만난 텍사스주 출신 치과의사 케
네스 볼린이 말했다. 베설은 인구가 6500명으로, 서부 알래스카에서
가장 큰 도시이다. 앵커리지에서 약 644킬로미터, 베링해에서 약 64
킬로미터 떨어진 곳에 있으며 비행기나 배를 타야만 갈 수 있다. 볼
린은 현지 진료소에서 일할 치과 보조 치료사 과정의 2학년 학생들
을 가르치기 위해 베설에 머무르고 있다.

개인 치과 의원에서 예방 진료는 돈이 되지 않는다며 볼린은 조
심스럽게 자신의 생각을 이야기했다.

"이윤 창출 모델이 없기 때문에 가난한 지역사회에 치과의사들
이 오게 할 유인이 없어요." 하지만 다른 가난한 지역과는 달리 알래
스카 원주민 지역사회의 경우, 원주민 진료소에서 진료가 이뤄지고
원주민 보건 서비스 기금에서 치료비가 지불된다.

"그나마 이곳은 공공 영역에서 직접 치과 진료를 제공하기에, 예
방 진료에 대한 비용 지불 구조가 있습니다. 민간 영역에는 없는 구
조이죠."

최근 몇 년 동안 알래스카 원주민과 아메리카 원주민 공동체는
자신들의 건강을 지키고 비용을 지불하는 데 주도적으로 참여하고
있다. 망가진 몸과 치아를 다시 건강하게 되돌릴 필요를 자각했기

때문이다. 알래스카 원주민들은 선조들이 물려준 세상에 대한 권리를 연방 정부로부터 인정받고자 고군분투했고 결국 얻어 냈다. 대부분의 알래스카 원주민들은 보호구역이 아니라, 대대로 살아온 자신들의 땅에서 거주한다. 1971년에 제정된 〈알래스카 원주민 권리 조정법〉에 따라, 16만 제곱킬로미터가 넘는 땅에 대한 소유권이 알래스카의 12개 원주민 지역과 220개 원주민 마을에 사는 사람들에게 주어졌다. 마을 단위 회사들과 지역 회사들이 설립되어 토지를 선정했고, 합의를 통해 얻어 낸 수백만 달러의 보상금과 석유에서 나오는 수입을 이 회사들이 관리했다.◆16

그럼에도 이들은 여전히 매우 힘들게 생활하고 있다. 알래스카 원주민은 미국 내 다른 지역에 있는 원주민들과 더불어 미국에서 가장 빈곤한 인종 집단이다. 이들의 절반가량은 저소득층이고 3분의 1은 연방 빈곤선 아래에 있다. 최근 몇 년간 상황이 다소 나아졌다고는 하나, 가난한 사람들에게서 관찰되는 특징이 매우 흔하게 발견된

◆ 1959년 알래스카가 미국의 주로 편입되면서 연방 정부와 알래스카주 정부 및 알래스카 원주민 사이에 토지소유권 문제가 부각되었지만 합의에 이르지 못했다. 그러던 중 북극해에 면한 프루도Prudhoe만에서 석유가 발견되었고 알래스카주 남동부 항구도시 밸디즈Valdez까지 송유관을 부설하려면 토지 분쟁을 조속히 해결해야 했다. 1971년 〈알래스카 원주민 권리 조정법〉이 제정·시행되면서 원주민은 알래스카 전체 면적의 10분의 1에 해당하는 토지인 18만 제곱킬로미터(알래스카의 토지 소유 비율은 연방 정부 60.7퍼센트, 주 정부 26.8퍼센트, 지역 및 마을 단위 회사 11.2퍼센트, 보호구역 1.1퍼센트, 개인 0.2퍼센트)와 보상금 9억 6300만 달러를 받았다. 이 법에 따라 알래스카는 12개 지역으로 분할되고 각 지역에 하나씩 12개 지역 회사(광업권과 지상권 임대 사업)와 220개 마을 단위 회사(관광사업이나 교육, 의료 등 주민 복지사업)가 설립되어 이들이 토지소유권을 보유하고 보상금을 관리했다(알래스카를 떠난 원주민을 위한 열세 번째 지역 회사가 이후 추가로 설립되었다).

다. 낮은 고등학교 졸업률, 알코올의존증과 마약중독, 비만, 우울증, 당뇨, 그리고 다발성 충치 등이다.[17]

~

베설에는 작은 공항이 있고, 설상차부터 1리터에 2.4달러 하는 우유, 동물 가죽, 가죽 벗기는 칼, 곰을 쫓는 종, 낚시 도구, 서류를 철하는 스테이플러에 이르기까지 모든 것을 판매하는 잡화점도 있다. 그리고 휘발성 용제와 여타 유해 환각 물질에 중독된 사람들을 위한 '허핑'♦ 진료소, 가정 폭력 쉼터, 유픽Yup'ik 언어 몰입 교육 학교♦♦가 있다. 베설은 알래스카 남서부의 교통 및 상업 중심지이며 삼각주이다. 수풀 근처이든, 강가 마을에서든 작은 목조 주택이 영구 동토층에 꽂은 기둥 위에 땅과 떨어져서 얹혀 있다. 베설에서 동쪽으로 직선 거리 18킬로미터쯤 떨어진 마을 큐드러크Kwethluk 쪽으로는 연결된 길이 없다. 겨울에 얼어붙은 쿠스코크윔Kuskokwim강 위를 지나는 여행길은 강둑을 따라 뼈대만 앙상하게 남은 채 늘어선 여름 낚시 캠프나, 강 아래 얼음 속에 갇혀 버려진 자동차 옆을 지나간다. 가볍게 질주하는 개썰매 한 대가 조용히 얼음 길 위를 따라간다.

작은 마을에 사는 사람들은 진료받기 위해 베설에 있는 지역 거점 병원으로 온다. 치과 진료실은 다양한 치료를 받으려는 아이들로 넘쳐 난다.

"이. 주변 삼각주에서 태어나는 아이는 1년에 400명인데, 매년

♦ '허핑'huffing은 미국 속어로 본드 흡입을 뜻한다.
♦♦ 알래스카 원주민의 언어와 문화를 계승 및 보존하기 위해 몰입 교육을 하는 학교.

200명이 우리 진료실에서 치료받습니다. 그런데 대부분의 아이들이 남은 이가 없어서 입안의 모든 치아를 새로 만드는 치료를 받아야 합니다."

치과의사 에드윈 알게르가 작은 칸막이 안에 놓인 의자에 앉아 설명했다. 그는 치과용 의자 14대가 바삐 돌아가는, 베설의 치과 진료소를 관리하고 있다.

"이곳에서 태어난 아이들 중 절반은 젖니일 때 이미 충치가 심각하기에 수면 마취를 하고 치료하는 경우가 많습니다."

알게르의 책상 너머에서는 2년차 치과 보조 치료사들이 환자들을 돌보고 있었다. 컴퓨터와 전화를 통해, 그는 160킬로미터 넘게 떨어진 [인구 100여 명의 작은 마을인] 홀리 크로스Holy Cross 같은 곳에서 일하는 졸업생들을 감독했다. 진료 대기실은 환자들로 붐볐다. 베설 주민도 있었지만, 치통 치료를 받으려고 멀리 떨어진 마을에서 어렵사리 찾은 환자도 많았다. 상태가 심각해 치료가 시급한 사람들부터 먼저 치료받는다고 했다.

"이가 부러진 환자가 먼저 왔어도 얼굴이 붓고 고름집이 있는 환자를 먼저 치료합니다."

알게르가 설명했다. 진료 우선순위를 결정하는 환자 분류 체계 때문에, 바로 치료받지 못하고 뒤로 밀리는 환자가 생기기 마련이다.

"진료는 위기관리에 치중하는 경향이 있어요. 원하는 환자의 예약을 모두 받다 보면, 다음 예약은 앞으로 열 달 뒤에나 잡을 수 있을 거예요."

피로감이 묻어나는 목소리로 알게르가 말했다.

알래스카 원주민들이 맞닥뜨리는 추운 기후, 불편한 교통수단, 빈곤 문제를 생각하면 열 달이나 앞둔 먼 미래에 예약을 잡는 것은 의미가 없다. 그렇다고 한 번에 하루나 이틀씩 몰아서 진료 예약을 하는 것도 마찬가지다. 환자의 응급 상황만 해결될 뿐이다. "치료 계획을 세울 수 없으니 후속 치료란 의미가 없습니다." 알게르는 말했다. 치과 정기검진을 받고 싶어도 여러 번 전화해야 겨우 예약할 수 있고, 설사 예약이 된다 해도 몇 개월을 기다려야 하는 경우가 많았다. 치과 보조 치료사가 늘고는 있지만 지난 몇 년간 부족했던 치과 진료 체계를 보완하기에는 여전히 더뎠다.

치과 질환이 이곳 지역사회를 곤경에 빠뜨렸다. 알게르는 다른 전염병과 마찬가지로 생물학적 측면에서 충치를 설명했다. "이 지역에는 세균 문제가 심각해요. 잠깐 진료하는 것으로는 지역 차원의 세균 감염을 줄일 수 없습니다."

아기가 쉽게 음식을 먹을 수 있도록 미리 씹어서 입에 넣어 주는 알래스카 원주민의 전통적인 습관이 충치를 더욱 빠르게 퍼뜨리고 있었다.

"특히 아이들 입안에 세균이 많습니다. 이것은 단순히 치아만의 문제가 아니에요. 중이염만 해도 그렇지요. 충치가 심한 아이가 온종일 충치로 생긴 고름을 삼킬 때 귀가 아프다고 하는 건 전혀 놀랄 일이 아닙니다. 중이염을 일으키는 세균은 충치균과 같은 연쇄상구균이거든요."

알래스카 원주민들은 가난에 시달린다. 긴 겨울을 보내야 하고 거주지는 고립되어 있다. 밤이 긴 만큼 더 오래 어둠 속에서 살아야 하고 알코올의존증과 우울증에 시달린다. 지역사회에 이런 문제들이 있다 보니 치과 질환이 아무리 심각해도 상대적으로 우선순위에서 뒤로 밀린다는 것을 알게르도 이해한다. 이런 요인들 중 일부는 치과의사가 놓칠 수 있는 부분이다.

"우리는 치과의사예요. 아무래도 치아만 생각하게 되지요."

척박한 환경을 살아가는 이곳 주민들만의 행동 양식은 구강 건강에도 영향을 미쳤다. 알게르에 따르면, 어머니들과 할머니들은 때때로 아기들에게 니코틴을 주거나 탄산음료를 우유병에 넣어 조용히 시키기도 한다. 그는 사람들이 '왜 이런 행동을 하는지'에 대한 의문의 끈을 놓지 않음으로써, 알래스카 지역에 충치라는 전염병을 일으키는 사회적 조건을 탐구하고 있다고 말했다.

"왜 탄산음료를 우유병에 넣었어요?"

"아기를 조용히 시키려고요."

"왜 그렇게까지 해서 아기를 조용히 시키나요?"

"삼촌들이 집에 왔는데 아기가 울면, 삼촌들이 아기를 때릴 테니까요." 아기의 어머니가 알게르에게 대답했다. 이후에 알게르는 이런 상황에 대해 생각했다.

"아이에게는 건강한 치아보다 조용히 하는 것이 생존하는 데 더 중요합니다."

이 어머니는 아기를 업고 더 큰 아이들을 이끌며 오지 마을에서 비행기를 타고 베셀에 있는 진료소까지 어렵사리 온 것이다. 검사를 받고 난 어머니에게 알게르는 어떻게 이야기했을까?

"아기를 데리고 와주셔서 고맙습니다. 여기 불소 알약과 따라 하기 쉬운 건강관리 지침을 드릴게요. 이 알약을 병에 넣어서 녹이세요. 보이시죠?"

알게르는 더 많은 마을에서 쉽게 치과 진료를 받을 수 있다면 뭔가 달라질 것이라고 말했다.

"지금 저 어머니는 나름대로 최선을 다하고 있어요. 만약 마을에 치과 치료사가 있다면, 저런 부모들에게는 큰 도움이 될 겁니다."

창밖으로 추가치Chugach산맥이 내다보이는 앵커리지의 깨끗하고 밝은 교실에는 사물함과 책상이 줄지어 있고, 호리호리한 체구에 머릿결이 적갈색인 치과의사 메리 윌리어드가 특유의 차분한 태도로 1학년 치과 보조 치료사 학생 여섯 명을 가르치고 있다. 수업을 시작한 것은 불과 며칠 전이었다.

윌리어드는 빠른 속도로 구강암에 대한 수업을 진행했다. "여러분은 덩어리, 혹, 부종, 색깔 변화, 질감 변화를 관찰해야 합니다. 2년 과정 동안 정상 조직이 어떤 모습인지 알게 될 것입니다. 먼저 어떤 것이 정상인지 잘 아는 것이 중요하겠죠."

학생들은 얼핏 대학생처럼 보였지만 그중 한 명은 다섯 아이의 어머니였다. 이들은 알래스카 전역, 알류샨열도, 툰드라, 북극권 근처의 먼 마을에서 왔다. 외로움과 향수병에 시달리는 학생도 있다. 그러나 교육을 마친 뒤 고향으로 돌아가면 더 나은 삶이 자신을 기다릴 것이라는 믿음이 있다. 그리고 자신 또한 지금과는 다른 사람이 될 것이다.

"먼저 눈으로 보고, 그다음에 촉진합니다. 만져 보세요." 윌리어드가 설명했다. 학생들은 사물함에서 거울을 가져와 자신의 얼굴을 촉진하면서 그 느낌을 익힌다.

"부드럽게, 천천히, 깊이 꾹 눌러 봐야 해요. 아프게 하라는 게 아닙니다. 뼈가 느껴질 때까지 눌러 보세요. 절제된 동작으로 차근차근, 아래턱의 밑 부분에서부터 조금씩 위로 올라오는 겁니다."

그리고 나서 윌리어드는 이제는 스스로 치료자로 여겨야 한다고 했다. "치과 전문 인력이 되려는 여러분에게 앞으로 많은 변화가 있을 겁니다. 자신이 하는 일과 자신의 몸을 다루고 관리하는 방식이 지금과는 상당히 달라질 거예요." 예를 들면 손을 잘 관리해야 한다는 것. 손은 치료할 때 사용하는 도구이기 때문이다. "여러분은 이제 손가락으로 다른 사람의 피부를 누르게 됩니다." 길고 날카로운 손톱이나 거친 손톱은 환자를 다치게 할 수도 있다고 윌리어드는 경고했다. "치과대학에 다니는 학생들은 금요일 밤마다 손톱을 깎습니다. 방금 깎아 날카롭고 거친 손톱도 월요일 학교에 올 때쯤이면 부드러워질 테니까요."

윌리어드는 오하이오 치과대학 출신이다. 알래스카에 온 것은 신념을 실천하기 위해서였다. 왜 그런 선택을 했냐는 질문은 수도 없이 들었다. "입술을 당겨 눈으로 살피고 촉진해 보세요. 윗입술부터 해봐요. 입술 안쪽의 깊이를 알 수 있을 정도로 충분히 잡아당겨 보세요. 그러면 볼 점막 위로 잇몸과 경계를 이루는 골짜기가 보입니다. 볼 점막을 눈으로 보고, 그다음엔 촉진해 보세요. 자, 이제는 혀를 내밀어서 촉진해 보세요. 거듭 이야기하지만 혀는 부드럽게 이끼가 낀 듯한 느낌이어야 해요. 혀에는 딱딱한 덩어리나 혹이 없어야 합니다."

난생처음으로 짙은 파란색 수술복을 입게 된 학생들 사이에 가벼운 흥분이 일었다. 그들은 치과용 의자와 치과 장비에 소독약을 뿌리고 닦으면서 진료실의 감염 관리 방법을 배웠다. 그러고는 아주 조심스럽게, 장갑을 끼고 두 명씩 짝을 지어 서로의 입안을 검사하는 연습을 했다. 학생들은 지금 매우 개인적인 영역이자 신비한 세계, 그러니까 타인의 입속으로 첫발을 내딛는다.

9
피부색에 따른 차별

~

미국은 인종에 따라 의료 접근성 격차가 극심하다. 수많은 흑인 및 히스패닉계 미국인들에게 치과 진료를 받기란 매우 힘든 일이다.

수돗물 불소 농도 조정 사업 및 예방 진료 덕분에 최근 들어 충치가 감소하기는 했지만, 충치가 거의 박멸될 것이라고 봤던 1980년대 초반의 예상이 실현되기까지는 요원하다. 여전히 수백만 명의 미국인이 충치에 시달린다. 제때 치료하지 않으면 통증이 심해질뿐더러 외모 손상 및 기능 상실까지 야기한다. 이는 특히 흑인과 히스패닉계 어린이들과 성인들에게 큰 부담이 된다.

미국 연방 정부가 지속적으로 진행하는 [국가 단위] 대규모 건강 조사 사업인 '국민 건강 영양 조사'의 최근 결과에 따르면, 오늘날 미국의 취학 전 아동 가운데 약 4분의 1이 젖니에 충치가 있다. 충치는 소수 인종 어린이들에게 훨씬 더 많다.

국민 건강 영양 조사에 따르면, 백인의 경우 유아와 초등학교 저학년 어린이(2~8세)가운데 약 3분의 1(31퍼센트)이 충치가 있는 반면, 흑인(44퍼센트)과 히스패닉계(46퍼센트) 어린이들의 경우 그 비율이 절반에 가깝다. 그리고 소수 인종 아이들은 충치 치료를 못 받을 가능성이 백인 아이들보다 두 배나 더 높다.

성인들에게 충치는 매우 흔하다. 하지만 치과 치료에 대한 접근성은 그렇지 못하다. 노동 가능 연령 미국인 가운데 충치가 있는 사람은 91퍼센트나 된다. 소수 인종이든 백인이든 마찬가지로 충치가 흔하게 발생하지만, 소수 인종은 치과 치료 접근성이 백인보다 훨씬 낮다. 연방 자료에 따르면 미국의 백인 중 충치가 있어도 치료받지 못한 경우는 4분의 1 이하인 반면, 히스패닉계의 3분의 1 이상, 흑인 노동 가능 연령 성인의 40퍼센트 이상이 충치가 있어도 치료받지 못했다. 무치악일 가능성은 흑인 노인이 백인 노인들보다 더 높다.[1]

~

미국 내 여러 곳에서 치과 진료를 포함한 의료 서비스는 1960년대까지 인종별로 엄격하게 분리되어 있었다. 지금도 일부 미국인들은 인종별로 엄격하게 분리되었던 당시의 의료 체계를 기억한다.

미국의 의사이자 공중보건국장인 새처도 이를 잘 기억하고 있는 사람들 중 하나다. 새처는 2000년 획기적인 구강 건강 보고서를 발표했다. 그는 치과 진료에서 인종 간 불평등을 해소하고 치과 진료를 좀 더 큰 보건 의료 체계와 하나로 통합하는 데 앞장서 왔다. 새처는 계속해서 주장했다. "구강 건강은 전신 건강에 반드시 필요한 일부분이다."

1941년에 태어난 새처는 앨라배마주 애니스턴 외곽의 한 농장에서 자랐다. 지역사회의 의료 체계는 백인들에게 맞춤했고, 흑인이었던 그와 가족에게는 딴 세상 이야기였다.

"당시 병원은 인종별로 완전히 나뉘어 있었습니다. 오랫동안 흑인들은 전혀 병원을 이용할 수 없었어요."

한 인터뷰에서 새처는 당시 상황을 이야기했다. 어린아이였을 때 그는 폐렴에 걸려 숨이 넘어갈 듯 심한 기침에 시달렸다.

"저는 두 살 때 거의 죽을 뻔했어요."

어머니는 숨을 쉬지 못하는 어린 새처를 살리려고 직접 인공호흡을 했다.

"그때 제게 숨을 불어넣어 준 어머니 덕분에 살아남았어요. 어머니가 며칠 밤을 꼬박 새며 저를 돌봤어요."

치과 진료 또한 마찬가지였다고 새처는 기억했다. 가난한 가족에게 정기적인 치과 진료란 꿈도 꿀 수 없었다. 그도 어렸을 때 딱 한 번 애니스턴의 흑인 치과의사에게 갔을 뿐이다. "이가 매우 아팠던 기억이 나는데, 결국 그 이는 뽑아야 했어요."

새처가 처음으로 정기 치과 검진을 받은 것은 조지아주 애틀랜타에 있는 모어하우스 대학[*]에 입학하고 난 다음이었다. 새처는 모어하우스 대학을 1963년에 졸업했는데 그때쯤에야 비로소 앨라배마주의 상황이 천천히 변하기 시작했다. 1964년 〈민권법〉[**]은 인종별로 분리된 시설을 불법으로 규정했다. 의과 및 치과 진료에서 인종별로 분리된 대기실 공간 역시 불법이 되었다. 병·의원의 대기실, 입구, 식수대, 화장실에서 인종을 구별하는 표지판이 사라졌다.

그러나 1966년 연방 감사관은 오래된 흑백 간 인종차별이 앨라배마를 포함한 여러 곳에 여전히 남아 있다고 보고했다. "명목상으로는 흑백 인종 분리가 철폐되었지만, 몇몇 의원은 흑인과 백인이 다른 날에 진료받게 하는 등의 절차를 남겼다. 앨라배마주 터스컬루사Tuscaloosa를 예로 들면, 카운티 보건국이 예방접종 진료소의 '백인'

---

[*] 1867년에 설립된 미국에서 가장 큰 흑인 남자 대학으로 마틴 루서 킹 2세를 포함한 수많은 미국 흑인 사회 지도자를 배출했다.

[**] 흑인 차별을 금지하기 위해 1964년 제정되었고. 미국에서 가장 광범위한 차별 금지 법률로 꼽힌다.

과 '유색인종' 표지판을 없애긴 했지만, 흑인들은 '흑인 진료 지정 요일인 화요일'에만 진료받고 있다고 보건 당국자는 보고했다."

오랜 흑백 분리 기간에 백인 거주자만이 앨라배마주의 댈러스 카운티와 그곳의 청사 소재지인 셀마Selma♦의 보건 프로그램을 통해 치과 진료를 받아 왔다. 1965년 초여름, 흑인 청년이 앨라배마주 셀마의 댈러스 카운티 보건소에 가서 치과 진료를 받고 싶다고 했고, 직원은 치과 진료를 예약해 주었다. 며칠 후 예약 날짜에 보건소를 다시 방문한 청년을 치과의사가 진료했다. 이는 댈러스 카운티 보건소의 치과 진료실에서 흑인이 치료받은 최초의 기록이다. 며칠 후 이번에는 몇몇 흑인 어린이들이 보건소에서 치과 진료를 받으려 했다. 하지만 카운티 보건 당국은 어린이 치료에 대한 새로운 규정을 내세웠고, 그 규정에 따라 앞으로는 학교 단위로 어린이에게 치과 진료가 제공될 것이라고 발표했다.

진료 예약은 학교를 통해 이뤄졌으며 아이들은 진료실이 아닌 학교에서 치료를 받았다. 처음으로 흑인 아이들이 카운티 보건소의 치과 진료 대상에 포함되었지만, 새로운 규정에 따라 진료는 여전히 흑백 분리 상태로 이뤄졌다.[2]

흑백 분리 시절의 흔적, 불평등한 치과 진료의 흔적이 새처 자신의 치아에 남아 있다. "저는 치아에 관련된 모든 종류의 문제를 다 겪었어요. 어렸을 때 치과 진료를 받지 못한 대가를 나중에 결국 치

♦ 민권운동의 고조기였던 1965년, 흑인 참정권 운동의 역사적 사건인 셀마 행진이 있었던 곳. 시위대는 셀마에서 몽고메리(앨라배마주의 주도)까지 87 킬로미터를 행진했는데, 경찰의 폭력 진압 때문에 세 차례에 걸친 행진 끝에 몽고메리의 주 의사당에 입성했다.

렸죠."

그의 보고서는 지금의 제도로 보호받지 못하는 사람들, 특히 가난한 사람들, 보험에 가입되지 않은 사람들, 보험이 있어도 보장 범위가 충분하지 못한 사람들, 소수 인종의 환자들이 좀 더 나은 치과 진료를 받아야 한다는 강도 높은 요구로 이어진다. 새처는 〈환자보호 및 부담적정 보험법〉을 통해 아이들에게 치과 진료 혜택이 확대된 사실에서 용기를 얻었다고 했다. 그는 전신 건강의 일부로서 구강 건강을 유지하는 것이 중요하다는 인식이 확대되고 있다는 점, 진료실에서 예방적인 불소 치료를 제공하려는 의료 전문가들의 의지가 강해지고 있다는 점, 그리고 가난하고 고립된 지역과 학교에서 서비스를 제공하는 치과위생사들과 치과 치료사들에게서 희망을 발견한다고 말했다.

"치과 준의료인은 반드시 필요한 서비스를 제공할 뿐만 아니라, 이들이 아니었다면 진료에 접근할 수 없는 사람들에게 서비스를 제공하기 때문에 중요하다고 생각합니다."

그럼에도 미국의 구강 건강 불평등은 지속되고 있기에 새처는 좌절감 또한 느낀다고 했다. 충치는 여러 원인이 복합적으로 작용하는 다요인 질병이다. 우선 세균과 식습관이 충치 발생의 주요 원인이다. 가정에서의 이 닦기 습관, 치과 진료 접근성도 충치 발생에 중요한 역할을 한다. 사회적·정서적·경제적 부담으로 얽힌 빈곤의 복잡성은 수백만 명의 미국인을 충치의 위험으로 이끈다. 그리고 그 비율은 소수 인종에서 훨씬 높다.

미국의 의료 제도를 통해 이런 현실을 인식하고 대응하기까지는 아직 갈 길이 멀다고 새처는 말했다. "모두가 접근할 만한 의료 제도를 갖추기 전까지 충치와 기타 구강 질환에 따른 피해는 계속될 것

입니다. 그럼에도 미국은 누구나 접근 가능한 의료 제도를 만드는
데 전력을 다하고 있지 않습니다."

~

맥스 션은 치과의사로 일하는 한 그 순간을 영원히 기억할 것이다.
제2차 세계대전 직후였던 그때, 그는 갓 일을 시작한 젊은 치과의사
였다. 치과의사를 대상으로 한 책자를 무심코 넘겨보던 그는 삽화
한 장을 발견했다. 환자에게 인종별로 다른 대기실을 제공하는 치과
진료실 '모델' 디자인이었다. 디자인을 본 그는, 환자들이 벽으로 나
뉘어 서로를 보지 못한 채 치과의사를 기다리는 모습을 상상했다.
그리고 백인 환자와 흑인 환자를 별도의 대기실에 분리해 놓은 치과
의사에 대해 생각했다. 그 치과의사가 진료 기구도 인종별로 구분해
사용하지는 않았을지 궁금했다. 나아가 흑인 환자를 전혀 보지 않는
백인 치과의사에 대해서도 생각했다.[3]

션은 대공황 시기에 브루클린의 한 유대인 가정에서 자랐다. 의
사인 아버지는 그가 어렸을 때 심장마비로 사망했다.[4] 션은 캘리포
니아주에 있는 치과대학에 입학했고 제2차 세계대전에 참전했다. 전
쟁이 끝나고 미국으로 돌아온 그를 괴롭히는 것은 자신의 조국이었
다. 션은 부당하다고 생각되는 사실에 대해 공공연하게 반대 의사를
표명했다.

29세의 션은 하원 반미활동조사위원회◆에 소환된 최초의 치과

◆ 1938~75년에 활동했고 초기에는 파시스트, 이후에는 공산주의와의 연계
를 의심한 조직·민간인·공무원·예술가 등을 조사 및 감시했다. 1947년 작
가·감독·배우를 비롯한 예술가 등을 조사해 블랙리스트를 만들기도 했다.

의사로 기록되었다. 1951년 9월 21일 금요일 아침, 션은 로스앤젤레스의 연방 건물에 도착했다. 선서를 마친 그는 로스앤젤레스시와 영화 산업계의 공산당 활동을 밝혀내는 데 혈안이 되어 있는 의회 위원들과 마주했다. 션은 유니테리언 교회Unitarian Church◆ 모임에서 공산당 문건을 배포했느냐는 질문을 받았다. 또한 민권협회◆◆의 할리우드 웨스트사이드 지부와 연관된 소문에 대한 질문도 받았다. 민권협회는 하원 반미활동조사위원회의 큰 골칫거리였다. 민권협회 회원들은 남부 노동자들이 노조를 결성해 권리를 찾도록 도왔고, 세간의 주목을 끄는 사건에서 사형 선고를 받은 흑인들을 변호했다.

또한 이 단체는 오스트레일리아 출신의 국제항만·창고노동조합 위원장 해리 브리지스의 주장을 지지했다.[5] 많은 노동조합들이 인종에 따라 분리되어 있었지만, 항만 노동자들은 브리지스의 주장을 좇아 완전히 통합되었다. 차별 정책은 '경영진의 무기'라고 브리지스는 말했다. 그는 남부의 캘리포니아주 샌디에이고에서 북부의 워싱턴주 벨링햄Bellingham까지 모든 태평양 연안 미국 항만 노동자들을 아우

◆ 18세기 유럽에서 유행하던 합리주의와 계몽주의의 영향을 받은 유니테리언주의는 영국에서 미국으로 이주한 청교도들에게 많이 받아들여졌고, 하버드 대학교를 포함한 뉴잉글랜드와 보스턴의 학교들을 중심으로 퍼져 나갔다. 미국 유니테리언 교회는 초기부터 노예제도 폐지와 노동자의 권리 향상에 목소리를 높였으며, 미국 최초의 여성 및 흑인 목사를 임명하기도 했다. 이런 전통은 1960년대 인종차별과 베트남전쟁을 반대하는 강력한 사회운동 및 1970년대 페미니즘과 환경 운동으로 표출되었다.

◆◆ 1946년 미시간주 디트로이트에서 미국 공산당과 연계된 단체들이 모여 창설한 대중 정치 운동 조직이다. 미국의 흑인 시민권 운동과 급진 노동운동의 주요 세력이었으나 냉전 시기 미국 정부의 공산주의 탄압으로 1956년 해체되었다.

르는 연대 및 연안 전체의 노동 협약을 주장했다. 한 항구에서 노동자들이 파업을 하면, 다른 모든 항구에서 연대 파업이 일어났다.

브리지스는 "파업은 작은 혁명"이라고 말하곤 했다.[6] 미 연방수사국 국장 에드거 후버는 그를 공산주의자로 몰고 싶어 했다.

션은 유니테리언 교회에서 공산당 문건을 배포했는지와 민권협회와의 관계 등에 대한 질문에, 수정 헌법 5조◆를 내세우며 답변을 거부했다. 반미활동위원회 위원이었던 캘리포니아주 하원 의원 클라이드 도일은 션에게 러시아나 다른 공산주의 국가에 가본 적이 있는지를 물었다. 션은 아니라고 답변했다. 그는 전쟁 중 태평양에서 복무했다.

"우리 반미활동위원회는 체제 전복을 선동하는 국민과 그 활동을 조사하라는 임무를 받았소." 도일은 말했다. "예를 들면 공산당 같은 것이죠. 우리는 당신이 공산당원이라고 생각합니다. 자, 이제 우리가 어떻게 해야 할 것 같습니까?"

션은 위원회가 체제 전복 활동에 관심이 있다면, 남부에서 [투표를 하기 위해 납부해야 했던] 인두세가 여전히 흑인들과 가난한 백인들의 투표를 가로막는 현실을 조사해야 한다고 대답했다.

"아울러, 최근 일리노이주 시서로Cicero에서 발생한 폭동, 젊은 흑인 가족에게 가해진 폭력 탓에 그들 가족이 정당하게 임대한 아파트에서 살지 못하게 된 사건을 조사해야 합니다. 저는 오히려 시서로에서 벌어진 폭력이 미국의 체제를 부정하는 극단적인 체제 전복

◆ "어떠한 형사사건에 있어서도 자기에게 불리한 증언을 강요당하지 아니하며, 누구라도 적법절차에 의하지 아니하고는 생명, 자유 또는 재산을 박탈당하지 아니한다."

활동이라고 믿습니다."♦

도일은 논점을 공산주의로 되돌리려 했다.

"위원회는 당신에게 발언할 기회를 충분히 줬어요. 나는 당신이 소외받는 자들, 그러니까 흑인과 유대인, 가난한 백인의 권리를 옹호한다는 점을 높이 평가합니다. 하지만 공산주의가 소외받는 사람들에게 호소하는 전략을 쓴다는 사실 또한 우리는 압니다. 자, 이제 공산당에서 겪은 경험에 대해 말해 보시오."

션은 여전히 답변을 거부했다.

"이 질문은, 당신들이 만든 명단에 있고, 위원회가 '반체제적'이라고 보는 조직들과 관련된 것입니다. 그러므로 저는 수정 헌법 5조를 근거로 답변을 거부합니다."

도일이 말했다. "뭔가 떳떳하지 못한 게 있군, 그렇죠?"

"저는 사실 이 자리에서 제가 답변해야 하는 상황 자체가 정당하지 않다고 생각합니다."

션이 이렇게 답하자, 이번에는 펜실베이니아주 의원 프랜시스 월터가 좀 더 부드럽게 접근했다.

"젊은이, 무엇을 두려워하고 있습니까? 잘못한 것이 없다면, 왜 우리 질문에 대답하지 않죠? 지금 여기는 재판정이 아니고, 우리는 그저 정보를 얻으려는 것뿐입니다."

♦ 1951년 7월 11~12일 시카고 교통국의 흑인 버스 운전사인 하비 클라크 2세와 그 가족이 거주하던 일리노이주 시서로의 아파트 건물을 백인 군중 4000여 명이 습격하고 방화했다. 이 인종 폭동 사건으로 아들라이 스티븐슨 일리노이 주지사는 주 방위군을 출동시켰다. 클라크 가족은 이사했고 아파트는 폐쇄되었다. 시서로 폭동은 세계적으로 비난받았다.

도일은 션에게 제발 정신 좀 차리라고 했다.

"나는 당신이 무릎을 꿇고 회개하기를, 그 못된 사상을 버리고 반체제 활동에서 벗어나 미국의 품에 안기길 예수님께 기도하겠소."

미시간주 하원 의원 찰스 포터는 션에게 작년 수입이 얼마인지 물었다. 션은 자신이 성공한 치과의사는 아니지만 7000달러쯤 벌었을 것이라고 대답했다.

"이 체제에서 당신은 명예로운 직업인으로서 정상적인 성공을 거둘 수도 있었을 거요."

포터가 말했다.

"만약 당신이 철의 장막에 둘러싸인 공산 사회에서 살았다면 즐기지 못했을 삶을 누릴 기회를 준 체제, 당신을 성공한 사람으로 만들어 준 체제를 무너뜨리려는 조직에 당신이 가담한 겁니다. 치과의사 선생, 당신은 고마워할 줄 모르는 매우 위험한 사람이구만."

소위원회 위원장인 조지아주 의원 존 우드는 션이 자신이 파괴하려 한 그 헌법 뒤에 숨으려 든다며 비겁하다고 비난했다.[7]

션은 결국 풀려났다. 그리고 그는 개인 치과를 운영하는 일보다 더 큰 사명이 자기 앞에 놓여 있음을 깨달았다. 바로 "지불 능력에 상관없이 모든 사람이 평등하게 누리는 의료 서비스"를 구현하겠다는 것이었다.[8] 이 목표를 이루기 위해 그는 급진적인 활동을 시작했다. 션은 치과 보험을 구상했다.

~

1930년대 중반 프랭클린 루스벨트 대통령 집권 시기, 〈사회보장법〉을 개정하고 국가 의료보장 체계를 구축하려는 워싱턴의 노력이 시작되었다. '국가 의료'를 향한 이런 조치들은 의료계와 치과계의 조직접인 반대에 부딪쳤다. 제2차 세계대전 이후 공산주의와 사회주의에 대한 두려움이 커지면서 국가 주도의 의료보험을 도입하기는 요원해 보였다. 바로 그때 민간 의료보험이 뿌리내리기 시작했다. 전국적으로, 민간 기업의 고용주들은 양질의 노동자를 모집하고 고용을 유지하기 위한 부가 혜택으로 의료보험을 제공했다. 당시 초기 의료보험에 치과는 포함되지 않았다.

미국 하원 반미활동위원회에 출석한 뒤 몇 년이 지나, 션은 해리 브리지스의 항만 노조가 서해안 지부 조합원들에게 치과 혜택을 제공할 방법을 알아보고 있다는 이야기를 들었다. 노조는 캘리포니아 대학교 로스앤젤레스 캠퍼스 노사 관계 연구소의 도움을 받아 지침을 마련하고 있었는데, 션도 그 회의에 초청받았다.[9] 노조가 치과 프로젝트에 쓰려고 보유한 신탁 기금은 75만 달러에 달했다. 이 돈으로 어느 선까지 치과 진료를 제공할 수 있는지 알아봐 달라는 노조 지도부의 요청을 받은 션은 몇 주에 걸쳐 비용과 그에 따른 효과를 연구했다. 인종과 소득수준에 관계없이 모든 환자들에게 적용되는 효율적이고 저렴한 치과 보험 프로그램을 설계하는 도전이 시작되었고 그는 이후 평생을 여기에 바쳤다.

션은 부두 노조의 기금으로는 모든 조합원의 15세 미만 자녀들까지만 포괄적인 치과 치료를 제공할 수 있다고 결론 내렸다. 이 대답에 실망한 노조원들이 치과 보험을 포기하지 않을까 션은 우려했다. 노조원 중 일부는 자녀가 없었고, 있다 해도 15세 이상이라 치과 보험 자격이 되지 않는 노조원들이 있었기 때문이다.

"하지만 놀랍게도, 그들은 '15세 미만 아동에 대한 포괄적 치과 보험'을 건강뿐만 아니라 정치적 관점에서도 훌륭한 계획이라고 받아들였습니다."

션은 그때를 회상했다. 노조는 그 계획을 승인했다. 이 보험 계획이 실현되려면 로스앤젤레스 항만 지역에 치과 진료를 제공하는 선불형 그룹 진료소가 필요했다. 그런 형태의 진료는 선례가 없었기에, 션은 시범적으로 새로운 형태의 그룹 진료소, 즉 인종적으로 다양하게 구성되며, 봉급을 받는 파트너들이 모인 치과의사 팀을 만들었다. 션은 이들의 생각을 잘 헤아리는 건축가와 도급업자를 찾아, 로스앤젤레스 하버 시티Harbor City에 있는 상가 건물에 치과용 의자 10개를 갖춘 그룹 진료소 리모델링 공사를 맡겼다. 샌프란시스코만 지역에도 노조원들과 그 가족을 위한 또 다른 시범적 그룹 진료소가 설립되었다. 첫해에 이 프로그램에 등록한 아이만 1만 860명에 이른다.

치과의사, 치과위생사 및 조무사를 포함한 치과 진료팀은 모두 급여를 받고 일했다. 그룹 진료소의 수입은 매월 진료받은 환자의 수에 따라 정해지는 인두제 성격의 의료 수가로 결정되었다. 의료 수가는 노동조합이 지불했다. 지역 치과의사회의 지도자들은 그 모델에 불만이었다. 이 진료소에서 일하겠다며 지원한 한 치과의사는 션과 그의 아내가 보기에 믿기 어려울 만큼 자격이 출중했고 대단히 열성적이었다.

"아내와 저는 그 선생이 지역 치과의사회나 정부의 스파이라고 확신했어요."

션은 회상했다. 그럼에도 션은 그를 고용했고 이후 그의 열성은 진심이었던 것으로 밝혀졌다.

션이 이런 일을 진행하던 당시, 『남부 캘리포니아주 치과의사협회지』에서는 끊임없이 경고의 북소리가 울렸다. 편집인들은 사설에서 체제 전복 세력이 동료 치과의사 죽이기에 혈안이 되어 있다고 비난했다.

"우리 미국인들은 온건 좌파부터 극좌파에 이르는 다양한 좌파 세력의 무모한 공격에 고통받고 있다." 사설은 매번 이런 식이었다. "일상 치과 진료 현장에서 우리의 생계가 위협받고 있는 만큼 이제 우리 치과의사들도 특별한 관심을 기울여야 한다."[10]

많은 치과의사 단체 지도자들은 션이 시행한 진료비 지불 방식과 팀 단위의 접근 방식, 그리고 봉급제 그룹 진료에 대한 실험적인 시도를 지켜보며 몹시 두려워했다. 소외된 지역사회로 진료를 확대하려는 션의 계획은 의심을 불러일으켰다. 그의 생각과 시도는 전통적인 행위별 수가제로 이뤄진 민간 치과 의료 서비스 형식을 송두리째 뒤집었다. 션의 그룹 진료에 참여하는 치과 의료진은 난도 높은 치료를 받는 환자든, 일상적인 구강위생 관리를 받는 환자든, 진료의 복잡성과 상관없이 동일하게 인두제로 비용을 청구했다. 션은 치과 의료진의 시간과 환자 집단의 치료 수요를 예상한 방정식을 사용해 환자가 지불할 진료비를 계산했다. "션은 치료보다 예방에 인센티브를 주는 자신의 모델을 통해, 아픈 치아를 치료하는 것에서 질병을 예방하는 방향으로 치과 진료의 패러다임이 바뀌기를 바랐습니다." 션의 오래된 동료 제임스 프리드는 로스앤젤레스에 있는 자택의 깔끔하게 닦인 긴 식탁 앞에 앉아 옛일을 회상했다.

"션은 치과 진료의 행태를 바꾸고자 했습니다. 치과 진료에 행위별 수가제가 아니라 인두제가 도입된다면 결국에는 국민의 건강에 이로운 방식으로 치과계가 바뀔 것이라고 션은 생각했습니다."

프리드가 말했다. "시범 사업은 성공적이었습니다. 그들은 정말로 환자들을 위해 진료했고, 진료 수준도 매우 높았어요."

션이 채택한 혁신적 방법은 커져 가는 국민의 의료 수요를 충족하기 위해 신규 보건 의료 사업을 찾던 연방 보건 공무원들의 관심을 끌었다.

"그룹 진료에서는 소수의 치과 전문의와 일반 치과의사가 하나의 그룹이 되어 진료를 제공하는 것을 계획했다. 실험이 진행되면서 계획의 다양한 약점과 강점이 밝혀졌으며, 실험 과정에서 임기응변을 통해 해결책과 기술이 진화했다." 초기 단계였던 당시 프로젝트에 대해 정부 보고서는 이렇게 결론 내렸다.[11]

한편, 션이 하고 있는 일에 대해 캘리포니아주의 보수적인 치과의사회 지도자들은 격렬히 분노했다.

프리드는 이렇게 기억했다. "치과의사회 지도자들은 션의 과감한 시도를 싫어했어요. 그들은 션을 공산주의자라고 불렀죠."

션은 계속해서 그의 모델을 수정·보완해 갔다. 로드아일랜드주 운소킷Woonsocket과 버지니아주 리치먼드의 공공 의료 사업을 기반으로, 션과 동료들은 농장 노동자, 학교, 주 정부, 노동조합에 효율적이고 경제적인 치과 진료를 제공할 치과 보험을 기획했다. 1965년 메디케이드 법안이 통과된 뒤, 션은 로스앤젤레스의 근린 보건소♦에서 지역 주민을 위한 치과 시범 프로그램을 만들었다.

션은 가난한 사람들이 '구호 대상자'라는 낙인 없이 치과 진료를 받을 방법을 찾고 싶어 했다. "다양한 시도에도 불구하고, 현재까지 검증된 방법으로는 도시의 하위 계층에 '일반적인' 치과 진료를 제

♦ 미국의 지역사회 보건 센터. 국가 의료 안전망의 일환으로 연방 정부 재정을 통해 저소득층을 대상으로 포괄적인 1차 의료를 제공한다. 진료비는 소득에 따라 차등 부과되며, 지역사회 환자가 51퍼센트 이상 참여하는 이사회에 의해 운영된다. 근린 보건소는 지불 능력에 상관없이 양질의 1차 의료를 제공하며, 환자 중심의 지역사회 주도 및 참여를 통해 건강 형평성과 주체적인 건강 변화를 추구한다.

공하지 못했다."고 생각한 션은 그룹 진료를 기획했다. 그룹 진료가 좋은 평판을 얻게 되면, 모든 인종과 모든 계층의 환자들을 끌어들일 수 있으리라고 션은 믿었다. "그룹 진료에서는 가난한 환자도 다른 사람들과 똑같이 치료받을 수 있다."[12]

로스앤젤레스 프로그램은 여타 그룹 진료 프로젝트와 마찬가지로, 민간 치과 의원에서 널리 사용되는 행위별 수가 모델이 아니라, 참여를 원하는 가정이 매달 16.67달러의 고정 요금을 부담하고 진료를 제공받는 선불 서비스 기반의 모델이었다. 진료비는 메디케이드와 비영리 프로그램이 지원했다. 그의 다른 프로그램과 마찬가지로, 그룹 진료에 참여한 치과의사들과 직원들은 봉급을 받고 일했다.

션은 1969년에 열린 미국공중보건협회 연례 총회의 구강 보건 분과 구성원들 앞에서 주장했다.

"해결책을 찾으려면 새롭고 급진적인 접근 방식이 필요하다."[13]

인두제 방식의 그룹 진료가 제대로 작동하려면, 고가의 치과 치료가 끝나고 시간이 흘러 비용이 더 적게 드는 예방 및 유지 관리가 주가 될 때까지, 환자가 오랫동안 주기적으로 치과를 방문해야 했다.

하지만 이런 진료 방식은 션의 서던 캘리포니아 대학교 동문들에게 매우 급진적으로 느껴졌다. 그룹 진료는 이 계획에 참여하지 않는 치과의사로부터 환자를 빼앗아 붙잡아 두는 '폐쇄형 패널'에 해당한다고 그들은 주장했다. 션을 지지했던 소수의 서던 캘리포니아 치과대학 교수들 중 하나인 클리프턴 덤멧은 당시의 상황을 이렇게 기술했다. "전통적인 방식으로 진료하던 서던 캘리포니아 대학교 출신 치과의사들은 션의 치과 운영 방식을, 번개를 유도하는 피뢰침처럼 환자들을 싹쓸이한 뒤 다른 치과로 내보내지 않는 폐쇄형 패널 형태로 생각했을 것이다."[14]

이 학교의 존 잉글 학장이 션을 구강 보건학 교수로 임용하고, 학생들에게 인두제 지불 방식으로 운영되는 그룹 진료 모델을 가르치는 수업을 맡길 계획이라는 소문이 돌자 동문들은 분노했다.

"교수진과 동문들은 맥스 션을 '빨갱이'로 생각한다."

동문 중 하나인 로버트 웨스트는 동창회지 『트로덴트』에 이렇게 기고했다. "나는 그저 자유 시장경제와 선택의 자유를 여전히 믿고 있는 늙고 순진한 단독 개원의일 뿐이다."[15]

치과대학 동창회장인 니콜라스 체스터의 발언도 동창회지 같은 호에 함께 실렸다. 체스터는 션을 교수로 임용하면 동창회는 학교에 "금전 및 도의적 지원"을 철회하겠다며, "논란이 되고 있는 이 문제가 조속히 해결되길 바란다."고 했다.[16] 그 후 얼마 지나지 않아, 잉글은 8년 동안 역임했던 학장직을 사퇴하고 워싱턴 D.C.에 있는 미국 의학원 고위 간부직으로 가게 되었다. 학장은 학교 신문에서 자신의 사퇴는 "이 논쟁과 관련이 없다."고 밝혔다.[17]

션은 서던 캘리포니아 대학교에서 구강 보건학 파트타임 교수로 1년간 재직한 뒤 동부에 있는 뉴욕 주립대학교 스토니브룩 캠퍼스에서 한동안 치의학을 가르쳤다. 1976년에는 다시 캘리포니아로 돌아왔고, 1987년에 은퇴할 때까지 캘리포니아 대학교 로스앤젤레스 캠퍼스에서 공중 보건학과 예방 치학을 강의했다.

시간이 지나면서 선불제 치과 보험도 상업화되었다. 션은 여전히 공공·민간 치과 보험 모델이라는 과제로 씨름했다. 인두제가 악용될 경우, 필요한 진료마저도 최소한으로 축소될 수 있다는 사실을 션도 알았다. 그래서 환자가 적절하게 치료받고 있는지를 판단하기 위해 품질관리팀이 치과를 방문하고 환자 기록을 조사하도록 했다.

모든 치과를 일일이 조사할 수는 없었지만, 주 정부의 시범 사업이었던 인두제 메디케이드 치과 프로그램에서 환자가 도중에 진료를 중단하는 등의 골치 아픈 사례가 발견되었다. 참여하는 치과의사가 부족한 것도 메디케이드가 잘 운영되기 어렵게 했다. 프로그램이 확대됨에 따라 션은 더 많은 치과의사들이 참여하도록 인두제의 1인당 관리 비용인 보상률을 높이기 위해 노력했다. 그러나 보상률이 올라가자, 이번에는 오히려 환자의 이익을 위해서가 아니라 이윤을 극대화하는 방식으로 진료하는 '메디케이드 공장'이 가장 큰 수혜자가 되는 경우가 종종 생겨났다. 이런 문제는 끊이지 않고 지속되었다.

프리드는 회한에 차 엷은 미소를 지었다. "그것은 평생에 걸친 싸움이었어요." 그래도 션은 멈추지 않았다. "그 친구는 언젠가는 우리가 제대로 해낼 수 있을 거라고 끝까지 믿었습니다. 아직 기회가 있다고 말이에요."

~

은퇴가 임박한 션은 희망적으로 지난날을 되돌아봤다.

"나는 사회경제적 지위에 관계없이 모든 인구 집단을 대상으로 예방과 치료를 포함한 정기적인 치과 이용이 충분히 가능하고 경제적으로 실현 가능하다는 사실을 어린이와 성인을 대상으로 한 다양한 방식을 통해 새롭게 증명했다."

션은 그 후로도 사업장과 지역사회에 기반한 모델을 선호했다. 더 낮은 비용으로 더 많은 치과 진료를 제공하기 위해 치과위생사들과 다른 보조 인력들의 업무 영역을 넓히려 했다. 션은 진료받지 않는 가난한 사람들의 행동을 결코 비난하지 않았다.

"낮은 치과 이용률은 그들의 잘못이 아니라 사회의 잘못"이라고 션은 주장했다.[18] 치과의사라는 직업이 안정된 지위와 부를 누리는 그 반대편에, 치과 진료를 받지 못하는 사람들이 여전히 존재한다는 불편한 사실은 "치과의사들이 오랫동안 누려 온 자유와, 일반인들의 형평성 사이의 궁극적인 충돌"이라고 설명했다.[19]

션은 잡지에 실렸던, 인종차별적인 '모델' 치과 진료실을 보고 멈칫했던, 자신이 젊은 치과의사였던 그 옛날을 회상했다. 그 후 〈민권법〉이 체결되었고 흑인과 백인을 분리하는 대기실 사이의 벽은 이제 존재하지 않는다. 하지만 의료와 구강 건강에서의 인종 간 불평등은 여전히 지속되고 있다.

오늘날, 노골적인 인종차별은 불법이며, 동시에 비윤리적인 것으로 여겨진다. 그럼에도 인종차별은 여러 가지 미묘한 방식으로 남아 있다. 메디케이드의 수가표♦에 적힌 가격으로 치과 진료를 할 수 없다고 함으로써 보이지 않게 차별하는 것이 그 예이다. 메디케이드는 모든 인종을 포괄하며 메디케이드 환자들 대부분이 백인이기 때문에 이런 관행이 인종차별이라고는 할 수 없다. 하지만 이것은 문화적 차별이다. 나는 많은 치과의사들이 속으로는 돈 때문에 진료를 기피하면서도, 말로는 "진료 약속도 지키지 않고, 이 닦는 습관도 좋지 않은 이런 종류의 사람들"을 치료하고 싶지 않다고 하는 것을 들었다.[20]

션은 미용 치과의 갑작스러운 인기를 비난했다. 그리고 모든 사람들에게 적용되는 보편적 의료 서비스에 대한 희망을 한시도 놓지

♦ 메디케어·메디케이드에서 의료 공급자에게 지불하는 행위별 수가제에 기반한 진료 수가표. 일반적인 비보험 혹은 민간 보험 진료 수가보다 낮다.

않았다. 그는 '미국 민간 치과 의료에는 체계가 없다'며 비난했다. 그의 말이 그저 불평으로 들릴 수도 있었겠지만, 션의 경우는 그러지 않았다. 오랫동안 션과 함께한 동료 프리드는 말했다.

"누군가가 이야기했지요. '길이 없으면 만들면 되지.' 션이 한 일이 바로 그랬습니다."

션은 1994년 12월 9일 로스앤젤레스에서 심장마비로 사망했다. 추도식에서 프리드는 유대 신비주의에서 전해 내려온 이야기를 소개하며 말했다.

"서른여섯 명의 정의로운 사람들이 이 세상을 지키고 있습니다. 아무도 그들이 누군지 모르지만 세상은 이들에게 달려 있지요. 그중 한 명이 죽으면 누군가 그를 대신해야만 합니다. 저는 션이 그 서른여섯 명 중 한 명이었다고 생각합니다. 이제 우리 중 누군가가 그를 대신해야 합니다."

～

오늘날 그룹 치과 진료는 예전보다 더 많아졌다. 그러나 일반 의사들과는 달리, 치과의사들은 대부분 여전히 1인 개업의이자 개인 자영업자이다.[21] 치과 인력 전문가인 엘리자베스 머츠와 에드워드 오닐은 "치과는 의과의 대규모 관리 의료◆와 인두제 지불 체계◆◆에 반

◆ 의료 비용 절감 및 의료의 질 향상을 목표로 1970년대부터 도입된 미국 민간 및 공공 의료보험의 총체적 관리 모델이다. 민간 보험 회사가 환자, 의료 기관, 의료 서비스 제공자 사이에 일어나는 제반 의료 서비스 이용 절차를 통제하고 의료의 질 결과를 평가할 권한을 갖는다. 의료비 억제 효과가 커서 주목받지만, 최근 과잉 원가관리에 따른 의료의 질적 저하가 문제되고 있다.

대하고 싸워 오면서, 여전히 '가내수공업' 형태로 남아 있다."고 말했다.[22]

그러나 션이 개척한 제3자 지불 체계는 치과에는 진료의 품질관리 개념과 진료 수가표를 도입하고, 수백만 명의 미국인에게는 치과를 좀 더 쉽게 이용할 수 있도록 했다. 오늘날 미국인의 약 3분의 2는 어떤 방식으로든 치과 보험에 가입되어 있다. 치과 치료를 받고 진료비를 지불할 때, 치과 보험이 있는 사람들은 보험이 없는 나머지 3분의 1에 해당하는 미국인들보다 유리하다.

2015년 미국의 치과 보험회사들을 대표하는 전국치과보험협회는 "치과 보험을 가진 미국인들은 그러지 않은 사람보다 본인 및 자녀가 치과를 방문하고 치료할 가능성, 그리고 전반적으로 건강을 유지할 가능성이 높다."고 밝혔다.[23] 미국 의학원도 이런 사실을 과학적으로 입증했다. "치과에 대한 보장성이 개선되면 치과 접근성이 확대되고 그 이용도 증가한다는 확실한 증거가 있다." 치과 보험이 없는 사람들은 사회경제적으로 취약한 소수 인종일 가능성이 높다.

미국의 치과 보험 상품은 매우 다양하다. 2014년 말을 기준으로, 약 1억 5500만 명이 직장 내 복지 혜택의 하나로 제공되는 민간 치과 보험에 가입되어 있다. 5000만 명 이상은 메디케이드와 노동 빈곤층 자녀들을 위한 아동 건강보험 프로그램 등 공공 프로그램을 통해 치과 보험에 가입되어 있다. 하지만 모든 치과 보험 상품이 치과

◆◆ 의료보험 회사(보험자)와 의료 서비스 공급자 사이의, 총액 계약에 기반한 수가 지불 방식으로, 이런 보험 체계에 등록된 환자 또는 1인당 의사, 진료소 또는 병원에 월 고정액을 지급한다. 행위별 수가 지불 체계보다 의료 비용 절감 효과가 커서 관리 의료하의 미국 민간 의료보험에서도 채택한다.

진료를 받을 때 실제로 쓸모 있는 것은 아니다. 최근 몇 년 동안 일부 주에서 격차를 해소하는 데 진전이 있었다지만, 메디케이드 수혜자들과 아동 건강보험 프로그램의 수혜자들(그중에서도 특히 소수 인종의 아이들)은 민간 치과 보험 가입자들에 비해 적절한 진료를 받지 못할 가능성이 높다. "좋은 치과 보험에 가입했거나 비보험으로 치료비를 내는 환자가 흔한 치과 시장에서, 메디케이드만으로는 인종에 따른 치과 이용 불평등을 해소하기에 충분하지 않다."는 것이 '치과 보험 혜택 및 치과 이용에서 인종 간 불평등'에 관한 대규모 연구의 결론이다.[24]

2014년 말에 치과 보험이 전혀 없는 미국인은 전체 인구의 약 3분의 1이었다. 그들 중에는 수백만 명의 메디케어 적용 노인도 포함되어 있다. 전국치과보험협회에 따르면 이 중 65세 미만의 미국인도 6800만 명에 이르는데, 동일한 연령에서 의료보험이 없는 미국인은 약 3200만 명으로, 치과 보험이 없는 사람의 수가 의료보험이 없는 사람의 두 배 이상이었다. 미국치과의사협회에 따르면 치과 보험이 전혀 없는 사람들이 치과에 내원할 가능성은 민간 의료보험이 있는 사람들의 절반에 불과하다고 한다.[25]

치과 보험과 의료보험은 대부분 별개로 판매되지만, 의료보험에 가입하지 않는 사람들은 대체로 치과 보험에도 가입하지 않는다. 한 연구에 따르면, 오랫동안 취약 계층이 의료보험 혜택을 받지 못했던 문제가 〈환자보호 및 부담적정 보험법〉이 시행된 이후 차차 해결될 조짐을 보이고 있다고 한다. "보조금에 대한 대부분의 법률 조항이 발효되기 직전인 2013년, 노인을 제외한 흑인은 백인에 비해 보험에 가입하지 않을 확률이 47퍼센트 더 많았다. 아메리카 원주민의 경우 그 수치는 93퍼센트였고, 히스패닉은 120퍼센트였다."[26] 수치상의 불평등은 좁혀졌다. 하지만 미국인 가운데 3분의 1이 치과 보험이 없어서 치과 진료를 받지 못하는 치과 보장성의 불평등 문제를 해결하기는 여전히 어렵다.

2010년 의료보험 개혁법[〈환자보호 및 부담적정 보험법〉]에 따라 의료보험 시장에서 보험회사는 어린이들의 치과 보험 상품을 필수적으로 판매해야 했지만, 그 보험 상품을 부모들이 의무적으로 구매해야 하는 것은 아니었다. 성인의 경우 보험회사가 치과 보험 상품을 반드시 판매해야 한다고 법으로 정해진 것도 아니었다. 이런 문제에도 불구하고 미국치과의사협회는 메디케이드와 아동 건강보험 프로그램을 확대하고, 의료보험 개혁에 따라 민간 의료보험을 판매함으로써 2018년까지 거의 900만 명의 어린이들이 치과 보험 혜택을 받을 수 있을 것으로 예상했다. 또한 미국치과의사협회는 성인들, 특히 젊은 노동자들이 의무 가입 사항이 아님에도 의료보험 거래소♦에서 치과 보험을 구입하고 있다고 밝혔다.

♦ 2010년 〈환자보호 및 부담적정 보험법〉에 따라 차상위 계층 중심의 의료보험 미가입자를 중심으로 메디케이드를 확대하려 했으나, 민간 의료보험과의 공정 경쟁 문제 및 공공 의료에 들어가는 비용 충당의 어려움 때문에 2013년 10월 의료보험 거래소를 설립했다. 이곳에서는 차상위 계층을 포함한 개인과 50인 이하 고용주도 의료보험을 구매할 수 있으며, 이들은 거주지·소득수준·연령 등에 따라 의료보험료를 차등적으로 할인받거나 의료비 본인 부담금을 지원받을 수 있다. 오바마 행정부는 의료보험 거래소에 온라인 판매망, 고객 지원 등을 구축해 사업비 절감에 따른 저렴한 보험료와 세금 공제 혜택을 받을 수 있게 했다. 또한 의료보험 거래소에서 판매하는 보험은 출산, 정신 건강 및 약물중독, 만성질환, 치과, 안과, 소아과 등을 보장하는 상품으로 표준화해 불필요한 보장에 따른 의료비 상승을 억제하고 있으며, 젊은 층의 고액 의료비 특별 보장, 어린이 전용 보장 등 몇 가지 특약만 선택할 수 있도록 단순화되어 있다.

2015년 미국치과의사협회에서 진행한 연구는 "〈환자보호 및 부담적정 보험법〉이 시행됨에 따라 치과 보험의 보장 범위가 달라질 수 있다."고 결론지었다.[27] 환자의 경우, 어떤 종류의 의료보험이라도 의료비를 줄이는 데 도움이 되지만 치과 진료비는 여전히 수백만 명의 미국인들에게 부담스럽다. 2013년 정부회계감사원이 의회에 보고한바, "전국 실태 조사 결과 2008년에 치아나 입안에 문제가 있던 성인의 42퍼센트는 치과 보험이 없거나 본인 부담금을 감당할 수 없어 치과에 가지 못했다. 2011년에는 400만 명의 아이들이 진료비를 감당할 수 없어 필요한 치과 치료를 받지 못했다."

정부회계감사원은 치과 보험의 본인 부담금이 계속 상승하고 있다고 밝혔다. 1996년에서 2010년 사이에 치과 보험 가입자의 본인 부담금은 242달러에서 294달러로 21퍼센트 증가했다. 치과 보험이 없는 사람들에게 이 비용은 1996년에 392달러였지만, 2010년에는 518달러로 32퍼센트 증가했다.[28]

치과 보험 미가입자가 많은데, 진료 비용마저 증가하고 있어서 미국인의 구강 건강 불평등은 더욱 악화되고 있다. 정부회계감사원의 담당관 캐서린 이리타니는 온라인 토론에서 이렇게 말했다. "우리가 내릴 수 있는 결론은 현재 미국이 국민들에게 적정한 치과 진료를 받고 구강 건강을 유지할 수 있도록 보장하는 나라가 아니라는 겁니다. 연방 정부는 메디케이드와 아동 건강보험 프로그램을 통해 저소득층 아동의 의료 접근성 문제에 관심을 기울이며 최근 몇 년간 많은 노력을 해왔습니다만 여전히 부족합니다. 치과 진료를 가로막는 장벽은 매우 복잡하기에 취해야 할 조치도 매우 많습니다."

치과의사는 여전히 백인이 차지하는 비율이 압도적인 직업이다. 백인이 아닌 치과의사가 충분히 많은 적은 없었다. 치과의사의 인종 편중은 치과 진료에서 인종 간 불평등을 초래하는 원인 중 하나이다. 1869년 로버트 태너 프리먼이 아프리카계 미국인으로는 최초로 하버드 대학교 치과대학을 졸업했지만, 그 후에도 한 세기 동안 미국 치과대학과 치과의사협회의 문은 흑인들에게 닫혀 있었다. 미국 최초의 정식 교육을 받은 흑인 치과의사 대부분은 19세기 말에 세워진 역사적인 흑인 대학 두 곳인 워싱턴 D.C.의 하워드 대학교 치과대학과 테네시주 내슈빌Nashville의 머해리 의과대학 치과대학을 졸업했다.

그러나 치과의사 중 소수 인종의 비율은 여전히 낮았고, 그 결과 치과 진료를 받기 매우 어려운 지역사회가 많았다. 1930년 미국에는 1200만 명의 흑인이 살았지만 흑인 치과의사는 2000명이 채 되지 않았다.[29] 이에 따른 치과 진료의 부족은 20세기 초 스웨덴의 경제학자 군나르 뮈르달의 관심을 끌었다.

뮈르달은 미국의 1930년대 인종 문제를 다룬 획기적인 저작인 『미국의 딜레마』*에서 "많은 흑인 환자들이 적어도 남부에서는 인

◆ 1944년에 출간된 『미국의 딜레마 : 흑인문제와 현대 민주주의』는 미국의 흑인문제에 대한 최초의 분석서로, 미국의 흑인문제는 경제·지식·교육·생활·도덕 등의 수준과 인종차별이라는 요소가 상호작용한 결과이며 '누적적 인과관계'를 통해 전개된다고 봤다. 예를 들면 흑인에 대한 차별은 흑인 소득을 감소하고, 이는 건강·교육·생활수준 악화로 이어진다. 이는 다시 흑인에 대한 차별 확대로 이어지며, 다시 흑인의 건강·교육·생활수준을 재차 악화시키는 구조를 형성한다는 것이다.

종차별을 전제한, 백인과 분리된 치과용 의자와 치료 도구로 치료를 받음에도 백인 치과의사를 찾을 수밖에 없다."라고 썼다.[30] 미국의 인종차별적인 치과 제도는 엄청난 인명을 앗아간 더 크고 복잡한 분열의 일부에 불과했다. "차별은 흑인의 질병과 사망을 직간접적으로 증가시키는 원인이었고, 의식적으로든 무의식적으로든 그 모습을 드러냈다."

백인들만 모여 있는 수많은 치과의사 조직에서 환영받지 못한 흑인 치과의사들은 1913년에 그들만의 전문가 단체를 설립했다. 메릴랜드, 버지니아, 워싱턴 D.C.에서 온 창립 회원 30여 명은 7월의 어느 날, 버지니아 버크로 비치Buckroe Beach의 해안가 호텔에 모여 첫 회의를 했다. 그 후 다른 주에 있는 소수 인종 치과의사들이 속속 합류했다. 이 단체는 점차 성장해 전국치과의사협회♦가 되었다.

남부에 있는 주에서도 의사·간호사·약사 단체들은 흑인 회원을 받아들이기 시작했다. 하지만 오래도록 치과의사 단체는 인종 간에 분리된 상태로 유지되었다. 1956년 하워드 대학교 의과대학 교수 폴 코넬리♦♦는 "현재까지의 정보에 따르면 미국의 주 치과의사회 혹

♦ 전국치과의사협회는 워싱턴 D.C.에 본부를 두고 미국·캐나다·라틴아메리카에서 활동하는 소수 인종 치과의사들로 구성된 전문가 단체이다. 1913년에 결성된 이 협회는 치과 진료와 교육을 빈곤층, 장애인, 취약 계층 등 적절한 치료를 받지 못하는 인구 집단으로 확대하는 것을 목표로 한다. 또한 치의학의 발전 및 소수 인종 치과의사의 활동을 장려한다.

♦♦ 1931년 미시간 대학교 의과대학을 졸업한 의사이자 보건학자, 민권운동가. 공중 보건학 박사 학위를 취득(1934년)한 최초의 흑인이자, 미국공중보건협회장으로 선출(1970년)된 최초의 흑인이며, 미국 의료계의 인종 분리주의를 철폐하기 위해 행동했다.

은 카운티 치과의사회 어느 곳도 흑인 의사를 회원으로 받아들이지 않고 있다."라고 기술했다. "흑인 간호사들과 약사들은 지역 조직을 거치지 않고 해당 전문직 중앙 조직에 가입할 수 있고, 최근 들어 흑인 의사에게도 전문직 단체에 가입할 문이 열렸기에, 남부의 흑인 치과의사는 주요 의료인 가운데 전국 단위 의료인 조직인 미국치과의사협회 가입이 금지된 유일한 전문직으로 남아 있다."[31]

1958년 전국치과의사협회는 주 치과의사회의 회원 가입에 관한 인종차별 조항을 삭제하도록 미국치과의사협회에 압력을 가했다.[32] 4년 후 마이애미에서 열린 1962년 회의에서, 미국치과의사협회는 흑인 치과의사를 회원으로 인정하지 않는 12개 주 치과의사회의 투표권을 박탈했다. 메릴랜드주 치과의사회는 투표권을 박탈당한 12개 주 가운데 하나였다. 그제야 메릴랜드주는 관행을 바꾸는 데 동의했다.

하지만 여전히 흑인 치과의사들은 메릴랜드주 제도의 밖에 머물러야 했다. 1968년이 돼서야 흑인 치과의사가 메릴랜드의 한 대도시 종합병원에 근무할 수 있었다.[33] 메릴랜드 대학교 치과대학이 최초의 흑인 교수인 하비 웹 2세를 임명한 것도 1968년이었다.

1970년대에 웹은 소수 인종 치과의사가 부족한 당시 상황이 미국 국민의 구강 건강에 미치는 영향에 대해 발표했다. "치과의사 한 사람이 담당하는 환자 수의 비율에서 백인과 흑인 간에 차이가 크다. 백인 치과의사 한 명은 1900명 미만의 백인 환자를 보면 되지만, 흑인 치과의사 한 명은 평균 1만 2000명의 흑인 환자를 봐야 한다." 1970년 주 인간관계 위원회 보고서에 따르면 메릴랜드 치과면허위원회는 [메릴랜드주에서] 구성원이 모두 백인이었던 30개 주 정부 기관 중 한 곳이라고 밝혔다.[34]

하워드 대학교 치과대학과 머해리 의과대학 치과대학을 제외하면 1970년대까지 흑인이 입학할 수 있었던 치과대학은 거의 없었다고 웹은 설명했다. 1972년이 돼서야 메릴랜드 대학교 치과대학의 첫 흑인 졸업생이 배출되었다. "치과의사라는 직업을 포함해, 미국인 삶의 모든 측면에 깊게 뿌리를 튼 편견을 제거하기란, 대부분의 사람들이 생각하는 것보다 훨씬 어려운 일인 듯하다. 그러나 그렇다고 해서 손을 놓고 있을 수만은 없다."[35]

~

오늘날 소수 인종 치과의사의 수는 여전히 상대적으로 적고, 소수 인종이 거주하는 지역사회에서 일하고 있는 치과의사의 수도 마찬가지로 상당히 적다. 미국 인구의 12퍼센트 이상이 흑인이지만 미국의 흑인 치과의사는 전체 치과의사의 4퍼센트 미만에 불과하다. 2011년 미국 의학원의 보고서 『미국의 구강 건강을 향상하기 위해』에 따르면, 이런 상황은 히스패닉계도 거의 마찬가지다.♦

의료 전문직의 다양성은 소외된 지역사회와 소수 인종 공동체에서의 진료 접근성을 향상한다. 소수 인종 의료인은 해당 공동체 환자들에게 좀 더 편하게 다가갈 수 있고 문화적으로 민감한 부분도

♦ 2016년 미국치과의사협회 자료에 따르면, 소수 인종 출신 치과의사는 전체 미국 치과의사의 26.4퍼센트로 미국 소수 인종 인구 비율인 38.7퍼센트보다 적다. 인종별 치과의사/인구 비율은 다음과 같다. 백인 73.6퍼센트/61.3퍼센트, 아프리카계 미국인 4.3퍼센트/12.4퍼센트, 히스패닉 5.3퍼센트/17.8퍼센트, 아시안 15.8퍼센트/5.5퍼센트, 기타 1.0퍼센트/3.0퍼센트(자료 : https://www.ada.org/~/media/ADA/Science%20and%20Research/HPI/Files/HPIgraphic_1117_6.pdf?la=en).

배려할 수 있다. 소수 인종 치과대학생들은 백인 치과대학생에 비해 소수 인종 환자를 치료하려는 열의가 높다고 이 보고서는 밝혔다.

미국 의학원에 따르면 다음과 같다. "2008년 치과대학 졸업생 중 아프리카계 미국인 학생의 80퍼센트, 히스패닉계 학생의 75퍼센트는 앞으로 자신이 치료할 환자 중 4분의 1 이상이 취약한 소수 인종 및 소수민족 환자들일 것으로 예상했다. 아프리카계 미국인 학생의 37퍼센트와 히스패닉계 학생의 27퍼센트는 그들이 앞으로 치료할 환자 중 이 인구 집단에 속한 환자가 절반 이상일 것이라고 답변했다. 반면에 백인 학생들 가운데 취약한 인종 집단 환자의 비율이 4분의 1 이상일 것이라고 예상한 학생은 43.5퍼센트에 불과했고, 절반 이상일 것이라고 대답한 학생은 6.5퍼센트에 그쳤다."[36]

~

2013년 7월 26일 전국치과의사협회는 미국 메릴랜드주 프린스 조지스 카운티에 잘 지어진 새 리조트에 모여 창립 100주년을 기념했다. 공군 의장대가 공연을 하고 전국치과의사협회의 역사를 상세히 설명하는 영상이 상영되었다. 연회장을 가득 메운 회원들 앞에서 이 단체의 회장 에드워드 채플이 말했다. "우리가 물려받은 유산은 봉사, 교육, 시민권입니다."

아프리카계 미국인인 도나 에드워즈 메릴랜드주 민주당 하원 의원이 치과의사들 앞에서 연설했다. 그녀는 데몬테 드라이버의 죽음을 예로 들며 치과 진료의 중요성에 대해 말했고, 자신의 가족 이야기도 들려주었다. "제 동생은 그때 겨우 스물여섯 살이었습니다. 이뿌리 끝 고름집이 퍼지고 72시간이 못 되어 죽음을 맞았지요. 여러분이 애써 줘야 합니다. 다시는 어떤 가족도 데몬테의 가족이 겪은 고통을 겪지 않아야 합니다. 어떤 가족도 우리 가족이 겪은 고통을 겪지 않아야 합니다."

한 무리의 젊은 무용수들이 공연을 했다. 그다음 지금은 세상을 떠나고 없는 시인 마야 안젤루가 천천히 무대로 나아갔다. 1928년에 태어난 그녀는 은발에 짙은 색 안경을 썼다. 마야 안젤루는 그 후 채 1년도 되지 않아 유명을 달리했다.

마야 안젤루는 회고록 『나는 왜 새장에 갇힌 새가 노래하는지 안다』에 쓴 이야기를 들려주었다. 그녀가 아칸소주에서 보낸 어린 시절, 인종차별이 일상인 세계에서 자란 이야기, 바로 썩은 이 두 개 때문에 눈도 못 뜰 만큼 아파하던 아이의 이야기였다. 마야 안젤루는 자신이 책에 쓴 내용을 읽어 내려갔다. 그녀의 할머니 애니가 어떻게 그녀를 아칸소주의 스탬프스Stamps에 있는 작은 마을의 백인 치과의사에게 데려갔는지, 할머니와 마야가 어떻게 뒤편 계단을 통해 올라갔는지, 그리고 마야의 할머니가 링컨 선생님에게 어떻게 부탁드렸는지.

"애니, 알다시피 난 검둥이가 아니야."

치과의사가 할머니에게 말했다.

"선생님, 이 아이는 제 손녀입니다. 한 번만 봐주세요."

할머니의 애원에 치과의사가 말했다.

"검둥이 입에 손을 넣느니 차라리 개 입에 손을 넣지."

마야와 할머니는 결국 흑인 치과의사가 있는 아칸소주 텍사캐나Texarkana까지 갔다. [장거리 고속버스] 그레이하운드Greyhound 버스를 타고 40킬로미터를 간 뒤에야 아픈 이 두 개를 뽑을 수 있었다.

3부   경종을
       울리는
       사건

10
데몬테가 사는 세상

~

드라이버 집안의 아이들은 메디케이드 혜택을 받는 가난한 아이들이 었다.

메릴랜드주에 사는 저소득층 메디케이드 대상 아이들 50만 명의 대부분은 충치가 있어도 치료받지 못하고 있다. 메릴랜드 치과대학의 연구에 따르면, 그런 아이들 중 8퍼센트는 이가 아파서 운 경험이 있다고 답했다. 그렇다고 나머지 아이들이 아프지 않았던 것은 아니다. 아파도 울지 않고 조용히 고통을 참는 아이들도 있다. 데몬테 드라이버의 어머니는 데몬테가 이가 아프다고 불평한 적이 한 번도 없다고 했다. 불평해도 달라질 것은 없다고 생각했을지 모른다. 어쩌면 그 아이는 통증을 그저 당연히 받아들였을 수도 있다.

그 날은 2007년 3월 8일 목요일 추운 아침이었고, 워싱턴 D.C. 의 애너코스티어Anacostia 근처에 있는 오래된 장례식장이었다. 관 속에는 열두 살 아이의 시신이 누워 있었다. 아이의 어머니와 형제를 비롯한 가족들, 학교 친구들과 선생님들이 망연자실한 표정으로 앉아 있었다.

데몬테를 추모하는 말이 이어졌다. 데몬테는 벽돌공인 할아버지를 즐겨 돕던 아이였다고 했다. '버터'라고 불리는 조그마한 유기견을 입양한 착한 아이였고, 곧 버터는 가족들의 반려동물이 되었다고도 했다. 데몬테는 수많은 질문으로 사람들을 괴롭혔고 밝은 미소로 모두의 마음을 어루만졌다. 고집스럽고 영리한 아이로 데몬테는 기억되었다.

이제 데몬테를 보낼 순간이 왔다.

~

데몬테는 가난 속에서 자랐다. 엄청난 부와 권력의 그늘이 드리운 곳이기도 했다. 데몬테가 지낸, 할아버지와 할머니의 알록달록한 트레일러하우스◆는 미국 국회 의사당에서 19킬로미터쯤 떨어진 프린스 조지스 카운티에 있었다. 메릴랜드주는 이 나라에서 가장 부유한 주 가운데 하나였다. 데몬테가 죽기 4개월 전인 2006년 11월, 프린스 조지스 카운티는 흑인 여성이 즐겨 읽는 잡지 『에보니』에 「미국의 가장 부유한 흑인 카운티」라는 머리기사와 함께 화려하게 등장했다. 그 기사는 과거 프린스 조지스 카운티가 담배 농장이던 시절로 거슬러 올라갔고 현재는 성공한 아프리카계 미국인이 요트를 타고 골프를 즐기며, 철문으로 외부인의 출입을 제한하는 고급 주택지에서 행복하게 살고 있다는 이미지로 채워졌다.

"이 지역은 우리 모두가 상상한 아메리칸드림을 실현했습니다." 한 카운티 공무원이 말했다. "미국이 꿈꿔 온 모습 그 자체입니다." 하지만 미국의 다른 지역들과 마찬가지로 프린스 조지스 카운티는 명백하게 불평등한 곳이기도 했다. 그 불평등함은 가난한 사람들의 입안에서 특히 두드러졌다.

◆ 승용차로 끌고 다니는 이동 주택. 1930년대 대공황을 거치며 빈곤층이 손쉽게 선택하는 주거 형태가 되었고, 1940~50년대에는 도시 외곽에 트레일러하우스가 모여 마을을 이룰 만큼 미국의 주거 문화로 정착했다.

워싱턴 D.C. 외곽 순환도로인 캐피털 벨트웨이Capital Beltway는 호弧를 그리며 프린스 조지스 카운티를 관통한다. 워싱턴 D.C.의 경계를 따라 모여 있는 벨트웨이 안쪽에는, 범죄와 불안, 실업, 낙오된 학교들로 골치 아픈, 이 나라에서 가장 문제가 많은 동네들이 있다. 벨트웨이 외곽에는 『에보니』에서 그린 골프장과 고급 주택 등이 갖춰진 멋진 동네가 있는데, 카운티의 부유한 사람들이 여기 살았다. 그리고 그 너머, 벨트웨이를 지나 멀리 남쪽으로 뻗어 있는 시골 지역에, 프린스 조지스 카운티의 세 번째 동네가 있다. 그곳은 숲, 담배 휴경지, 채석장, 구불구불 이어진 2차선 도로, 체서피크만에서 잡은 게를 1부셸[약 27킬로그램]씩 판다는 내용을 손으로 쓴 입간판이 서 있는 조용한 동네이다. 흑인들이 담배 농사를 지으며 모여 살던 작은 마을 브랜디와인이 바로 드라이버 가족의 고향이다.

데몬테의 어머니 앨리스는 프랭클린 드라이버와 제인 드라이버의 딸로, 브랜디와인의 기번스 교회로路라는 시골 길가의 집에서 어린 시절을 보냈다. 그 길은 1884년 해방 노예가 세운 기번스 감리교회의 이름을 땄다. 드라이버라는 이름의 노예는 주 문서 보관소의 오래된 카운티 명부에서 찾을 수 있다. 기록에 따르면 앨리스 드라이버의 증조부모인 조지 드라이버와 세라 드라이버는 1921년 감리교 교회 근처에 있는 땅 4만 제곱미터를 이웃인 스코트 집안으로부터 5달러에 구입했고, 앨리스 드라이버의 할아버지인 찰스 드라이버가 그 땅을 물려받아 일궜다. 그는 다른 사람들의 밭에서 소작도 하고, 담배 농사도 하는 등 일을 무척이나 많이 했다.

"그 어른에게는 말이 있었어. 드라이버 부인과 아이들이 마차 앞에 앉아 있었고 그 가족들이 마차를 타고 저쪽으로 가는 것을 종종 봤지." 이웃에 사는 74세의 존 브룩스는 이렇게 기억했다.

드라이버 가족은 해가 져서 어두워질 때까지 모두 함께 담뱃잎을 땄다.

"담뱃잎을 따다가 집에 늦게 돌아가기 일쑤였지."

브룩스가 그때 일을 이야기했다.

"찰스 드라이버가 가족들과 마차를 타고 가면서 큰 소리로 '여보게! 또 늦었네!' 하면서 지나가곤 했어."

브룩스는 옛일을 회상하며 오래된 기번스 교회 묘지에 서있었다. 2차선 도로를 바라보고 있는 브룩스에게 "여보게! 또 늦었네!"라고 말하는 찰스 드라이버의 허스키한 목소리가 말발굽 소리와 함께 들리는 듯했다. "그 어른은 항상 서둘렀어. 늘 일이 늦게 끝났으니까."

이미 사라지고 없는 세상으로부터 울려오는 마지막 메아리를 듣는 듯 브룩스는 한동안 멍하니 있었다. 담배 밭이 사라지자 드라이버 가족도 자신들이 살던 땅에서 사라졌다. 찰스 드라이버는 자신이 물려받은 땅에서 헌신적으로 일했지만, 그의 아들 프랭클린 드라이버는 1969년 10달러에 농장을 팔았다. 채석장이 그 땅을 인수했다. 1973년 앨리스 드라이버가 태어날 즈음, 그녀의 가족은 기번스 교회로에 있는 작은 집에 세들어 살고 있었다. 채석장은 진흙 구덩이만 남은 폐허로 변해 울타리가 쳐진 채 '무단 침입 금지' 표지가 붙었다. 오래전 해방 노예들이 지은 목조 감리교 교회는 이제 벽돌 구조에 대리석 화장실이 딸린 부티 나는 대형 교회가 되어 1만 4000여 명의 신도가 다녔다. 그리고 아주 오래전 드라이버 가족이 이웃과 모여 햄과 프라이드치킨을 먹었던, 테두리가 하얗게 칠해진 작은 마을 회관은 이제 무너져 내리고 있었다. 망으로 된 문은 철사 한 가닥으로 고정되었고, 문 안쪽에는 하나 남은 자줏빛 성가대 가운이 어둠 속에서 너풀거리고 있었다. 찢어진 양철 지붕 사이로 하늘이 보였다.

존 브룩스는 여전히 잔디 깎는 트랙터를 끌고 묘지를 찾는다. 존은 그곳에 묻힌 사람들과 그들의 결혼 생활, 가족, 생애를 기억했다. 그는 가장 오래된 무덤들을 돌보면서, "노예에서 겨우 한 발짝 나아간" 그들 삶의 대장정에 경의를 표했다. 그는 앨리스 드라이버가 어렸을 적, 마을에서 도망치기 전의 그녀를 기억했다. 앨리스는 브랜디와인의 학교를 다녔고 마을 어귀 큰길에 있는 고등학교에도 입학했다. 그녀는 철자법에 능숙했고 회계사가 되기를 꿈꿨다. 계속 학교에 다녔더라면 공군 예비군*이 될 수도 있었다. 하지만 그녀는 걸핏하면 매질하던 어머니가 싫어 브랜디와인을 떠났다고 했다.

앨리스 드라이버의 삶은 벨트웨이에서 새로운 국면으로 접어들었다. 앨리스는 십 대일 때 두 아들, 데온테와 대니를 낳았다. 아이들을 키워야 했던 그녀는 식료품점 안의 빵집 점원이나 노인 요양 보호사 같은 다양한 일자리를 전전하며 생계를 유지했다. 때때로 앨리스는 아버지를 도와 벽돌 쌓는 일을 하기도 했다. 앨리스는 강인했다. 그리고 건축 일을 좋아했다. 아버지와 함께 일하던 클래런스 헨드릭을 앨리스 드라이버는 '마음씨 고운 남편'으로 기억했다. 앨리스가 아직 20대 초반이고 데온테와 대니가 학교에도 들어가지 않았을 때, 그녀는 다시 클래런스 헨드릭의 아들을 낳았다.

데몬테는 1994년 5월 14일에 태어났다. 태어났을 때는 키가 작고 몸무게도 약 1.3킬로그램에 불과한 미숙아였다. 하지만 데몬테는

---

* 미군의 예비군은 평시에 최소 연간 39일만 복무하고 비상시에 동원되는 비상근 군인들로, 여러 조직들로 이뤄져 있다.

살기 위해 싸웠다. 앨리스는 데몬테가 '꼬마 챔피언'이었다고 했다. 데몬테에게는 뭔가 조숙한 면이 있었고, 놀라울 만큼 영리했다.

"마치 세상을 한 번 살아 본 아이 같았죠." 앨리스는 말했다.

앨리스 드라이버는 그 뒤에도 2년 후 다숀을 낳았고, 5년 후 도넬을 낳아 아들 둘이 더 생겼다. 서브프라임 모기지 사태와 대불황이 터지기 전 몇 년간, 프린스 조지스 카운티의 부동산 가격은 급등했다. 어쩌면 그곳에 사는 많은 사람들이 부자의 꿈을 이룰 수 있을 것만 같았다.

프린스 조지스 카운티의 벤처 투자자이자 부동산 개발업자 게리 머리는 2006년 『에보니』에 "민권운동♦ 이후 40년이 지난 지금, 우리는 이런 종류의 권력을 가지게 된 첫 세대이다."라고 말했다. 이 기사에 따르면 프린스 조지스 카운티는 "사실상 카운티로 들어가는 모든 입구가 마을 정원으로 꾸며진", 그 잠재력이 무한한 황금의 땅이었다. "벨트웨이 주변의 어떤 도로는 중앙분리대에 나무 300그루 이상, 관목 800개, 관상용 식물 5만 개가 있는 것으로 유명했다."[1]

기사에서는 '멋진 고장, 프린스 조지스'Gorgeous Prince George's라는 문구를 널리 알린 카운티 고위 공무원 잭 존슨의 업적을 보도했다. 그는 포토맥강 건너편, 워싱턴 D.C.를 마주보는 자리에 휴양지 및 대규모 회의 시설을 건립하는, 20억 달러 규모의 내셔널 하버 프로젝트에 필요한 재정을 확보했다. 이는 라스베이거스를 제외하면 가장 큰 규모의 숙박 산업 건설 계획으로, 열렬한 환호를 받으며 추진

♦ 1950~60년대 아프리카계 미국인의 시민권 보장 및 인종차별 해소를 요구한 운동으로, 그 결과 1964년 〈민권법〉, 1965년 〈투표권법〉이 제정되었다.

되었다. "성공적인 금융 투자와 늘어난 세금 수입을 기반으로, 카운티는 5000만 달러의 잉여금을 확보했다. 이를 사용해 새로운 학교를 건설하고, 교사의 급여를 인상했으며, 더 나은 서비스를 카운티 주민에게 제공했다."

정부와 민간 부문에 취업한 부유한 카운티 주민들이 보험 혜택을 누리면서 의사 및 치과의사를 선택할 수 있었던 반면, 저소득층 및 노동 빈곤층 가정은 점점 더 고립되었고 의료 접근성 또한 감소했다. 카운티는 말 훈련소와 마술馬術 쇼를 위한 마장마술 경기장도 갖춘 신설 승마 센터를 자랑했다. 반면에 랜드연구소의 보고서에 따르면, 가난한 보험 미가입자들이 의과 및 치과 진료를 받을 수 있는 '일차 의료 안전망'은 부족했다. 2005년과 2006년, 프린스 조지스 카운티에 연방 정부 인증을 받은 보건소는 단 하나뿐이었고, 카운티에 거주하는, 보험이 없는 80만 명의 성인들 중 보건소를 이용한 사람은 극히 일부에 불과했다. 또한 교육 수준이 낮은 저소득층 거주자들은 "중산층 거주자에 비해 의료보험에 가입하지 않고, 정기적인 진료를 받지 못하며, 비용 때문에 치료를 못 받고, 치과 검진을 받은 지 5년이 넘은 경우가 훨씬 더 많았다."[2]

앨리스 드라이버가 다닌 직장들은 하나같이 치과 보험을 제공하지 않았다. 앨리스는 치과 진료를 받지 못했고 그녀의 아이들도 마찬가지였다.

～

막내아들인 도넬이 어렸을 때, 앨리스 드라이버는 아이들을 데리고 도넬의 아버지와 잠시 같이 살았다. 그들은 페어마운트 하이츠Fairmount Heights에 작은 집을 임대해 살았는데, 그곳은 프린스 조지스 카운티의 전통적인 흑인 거주 지역으로 벨트웨이에서 안으로 한참 들어간 곳에 있었다.

"노인을 돌보는 아르바이트를 잠깐 했어요. 파킨슨병을 앓던 분인데 돌아가실 때 제가 옆에 있었죠." 앨리스 드라이버는 말했다.

돈 걱정에, 간간이 가정 폭력까지 일어나니 집안에는 늘 긴장감이 감돌았다. "일이 잘 안 풀렸어요." 하지만 떠나기는 어려웠다. 임대료는 계속 올랐고 적당한 월셋집을 찾기는 어려웠다. 백인 중산층을 워싱턴 D.C.에서 프린스 조지스 카운티로 끌어 모았던 정원 딸린 아파트는 나중에는 흑인들의 거주지가 되었다. 이제 그곳은 방치되고 망가져 범죄가 만연한 장소가 되었다.

2005년 11월 앨리스 드라이버와 아이들은 결국 카운티의 [홈리스를 위한] 긴급 쉼터로 갔다. 쉽지 않은 시간들이었지만 앨리스 드라이버와 아이들은 단출한 아파트형 공간에서 함께 지낼 수 있었다. 쉼터에서는 일자리 제공과 약물 남용 상담을 포함한 복지 서비스도 받을 수 있었다. 앨리스에게 그곳은 집안의 불안한 분위기와 임대료 걱정에서 벗어날 수 있는 안식처였다. 추수감사절에는 그녀에게 여전히 따뜻했던 클래런스 헨드릭이 방문하기도 했다.

하지만 몇 달 후 데몬테의 아버지는 암으로 세상을 떠났다.

～

앨리스 드라이버는 자신이 약물중독에 시달리고 있다는 사실을 인정했다. 2006년 초, 보호소에서 가족들과 보낼 수 있는 기한이 끝나자 그녀는 재활 프로그램에 등록했다. 아이들은 친척 집으로 뿔뿔이 흩어졌다. 오빠와 언니가 첫째와 둘째 아이를 데려갔다. 가장 어린 도넬은 앨리스의 아버지에게 갔다. 데몬테와 다숀은 대통령 전용기 '에

어 포스 원'이 있는 앤드루스 공군기지 근처 숲속의, 침실 두 개짜리 이동식 주택에서 할아버지, 할머니와 함께 살기로 했다.

데몬테는 호기심이 많았고 수학을 좋아했지만 행동 조절에 문제가 있었다. 2년 동안, 그는 벨트웨이 외곽 라고Largo 마을에 있는, 정서 장애와 학습 부진 아동 및 청소년을 위한 메릴랜드주의 비영리 치료 학교인 파운데이션 스쿨에 다녔다. 데몬테는 학교에서 인정받는 아이였다. 이 학교에는 가난하거나 문제가 있는 가정의 아이들이 많았다. 파운데이션 스쿨은 집중적인 서비스로, 이런 아이들이 학업 성취와 성공의 경험을 얻게끔 돕는다고 자부했다.

"우리 학교에는 집이 없고 치료가 필요해 보이는 아이들이 다니고 있습니다. 우리는 많은 일을 하고 있어요." 교장 선생인 지나 제임스가 말했다. "우리는 단체복을 구입해 아이들에게 입히기도 합니다. 옷을 사 입히는 것조차 어려운 부모가 많아요."

2006년 여름, 볼티모어에 있는 공공 정의 센터◆의 변호사 로리 노리스가 드라이버 가족의 삶으로 들어왔다. 노리스는 홈리스 가정이 직면한 어려움을 깊이 이해하고 있었다. 그녀는 집이 없어 강제로 삶의 터전을 옮겨야 하는 아동이 지역 학교에 남을 권리를 훌륭하게 변호해 왔다. 공공 정의 센터는 공립학교 시스템에 대한 경험 사례를 모으기 위해 홈리스 가족들과 인터뷰를 진행하는 중이었다. 7월에 노리스는 조사의 일환으로 드라이버 가족에게 연락했다. 8월에 앨리스 드라이버는 노리스에게 연락해 학교 등록에 대한 도움을

◆ 메릴랜드주를 포함한 미국 동부 지역에서 저소득층의 권리를 옹호하고 확장하기 위해 1985년 설립한 비영리 법률 서비스 기관.

구했다.

9월쯤 앨리스는 다시 노리스에게 연락했다. 이번에 그녀는 훨씬 더 어려운 문제로 도움이 필요했다. 열 살짜리 다숀을 치료할 치과 의사를 찾는 일이었다. 다숀은 입안의 통증과 부기로 힘들어했다. 치아 여러 개가 썩어 염증이 생긴 것이다. 앨리스는 치과의사를 겨우 찾아냈지만, 치과의사는 다숀이 진료 의자에서 몸부림을 쳐서 더는 치료할 수 없다고 했다. 그 치과의사는 다른 치과에 의뢰해 주지 않았고, 앨리스는 또 다른 치과의사를 찾을 방법을 몰랐다. 그녀는 다숀의 메디케이드 관리 의료보험의 치과 네트워크 중 하나인 다른 치과의사를 찾아 무료 전화를 걸었지만 예약에 성공하지 못했다. 앨리스는 낙담했다.

"메릴랜드주에서 메디케이드 치과를 이용하려면 너무 복잡하고 어렵습니다. 앨리스는 아이를 치료할 치과의사를 찾는 데 필요한 이해력과 능력의 한계에 도달했던 거예요." 노리스가 말했다. 이제 변호사가 어머니를 도와 길을 찾아 나섰다. 그러나 메릴랜드에 거주하는 취약 계층 어린이들의 치과 진료 전달 체계에서 문지기 및 공급자 역할을 맡은, 메디케이드 관리 의료 도급업자와 치과 하도급 업자로 얽힌 복잡한 미로에서 노리스도 길을 잃었다. 치과의사를 찾는 일은, 법률 지식에 해박하고 자신감 넘치는 변호사 노리스가 사무실과 직원의 지원을 받았음에도 벅찬 과제였다.

노리스는 첫 단계부터 시작하기로 했다. 다숀이 메릴랜드주 메디케이드의 관리 의료보험에 등록되어 있고, 메디케이드를 대신한 유나이티드 헬스 케어라는 민간 의료보험 회사를 통해 메릴랜드주 메디케이드 수혜자들에게 의료 서비스가 제공된다는 사실을 확인한 노리스는, 치과의사를 찾기 위해 유나이티드 헬스 케어의 고객 서비스

번호로 전화를 걸었다. 전화는 유나이티드 헬스 케어의 치과 보험을 관리하는 별도의 회사인 덴털 베너피트 프로바이더스로 연결되었다.

덴털 베너피트 프로바이더스의 고객 서비스 담당자는 노리스에게, 다숀은 먼저 일반 치과의사에게 진찰을 받아야 한다고 설명했다. 일반 치과의사의 의뢰서를 받아야 다숀을 치료해 줄 구강외과 의사를 소개받을 수 있다는 것이었다. 담당자는 유나이티드 헬스 케어에서 메디케이드 환자를 담당하는 분과는 아메리초이스라 불리는 개별 조직이며, 메디케이드 환자를 치료할 치과의사는 유나이티드 헬스 케어가 아닌 아메리초이스와 계약된 의사여야 한다고 설명했다. 담당자는 회사의 데이터베이스를 검색한 뒤 다숀이 현재 살고 있는 조부모의 이동 주택 근처에 있는 일반 치과의사 수십 명의 명단을 노리스에게 전해 주었다. 담당자는 이렇게 덧붙였다. 덴털 베너피트 프로바이더스 네트워크에 등록된 치과의사가 많기는 하지만, 아메리초이스와 계약을 맺으면서 많은 의사가 계약을 취소했다는 것이다. 그러니 목록에 있는 치과의사가 '주 정부를 통해 아메리초이스와' 계약을 맺은 공급자가 맞는지, 확인해야 한다고 했다.

노리스는 비서에게 명단에 있는 치과의사들에게 전화를 걸어 '주 정부를 통해 아메리초이스와' 계약된 상태가 맞는지 알아봐 달라고 했다. 26군데와 통화했지만 모두 아니라고 대답했다.

노리스는 다른 방법을 시도해야겠다고 생각했다. 그녀는 메릴랜드주 보건정신위생과 메디케이드 상담 전화에 연락했다. 노리스와 통화한 첫 번째 담당자는 데이터베이스에서 다숀의 기록을 찾을 수 없다고 했으며, 따라서 아메리초이스가 아닌 아메리그룹이라는 또 다른 메디케이드 관리 의료보험에 새로 등록해야 한다고 했다. 노리스는 관리자와 얘기하게 해달라고 부탁했고 관리자는 데이터베이스에서 다숀을 찾아냈다. 그리고 노리스를 담당 사례 관리 부서에 있는 감독 간호사에게 연결해 주었다.

그 후 5일 동안, 노리스와 주 사례 관리 간호사, 프린스 조지스 카운티 보건부 옴부즈맨 부서의 사례 관리자, 유나이티드 헬스 케어의 아메리초이스 직원이 함께 다숀이 등록된 메디케이드 네트워크에서 다숀을 치료해 줄 치과의사를 찾기 위해 노력했다.

2006년 10월 5일, 다숀은 마침내 치과의사 아서 프리들리를 찾아가 스케일링을 받고 엑스선사진을 촬영한 뒤 구강외과 의사를 소개받았다. 구강외과 의사는 예약이 밀려 있으니 11월에야 다숀을 볼 수 있으며, 그날도 치료는 못 하고 상담만 가능하다고 했다. 6주 후, 다숀을 본 구강외과 의사는 앨리스에게 치아 여섯 개를 뽑아야 한다고 말했다. 실제 이를 뽑는 약속은 12월로 잡혔다. 하지만 나중에 치과에서 전화가 와 2007년 1월 16일로 진료 예약을 재조정해 달라고 요청했다. 그러나 앨리스는 1월 8일, 아이들의 메디케이드 가입이 한 달 전에 만료되었다는 것을 알고 1월 16일 약속을 취소할 수밖에 없었다. 앨리스는 관료주의적 착오로, 적격 여부를 확인하는 서류가 홈리스 쉼터로 잘못 배달된 것이 아닌지 의심스러워했다. 이미 앨리스의 가족은 홈리스 쉼터에 살지 않는데 우편물이 잘못 배달되었을지 모른다고 여겼다. 그리고 데몬테가 병에 걸린 건 그때였다.

~

데몬테 드라이버의 사망 소식은 2007년 2월 28일 『워싱턴 포스트』의 메트로 면에 「치과의사 부족: 프린스 조지스의 소년, 치아 감염 세균이 뇌로 퍼져 사망하다」라는 제목으로 기사화되었다.

"12세의 데몬테 드라이버가 지난 일요일에 치통으로 세상을 떠났다."

"단돈 80달러에 치과에서 이를 뽑았다면 데몬테의 생명을 구했을지 모른다."

"데몬테의 어머니가 보험이 있었더라면."

"데몬테 가족이 메디케이드 자격을 잃지 않았더라면."

"메디케이드 치과의사 찾기가 그렇게 어렵지 않았더라면."

"어머니가 동생[다숀]의 썩은 이 여섯 개를 치료할 치과의사를 찾는 데 집중하지 않고, 데몬테에게도 신경을 썼더라면."

"의사는 데몬테의 치통이 심상치 않아 보였을 때, 고름집의 세균이 이미 뇌까지 퍼진 상태였다고 말했다. 두 번의 수술과 6주 이상의 입원 치료에도 불구하고 프린스 조지스 카운티의 소년은 죽음을 피할 수 없었다."

"데몬테의 죽음과 총 25만 달러 이상이 될 수도 있는 최종 치료비는 치과 진료를 포함한 보편적 의료보장을 둘러싼 논쟁에서 우리가 종종 간과하는 문제를 다시 부각한다."

기사는 계속해서 메릴랜드주와 대워싱턴 지역♦의 상황을 보도했다. 이 지역에 거주하는 저소득층 아이들 중 일부는 치과 진료를 전혀 받지 못하며, 일부는 메디케이드 환자를 기꺼이 받아 주는 치과의사를 찾아 메릴랜드 대학교 치과대학 같은 곳까지 세 시간이나 걸려 가는 경우도 있었다. 하지만 데몬테의 동생처럼, 구강 검진 등 기본적인 진료는 받을 수 있지만 의뢰가 필요한 복잡한 문제는 해결

♦ 미국의 수도 워싱턴 D.C.를 중심으로 메릴랜드주와 버지니아주 서부를 포함한다. 2017년 미국 인구조사국 추정으로 621만 명이 거주하는 이 지역은 미국에서 가장 교육 수준이 높고 부유한 대도시 지역 중 하나이다.

하기 힘든 경우가 대부분이었다.

암울한 상황이었다. 2005년 메릴랜드주의 메디케이드 프로그램에서 어떤 종류든 치과 진료를 받은 어린이는 세 명 중 한 명도 되지 않았다. 그마저도 2005년 자료가 데몬테 드라이버 사망 당시에 구할 수 있던 최신 자료였다. 2005년 주 메디케이드 아동 중 충치 치료를 받은 어린이는 16퍼센트에도 못 미쳤다.

"데몬테의 죽음이 헛되지 않도록, 이 아이들의 치과 진료를 책임지는 정부 기관들이 힘써 주기를 바랍니다." 로리 노리스는 신문 지면을 통해 이렇게 주장했다. "그들은 문제가 있다는 것을 알고 있으면서도, 문제를 해결하는 데 적절한 자원을 투입하지 않았습니다."

관계자는 주 정부가 메디케이드의 관리 의료 프로그램을 시행한 1997년과 의회가 예산을 배정하고 메디케이드 관리 의료 프로그램의 치과 진료 기준을 상향 설정한 1998년 이후, 메디케이드의 기본적인 치과 진료는 점차 개선되고 있다고 전했다. 그러나 심각한 문제가 남아 있었다. 다숀을 진료한 치과의사이자 메릴랜드주 치과의사회의 직전 회장이었던 아서 프리들리에 따르면, 데몬테가 사망할 당시 메릴랜드주에서 메디케이드 환자를 받는 치과의사는 20퍼센트 미만이었다. 그는 시스템이 완전히 뒤죽박죽이라고 했다. "우리가 가진 모든 게 다 엉망이었습니다. 이 아이들에게 진료 접근성이란 딴 세상 이야기였던 겁니다."[3]

～

데몬테 드라이버가 사망했을 때는, 민주당의 마틴 오말리가 메릴랜드 주지사로 막 취임한 시기였다. 오말리는 현직 주지사인 공화당의 로버트 에리히 2세와 경쟁해 힘겹게 승리를 거뒀다.

주지사가 되기 전 오말리는 볼티모어 시장을 역임했다. 그는 올곧은 성격에 인간적으로도 매력적인 정치가였고, 개혁을 추진해 명성을 얻었다. 볼티모어를 괴롭히는 총기 폭력과 만연한 약물중독에 맞서 투쟁한 오말리는 텔레비전 드라마 〈더 와이어〉에서 극중 야심만만한 정치인 토미 카세티 시장의 모델이기도 했다. 오말리는 텔레비전 시대에 어울리는 정치가였다. 그는 민속 록의 한 장르인 켈틱 록Celtic rock 밴드에서 기타를 연주하고 노래도 불렀다. 공공 행정과 정책의 세부 사항들에 깊은 관심을 기울이기도 했다. 시스템이 제대로 작동하면 정부도 충분히 많은 일을 할 수 있다고 믿었다. 42세가 되던 2005년, 『타임』은 오말리를 미국의 5대 대도시 시장 중 한 명으로 지목하며 로큰롤러를 빗대 「원큰 롤러」◆라는 머리기사로 소개했다.[4]

데몬테의 사망 소식이 실린 『워싱턴 포스트』를 본 오말리는 회의 자리에서 주 정부 내각 구성원들에게 몇 번이고 신문을 펼쳐 보이며 이렇게 질문했다고 한다. "이 문제를 해결하기 위해 우리가 할 일이 뭡니까?"

애초에 오말리가 메릴랜드주의 치과 문제를 해결하려고 공직에 나선 것은 아니었지만, 주지사로 당선되어 메릴랜드주 주도인 아나폴리스로 온 그의 마음속에는 주민의 건강을 개선하겠다는 뜻이 있

◆ 오말리는 대학 졸업 후인 1988년 결성한 록 밴드 '오말리의 행진'O'Malley's March의 리드 싱어로, 볼티모어 시장 및 메릴랜드 주지사 재임 기간을 포함해 현재까지 공연해 왔다. 한편 'wonk'는 '학구적이고 근면한, 정책 전문가'라는 의미를 지닌 단어로 '원큰 롤러'Wonk 'n' Roller는 볼티모어 시장 재임 시절 성과 중심의 정책으로 도시를 발전시킨 업적과 록 밴드 활동을 병행하는 정치인임을 가리키는 별칭이다.

었다. 주지사로서 그의 목표 중 하나는 의료보험이 없는 수만 명의 메릴랜드 주민들에게 보험 혜택을 확대하는 것이었다. 오말리는 이미 대단한 의료보험 전문가 존 콜머스를 메릴랜드주의 보건부 장관으로 내정한 상태였다. 진중한 사람인 콜머스는 오스트리아 의사 가문 출신의 이민 1세대 미국인으로, 비용 효율성 및 의료의 질 관리에 정통했다. 그리고 공중 보건에 대한 열정이 가득한 사람이었다.

오말리 행정부에 합류하기 전 콜머스는 메릴랜드주 최대 보험회사인 '케어퍼스트 블루크로스 블루실드'의 이사회 의장을 역임했다. 블루크로스에 재직하는 동안, 콜머스는 이전 이사회가 이 회사를 영리회사로 전환해 매각하려는 시도를 저지하고 비영리회사로 되돌리기 위해 노력했다. 오말리가 콜머스에게 보건부 장관을 맡도록 설득하던 무렵, 콜머스는 가난하고 의료보험이 없는 성인에게 메디케이드 혜택을 확대하면서도 국가 재정에 부담이 가지 않는 방법을 연구하느라 바빴다. 보건부 장관이 된 콜머스는 자신이 이전에 준비한 메디케이드 확장 계획을 주 의회가 받아들이도록 할 기회를 갖게 되었다. 마침 그때, 위기에 처한 메디케이드의 치과 프로그램 소식이 전해진 것이다.

콜머스는 인터뷰에서 이렇게 말했다. "우리는 12세 소년이 치아 원인의 세균 감염으로 사망했다는 소식을 들었습니다. 제가 이 뉴스를 어떻게 처음 접했는지는 정확히 기억나지 않습니다. 하지만 우리가 이 사건을 목도했다는 것은 분명합니다." 공중 보건에서 예방은 가장 중요한 관심사이다. 하지만 아무리 노력해도 여전히 '비극적인 일'들이 일어난다고 콜머스는 말했다. "실제로 그런 사건이 터졌을 때 우리가 어떻게 대처할지야말로 중요한 일입니다."

주지사의 지원으로 콜머스는 특별 전담팀을 구성하고 '치과행동위원회'라 명명했다. "의도적으로 붙인 명칭이었습니다. 저는 위원회의 명칭 중간에 '행동'이 들어가야 한다고 생각했어요." 콜머스는 책장 속에 들어가서 끝나 버릴 보고서를 원했던 것이 아니라고 말했다. 위원회가 해야 할 일은 주 정부의 망가진 메디케이드 치과 프로그램에 관한 구체적 해결 방안을 제시하는 것이었다. 비용 면에서 효율적이고 달성할 만한 방안이어야 했다. 해결 방안에 따라 비용이 들 수 있다는 것도 알았다. 하지만 메릴랜드주 메디케이드 문제의 핵심을 건드리려면 돈보다 더한 것도 필요하다고 확신했다.

문제를 해결하려면 치과의사의 참여가 필요했다. "한편으로는 메디케이드 프로그램을 확대하는 데 치과 전문직 종사자들이 전면에 나서게 해서 공적 의료보험에 대한 책임감을 더 갖게 하려는 생각도 있었습니다." 콜머스는 메릴랜드주의 치과의사, 의사, 보험 및 보건 공무원, 아동 권익 단체 및 학계에 치과행동위원회 참여를 요청했다. 메릴랜드 대학교 치과대학의 노먼 티나노프가 위원으로 임명되었고 변호사 로리 노리스도 제안을 받았다. 전직 주 보건부 구강보건실 치과 과장이자 치과의사인 해리 굿맨도 지명되었다.

부유한 지역인 하워드Howard 카운티에서 치과위생사로 일하고 있는 제인 캐스퍼가 위원회의 위원장이 되었다. 조용한 성격이었지만 치과의사를 설득해 치과 진료가 필요한 가난한 헤드 스타트 아이들을 받아들이게 하는 신비한 능력으로 알려져 있었다. 제인 캐스퍼의 남편 역시 교외 중산층 주거지역에서 성공적으로 개인 치과 의원을 운영하는 치과의사였는데, 그 치과에서도 상당수의 저소득층 메디케이드 아이들이 진료받았다. 그녀는 치과 진료를 둘러싼 여러 가지 입장과 사안에 대해 자신만의 통찰력을 위원회의 위원들과 나눌 수 있었다. 그녀는 공중 보건 담당자들과 민간 치과의사들이 직면하고 있는 압박감을 이해했다. 가난한 아이들과 그들의 가족을 잘 알고 있었고, 그들이 일상생활에서 겪는 어려움도 알았다. 그녀는 오랫동안 치과위생사로 일했기 때문에 메릴랜드주의 치과의사들이 지금 어떻게 생각하고 있는지도 잘 알았다. 그래서 메릴랜드주에서 발생한, 가난한 메디케이드 대상 아동의 사망 소식에 치과의사들 모두가 마음속 깊이 상처를 입었으리라고 믿었다.

"치과의사들은 정말로 그 사건에 신경을 쓰고 있어요. 그리고 그 사건을 사람들의 기억에서 잊게 하려 애쓰고 있죠."라고 캐스퍼가 말했다. "치과의사들은 '[안타까운 사건이긴 하지만] 우리가 용서를 빌어야 하는 건 아니잖아.'라고 생각하는 것 같아요. 하지만 정말로 그렇게 해야 할 상황이 문 앞에 다가왔어요."

~

그해 여름, 볼티모어에 위치한 오래된 주 보건부 건물 내 회의실에서 정기적으로 위원회가 소집되기 시작했다.

"회의적인 의견이 많았습니다." 캐스퍼는 당시 상황을 설명했다. "참석자들은 다들 자신이 무슨 일을 해야 하는지를 잘 몰라서 약간 두려웠을 거예요." 몇 년 전, 캐스퍼는 치과위생사가 일선 학교에서 일할 수 있도록 업무 영역을 넓히자고 제안한 적이 있다. 이 제안은 치과의사들의 분노를 불러일으켰다. "제 생각으로는, 치과위생사들이 이러다 독립적으로 진료까지 한다고 할까 봐 치과의사들이 염려한 것 같아요."

치과의사들이 걱정하는 부분을 콜머스도 이해했다. 치과위생사들에게 더 많은 권한이 주어지는 것을 걱정한 것이다. 미국 다른 주의 치과의사들처럼 그들은 치과 치료사에 대해서도 우려하고 있었다. 콜머스는 메디케이드의 낮은 진료 수가와 번거로운 서류 작업에 대한 치과의사들의 불만을 들었고, 문제 해결에 힘쓰겠다고 말했다. 다른 한편 그는 치과의사들에게 메릴랜드주의 치과 인력을 늘리는 방안도 고려 중이라고 밝혔다.

"치과의사 위원 여러분의 생각은 충분히 잘 알겠습니다. 하지만 정부의 노력에도 불구하고, 메디케이드 프로그램에 참여하는 여러분의 동료 치과의사 수가 눈에 띄게 증가하지 않는다면, 이런 요구들은 그저 트집일 뿐입니다. 그렇게 되면 저는 정부로 돌아가 우리 주가 처해 있는 환경에서 가능한 진료 범위 확장 작업을 추진할 겁니다. 메디케이드에 참여하지도 않을 생각이면서 이런 식으로 발목만 잡는다면…… 네, 좋습니다. 하지만 그 결과에 대해서는 치과의사들이 감수해야 할 겁니다."

볼티모어의 주 정부 청사에 있는 간소한 회의실에서 여름 내내 정기 위원회가 열렸고, 치과행동위원회 위원들은 망가진 체계를 복구하고, 메릴랜드주에 거주하는 가난한 아이들에게 구강 보건 진료를 제공한다는 두 가지 서로 다른 문제를 해결하기 위해 씨름했다. 체서피크만의 어촌 마을부터 애팔래치아의 석탄 마을까지 뻗어 있는, '미국의 축소판'이라고도 불리는 메릴랜드주의 도전 과제는 매우 풀기 어려운 난제였다.

그리고 어떤 면에서 메릴랜드의 메디케이드 치과 체계 역시 미국 전체 메디케이드 치과 체계의 축소판이라고 할 수 있었다. 그 나름의 역사가 있었지만, 자금 조달 문제, 참여와 활용, 부정과 남용에 관한 문제들은 메릴랜드만의 문제가 아니었다. 메릴랜드가 부각된 것은 데몬테의 죽음이 화제가 되었기 때문이다. 데몬테의 죽음이 결정적인 역할을 해 구강 건강에 대해 지역, 주 그리고 국가 차원의 관심이 쏠리게 된 것이다.

~

메디케이드가 막 시작되었던 1960년대로 돌아가 보면, 그 당시 메릴랜드주의 지도자들은 가난한 사람들에게 필수 치과 진료를 제공한다는 발상과 그 실행 프로그램을 두 팔 벌려 환영했다. 하지만 몇 달지나지 않아 프로그램에 투입된 정부 예산이 부족하다는 치과의사들의 불평이 시작되었다.

메릴랜드주에서 메디케이드 프로그램이 시작된 해는 1966년이었지만, 치과 프로그램은 1967년 7월 1일부터 본격적으로 시작되었다. 다가올 회계연도에 치과의사들에게 지급하기 위해 총 65만 달러를 따로 마련했으나 보장 범위가 상당히 포괄적이었기 때문에 예산은 5개월 만에 동났다. 주 의회가 1969 회계연도에 다시 65만 달러의 예산을 책정했지만, 치과의사의 대다수를 차지하는 메릴랜드주치과의사회 회원들은 메디케이드에서 탈퇴한다고 발표했다.

"주 정부가 주민 가운데 90퍼센트 이상이 앓고 있는 이 질환을 정말 치료하려고 마음먹었다면서, 고작 65만 달러의 예산으로 27만 6831명의 가난한 주민들에게 포괄적인 치과 진료를 제공하겠다는 생각이 도대체 어떻게 가능한지를 우리 치과의사들은 도무지 이해할수 없다." 메릴랜드주 치과의사회 회장 어빙 에이브럼슨이 주 보건위원회 위원에게 보내는 편지의 내용이 메릴랜드주 최대 발행 부수를 자랑하는 『볼티모어 선』에 실렸다.[5]

『볼티모어 선』의 사설은 메디케이드가 가난한 사람들의 의료 수요를 충족한다는 사회적 계약 이행이 치과의사의 반란으로 말미암아더 어려워질 것이라고 평가했다. "주 정부의 메디케이드 프로그램은

7월 1일로 두 돌을 맞는다. 다른 대부분의 주에서 시행되는 비슷한 프로그램과 마찬가지로, 볼티모어주의 메디케어 프로그램도 줄곧 재정적인 어려움을 겪었다. 의료 비용은 급속히 증가하는 반면, 프로그램을 통해 병원 진료, 의사 서비스 및 기타 지원을 받아야 할 가난한 사람들의 수는 애초에 너무 적게 추정되었기 때문이다."[6]

1970년 메릴랜드주의 치과의사들은 진료 수가 인상을 얻어 냈고 프로그램은 다시 진행되었다. 그러나 1972년 봄까지 메디케이드 비용이 계속 상승하자 주 정부 재정에 빨간불이 켜졌고 언론 보도가 이어졌다. 치과에 지불한 비용이 크게 오른 점이 특히 주목받았다. 메릴랜드주에 있는 전체 병원, 의사 및 치과의사의 환자 1인당 청구 목록에서, 프린스 조지스 카운티에 있는 치과의사 몇 명이 단연 눈에 띄었다. 그중 한 명이 얼리 리 트리스로, 환자 152명을 진료하고 총 3만 4700달러를 받았는데, 이는 환자당 평균 228달러였다.

트리스는 『워싱턴 포스트』와의 인터뷰에서, 오래전부터 흑인들이 많이 사는 글레너덴Glenarden 마을에서 진료하고 있는 그에게 메디케이드가 수입에 큰 보탬이 되었다고 자랑했다. "제 치과는 게토 한복판에 있습니다. …… 저는 프린스 조지스 카운티에서 가장 많은 메디케이드 진료를 했어요. 직원이 네 명이나 됐지만 자정까지 일할 때도 있고 일요일에도 일을 합니다. 1966년 메디케이드 치과 프로그램이 시작됐을 때, 백인 의사들은 '진료 수가가 너무 낮다'며 메디케이드 진료를 하려고 하지 않았습니다. 그래서 제게 환자를 넘기기 시작했지요." 그 후 치과 수가가 인상되었고 그의 메디케이드 진료 수입은 '눈덩이'처럼 불어났다.[7]

이렇게 되자 주 메디케이드 심사관들은 트리스가 청구한 내역을 다시 검토했다. 3년 동안 그는 같은 기간 다른 의사와 치과의사가 청구한 평균 금액의 두 배가 넘는, 약 20만 달러의 진료비를 주 정부에 청구했다. 가장 비싼 청구액은 성인을 대상으로 한 진료였다. 결국 당국은 그를 사기죄로 기소했다. 법정에서 검찰은 트리스가 한 환자에게서 38개의 치아를 뽑았다고 청구한 사실을 지적했다. 한 전문가 증인은 성인이 32개 이상의 치아를 갖고 있는 경우는 거의 없다고 증언했다. 트리스가 예전에 35개의 치아를 뽑았다고 청구했던 환자에게 치아 13개의 충치를 치료했다고 다시 진료비를 청구한 사실도 밝혀졌다.[8] 1976년의 재판은 언론에 대대적으로 보도되었고, 폭로 전문 언론인 잭 앤더슨의 관심을 끌어 「치과의사에게 금광이 된 메디케이드」와 같은 머리기사의 트리스 스캔들 기사가 전국 신문에 일제히 실리기도 했다.[9]

트리스는 메디케이드에 허위로 청구해 돈을 받아 낸 12건의 혐의에 대해 유죄판결을 받았다. 그는 징역 4년을 선고받았지만 메릴랜드의 메디케이드 치과 프로그램이 입은 피해는 훨씬 더 오래 갔고, 수많은 메디케이드 수혜자들이 겪어야 했던 어려움 또한 훨씬 더 오래 이어졌다.

~

사기 사건의 수사가 진행되는 가운데, 메릴랜드 주지사 마빈 맨델은 성인들을 위한 일상적인 치과 진료를 메디케이드 프로그램에서 없애자고 제안했다. 한동안 메릴랜드주 치과의사들은 주 정부와 싸웠지만 이번에는 메디케이드 편이었다.

조지프 카푸치오 주 치과의사회 회장은 『볼티모어 선』과 인터뷰하며, 공무원들이 성인의 치과 보험 혜택을 축소하려는 것은, 그들이 치과 진료를 '사치'로 간주한다는 증거라고 말했다. 그때까지 메릴랜드주의 메디케이드 수혜자는 42만 7000명이었는데, 그중 4분의 1이 치과 진료를 받았고, 이에 대한 주 정부 지출은 총 1050만 달러에 달했다. 카푸치오는 재정의 절반 이상(66퍼센트)이 성인 환자를 치료하는 데 사용되었다는 점을 인정했다. 그럼에도 그는 치과의사들이 손해를 보면서 메디케이드 환자들을 진료하고 있다고 주장했다.[10]

카푸치오의 주장은 메릴랜드주 의회 의원들을 설득하지 못했다. 1976년 의회에서 메디케이드 비용 삭감 계획에 따라 가난한 성인에게 돌아가는 치과 보험 혜택이, 응급치료만 빼고 모두 사라졌다.[11] 그 결과 성인이 받을 수 있는 치과 진료는 대부분 없어졌고, 1993년에는 얼마 남지 않은 진료 항목마저 보험에서 제외되었다. 경기 침체에 따른 재정 악화를 이유로, 성인 응급 치과 진료에 대한 진료 수가도 폐지한다는 안건으로 의회 투표가 진행되었다.

메릴랜드주는 어린이를 위한 프로그램도 축소하려고 했다. 연방 정부는 메디케이드 혜택을 받을 자격이 있는 대상 아동을 주 정부에서 임의로 줄이는 것을 허용하지 않는다. 법으로 보장되는 의무이기 때문에, 연방 정부가 정해 놓은 필수 보험 혜택의 범위를 줄일 수도 없다. 하지만 주 정부는 진료를 한 치과의사에게 지급되는 진료비를 줄일 수는 있다. 앞서 다른 주들이 그랬듯이 메릴랜드주도 이를 따랐다. 개인 의원을 운영하는 치과의사들은 가난한 아이들을 치료할수록 손실을 입는다면서 메디케이드 프로그램에서 하차했다. 한편 주 정부의 공중 보건 안전망은 불충분했다. 주 내 카운티 중 공공 치과 진료 시설을 갖춘 곳은 절반에 불과했다.[12]

～

관리 의료 제도가 해결책으로 떠올랐다. 1997년 메릴랜드주가 도입한 이 개혁은 메디케이드 수혜자도 민간 의료보험 환자와 마찬가지로 의료보험 회사와 계약한 치과의사를 선택하고 진료받을 수 있도록 했다.

일단 새로운 제도가 시행되자, 메디케이드 대상 어린이들에게 치과 진료를 제공해 오던 일부 카운티의 보건 부서가 해당 사업을 중단했다. 관리 의료하에서는 더 많은 민간 치과의사들이 메디케이드 대상 어린이를 진료하리라고 기대했기 때문에 카운티는 치과 진료를 제공할 필요가 없다고 본 것이다. 프린스 조지스 카운티 보건 부서 역시 메디케이드 대상 어린이들에게 제공하던 치과 진료를 중단했다. 하지만 진료 접근성 문제는 사라지지 않았다. 추가 조치가 필요하다는 요청이 있었고, 그리하여 주 구강보건실이 설립되었다.

데몬테 드라이버가 여섯 살이 된 2000년, 메릴랜드주에서 메디케이드 대상 어린이들에 대한 치과 진료의 공급이 다른 어느 주보다도 적다는 의혹이 일었다. 그해 신생아부터 12세까지 메디케이드의 적용을 받는 어린이 중 단 11퍼센트만이 치과 진료를 받았다. 운영 상태가 열악한 주는 메릴랜드만이 아니었지만, 그래도 전국 평균은 27퍼센트였다.

~

전국치과의사협회의 지부 월례 회의 자리에서 감정이 고조되었다. 데몬테 드라이버의 사망 소식은 소수 인종 치과의사들에게 큰 충격이었다. 헤이즐 하퍼는 옆에 앉아 있던 한 치과의사가 주저앉아 흐느끼던 것을 기억했다. "우리라면 그 아이를 절대 돌려보내지 않았을 텐데. 그 아이가 죽게 내버려 두지 않았을 텐데. 절대 일어나지 말아야 할 일이 일어나고 말았어." 그러나 로리 노리스와 그녀의 직원이 다숀을 치료해 줄 치과의사를 찾아 헤맬 때, 이들 가운데 몇몇은 분명 요청을 받았고, 그럼에도 거절했다.

레게 머리를 한 거침없는 스타일의 윌리엄 밀턴 3세는 프린스 조지스 카운티의 치과의사는 아니었다. 하지만 그는 일어서서 많은 사람들이 어떻게 생각하고 있는지 이야기했다. "다들 그 일이 우리 탓이라고 합니다. 모두 치과의사 때문이라고 해요." 밀턴과 마찬가지로 하퍼도 프린스 조지스에서 진료하지는 않았다. 하지만 하퍼는 프린스 조지스에 살았다. 프린스 조지스의 부유한 지역에 집이 있었다. 하퍼는 의사 집안의 딸이었고 하워드 대학교 치과대학 교수였다.

하퍼의 제자였던 벨린다 카버-테일러도 이 회의에 참석했다. 카버-테일러는 프린스 조지스 카운티의 변두리에서 작은 치과를 운영하고 있었다. 밤에는 철제문이 내려와 닫히는 허름한 쇼핑센터 내, 식료품점과 통증 클리닉 뒤쪽 구석에 카버-테일러의 치과가 있다. 카버-테일러에게 가난한 사람들의 문제는 너무나 생생하게 와닿았다. 그녀는 테네시주의 신발 공장에서 일하면서 가족을 부양하려 애쓰던 미혼모의 딸이었다. 공장이 문을 닫자 그녀의 가족은 메릴랜드주로 이사를 왔다. 빨간색과 흰색 줄이 그려진 메릴랜드주 메디케이드 등록증 덕분에 카버-테일러는 필요한 치과 진료를 받고, 통증에서 벗어나고, 결국에는 치과의사까지 될 수 있었다. 카버-테일러가 고등학교에 다닐 때, 치과의사는 심하게 썩은 어금니 네 개를 뽑고 부분 틀니를 만들어 주었다.

그때를 회상하며 카버-테일러는 말했다. "먹을 수 있게 돼서 그때는 정말 기뻤어요." 부분 틀니는 메디케이드 보장 대상이 아니었지만, 치과의사는 친절했다. 그는 진료비를 받는 대신 "학교 가서 공부 잘하렴! 틀니도 잘 쓰고."라고 말했다. 카버-테일러는 고마운 마음에 치과에 가서 일을 도왔다. 그러면서 치과 조무사 훈련을 받았고, 그 후에 하워드 대학교 치과대학에 진학했으며 거기서 하퍼를 만났다.

전국치과의사협회 회의에서 열띤 토론이 진행되는 동안, 두 여성은 묘안을 생각해 냈다. 아이들은 치과에 혼자 갈 수 없다. 그렇지만 이동 진료소라면 이 아이들을 진료할 수 있을 것이다.

"그렇게 해서 헤이즐과 벨린다가 그 일을 시작하게 된 겁니다." 밀턴이 말했다.

~

앨리스 드라이버의 아이들은 기본적인 의료 혜택과, 학교에 다니려면 반드시 맞아야 하는 예방접종을 받을 수 있었다. 그러나 치과로 가는 길을 찾기는 매우 어려웠다.

데몬테는 죽어서 땅에 묻혔지만 다숀은 여전히 치아의 고름집으로 고생하고 있었다. 앨리스 드라이버는 필사적이었다. 그러던 중 앨리스와 로리 노리스는 볼티모어의 메릴랜드 대학교 치과대학 소아치과에 대해 듣게 되었다. 티나노프의 진료실이었다. 티나노프는 자신이 학생들과 함께 다숀을 치료할 수 있다고 했고, 앨리스는 다숀의 진료를 예약했다. 그러나 볼티모어는 48킬로미터나 떨어져 있었으며, 앨리스 드라이버에게는 차가 없었다.

택시를 타고 먼 길을 가야 했다. 길을 잘못 접어들기를 여러 차례, 노심초사하는 어머니 옆에서 아들은 신이 났다. 모자는 몰랐지만, 두 사람은 치과가 의과로부터 분리되어 나온 역사적인 장소로 여행을 하고 있었다. 여행 비용은 80달러였다.

세계 최초의 치과대학은 이제 벽돌과 유리로 지은 커다란 구조물의 모습으로 서있었다. 치과대학 건물은 메릴랜드 의과대학 맞은편 웨스트 볼티모어 거리에 있었다. 접수대를 지나 엘리베이터 근처에 있는 진열장에는 학교의 과거를 기념하는 물품이 전시되어 있다. 그 안에는 오래된 사진과, 손잡이에 진주 장식이 달린, 고풍스러운 치과 기구도 있다. 빨간 가죽으로 감싼 작은 책에는 채핀 해리스가 1840 년에 처음 이 학교에 입학한 학생들을 대상으로 한 첫 강의 내용이 담겨 있었다. "여러분." 해리스가 시작했다. "오늘 강의는 구강에 대한 설명부터 시작하겠습니다."

모자는 위층으로 올라갔다. 소아 치과는 3층이었다. 웃고 있는 바다 동물 그림이 벽을 환하게 채웠고 바나나처럼 노란 의자들이 줄지어 있는 경쾌한 느낌의 진료실이었다. 노먼 티나노프와 학생들이 앨리스와 다숀을 기다리고 있었다.

이 병원은 매년 수천 명의 가난한 아이들을 진료한다. 메디케이드 대상 아이들도 있고, 보험이 전혀 없는 경우도 있다. 많은 아이들이 심각한 감염으로 이곳을 찾았다. 다숀 같은 아이들을 흔히 볼 수 있다고 티나노프는 말했다. "자, 다숀은 우리가 데려가 치료할게요."

그때 앨리스 드라이버가 느낀 안도감은 말로 표현할 수 없었다. "티나노프 박사님을 찬양합니다." 앨리스는 기도하듯 중얼거렸다.

11
충치를 만드는 세상과의 대결

~

2007년 2월 28일 아침 워싱턴 D.C.에 막 도착한 버턴 에델스테인은, 공항에서 집어든 신문에서 데몬테 드라이버의 이름을 봤다. 에델스테인은 국회의사당에서 열리는 회의에 참석하러 온 소아 치과의사이자 뉴욕 컬럼비아 대학교의 치의학 및 보건 정책학 교수였다. 에델스테인은 뜻을 같이하는 몇몇 지지자들과 함께 상원 재정위원회 위원들 앞에서 그들의 대의명분, 바로 10년 전부터 추진해 온 아동 건강보험 프로그램에 관한 주장을 펼칠 예정이었다.

빌 클린턴 민주당 대통령은 국가 주도 의료보험 제도를 실현하기 위해 노력했으나 실패로 돌아가자 1997년 아동 건강보험 프로그램을 제정했다. 이 프로그램은 메디케이드 혜택을 받기에는 소득이 많지만 민간 의료보험을 들 여유는 없는 일부 노동 빈곤층 가정의 자녀들을 대상으로 한 것으로 메디케어나 메디케이드보다는 규모가 작았다. 2007년까지 700만 명의 어린이들이 여기에 포함되었고, 의료보험을 확대하려는 사람들에게 크게 환영받은 정책이었다. 그러나 치과 보험은 아동 건강보험 프로그램의 필수 항목이 아니었다. 대부분의 주에서 치과 보험이 제공되긴 했지만, 의무 사항은 아니었으며 상황에 따라 보험에서 제외되기 쉬운 항목이었다.

에델스테인은 치과 보험이 아동 건강보험 프로그램의 필수 항목이 되어야 한다고 생각했다. 치과 보험이 필수 항목이 아니라 선택 항목이 되었기 때문에, 미국 의료 제도가 치과와 단절된 비극적 상황이 더욱 굳어졌다고 그는 믿었다. 미국 전역의 공공 및 민간 프로그램에서 치과는 일반 의료와 별도로 제공된다. 비용 지불 자체가 일반 의료 제도와는 별개로 이뤄질 뿐만 아니라 의료보험이 있더라도 치과를 보장하지 않는 경우도 많다. 치과의사와 의사는 교육도 따로 받고, 서로 의사소통도 거의 하지 않았다. 환자 기록 역시 별도로 보관된다. 메디케이드 등록 아동만 보더라도 일반적인 예방접종을 받는 아동에 비해 정기적인 치과 진료를 받는 아동의 수가 훨씬 적다. 공공 의료와 민간 의료 모두에서, 치과 진료는 계속 방치되어 왔다.

"입안은 몸의 일부입니다." 에델스테인은 짐짓 놀라는 말투로 이렇게 말하곤 했다. 이 당연한 진실을 우리가 잊고 있는 것은 입과 그 이외의 몸을 나누어 각각 발전해 온 두 의료 제도의 간극이 너무 커져 버렸기 때문이라고 그는 믿었다.

"분리된 두 의료 제도를 다시 통합하는 일은 엄청나게 어려울 겁니다." 에델스테인은 이렇게 말하고는 반농담조로 이 모든 것을 볼티모어 탓으로 돌리곤 했다. "만약 1840년에 볼티모어에서 일이 제대로 풀렸더라면[치대가 분리되지 않고 의대와 통합되었다면], 우리는 지금 이러고 있지 않아도 되었을 텐데요."

2월의 어느 날 아침, 공항으로 향하던 에델스테인은 지금이 엇나간 과거를 바로잡을 기회가 되기를 희망했다. 아동 건강보험 프로그램에 대한 재승인이 코앞으로 다가왔다. 에델스테인의 목표는 아동 건강보험 프로그램을 재승인하면서 노동 빈곤층 아동에게 치과 보험 혜택을 의무적으로 포함하는 것이었다. 지난 10년 동안 에델스테인은 이 목표를 이루기 위해 줄기차게 노력해 왔다. 1997년에는 비영리단체인 '아동 치아 건강 프로젝트'를 설립하기도 했다. 많은 사람들이 그의 뜻에 동참했다. 에델스테인이 함께 참여한 미국 공중보건 국장의 구강 건강 보고서가 2000년에 발간되었고, 덕분에 미국 전역에 널리 퍼진 질병인 구강 질환에 대한 사람들의 관심도 점점 커져 가고 있었다.

하지만 에델스타인은 물론 그와 함께 구강 건강 증진을 위해 함께하는 동료들은 워싱턴에 자신들이 주장하는 바를 관철하고자 여전히 힘겹게 싸우고 있었다. 의회에서 이념 대립이 심했던 시기였다. 2008년 대통령 선거가 1년 넘게 남았지만, 이미 많은 사람들이 선거 준비에 돌입해 있었다. 백악관에서는 '테러와의 전쟁'을 벌이고 있던 조지 W. 부시 대통령이 중동에 미군을 증파하는 문제로 씨름 중이었다. 미국 가정이 지출하는 의료비가 풍선처럼 불어나고 있었다. 보험이 없는 미국인들이 수백만 명에 달했다. 민주당이 아동 건강보험 프로그램 재승인의 중요성을 언급한 것이 바로 이 시기였다. 재승인에 머무르지 않고 이 프로그램을 확대하려는 이들도 있었다. 하지만 여전히 치과 진료를 보험에 포함한다는 목표는 요원해 보였다. 대통령은 이미 아동 건강보험 프로그램의 확대에 대해 거부권을 행사하겠다고 발언한 바 있었다.

에델스테인은 힘든 하루를 준비하고 있었다. 의회에서 열릴 회의에 대해 생각하며, 잠시 구두를 닦기 위해 가던 길을 멈췄다. 공항의 구두닦이 부스에 앉은 그의 옆에는 손님들이 읽게 놔둔 신문들이 있었다. 에델스테인은 한 부를 집어 들었다. 그날 아침 『워싱턴 포스트』의 메트로 면이 눈에 들어왔다.

데몬테 드라이버의 사진과 함께 그의 죽음을 다룬 기사가 실려 있었다. 구두닦이 부스에 앉아 있던 에델스테인에게, 전투의 흐름이 바뀔지도 모른다는 생각이 불현듯 들었다.

~

데몬테 드라이버 이전에도 사람들은 입안의 세균 감염으로 사망했다. 그 뒤에도 그런 사람은 있었다. 다만 데몬테 드라이버는 미국 국회의사당에서 불과 몇 킬로미터 떨어진 곳에서 죽었고, 그의 이야기가 의회에 알려졌다는 점이 달랐다. 이후 데몬테의 이야기는 아동건강보험 프로그램의 재승인과 700만 노동 빈곤층 아동들에게 치과보험을 확대하려는 투쟁의 한 면을 장식했다. 학교 앨범 사진 속, 흰셔츠 차림에 단추를 칼라 끝까지 채운 데몬테는 뭔가 의아하다는 듯고개를 들어 의회 청문회장의 스크린 너머 의원들을 바라봤다.

데몬테의 얼굴은 수백만 어린이의 얼굴을 대신했다. 데몬테는 메디케이드 혜택을 받는 아이였다. 이 프로그램은 (미국 어린이의 3분의 1 이상을 차지하는) 빈곤층 어린이 2900만 명에게 치과 혜택을 제공했다. 하지만 그 혜택은 유명무실했다.

메릴랜드주 의원인 엘리야 커밍스는 청문회에서 외쳤다. "이용할 만한 제도가 그렇게 많았는데, 어째서 이 아이에겐 그 모든 제도가 소용이 없었던 걸까요?"

"이 아이의 얼굴을 좀 보세요." 오하이오주 하원 의원 데니스 쿠시니치는 말했다. "제 말은, 그러니까, 이 아이는 우리에게 묻고 있습니다. 우리가 이 사건에 대해 어떤 해답을 내놓을지를 말입니다. 우리는, 미국의 어린이들이 마땅히 누려야 할 치과 진료를 받을 권리를 위해 정말로 노력할 자세가 되어 있는 겁니까?"

사회복지사 출신이면서, 메디케이드가 시작된 존슨 시대를 기억할 만큼 나이가 많은 메릴랜드주 상원 의원 바버라 미컬스키는 말했다. "우리는 이 아이를 '빈곤과의 전쟁'◆에서 싸웠던 병사로 기억할 것입니다."

이런 의원들에게 데몬테의 죽음은, 그 옛날 존슨과 루스벨트의 위대한 연설, '미국은 공동의 노력을 통해 빈곤의 두려움과 고통을 없애고, 국민의 존엄하고 건강한 삶을 반드시 이룩할 것이다.'라는, 오래전 기념비적인 약속을 떠올렸다. 그러나 다른 이들에게 이 소년의 죽음은 비대한 연방 복지 프로그램의 무용론을 보여 주는 또 하나의 증거에 불과했다. 그들에게 복지국가란 빈곤층을 낙인과 절망의 굴레에서 벗어나지 못하게 할 뿐이었다. 진보주의자들에게 데몬테의 썩은 치아는 아이들이 건강하고 생산적인 성인으로 성장하는 데 필요한 보살핌을 받을 수 있는 아동 건강보험 프로그램과 메디케이드를 강화하기 위한 투쟁의 상징이었다. 그러나 많은 보수주의자들은 복지국가가 나쁘다는 생각에서 벗어나지 못했다. 그들에게 데몬테의 썩은 치아는, 가난한 이들을 구제하려는 정부의 계획은 전적으로 실패한다는 증거일 뿐이었다. 썩은 어금니 하나, 그 조그마한 것으로부터 초래된 한 아이의 비극은, 이제 정부의 크기와 범위에 대한 거대한 논쟁을 이끌어 냈다.

연방 정부의 적자가 늘고 있었다. 민주당은 공화당의 감세 정책

◆ '위대한 사회'라는 기치를 내걸고 과감한 사회 개혁 정책을 추진한 린든 B. 존슨 대통령은 1964년 1월 8일 연설에서 "우리 정부는 오늘 이곳에서 미국 내 빈곤에 대한 무조건적인 전쟁을 선언한다."고 밝혔다. 빈곤과의 전쟁은 빈곤층이 주택·보건·교육 문제에서 기회와 발언권을 가지도록 했다. 저소득층의 교육 기회를 확대하는 헤드 스타트 프로그램, 65세 이상 노인의 의료 비용을 보조하는 메디케어와 저소득층을 위한 의료 혜택인 메디케이드가 이 시기에 처음 제도화되었고 지금까지 운영되고 있다.

과 전쟁 때문이라고 비난했다. 보수주의자는 고삐 풀린 듯 증가하는 정부의 지출을 진보주의자 탓으로 돌렸다. 리처드 체니 부통령의 한 표 덕분에 겨우 통과되고 부시 대통령의 서명으로 효력이 발생한 2006년 〈적자 감축법〉은 향후 5년간 거의 400억 달러에 달하는 국가 지출을 삭감할 계획이었다. 수십억 달러의 복지 프로그램 예산이 삭감당할 예정이었고, 그중 하나가 바로 메디케이드였다.

~

데몬테 드라이버의 장례를 치른 지 한 달이 채 안 된 2007년 3월 27일, 이후 열릴 수많은 의회 청문회 중 첫 번째 청문회가 소집되었다. 데몬테가 죽음을 맞이한 정황과, 메디케이드 치과 제도에 산재한 거대하고 오래된 문제를 조사하기 위한 청문회였다. 엄숙한 분위기의 레이번 하원 의원 회관♦ 2123호 회의실에서, 하원 에너지·통상 위원회 산하 보건 분과위원회가 열렸다. 분과위원회 의원들이 먼저 발언을 시작했다.

뉴저지주 민주당 의원인 프랭크 팔론 2세 위원장이 말했다. "데몬테 드라이버의 죽음에 대해 정말로 충격적인 것은 비슷한 위험에 처한 미국 어린이가 매우 많다는 것입니다. 통계에 따르면 충치는 만성 감염성 질환으로, 어린이에게 감기 다음의 유병률을 보입니다. 하지만 감기와 달리 충치는 썩은 자국이 평생 이에 남습니다."

팔론은 아이들의 건강을 지키는 데 실패한 파편적인 보건 시스템

♦ 미국 국회의사당 인근 하원 의원 사무실 건물. 건물 이름은 샘 레이번 전 하원 의장을 기리기 위해 지어졌다. 1965년에 완공되었으며, 세 개의 하원 의원 회관 가운데 가장 큰 최신 건물이다.

에 대해 연설했다. 그리고 노벨상 수상자인 시인 가브리엘라 미스트랄의 시를 인용하며 발언을 마쳤다. "필요한 많은 것들이야 기다릴 수 있지. 아이는 아니야. 지금이야. 뼈가 자라고 있어. 피가 만들어지고, 마음도 커가고 있어. 아이에게 내일이라고 말할 수 없어. 아이의 이름은 오늘이니까."

학교 간호사였던 캘리포니아주 하원 의원 민주당의 로이스 캡스에게, 만연한 치과 질환의 문제는 직접 목격한 현실이었다. "최근 교실에 데몬테처럼 치성 농양으로 고생하는 학생들이 너무나 많습니다." 그녀는 극빈층인 메디케이드 등록 아동뿐만 아니라 아동 건강보험 프로그램 수급 자격이 있는 노동 빈곤층 아동들도 치과 진료를 받을 수 있기를 바랐다. "이 위원회의 최우선 과제인 아동 건강보험 프로그램이 반드시 재승인되어, 사각지대에 있는 사람들에게도 보험 혜택이 돌아갈 수 있기를 희망합니다."

그러나 민주당 의원들은 위원회의 최고 위원인 조지아주 공화당 의원 네이선 딜의 동의를 이끌어 내지 못했다. 딜은 많은 치과의사들이 메디케이드를 경계하고 있다는 사실을 동료 의원들에게 상기시켰다. 그리고 아동 건강보험 프로그램에 치과 보험 혜택을 추가해서는 안 된다며 강력히 반대했다. 그는 청문회장에 앉아 있던 미국치과의사협회 회원들을 소개했다. 치과의사들은 부담스러운 공공 프로그램에 참여하기보다 무료 진료를 선호한다고 딜은 말했다. 그리고 긴축정책의 필요성을 옹호하며, 어떤 의료 혜택을 제공할지를 결정하는 것은 주 정부에 맡겨야 한다고 강조했다.

"우리 위원회의 많은 위원들이 메디케이드의 치과 보험과 같은 의무 조항을 아동 건강보험 프로그램에도 추가하고 싶어 하는데, 이 점을 저는 우려하고 있습니다. 주마다 필요한 사항도, 재정 상태도 다르니, 그에 따라 적절한 보장 방안을 마련하는 것은 주 정부가 정할 일입니다." 조지아주의 하원 의원 딜은 이렇게 주장했다. 후에 그는 조지아주의 주지사가 된다.

2006년 〈적자 감축법〉이 제정되면서 메디케이드 예산을 삭감했고, 주 정부는 새로운 권한을 갖게 되었다. 메디케이드 제도에서 오랫동안 기본적인 권리로 간주된 다양한 혜택에 대한 규정을 주 정부가 바꿀 수 있게 된 것이다.[1] "주지사들은 그동안 메디케이드 프로그램의 경직성 탓에 힘든 점이 많았는데, 우리가 〈적자 감축법〉을 구상할 때 바로 이 부분을 참고한 겁니다. 메디케이드 제도를 좀 더 유연하게 시행할 수 있게 된 거예요." 딜은 말했다.

일부 주 정부는 이미 〈적자 감축법〉이 부여한 유연성을 발휘해 메디케이드 혜택을 줄이기 시작했다. 웨스트버지니아주는 신속하게 연방 정부의 승인을 얻어 복지 혜택 축소에 돌입했다. 어린이에게 주어지던 약 처방, 청력 및 시력 관리, 치과 보험 보장 등이 축소 내역에 포함되었다. 향후 3년 동안 웨스트버지니아주에서 기존 메디케이드 보장 범위와 유사한 '강화된 보험 보장' 패키지를 받으려면, 부모가 개인 책임 계약에 서명하고 이를 준수해야 했다. 만약 1년 후 주 정부가 판단했을 때 부모가 정기 검사, 건강 증진 프로그램 또는 약물 치료에 대한 지침을 준수하지 않았거나 예약된 진료 시간에 나타나지 않을 경우, 부모와 자녀는 보험 보장을 완전히 박탈당할 위험을 감수해야 한다(2010년 연방 정부의 명령에 따라 이런 규제 방식은 금지되었다).

가난한 환자들은 누군가가 베풀어 주기만을 바라지 말고, 스스로 더 많이 노력해야 한다고 딜은 말했다. "공공복지 제도가 제대로 이뤄지지 못하는 원인은 다양합니다. 보험의 보장 범위가 축소돼서만은 아니에요. 치과의사들과 얘기해 보면, 공공 프로그램을 통해 서비스를 제공하는 것을 매우 부담스러워합니다. 행정 절차가 복잡하거든요. 게다가 구강 건강의 중요성을 잘 모르는 사람들이 많아요. 자신이 누릴 수 있는 보험 혜택을 올바로 이용하지 못하는 거죠. 일상생활에서 관리할 수 있는 구강 건강을, 어느 정도는 스스로 책임져야 합니다."

그러고 나서 팔론이 첫 번째 증인으로 버턴 에델스테인을 호명했다. 나중에 에델스테인은 그 순간을, 마치 자신의 영혼이 몸에서 빠져나가는 듯한 특별한 느낌이었다고 말했다. 청문회장을 가득 메운 사람들이 그가 발언하기를 기다렸다. 그 역시 둘로 나뉘어 어딘가에서 자신의 발언을 기다리고 있는 것만 같았다.

에델스테인이 지나온 인생의 중요한 순간들이 모여 그를 지금 여기, 침묵에 싸인 이곳으로 이끌었다. 7, 8세쯤이었던가, 어린아이였던 에델스테인은 뉴욕 로체스터에 있는 치과의 진료용 의자에 앉아 있었다. 가족의 주치의였던 치과의사는 어린 에델스테인에게 액체 상태의 수은 몇 방울을 주었고, 아이는 그 수은 방울을 손바닥에 놓인 솜조각 위에 올려놓고 들여다봤다.✦ 수은 방울은 반짝거리며 끊임없이 움직였다. 아이는 자라서 호기심이 샘솟아 한시도 가만히 있지 않는 치과의사가 되었다. 에델스테인은 치과의사로서 맞닥뜨리는 문제를 해결하고자 머리를 짜냈고 그런 그의 생각은 때때로 다른 치

✦ 예전에 흔히 사용되던 치과용 충전재인 아말감은, 액체 상태의 수은과 분말 금속을 혼합한 합금이다. 경화되기 전 수은과 금속 혼합물을 삭제가 끝난 치아 속에 다져 넣어 충치로 인한 구멍을 메꾸곤 했다. 지금은 유해성 때문에 액체 상태의 수은을 사용하지 않는다.

과의사들을 불편하게 만들었다. 수천 명의 입안을 치료하면서, 에델스테인은 건강과 질병의 미스터리에 대해 깊이 생각하기 시작했다.

에델스테인이 치과 군의관으로 복무하던 시절, 미국에 데려온 베트남전쟁 고아들의 치아를 검사할 기회가 있었다. 아이들이 몇 살인지, 학교에 보낸다면 몇 학년으로 입학해야 하는지를 알아내는 임무였다. 그러나 그는 이때의 경험 이후로 충치와 치과 진료에 대한 견해가 완전히 달라졌다. 에델스테인은 일부 아이들의 입안에서 이제껏 한 번도 못 본 형태의 충치를 봤다. 치아의 썩은 부분은 부드럽지도 않고 갈색이 아니었다. 그가 본 충치는 경계가 명확하고 광택이 있었다. 치과용 기구가 충치의 단단한 표면 위를 미끄러져 지나갈 때 에델스테인은 경이로움을 느꼈다. 전쟁을 겪은 다른 아이들에게서도 그런 충치가 관찰되었다.

진행이 멈춘 충치였다. 오랫동안 단것을 맛보지 못한 아이들의 치아는 재광화♦되었다. 이것은 대자연의 승리라고 에델스테인은 생각했다.

에델스테인은 이를 계기로, 치과의사들이 충치를 파내는 데만 초점을 맞추면 안 된다고 믿었다. 외과 의사의 관점에서 보지 말고 치유자의 관점에서 시작해야 하며, 자연과 함께 일할 필요가 있다고 생각했다. 새로운 영역으로 나아가려면 지금까지와는 다른 언어로 이야기해야 한다. 치과의사가 치과위생사, 소아과 의사, 간호사, 영양사, 부모, 그리고 아이 모두와 함께 일해야 하는 시기였다. 하지만 무엇보다도 먼저, 치과의사는 위험한 상황에 처한 아이들에게 다가

♦ 칼슘, 인, 기타 이온이 법랑질 내부로 침투해 무기질을 침착沈着시키는 현상.

가야 했다. 치과에는 한 번도 와보지 못한 아이들, 가장 가난하고 취약한 아이들에게.

제대 후 에델스테인은 소아 치과학과 공중 보건학을 공부했다. 그는 코네티컷주에서 일했고, 당시 코네티컷 대학교에 재직하던 노먼 티나노프와 함께 연구했다. 그들은 아이들의 침을 모아 충치와 관련된 메커니즘에 대해 연구했다.

코네티컷에서 한동안 성공적으로 개인 치과를 운영하던 에델스테인은 가난한 아이들도 치료하기로 결심했다.♦ 그는 카운티의 헤드 스타트 센터와 계약했고, 도서관 프로그램과 건강 박람회에 참가해 가난한 아이들을 더 많이 볼 방법을 모색했다. 코네티컷주 뉴런던 카운티에는 치과 치료를 받아야 할 빈곤층 아이들이 너무 많았기에, 치과 규모가 계속 커졌다. 에델스테인은 치과의사를 더 고용해 더 많은 아이들을 치료했다. 한 해 치료 건수가 2만 1000건에 달한 적도 있었다. 그는 예방을 강조했다. 에델스테인의 치과에서는 의과에서 사용하는 방식을 참고해 충치 관리 프로토콜을 운영했다.

1990년대 코네티컷주의 메디케이드 시스템이 관리 의료로 바뀌었을 때, 에델스테인은 메디케이드 수가를 개선하기 위해 다른 치과의사들과 연대해 협상에 임했다. 그럼에도 코네티컷을 포함한 어느 지역에서도, 메디케이드 등록 아동을 치료하려는 치과의사는 많지 않았다. 미국 의료 체계를 개혁하고 싶었던 그는 워싱턴으로 가서 로버트 우드 존슨 재단의 보건 정책 펠로십 및 톰 대슐 상원 의원의

♦ 한국과 달리 미국의 의료 기관은 보험 종류에 따라 환자를 가려 받을 수 있다. 미국의 많은 치과들이 치과 보험이 없거나, 있더라도 보장 범위와 수가가 낮은 치과 보험 가입자들을 치료하지 않는다.

보건 입법 보좌관으로 일하면서 국가 차원의 의료 개혁을 모색했다. 쉽지는 않았다. 아동 건강보험 프로그램에서 치과 보험이 제외되었을 때 에델스테인도 그 자리에 있었다.

그리고 지금 또다시 여기에 있다. 사람들은 에델스테인의 증언을 기다리고 있다. 소년의 죽음에 대한 이야기는 대중의 상상력을 사로잡았고 지금 이 순간 기회의 창이 열렸다. 에델스테인은 숨을 들이마셨다.

"제 증언은 아주 단순한 세 가지 사실에 근거하고 있습니다." 에델스테인이 입을 열었다.

"첫째, 충치는 예방할 수 있는 질환입니다. 그럼에도 미국 어린이들에게는 여전히 가장 흔한 만성질환입니다. 현재 2세부터 5세까지의 어린이 중 4분의 1이 충치 환자입니다.

둘째, 치과 진료는 전신 건강을 유지하는 데 필수적입니다. 하지만 생물학적으로 보나 정책적으로 보나 도무지 이해되지 않는 이유로, 치과 진료는 필수가 아닌 선택 조항으로 규정되었습니다. 우리의 법은 구강이 신체의 일부가 아니라고 보는 것 같습니다.

셋째, 예방 진료는 비용 면에서 매우 효과적입니다. 정기적인 치과 진료는, 잠을 못 자거나 식사를 못 할 정도로 심한 통증과 감염 및 이로 인한 학업 성취도 저하를 막을 수 있음에도, 정기적으로 진료받고 있는 어린이는 현재 극소수에 불과합니다."

에델스테인은 망가진 메디케이드 치과 체계를 고쳐야 한다고 호소했다. 주 정부가 애쓰면 메디케이드가 제대로 작동할 수 있다고 주장했다. 치과의사는 물론 가난한 어린이들을 위해서도 필요한 일이라고 했다. 연방 정부가 지도력을 발휘하고 관리·감독하며 보조금을 지급함으로써 메디케이드의 개혁을 지원할 수 있도록 의회가 나서야 한다고 했다. 그리고 에델스테인은 아동 건강보험 프로그램에 치과를 필수 항목으로 지정할 것을 요청했다.

"영·유아 및 청소년 정기 검진인 웰-차일드 케어에 치과가 다시 포함되어야 합니다." 분과위원회에서 에델스테인은 발언했다. 예방 진료는, 많은 사람들에게 널리 퍼진 이 만성질환이 비참한 상태를 초래한 뒤에 치료를 시작하는 것보다 비용 면에서 훨씬 효율적이다. 두 차례 뇌 수술과 몇 주에 걸친 입원 치료에도 불구하고 데몬테 드라이버는 사망했고 거기에 든 비용은 무려 25만 달러에 달했다는 점을 에델스테인은 강조했다. "그 돈이면 데몬테가 살았던 12년 내내 예방 관리를 받을 수 있었습니다. 실런트와 충치 치료도 받았을 겁니다. 신경 치료도 가능했어요. 데몬테는 모든 치과 치료를 받을 수 있었을 테고 그 어떤 치료도 데몬테가 병원에서 수술을 받고 입원했을 때 든 비용의 1000분의 1도 안 되는 돈으로 가능했을 거예요."

그는 의원들에게, 치과 진료가 선택 항목이라는 사실은 구강 건강을 중시하지 않았다는 증거이며, 다시는 치과 진료가 선택 항목이 되지 않도록 확실히 해달라고 주장했다. 그리고 아동의 건강과 복지를 다루는 모든 연방 프로그램에 치과를 포함해야 한다고 주장했다.

"데몬테에게 생긴 일은 국가가 어린이의 구강 건강을 제대로 돌보지 못해 생긴 많은 불행한 사례 중 하나일 뿐입니다. 데몬테에게만 일어난 일이 아닙니다." 에델스테인이 말했다.

다른 사람들의 증언이 이어졌다. 그중에는 위스콘신주 웨스트 벤드West Bend에서 치과 진료를 하고 있는 미국치과의사협회 회장 케슬린 로스도 있었다. 케슬린 로스도 메디케이드 등록 환자를 진료한 경험이 있었다.

"우리 모두가 그렇겠지만, 저 역시 이곳에서 아주 가까운 곳에 살던 12세 소년 데몬테 드라이버의 죽음을 접하고 큰 충격을 받았습니다." 로스는 말했다. "저는 우리가 '더는 안 돼!'라고 말함으로써 소년과 소년의 가족을 기릴 의무가 있다고 믿습니다. 이제, 우리 어린이들이 (쉽게 예방하고 치료할 수 있는) 심각한 치과 질환 때문에 잠도 못 자고 제대로 먹지도 못해서는 안 되고, 이렇게 허무하게 죽어서도 안 되며, 학교생활에 집중하지 못해서도 안 되고, 얼굴을 찡그리는 일도 없어야 합니다. 우리가 잘못된 제도를 뜯어고치지 않는다면, 우리는 이 비극이 전하는 경고를 무시하는 셈입니다. 그리고 이 나라의 아이들은 계속 고통받을 것입니다."

케슬린 로스는 자신이 알고 있는 많은 치과의사들이 취약 계층에게 무료로 진료하거나 진료비를 감면하고 있다고 했다. 하지만 그것이 다는 아니라고 덧붙였다. "애석하게도 많은 치과의사들의 무료 진료와 자선 노력에도 불구하고 그것만으로는 충분하지 않습니다. 자선은 의료 시스템이 아닙니다."

지불 능력에 관계없이 개인에게 의료 서비스를 제공하는 공공 의료 기관 네트워크인 국가 안전망 진료소는 만성적인 인력 부족에 시달렸다. 연방 정부와 주 정부는 치과 진료의 필요성을 과소평가하고 있다고 케슬린 로스는 말했다. 미국의 치과의사 17만 7686명 중, 〈공중보건법〉에 따라 연방 정부가 운영자금을 지원하는 보건소에서 일하는 치과의사는 1퍼센트가 안 된다. 그렇다면 민간 의료 기관에 근무하는 치과의사들을 메디케이드 시스템으로 끌어들이는 것이 우선이겠지만, 케슬린 자신이 속한 위스콘신주만 보더라도, 낮은 수가와 번거롭고 복잡한 문서를 요구하는 관료주의적 문제가 해결되지 않으면 치과의사들의 호응을 얻기는 어려울 것이라고 했다.

"위스콘신주의 저소득층 의료보험인 배저 케어가 지급하는 진료비는 매우 빈약한 수준입니다. 그 정도로는 운영비도 나오지 않아요. 서류 작업은 부담스럽고 복잡합니다. 이 모든 과정이 너무 힘드니 치과의사들이 애초에 이 프로그램에 참여하려 하지 않는 겁니다. 미국 전체 치과의사의 90퍼센트가 개인 치과를 운영하고 있어요. 우리는 더 많은, 훨씬 더 많은 치과의사들이 메디케이드에 참여할 수 있도록 만들어야 합니다. 주 정부와 연방 정부가 지원한다면, 더 많은 치과의사가 참여할 수 있습니다."

증인들의 발언이 끝나고 위원회의 위원장인 민주당의 팔론은 에델스테인에게, 현 의료 제도의 어느 부분이 문제가 돼서 데몬테 드라이버에게 이런 참사가 일어났다고 생각하는지 물었다. 에델스테인은 가난한 아이들이 실제로 치료받을 수 있는지를 확인하고 감독하는 작업이 필요하다고 했다. 그리고 더 많은 치과의사가 필요하다고 말했다. 진료소, 시골의 보건소, 응급실은 포화상태였다. 또한 질병 예방에 대한 안내가 각 가정에 충분히 전달되지도 못했다.

"데몬테의 죽음은 이 모든 문제가 동시다발적으로 겹쳐 생긴 총체적 파국입니다." 에델스테인이 대답했다.

~

이번에는 데몬테 드라이버의 죽음에 대해 조지아주 공화당 의원인 딜이 질문했다. "그 아이의 죽음에 어머니라든가…… 부모의 잘못은 없을까요? 만약에 그 아이가, 어머니가 보는 앞에서 넘어져 내출혈이라도 일어나 그 때문에 죽은 것이라면, 아마도 우리는 아동 학대 혐의를 데몬테의 어머니에게 적용했을 텐데요. 하지만 여기서 우리는 제도만 탓하고 있네요. 저는 개인적 책임도 아주 중요한 요소라고 생각합니다. 지금 우리는 그것을 간과하고 있는 것은 아닐까요?"

딜은 에델스테인에게 답변을 청했다.

"개인적인 책임, 네, 물론 있습니다. 그 부분에 대해서는 전적으로 동의합니다." 에델스테인은 말했다. "틀림없는 사실입니다. 하지만 문제는 부모가 아이를 치료해 줄 곳을 찾는다 해도(데몬테는 이런 경우가 아닙니다만), 부모가 그런 곳을 찾으려 해도 찾을 수 있을까요? 아니요. 여기저기 물어봐도 안 된다고 하는 경우가 너무 많은 것이 현실입니다."

5월에 다시 열린 공청회에서 오하이오주 민주당 하원 의원이자 감독 및 정부 개혁 위원회의 국내 정책 분과위원회 위원장인 데니스 쿠치니치가 발언했다. 사무실 직원에게, 앨리스 드라이버가 살고 있는 지역의 메디케이드 수혜자들에게 진료를 알선하는 관리 의료 위탁 기관인 유나이티드 헬스 케어의 의료 공급자 목록에 있는 치과의사에게 전화해 보라고 했더니, 이 명단의 치과의사 24명 중 치료를 해줄 사람이 아무도 없었다는 것이다. 23명은 전화가 연결되지 않거나, 잘못된 번호이거나, 메디케이드 환자를 받지 않았다. 나머지 한 명은 구강외과 의사라 의뢰받은 환자만 치료했다.

쿠치니치는 말했다. "관리 의료 기관이 제공한 데이터에 기초해 메디케이드를 평가하는 정부 감독 기관은 '데몬테를 치료할 치과의사의 수가 24명'이라고 믿었을 것입니다. 그러나 실제 숫자는 0이었습니다."

보험회사 관계자는 의원의 주장을 반박했다. "우리는 프린스 조지스 카운티의 치과의사 92명과 계약했으며, 2006년에는 그중 78명의 치과의사가 메디케이드 환자를 진료했고 그에 따른 진료 수가를 지불했습니다." 피터 애시케나즈 대변인은 『워싱턴 포스트』와의 인터뷰에서 이렇게 말했다.[2]

쿠치니치는 메디케이드 치과 제공자를 찾기 어려운 것은 메릴랜드주만의 문제가 아니라고 주장했다. 많은 증인들이 보험회사와 정부가 수가를 낮게 책정해 상황을 더 악화시켰다고 주장했다. 주 정부가 운영하는 메디케이드 프로그램이 치과의사들에게 제시하는 금액은 일반적인 치료비보다 훨씬 적었다.

메릴랜드 대학교의 티나노프도 증인으로 소환되었다. 메릴랜드주에는 메디케이드 환자를 치료하는 치과의사가 부족하다고 그는 말했다. 메릴랜드주 메디케이드 공급자로 등록된 700명 이상의 치과의사를 대상으로 전화 조사를 했는데, 앞으로 메디케이드 환자가 첫 예약을 원할 때 그 환자를 받아들이겠다고 응답한 사람은 170명에 불과했다. 2004년 메릴랜드주가 책정한 메디케이드 진료비는 충치 치료로는 전국에서 가장 낮은 순위를 기록했고, 그 결과 많은 치과의사들이 이 프로그램에서 이탈했다. 결국 메디케이드 등록 아동들은 실제로 거의 치료를 받지 못하는 제도가 되어 버린 것이다.

드라이버 가족을 도운 변호사 로리 노리스도 의원들 앞에서 증언했다. 노리스는 차분하고 많은 일을 척척 해내는 유능한 변호사였음에도 그 지역에서 데몬테의 형제를 치료해 줄 치과의사를 찾기까지 몇 달 동안 끈질기게 노력해야 했다고 말했다. "단 한 명의 메디케이드 아이를 치료해 줄 치과의사를 찾는 데, 어머니 한 명, 변호사 한 명, 보건소 민원 센터의 담당자 한 명, 거기다 사례 관리 의료 전문가 세 명이 매달려야 했습니다."

~

미국 국회의사당에서 민주당 의원들은 공화당인 부시 행정부가 충분한 조치를 취하지 않았다고 주장했다. 각 주에서 메디케이드 치과 프로그램을 제대로 운영하고 있는지 연방 정부가 감독했어야 하는데 그러지 못했다는 것이다.

영향력 있는 하원 위원회 중 하나인 감독 및 정부 개혁 위원회의 위원장, 캘리포니아주 의원 헨리 왁스만이 메디케이드를 담당하는 고위 공무원에게 말했다. "연방법에 따르면 이 아이들은 치과 진료를 받아야 합니다. 소아 치과 진료 보험 적용 대상자인 아이들 세 명 가운데 두 명이 치료를 못 받고 있다면, 담당 공무원으로서 당신은 제대로 일을 하고 있지 않은 것입니다. 이런 상황에서 '나는 책임이 없다.'고 주장할 수 있습니까? 그러면서 법을 바꾸자고만 하는 겁니까? 명시된 법을 제대로 집행하지 않는 이유라도 있습니까?"

각 주의 메디케이드 운영을 관리하는 연방 메디케이드 운영 센터의 소장 데니스 스미스는, 제도에서 정한 사항을 실제로 이행하는 것은 주 정부가 할 일이라고 답변했다.

그러나 의원들은 반박했다. 주 정부가 수행해야 할 복잡한 임무가 있을 때, 필요한 부분을 지원하고 감독하는 것은 연방 기관의 책임이기도 하다. 결국 메디케이드라는 거대 정책을 시행하는 과정에서 치과는 중요하게 취급되지 않았던 것이다.

치과 진료를 위한 재정 지원은 주, 그리고 연방 메디케이드 의료비 지출에서 매우 작은 부분을 차지한다. 2002년 전체 메디케이드 지출에서 치과가 차지하는 부분은 1퍼센트를 약간 넘긴 27억 달러에 불과했다.[3]

가난한 사람들을 진료하는 의사도 부족하지만 치과의사는 이보다 더 심각하게 부족하다. 미국 치의학교육협회의 프랭크 카탈라노토에 따르면 의사들은 전체의 4분의 3이 공공 프로그램의 환자를 진료하지만, 치과의사는 4분의 1만이 그렇게 한다.[4]

~

그러나 이 모든 어려움에도 불구하고, 몇몇 주에서는 메디케이드 치과 프로그램이 제구실을 하고 있다. 앨라배마주에서는 "웃어요, 앨라배마!"라는 구호 아래, 최근 몇 년 동안 치과 진료를 받은 아동을 수만 명 늘리는 데 성공했다. 메디케이드에 참여하는 치과의사를 늘리기 위해 진료 수가를 인상했으며, 부모, 학교 간호사, 헤드 스타트 센터 등을 통해 더 많은 아이들이 치과 진료를 받을 수 있도록 다양한 방법을 시도했다. 미국 전역에서 그렇듯이 노스캐롤라이나주에서는 치과의사들보다 의사들이 진료실에서 가난한 아기와 어린이를 만날 가능성이 훨씬 크다. 그래서 노스캐롤라이나주의 의사와 간호사는 구강 검진, 상담 및 불소 바니시 시술에 대한 교육 훈련을 받았다.

2000년에서 2006년 사이 노스캐롤라이나주에서는 (치과가 아닌) 병원과 진료실에서 구강 질환 위험이 높은 아이들의 치과 진료 8만 건을 처리했다.

~

의회는 연방 차원에서 그 문제에 대해 심사숙고했고, 그동안 메릴랜드주 치과행동위원회의 구성원들은 주 제도를 개혁하는 일에 전념했다. 메릴랜드주 보건부 장관 존 콜머스의 요청으로 위원회는 2007년 여름 내내 6~8월 격주 화요일 오후에 소집되었다.

9월에 위원회는 주 메디케이드 프로그램의 개혁을 가져올 광범위한 구조 개편안을 발표했다. 치과의사들이 감당해 온 과도한 문서 작업을 간소화하고, 건강에 대한 메릴랜드 주민의 책임성을 높이기 위해, 위원회는 50만 명에 달하는 메릴랜드 거주 메디케이드 아동들에게 치과 진료를 제공할 단일 행정 서비스 조직의 신설을 제시했다. 지금까지는 주 정부의 관리 의료 체계에서 하청 계약을 맺고 치과 진료를 제공해야 했던 여러 조직들이 치과의사를 연결했지만, 이제는 새로운 단일 행정 조직이 직접 치과의사를 연결할 것이다.

또한 위원회는 공중 보건 치과위생사가 빈곤층 아동을 진료할 수 있도록 치과 의원 외부에서 독립적으로 일하는 것을 허가해 달라고 했다. 그리고 주 내 안전망 진료소 제도를 확대해야 하며, (주 정부와 연방 정부가 비용을 반씩 부담해) 매년 수백만 달러를 지원해, 메디케이드에 참여하는 치과의사들이 좀 더 높은 진료 수가를 적용받을 수 있게 해야 한다고 주장했다.

"이 권고안은 우리 메릴랜드주가 이미 몇 년 전부터 시행했어야 할 내용입니다." 위원회의 일원이자 주 치과의사회 회장 가너 모건은 말했다. 주지사와 주 입법부는 개편안을 받아들였다. 치과행동위원회가 요청한 예산 규모에는 미치지 않았지만, 메디케이드 진료 수가는 인상되었고, 메디케이드 프로그램이 간소화되자 수백 명의 치과의사들이 새롭게 등록했다. 또한 공중 보건 치과위생사는 치과의사의 검진 없이도 학생들을 진료할 수 있게 되었다. 치과 진료소가 부족했던 카운티에는 진료소가 세워졌다. 이런 조치들이 시행되자, 메릴랜드주는 더 많은 메디케이드 등록 아동들에게 치과 진료를 제공하면서 다른 주들의 좋은 본보기가 되었다.

그리고 다른 주들이 더 잘해 가기 위해서는 본보기로서 메릴랜드주의 역할이 한층 중요해졌다. 의회의 관심이 높아지면서 메디케이드 치과 프로그램이 책임질 일들에 대한 기대와 요구도 전국적으로 커져 갔다.

메릴랜드주의 민주당 하원 의원인 존 사베인스가 말했다. "데몬테가 우리 손을 잡아 이끌며 미국 의료 제도의 어느 부분을 어떻게 개선해야 할지 하나하나 가르쳐 준 셈입니다." 치과 의료의 문제를 해결하기 위해 점점 더 많은 비영리단체, 풀뿌리 단체 및 자선단체가 힘을 모으기 시작했다. 이들은 치과 진료에 더 쉽게 접근할 수 있어야 한다고 요구했고, 주 의회와 국회의사당에서 발언을 이어 갔다.

～

그러나 주 아동 건강보험 프로그램을 둘러싼 전쟁은 더디게 진행되었다. 의회에서 메릴랜드주 대표단은 노동 빈곤층 자녀를 위한 필수 항목에 치과 진료를 포함하기 위해 앞장서 노력했고, 엘리야 커밍스 의원도 이에 합세했다. 커밍스는 치과 이슈에 있어서 거침없이 나서는 전국구 지도자로 주목받았다.

볼티모어에서 가난하게 자란 커밍스는 말했다. "이가 아프다는 것은 살면서 너무나 당연하게 겪는 일이었어요." 부모 모두 목사였던 그는 사도적 열정을 바쳐 자신의 사명에 임했다. 떡 벌어진 어깨와 머리카락이 없어 반짝이는 머리가 인상적이었던 그는, 동료들에게 치과 진료의 중요성을 간곡히 호소했다. "데몬테를 잊어서는 안 됩니다. 데몬테의 죽음이 헛되지 않도록, 다른 많은 생명을 살려 내야 합니다."

그럼에도 아동 건강보험 프로그램은 신속하게 재승인되지 않았다. 민주당은 치과 보험을 추가하는 것 외에도, 기존 범위를 넘어 소득이 좀 더 많은 가정으로 이 프로그램을 확대하려 했다. 앞서 비공개 석상에서 이 문제에 대한 반대를 공언했던 부시 대통령은 2007년 10월 아동 건강보험 프로그램을 확대하는 법안에 거부권을 행사했다. AP의 보도에 따르면 대통령은 이 법안을 사회주의 의료를 향한 시도로 받아들였다고 한다.[5] 그해 12월 부시는 이 법안에 대한 거부권을 다시 한 번 행사했다. 그 후 대통령과 의회는 기존 아동 건강보험 프로그램을 확대하지 않고 단지 18개월 연장 운영한다는 한시적인 해결책을 도출했다.

새 민주당 대통령 버락 오바마가 취임한 뒤에야 아이들을 위한 건강보험 프로그램이 재승인되었다. 2009년 2월 마침내 프로그램 확대 법안이 오바마 대통령의 서명으로 최종 발효된 것이다. 새로운 아동 건강보험 프로그램에 따라 대상 어린이들에 대한 포괄적 치과 보험 보장이 의무화되었다. 또한 치과가 제외된 의료보험 가입 아동들에게는 치과 보험 보장만 추가로 제공하기 위해 정부가 프로그램의 예산을 사용할 수 있도록 허용했다.

법안을 위해 오랫동안 싸워 온 커밍스는 법안 통과 소식에 환호했다. "이 획기적인 법안으로, 우리는 모든 데몬테들이 이루 말할 수 없는 아픔과 고통에서 벗어나도록 하는 첫걸음을 내딛었습니다."

에델스테인은 이 법안이 "구강 건강을 전신 건강의 중요한 일부로 인식하게 하는" 길목에서 중대한 이정표가 될 것이라고 말했다.

~

2009년 가을, 미국 정부회계감사원은 데몬테 드라이버의 사망 이후 메디케이드 치과 프로그램 개선 노력에 대한 경과 보고서를 발표했다. 보고서의 제목이 내용을 명쾌하게 요약하고 있다. 「메디케이드:

아동의 치과 의료 접근성을 개선하기 위해 주 정부 및 연방 정부 차원의 조치를 취했지만, 접근성은 여전히 떨어짐」.

저자들은 "아동의 메디케이드 치과 의료 접근성은 오랜 고민거리"라고 썼다. "치료받지 못한 치아 감염이 치명적인 뇌 감염을 초래해 사망에 이른 12세 소년의 비극적인 사건은 이 문제에 대한 관심을 다시 불러일으켰다."

새로운 보고서는 문제가 있는 메디케이드 치과 프로그램에 대한 과거의 경고를 언급했다. 정부회계감사원의 2000년 조사에 따르면, 조사 대상인 31개 주 중 대부분에서 주 등록 치과의사의 4분의 1도 안 되는 치과의사들이 적어도 100명의 메디케이드 환자를 봤다.[6] 그리고 2008년 정부회계감사원은 의회에, 수백만 메디케이드 등록 아동의 치과 질환 수준이 수십 년 동안 변함이 없다고 보고했다. 메디케이드 등록 아동 수백만 명 중 대다수가 충치 치료를 받지 못했다.[7]

2009년 보고서의 저자들은 공급자가 늘 부족한 상황이 개선되지 않는 문제를 지적했다. 메디케이드 등록 아동들은 여전히 충치로 고통받고 있었으며, 민간 보험에 가입한 어린이들보다 훨씬 많은 아이들이 치료받지 못했다. 그러나 희망의 징조도 있었다. 거의 모든 주에서 새로운 공급자를 모집하고 접근성을 향상하기 위해 새로운 시도를 취하고 있었다. 또한 연방 '메디케어 및 메디케이드 서비스 센터'♦는 치과 의료에 대한 감독을 강화했다. 문제가 있는 프로그램이 서서히 개선될 조짐이 보였다.[8]

♦ 미국 연방 보건부의 산하 기관으로 메디케어 및 (주 정부와 협력해) 메디케이드, 아동 건강보험 프로그램 등을 감독하고 운영한다. 한국의 국민건강보험공단과 비슷한 기관이다.

데니스 쿠치니치는 메디케어 및 메디케이드 서비스 센터가 치과 프로그램에 새롭게 관심을 가졌다는 소식을 환영한 의회 의원 중 한 사람이었다.

진행 상황을 평가하기 위해 소집된 청문회에서 그는 말했다. "저는 메디케어 및 메디케이드 서비스 센터가 데몬테 드라이버의 죽음 이후에 아동의 치과 진료에 관심을 보이기 시작했다고 믿습니다. 그러나 근본적인 문제의 규모는 상상을 초월합니다. 오늘날에도 데몬테와 같은 수백만 명의 어린이가 치과 치료를 받을 자격이 있지만 치료받지 못합니다. 예방할 수 있는 치과 질환으로 죽는 사람이 생기지 않도록 지금 이곳의 모든 사람들이 바삐 움직여야 합니다."

쿠치니치는 말했다. "데몬테의 죽음이 알려졌을 때 사람들이 제게 물었습니다. '이 일에 왜 그렇게 관심을 갖는 거죠? 3억 명 중 한 명에게 벌어졌을 뿐이에요. 이런 일들은 종종 일어날 수 있잖아요.'"

그리고 그는 오래전 자신이 겪은 경험을 이야기했다.

"저도 도심에서 자랐습니다. 일곱 형제 중 맏이였죠. 제가 열일곱 살이 돼서야 부모님이 겨우 집을 마련했습니다. 그동안 우리 식구는 차 안에서 온 가족이 살았던 두 번을 포함해 열일곱 곳의 집을 전전하며 살았습니다. 할 수 있는 게 별로 없었어요. 치과 진료를 받는 것도 할 수 없는 일 중 하나였습니다. 껌을 씹다가 딱딱한 게 씹혀 뱉었더니 부러진 이 조각이 껌과 함께 나온 적도 있었으니까요. 치과에 가야 하는데도 못 가고 아주 오랫동안 그냥 그렇게 지낼 수밖에 없었지요.

더 자세하게 설명하고 싶지는 않네요. 어린 시절, 치과에 제때 가지 못한 경험이 있는 사람이라면 이런 일들이 얼마나 끔찍하게 느껴지는지 알 겁니다. 데몬테 드라이버, 그 아이는 바로 저 자신입니다.

어릴 때의 저요. 무정한 사회 시스템이 그 아이의 삶을 희생했습니다. 우리는 또 다른 데몬테 드라이버가 생기게 둬서는 안 됩니다."[9]

메릴랜드주 프린스 조지스 카운티 당국은 보건소 치과 진료실이 메디케이드 등록 아동을 다시 진료하기 시작했다고 발표했다. 도널드 셀 카운티 보건 담당관은 "메디케이드 등록 아동이 치료받을 수 있도록 서비스를 확대할 것입니다. 치료가 필요한 아이를 절대 돌려보내지 않을 것입니다."라고 말했다.[10]

전국치과의사협회 지부 대표들이 치과 이동 진료소 프로젝트를 위한 돈을 모으는 데는 시간이 걸렸다. 헤이즐 하퍼와 벨린다 카버-테일러는 계속 그 일에 매달렸다.

하퍼는 치의학과 공중 보건학에 관한 자신의 연구 및 하워드 대학교에서 가르쳤던 경험에 비춰 메디케이드에 대해 많은 생각을 했다. 학생 시절에는 극빈자처럼 허름한 옷을 입고 진료를 받으려 한 적도 있었다. 의사의 딸로 자란 그녀에게는, 제도에서 소외된 사람의 입장이 되어 보는 새로운 경험이었다.

하퍼는 이동 진료소가 학교에 치과 진료를 제공할 수 있도록 교육청과 양해 각서를 주고받았다. 동료들에게 자원봉사를 간곡히 부탁한 결과, 이동 진료소에서 구강 검사, 스케일링, 실런트 및 불소 도포를 해주고, 충치 치료 및 기타 복잡한 치료가 필요한 어린이는 본인의 치과 진료실에서 진료하기로 합의한 '행동하는 치과의사' 47명이 모였다. 그녀는 연봉 4만 달러에 그 일을 총괄하기로 했고 워싱턴 D.C.에 있는 병원의 진료를 줄였다.

프린스 조지스 카운티의 가장 가난한 20개 학교의 부모에게 진료 동의서를 받고 사후 관리가 필요한 어린이를 돌보기 위해 학교 간호사와 상담사가 팀을 이뤘다. 한편 하퍼의 제자인 카버-테일러는 프린스 조지스 카운티의 의료 소외 지역에서 자신의 진료 시간 틈틈이 기금 모금에 힘썼으며 [미국의 화장품 다단계 판매회사인] 메리케이 Mary Kay의 지사장들로 구성된 팀이 이동 진료소 기금 마련을 위해 립스틱 판매 행사를 조직했다.

~

2010년 11월 어느 추운 아침, 데몬테 드라이버 치과 프로젝트 이동 진료소가 마침내 첫발을 내디뎠다. 화려하게 채색된, 통학 버스보다 커다란 차가 첫 번째 진료지로 선정된 학교 앞에 섰다. 데몬테가 다닌 학교였다. 차 안에는 치과용 의자 세 대가 설치되어 있었다.

"내 꿈이 이뤄지는 순간이 이렇게 오네." 고요한 진료소 안에서 첫 번째 아이가 차에 올라와 치료받을 순간을 기다리며 카버-테일러가 말했다. 그녀도 어린 시절에 치통으로 고생한 적이 있었다. 십 대 때 어금니 네 개를 뺄 만큼 치아 상태가 안 좋았다. 메디케이드 치과의사가 카버-테일러를 치료해 주었고 이제는 카버-테일러가 치과의사가 되어 또 다른 아이를 기다리고 있다.

"우리는 지금 새 역사를 쓰고 있는 거야." 카버-테일러는 헤이즐 하퍼의 제자이며 자신의 동급생이었던, 마찬가지로 그 주변에서 병원을 열고 있는 프레드 클라크에게 선언했다. 클라크도 씩 웃으며 동의했다. "정말 좋다. 이보다 좋은 일이 또 있을까."

이동 진료소 계단이 설치되었다. 프로젝트 매니저 베티 토머스가 차문 밖으로 몸을 내밀어, 밖에서 기다리던 아이들에게 웃는 얼굴로 물었다. "자, 준비됐지?"

카키색 바지와 폴로셔츠를 입은 남자아이 네 명이 함께 올라와 수줍게 옹기종기 모여들었다. 이동 진료소는 이내 아이들로 북적거렸다. 토머스는 운전석 뒤의 작은 벤치에서 진료를 기다리던 아이들을 버스 앞으로 데려가 이 닦기 교육을 했다. "하루에 몇 번이나 이를 닦아야 할까요?"

카버-테일러 앞에 처음 앉은 조용하고 공손한 소년은 충치가 네 개 있었다. 다음 학생은 작은 거울에 비친 자신의 모습을 들여다봤다. "와, 내 코털 좀 봐!"

또 다른 아이는 처음부터 입을 열기를 거부했다. "내 이는 보여주지 않을 거예요!"라고 외쳤다.

카버-테일러는 당황하지 않고 씩 웃으며 말했다. "일단 이가 몇 개 있나 세어만 보자." 그러자 소년은 그녀가 검사하도록 입을 벌렸다. "이가 멋지네."

버스 앞에서 어린 소녀가 손뼉치기 놀이를 시작했다. "쟤들이 내가 좋아하는 장난감을 가져갔어요. 쟤네는 바보들이에요!" 차례가 되어 치과용 의자에 다가오자, 소녀는 꿈틀거리며 나가고 싶어 했다.

"무서워요." 아이가 고백했다. 하지만 카버-테일러가 매력을 발휘했다. "의자 뒤로 앉아 볼까? 이가 몇 개 있나 세어 볼게. 다 끝나면 스티커를 받게 될 거야."

진료 속도는 느렸다. 어린이 50명이 등록했는데, 카버-테일러와 클라크는 처음 한 시간 동안 겨우 일곱 명 정도를 진료했다. 자원한 세 번째 치과의사는 나타나지 않았다. 그들은 계속 일했다.

"저 사람들이 네 이를 뽑고 잇몸에 왕주사를 놓을 거야." 바로 앞 벤치에 앉아 있던 한 소년이 다른 아이에게 겁을 주었다. 또 다른 소년은 커다란 모형 칫솔로 사자 인형의 이를 닦고 있었다. 또 다른 어린 소년이 분홍색 진료용 턱받이를 한 채로 버스에서 탈출하려 했다. 아이는 금세 붙들려 왔다.

"뒤돌아볼 때마다 또 다른 아이들이 보여요. 계속 튀어나와요!" 클라크는 말했다.

급식 차량이 지나가자 배고프고 덥고 피곤했던 클라크는 서둘러 이동 진료소 밖으로 나가 음식을 사왔다.

카버-테일러는 계속 진료했다.

"충치가 하나도 없구나. 스티커를 하나 줄게." 그녀는 소녀에게 말했다.

오전이 끝나 갈 무렵, 키가 큰 16세 소년, 마커스 존슨이 고통스러워하며 들어왔다. '바늘로 콕콕 찌르듯' 이가 아프다고 했다. 치과 응급 상황이었다. 마커스의 어머니를 오시라고 했고, 근처에 있는 치과 중 '행동하는 치과의사' 명단에 있는 곳을 찾아 지금 당장 응급처치를 받도록 조치했다. 50번째로 진료받을 아이는 데몬테와 같은 학년의 여자아이였다. 귀여운 아이였지만 눈빛이 슬펐고 충치가 일곱 개 있었다. 그때 응급 신경 치료를 마치고 통증이 가라앉은 마커스 존슨이 돌아와 다음 치료 약속을 잡았다고 전해 주었다.

"아파서 고생하던 아이의 통증이 사라지는 걸 보니 보람 있다." 베티 토머스가 말했다. 오후를 알리는 학교 종이 울리자 이동 진료소도 조용해졌다. 오늘 할 일은 끝났다. 사람들은 모두 짐을 싸며 떠날 채비를 했다. 어느새 주차장은 노란색 통학 버스로 가득 찼다. 다채로운 색상의 이동 진료소는 오리 무리 속 공작 같았다.

통학 버스 운전사인 완다 뉴먼이 이동 진료소 문 앞으로 다가왔다.[11] "이가 아플 때 먹는 공짜 약은 없나요?"

가을과 겨울이 지나가고 프린스 조지스 카운티에도 봄이 찾아왔다. 4월 이동 진료소가 문제의 하이츠Heights 지역에 도착했는데, 그곳은 이미 새해에만 23건의 살인이 발생한 우범 지역이었다. 하이츠 초등학교도 어려움을 겪고 있었다. 주 정부의 학업 성취도 평가 결과에 따르면 학생들은 읽기와 수학 분야에서 매년 성적이 낮았다.

4월의 어느 날 아침, 이동 진료소에 처음 도착한 아이는 타샤라 타비아 모튼 도드슨이라는 이름의 조그마한 유아반 어린아이였다. 타샤라는 긴 머리를 땋아 내렸고 눈빛이 차분하고 애잔했다. 파란색 교복의 왼쪽 가슴에는 캠페인 배지 같은 커다란 단추가 달려 있었다. 젊은 흑인 남자의 사진에 '아빠의 명복을 빌어요'RIP Daddy라고 새겨져 있었다. 카버-테일러는 단추에 대해 말하지 않았다. 그녀는 아이에게 진료용 턱받이를 덮어 주고 치아를 검사했고, 젖니에 씌우는 은니에 대해 설명했다. 그녀는 타샤라에게 핸드피스 끝 부분에 꽂은, 이를 청소하는 작은 솔을 보여 주었다. 작은 동물 모양 솔마다 부드러운 털이 달려 있었다.

"이것 좀 봐, 우리는 기린으로 할 거야. 입을 크게 벌려 볼까. 크게, 크게." 치료가 끝난 뒤, 타샤라는 '참 잘했어요'라고 쓰인 스티커를 골라 교복에 달린 '아빠의 명복을 빌어요' 단추 옆에 붙였다.

이동 진료소 앞 벤치에 치과 진료 순서를 기다리는 아이들로 가득했다. 타샤라는 같은 반 친구들과 함께 교실로 돌아가려고 바닥에 앉아 기다렸다. 그녀는 아빠의 얼굴이 그려진 단추에 대해 설명했다.

"경찰이 아빠를 다섯 번이나 죽였어요." 지난 3월 7일 공원에서 경찰이 쏜 총에 맞아 죽은, 타샤라의 아버지는 트레이본 도드슨이라는 사람이었다. 경찰에 따르면 트레이본 도드슨은 그때 무장한 상태였고, 아마도 약에 취해 있었을 것이라고 한다.

유치원 아이들 진료가 다 끝났다. 타샤라도 친구들과 모여 함께 유치원으로 돌아갔다. 아이들은 수선화 꽃길을 지나 여기저기 움푹 파인 자국이 있는 철문 안으로 들어갔다. 잠시 후 몰려온 고학년 아이들은 예상보다 많았다. 카버-테일러는 4학년 아이들을 보고, 그다음엔 5학년 아이들을 봤다. 아이들과 이야기도 하고 농담도 하면서 진료를 계속했다.

"자, 크게 벌려 보자." 목걸이를 하고 갈색 안경을 낀 여자아이에게 카버-테일러가 말했다.

"어머나, 세상에, 5학년? 그래, 기억나네, 그때 나한테 첫 남자 친구가 생겼었는데." 카버-테일러가 말했다. "남자 친구 있니? 좋아. 1년만 더 기다려 봐. 선생님은 6학년 때, 남자 친구한테 예쁜 밸런타인 카드도 받고 선물도 엄청 많이 받았거든."

아침에 진료를 시작할 때 명단에는 70명이 조금 넘는 아이들의 이름이 있었지만, 그날 진료소를 찾은 아이는 모두 100명이었다. 동의서에 서명하지 않았지만 아이를 치과의사에게 보이고 싶어 전화를 건 학부모들도 있었다며, 프로젝트 매니저인 토머스는 조금 흥분해서 설명했다.

"어서! 시간이 흐르고 있어!" 그런 다음 그녀는 벤치에서 기다리고 있는 다음 무리에게 향했다. "제대로 이를 닦는 방법에 대해 이야기해 봅시다."

이동 진료소는 곳곳을 달려 수많은 학교 앞에 멈춰 섰다. 카버-테일러와 여러 동료들은 건강한 이, 썩은 이, 고름집이 찬 이 등 수천 개의 치아를 봤다. 이 사이에 과자 찌꺼기가 끼여 있기도 했다. 치과용 의자 위에 앉은 어떤 아이들은 웃었고, 어떤 아이들은 공포에 떨었다. 불소 바니시와 실런트를 바르고, 후속 진료를 위해 치과 진료 의뢰서를 쓰고, 치과 진료 기록부를 작성하고, 아이의 부모에게 전화했다. 베티 토머스는 수없이 많은 아이들에게 커다란 모형 칫솔로 활짝 웃고 있는 사자 인형의 이를 닦는 방법을 가르쳤다.

데몬테가 죽은 뒤 몇 달이 지나, 앨리스 드라이버는 노숙인 생활을 극복하고 새롭게 출발하려 노력했다. 로리 노리스와 그녀가 일하는 공공 정의 센터가 모금한 기부금 덕분에 앨리스는 아들들과 부모님 모두와 함께 살 만한 작은 집을 빌릴 수 있었다. 하지만 삶은 여전히 녹록지 않았다. 그녀는 일자리를 구하기 위해, 매달 날아오는 청구서에 찍힌 금액을 내기 위해 발버둥을 쳐야 했다. 전기료를 못 내 전기가 끊겨 캄캄한 어둠 속에서 지내는 것이 두려웠다.

그러나 앨리스의 가족들은 버텨 나갔다. 앨리스 드라이버의 아버지는 건설 현장 일용직으로, 어머니는 요양원에서, 앨리스의 장남은 주간 보호 센터에서 일했다. 앨리스 드라이버는 때로는 카버-테일러의 치과 진료실에서, 때로는 이동 진료소에서 치과 진료 보조원으로 일하기 시작했다.

데몬테 사망 5주기인 지난 2012년 2월 25일 추운 저녁, 앨리스 드라이버는 데몬테가 다녔던 학교 계단에서 추모 행사를 마련했다. 바람은 매서웠지만 지난 5년간의 사건으로 굳게 맺어진 가족들과 친구들이 자리에 모였다. 메릴랜드주 치과 제도 개혁을 감독했던 해리 굿맨 메릴랜드주 구강보건실 치과 과장도 귀까지 모자를 푹 눌러쓰고 와있었다. 공공 정의 센터에서 메디케어 및 메디케이드 서비스 센터의 고위 정책 고문으로 자리를 옮겨 전국의 의료보험 프로그램을 책임지고 있던 로리 노리스 변호사가 차 트렁크에서 양초를 꺼내 사람들에게 나누어 주었다. 사람들은 칼바람을 맞으며 노래했다. 바람에 촛불은 꺼질 듯 흔들렸지만 하늘이 어두워지고 금성, 목성과 함께 살며시 나타난 가느다란 초승달이 밤하늘에 걸려 반짝이는 삼각형처럼 보였다.

평일 아침, 프린스 조지스 카운티 보건국 역시 5주기 조찬 행사를 열고 기념했다. 엘리야 커밍스 하원 의원이 참석해 발언했다. 그는 데몬테의 커다란 사진 옆에 서서 선지자 예레미야를 인용하며 발언을 시작했다.

"내 아들이 죽었습니다." 청중석에 자리 잡은 수술복 차림의 앨리스 드라이버의 눈에 눈물이 글썽였다.

밖에 주차되어 있던 데몬테 드라이버 치과 프로젝트 이동 진료소에서는 학생들을 진료하고 있었고 5주기 행사에 참여한 내외빈이 참관했다. 앨리스 드라이버는 행사장에서 약간의 과일을 챙겨 이동 진료소에 올랐다. 그녀는 자원봉사 치과의사 음폰 우모런 옆에서 조용히 일하기 시작했다. 앨리스 드라이버는 아이들을 치과용 의자에 차례로 앉히고 털모자를 벗기고 콧물을 닦아 준 뒤 진료용 턱받이를 턱 아래에 둘러 준 다음 겁먹은 아이들을 달랬다. 그녀는 아이들의 진료 기록부가 끼워진 서류철을 집어 들었다. 그녀는 우모런이 치아를 하나하나 검사하고 평가하는 것을 듣고는 진료 기록부에 충치를 빨간 펜으로 표시했다.

앨리스 드라이버의 주위, 아들의 이름을 붙인 이동 진료소는 현미경 슬라이드를 비추는 불빛처럼 작고 평범한 세계였다. 이동 진료소는 10여 명의 사람들(킥킥거리며 웃거나 훌쩍이며 우는 아이들, 우모런과 카버-테일러와 베티 토머스, 카운티와 주의 공무원들)로 가득했다. 치과 진료 기구가 주기적으로 윙윙거리는 사이, 이동 진료 차량에 전력을 공급하는 발전기가 돌아가는 소리가 들렸다. 단순하고 평범하기 그지없는, 건강을 위한 싸움이자 질병과의 전투 소리였다. 한 번에 하나씩 이 조용한 전염병과 맞서 싸우는 소리.

12
채핀 해리스의 후예들

~

10월의 화창한 어느 오후, 세계에서 가장 오래된 치과대학의 신입생들이 메릴랜드 대학교 의학 캠퍼스에 있는 역사적인 다비지 홀에 입장했다. 학생들은 어둡고 오래된 반원형 강의실의 자기 자리를 찾아 앉았다. 고대 치유자들의 하얀 흉상들이 지켜보는 강의실에 앉아 있던 학생들은 연설이 끝나자 가파른 나무 계단식 의자에서 모두 일어나 선서를 했다.

그들이 한목소리로 말한 선서의 단어는 그 옛날 히포크라테스 선서의 단어 그대로는 아니었지만, 맹세하는 내용은 그때와 똑같았다. 즉, 치과의사의 직업윤리와 성실의 원칙을 지키고, 환자의 건강과 안녕을 최우선으로 두겠다는 약속이었다. 이들은 "어려운 사람들에게 편견 없는 의료 서비스를 제공하고 불의에 맞서 목소리를 냄으로써 지역사회의 복지를 증진할 것"이라고 했다. "나는 치과학에 대한 높은 존중은 치과의사들에 대한 사회의 신뢰에서 나온다는 것을 알고 있으며, 신뢰받을 만한 치과의사가 될 것이다."

그런 다음 그들은 흰 가운을 입었다. 그들은 이제 치과의사라는 전문직의 길에 들어선 것이다. 다비지를 나와 메릴랜드 대학교 치과대학으로 걸어갔다. 많은 사람들이 '세계 최초의 치과대학'이라고 적힌 역사적 표지판 옆에서 사진을 찍기 위해 흰 가운을 입고 혼자 또는 여럿이 모여 포즈를 취했다.

"최고의 학교예요." 재스민 워터스가 말했다. 프린스 조지스 카운티 출신인 그녀는 아름다운 미소를 갖는 게 얼마나 중요한지 알기 때문에 치과대학에 입학했다고 했다. "힘든 과정을 거쳤지만, 미소 짓는 제 모습은 항상 자신감을 갖게 하죠."

이란에서 미국으로 온, 그녀의 동급생 베남 마즈드는 졸업한 뒤에는 취약한 미국인들을 돌보는 치과의사로 살고 싶다고 말했다. "제가 이 자리에 오기까지 사회에 많은 빚을 진 것 같아요." 건물 안으로 들어간 그들 앞에는 신입생 환영회와 4년간의 치과대학 교육이 기다리고 있었다.

~

채핀 해리스와 호레이스 헤이든이 의과대학의 다비지 홀(해부용 시체의 고상한 악취가 풍기는 원형 해부학 강의실)이 아닌 캘버트가에 있는 침례교회에서 최초의 치과학 강의를 시작한 지 175년이 흘렀다. 의사를 비롯한 대부분의 사람들이 치과의사를 기껏해야 이 잘 뽑는 기술을 가진 장사꾼으로 봤을 때, 해리스는 치과학이 사회에 필요한 소명을 가졌다고 확신했다. 비록 모든 사람들이 치과학의 복잡성, 심오한 아름다움, 전신 건강에 필수적이라는 걸 인정하지는 않았지만 해리스는 치과학이 존중받을 만한 학문이라고 주장했다.

"많은 사람들이 치과의사를 단순한 기술자로 여기며, 약간의 재치와 손재주만 있다면 누구나 치과 진료를 할 수 있다고 믿는다. 그러나 그것은 잘못된 생각이다."라고 그는 썼다. "알다시피 치과학은 의학, 외과 수술, 정교한 수작업이 한데 어우러져야 하는 과학이다. 따라서 치과 진료를 하는 사람이라면 이 모든 분야에 대한 지식을 갖춰야 하며, 나아가 끊임없이 연구하는 자세가 필요하다."

치과의사를 양성하는 정규 교육이 필요하다는 관점에서 해리스는 치과의사 교육과정을 수립할 방법을 찾기로 마음먹었지만, 그 학교가 의과대학과 별개로 만들어져야 할지, 아니면 의과대학의 일부분이어야 할지에 대해 많이 고민한 것 같지는 않았다.

해리스는 "[치과의사] 전문직을 교육하고 양성할 대학이 설립된다면, 그 대학은 충분히 존립할 수 있을 것"이라고 말했다. "[하지만] 의과대학에 치과학 교수직을 만들어서, 치과학 교육에 필요한 모든 분야를 가르칠 수 있다면 의과대학 안에서도 동일한 목적을 달성할 수 있다."[1]

그러나 해리스와 헤이든이 설립한 치과대학은 의과대학과 독립적이었다. 그 이후로 문을 연 거의 모든 미국 치과대학들도 마찬가지였다. 이후 치과의사와 의사라는 직업은 서로 다른 길을 따라 발전해 왔다. 치료에 관한 접근법에서 의학은 외과 수술을 넘어선 영역으로 확장·발전했지만, 치과학은 질병의 증상을 치료하는 수술 절차에 초점을 맞춘 외과 수술 영역으로만 남았다.

~

미국의 치과 의료 제도는 예방보다 외과 수술에 훨씬 더 많은 보상을 하고 있다. 외과 시술을 강조한 것과 그 결과는 미국 치과의사들이 구강병을 진단하고 치료하는 방식에 어떤 영향을 미쳤을까. 이것이, 미국치과의사협회 2015년 연례 회의의 사전 학술 행사에 모인 소수의 '증거 기반 치과학 전문가'들의 대화 주제였다. 토론 주제는 치과용 실런트 치료였다. 작은 주사기나 붓을 이용해 치아의 씹는 면 홈을 코팅재로 메우는 이 예방 술식은 어린이의 새로 맹출萌出한 어금니의 충치를 예방하는 데 매우 효과적인 것으로 밝혀졌다. 또한 연구 결과 질병의 초기 단계인 '구멍이 나지 않은 충치'나 치아의 단단한 바깥 껍질인 법랑질의 초기 충치를 실런트로 메울 경우 충치 진행을 지연하거나 멈추는 데 효과적이라는 사실이 밝혀졌다.

미국치과의사협회 과학학술위원회가 아동·청소년·성인에 대한 실런트 치료의 효과를 뒷받침하는 2008년 임상 권고안을 발표한 뒤에도 치과의사들은 실런트 치료를 쉽게 받아들이지 않았다.[2] 2011년에 발표된 연구에 따르면 실런트 치료를 하는 치과의사는 40퍼센트 미만이었다.[3] 아직도 많은 치과의사들이 치아의 초기 충치 부위에 실런트를 하는 대신 드릴로 파내고 때울 가능성이 훨씬 더 높다.

몬태나주의 치과의사이자 연구자인 제인 질레트는 "치과의사에게 드릴을 사용하지 않고 치료한다는 것은 상상할 수 없는 일이에요."라고 말했다. "치과의사에게 충치 치료란 치과용 핸드피스를 들고 썩은 부위를 파내는 일이거든요. 조금 덜 파거나 이를 깎지 않는 보수적인 치료법이 환자에게는 편한 경우가 있는데도 말이죠." 그러나 보수적인 치료법은 치과의사 입장에서는 도저히 받아들이기 어려워 보인다. 치과의사들은 이렇게 말할 것이다. "치과의사의 본질은 외과 의사이고, 치과대학 학생과 수련 기간에 이를 깎는 치료법을 훈련해요. 그런데 비수술적 치료법을 이야기한다면 치과의사로서 받아들이기 어렵겠죠."

치과의사이자 일리노이 치과대학의 구강내과 외래 부교수인 엘리엇 앱트는 강의에서 이런 갈등을 더 직설적으로 표현했다. 강의 자료 화면에서 그는 치과용 핸드피스를 보여 주며 "치과의사의 손에서 핸드피스를 빼앗는다면"이라고 말하고는, "치과의사의 수입은 줄어들 겁니다."라며 돈뭉치를 꺼내 흔들었다.

다비지(메릴랜드 의과대학)의 의사들이 의과대학에서 치과학을 가르치게 해달라는 해리스와 헤이든의 요청을 정말로 거부했는지에 대해서는 수년간 논쟁이 있었다. 어떤 사람들은 의사들이 "치과학이란, 학문이라고 말하기 어려운, 별로 중요하지 않은 분야다."라고 거만하게 훈계하면서 치과의사들의 요청을 거절했다는 이야기에 의문을 제기했지만 '역사적인 거절'의 전설은 아직까지 살아남았다. 의과가 치과의 진입을 거부했다는 '전설'은 치과가 의과로부터 왜 고립되었는지를 설명하면서, 의과로부터 분리된 치과를 비판하기도 하고, 한편으로는 정당화하기도 했다.

남북전쟁 참전 용사의 아들이자 1914년 치대를 졸업하고 30년 가까이 모교의 학장을 지낸 J. 벤 로빈슨은 (의과로부터) 치과 독립을 열렬히 지지하는 소신을 가지고 이 이야기를 했다. 로빈슨은 의사들이 헤이든과 해리스를 의과대학에서 쫓아낸 게 아니라고 주장했다. 오히려 반대로, 치과의사가 의과로부터 독립을 스스로 선택했다는 것이다. 치과의사란 원래부터 의사와는 다른 직업이었던 것이다.

로빈슨은 "의과대학 과정에 치과 교육을 포함해 달라는 요청이 거절되었기 때문에, 그 대안으로 독립된 치과대학을 설립한 것이 아니라고 알고 있다."고 썼다.

로빈슨은 『미국치과의사협회지』에 실린 글에서 "독립적인 치과대학의 설립은 자율적인 치과 전문 직업인의 등장이라는 특수한 시대적 요구에 따라 별도의 치과 교육기관을 구축하기 위해 계획된 것이었다."고 주장했다. "치과와 의과는 생물학이라는 동일한 토양에 뿌리를 두고 있다. 하지만 치과 탄생의 역사를 보면 진정한 의미의 치과가 전통적인 의과의 한 부분으로 들어갈 수 없음을 확인할 수 있다. 인간의 다른 신체 부위와는 달리 충치, 잇몸병, 치아 상실 등의 치과 질환과 장애는 스스로 치유되지 않기 때문에 기존의 의료인이 일반적으로 적용하거나 처방하는 치료제로는 고칠 수 없다. 따라서 치과와 의과라는 두 가지 기술이 자연적으로 따로 갈 수밖에 없는 것이다."[4]

미국치과의사협회 회장을 지냈던 로빈슨은 이 분야에서 널리 알려져 있었고 존경받는 사람이었다. 1964년 이 글을 발표했을 때 그의 나이 80세였다. 연방 정부가 노인을 위한 국민 의료보험 제도를 입안하던 시기였기에, 미국치과의사협회도 긴장을 놓지 못하고 있었다. 다음 해 메디케어 법안이 통과되었고 거대한 연방 의료 프로그램은 로빈슨과 마찬가지로 의과와 치과 사이에 확실한 선을 그었다. 메디케어는 많은 미국 노인에게 최대 범위의 의료 서비스를 제공했지만, 미국 노인의 치과 진료에 대해서는 언급하지 않았다. 메디케이드는 제도 시행 사후 조치로 어린이를 위한 치과 치료 지원을 추가했다.

만약 해리스와 헤이든이 다비지에 머물러 의과대학 안에 치과를 만들었더라면, 만약 처음부터 치과의사가 다른 의료 인력과 함께 처음부터 끝까지 교육받았더라면, 만약 치과의사가 의과 및 더 큰 의료 체계에 긴밀히 연결되어 세상에 나아갔더라면, 지금의 의료 제도와 사람들의 구강 건강은 어떻게 바뀌었을까? 역사에서 가정은 소용없지만, 만약 그랬더라면 볼티모어 시내 중심가 길디드 에이지Gilded Age 보험회사 건물에 있는 체이스 브렉스턴 보건소처럼 치과 또한 지역사회에 기반한 일차 의료가 활발하게 이뤄졌을 것이다.

체이스 브렉스턴은 1978년, 후천성면역결핍증이 창궐하자 이에 대응하기 위해 자원봉사로 운영되는 게이 남성 진료소로 출발했다. 하지만 성 소수자 본인뿐만 아니라 가족과 주변 사람들에 대한 서비스가 필요하다는 사실을 깨닫고 무료 진료소를 넘어서서 1999년 연방 정부 인증을 받은 보건소가 되었고, 2015년에는 가장 높은 단계인 3단계 '메디컬 홈'♦으로 인증받아 현재는 더 넓은 지역사회에 의료 서비스를 제공하고 있다. 매년 환자 3만 7000명을 진료하는 체이스 브렉스턴의 '메디컬 홈 모델'은 변화하는 보건 의료 추세를 보여준다. 체이스 브렉스턴에서 치과는 의과 및 정신 건강관리와 한 지붕 아래에서 서비스가 제공된다. 의사, 간호사, 치과의사는 모든 진료 과정에서 항상 의사소통하고, 환자를 의뢰할 때도 의뢰할 의료진에게 환자를 직접 데려간다. '따뜻한 의뢰'warm handoffs라고 불리는, 얼굴을 맞대고 이뤄지는 환자 의뢰는 수백만 명의 미국인들이 치과 진료를 받을 때 겪는 두려움과 불안감을 어느 정도 해소할 절차라고 연구원들은 말한다. 치과 진료 기록부는 의과 및 정신과 진료 기록부와 통합되어 어느 과에서 진료하더라도 의료진이 환자를 전체적으로 보게끔 도와준다.

"우리는 통합된 일차 의료의 하나로 치과 진료를 제공하는 방법을 항상 고민합니다. 사실, 다른 어느 곳에서도 치과 진료가 통합된 일차 의료로서 제대로 이뤄진 적이 없긴 합니다." 세계에서 가장 오

♦ 메디컬 홈은 건물이나 장소가 아니라 지역사회 기반의 포괄적인 일차 의료를 제공하는 보건 의료 모델을 말한다. 메디컬 홈은 다섯 가지 기능과 특성이 있다. ① 포괄적 의료, ② 환자 중심 의료, ③ 접근 가능한 서비스, ④ 조정된 의료, ⑤ 의료의 질과 안전. 메디컬 홈의 구축과 확산에 2010년 〈환자 보호 및 부담적정 보험법〉 제정이 크게 기여했다(자료: https://pcmh.ahrq.gov/page/defining-pcmh).

래된 치과대학을 졸업한 치과 과장 브룩스 우드워드가 말했다. "우리 기관은 환자가 엘리베이터에 타서 벽을 봤을 때 일차 의료, 산부인과, 행동 건강behavioral health,♦ 치과가 모두 같은 명패에 붙어 있는 매우 드문 기관이지요."

환자들은 진료실에서만 치과 진료를 받는 것은 아니다. 체이스 브렉스턴의 공중 보건 치과위생사는 진료실 밖 현장으로 나가 카운티 영양 센터와 학교를 돌아다니며, 산모와 영·유아 및 어린이에게 예방 서비스를 제공하고 구강 보건 교육을 진행한다. 이런 활동은 공중보건국장 데이비드 새처가 『미국의 구강 건강 : 공중보건국장의 보고서』에서 주장한 내용이다. 새처는 보고서에서 예방, 지역사회에 기반한 보건 사업, 다학제 팀을 통해 구강병을 공중 보건의 관심사로 재구성해야 한다고 주장했다.

2000년 공중보건국장의 보고서가 발간된 이후로 인간의 구강 미생물총 연구로 얻은 놀라운 성과부터 연방 정부, 주 정부, 비영리단체가 주도하는 계획들에 이르기까지, 치과의 전통적인 고립을 깨려는 도전이 계속되었다. 구강 질환과 전신 질환의 밀접한 관계를 다룬 연구가 이어졌고, 지역사회 진료소에서 더 광범위한 치과 서비스를 지원했으며, 치과 인력의 구성에서도 혁신이 있었다.

많은 전문가들에 따르면, 충치는 구강 위생, 교육, 식이 습관 개선으로 예방할 수 있다. 그런데 이런 내용은 자격증이 있는 의사, 간호사, 치과위생사, 사회복지사, 영양사도 교육할 수 있지만, '프로모

♦ 행동과 건강, 그리고 신체와 정신의 안녕 간의 관계를 다루는 진료 영역으로 여기에는 식습관, 음주 또는 운동과 같은 행동이 신체적·정신적 건강에 미치는 영향이 포함된다.

토레스 데 살루드'promotores de salud(건강 촉진자)◆와 같은 지역 보건 요원도 가능하다. 최소 침습 치료술을 사용해 초기 충치를 건강한 치아로 회복하도록 훈련받은 태미 버드와 같은 치과위생사들은 학교, 노인 요양 시설, 가난한 지역사회에서 질병을 예방하고 치료하면서 진료의 한계를 점점 넓힐 수 있다. 수 세대에 걸쳐 치과라고는 구경도 못 해본 알래스카 마을에서 치과 보조 치료사들이 충치 치료를 하고 있다. 그런데 4만 명의 알래스카 원주민들을 치료하는 치과 보조 치료사도 포비돈 요오드◆◆로 구강 소독을 하고, 아이의 어금니에 실런트를 바르고, 학교 학생들에게 불소 용액이 담긴 양치 컵을 건네준다. 워싱턴주와 오리건주의 원주민 거주지에서도 치과 치료사 제도가 시도되고 있으며, 현재 미네소타주에서는 변형된 치과 치료사 모델이 시행 중이다. 치과 치료사 모델은 메인주와 버몬트주에서 승인되었으며, 미국치과의사협회의 지속적인 반대에도 불구하고 다른 주에서 활발하게 논의되고 있다. 메릴랜드주에서는 몇몇 사람들이 조용히 치과 치료사 도입 논의를 시작하고 있다. 최근 들어 주 내 개인 치과의사들이 의료 취약 지역과 계층을 상대로 한층 활발히 진료하고 있지만, 사람들은 주 정부가 주도적으로 나서는 편이 훨씬 나을 것이라고 말한다.

2015년 8월 현재, 1385명 남짓한 치과의사들이 메릴랜드주의

◆ 히스패닉 공동체 문화와 언어에 익숙한 지역사회 보건 종사자로서, 건강 정보 전달, 건강 옹호 및 보건교육을 한다. 이들은 히스패닉 공동체의 저소득, 소외 계층 구성원의 지역사회 기반 보건 교육과 예방에 중요한 역할을 한다.

◆◆ 외상, 외과 수술 부위 소독약.

메디케이드 치과 프로그램인 '메릴랜드 건강한 미소'에 등록했는데, 이는 2009년 8월 649명보다 늘어난 숫자이다.[*] 주 의회에 제출한 2015년 추계 보고서 안의 최근 자료에 따르면, 2014 회계연도에 메디케이드에 등록된 메릴랜드 아동의 54퍼센트 이상이 적어도 한 번 이상의 치과 치료를 받았다. 메디케이드 프로그램에 등록한 아이들의 수가 최근 몇 년 동안 급격히 증가했음에도 치과 이용률은 완만히 상승했다.[5]

모든 치과 서비스를 치과의사들이 제공하는 것은 아니다. 메릴랜드주를 포함한 전국의 메디케이드 등록 아동들은 치과의사보다 의사나 간호사를 더 자주 만날 가능성이 높다. 다른 주들처럼, 메릴랜드주도 영·유아와 아동에게 충치 예방을 위한 불소 바니시 치료를 하기 위해 의료인을 훈련하고 수가를 지급하고 있다. 2015년 6월 현재 의료인들은 메릴랜드주의 저소득층 아동들에게 약 14만 4000건의 불소 바니시 치료를 제공했다.[**] 또한 저소득층 밀집 지역의 학교를 대상으로 학교 실런트 프로그램이 주 14개 카운티에서 시작되었다.

충치 예방을 위한 노력에도 불구하고, 치과 진료 비용은 계속 올랐다. 노먼 티나노프는 세계에서 가장 오래된 치과대학의 사무실에 앉아 종이 한 장을 들어 보였다. 그는 메디케이드 치과 의료비 지출

---

[*] 2021년 현재 메릴랜드주의 치과의사 수는 일반의 1966명, 전문의 947명이다(자료 : https://dentagraphics.com/maryland-infographic).

[**] 메릴랜드주 보건부는 2009년 7월부터 메디케이드 등록 아동의 불소 바니시 치료를 시작했고 2015년 6월까지 조기 검진 및 치료 프로그램을 이수한 의료인들이 14만 3521건의 불소 바니시 치료를 시행했다(자료 : https://phpa.health.maryland.gov/oralhealth/Documents/2015LegislativeReport.pdf).

이 가파르고 꾸준하게 증가하는 추세를 보여 주는 그래프를 가리키며 "이것은 내게 로제타석과 같아요."라고 말했다. 데몬테 드라이버가 죽은 2007년, 주 정부는 메디케이드 치과 진료에 4300만 달러를 지출했다. 이 프로그램에 대한 지출은 2011년에 1억 5300만 달러로 증가했고, 2014년에는 1억 5900만 달러까지 증가했다. 수천 명의 메릴랜드주 아동에게 실런트, 불소 바니시, 그리고 정기적인 치과 검진은 여전히 받기 어려운 서비스였다. 티나노프는 질병 치료 비용의 급증을 미국 사회가 감당하기는 어렵다고 말한다.

2016년 미국 전역에 걸쳐 한 번이라도 치과 치료를 받은 경험이 있는 메디케이드 아동의 비율이 2000년 29퍼센트에서 2012년에는 48퍼센트로 증가했다는, 연방 정부의 통계 발표에 치과의사 단체 지도자들은 엄청난 뉴스라며 호들갑을 떨었지만, 2012년 약 1800만 명이 치과 진료를 전혀 받지 못했고, 질병의 위험이 가장 높은 수백만 명의 취약 계층 어린이들에게 치과 의료 체계는 여전히 아무런 역할을 못 하고 있다.

~

채핀 해리스가 살던 시대에는 조선소였던 볼티모어 펠스 포인트Fells Point 지역 아래에 유람선이 정박해 있다. 한때 전염병이 창궐하던 해안가 저지대에는 콘도미니엄(다세대주택 건물)◆ 공사가 한창이다. 볼

◆ 한국의 아파트처럼 여러 세대가 한 건물에 거주하는 미국의 주거 형태이다. 세대별로 주거 공간을 소유할 수 있고, 그 밖에 나머지 공간(엘리베이터, 주차장 및 기타 편의 시설)은 다른 세대들과 공유한다. 대개는 주택 비용과 관리비가 단독 주택에 비해 저렴하다.

티모어가 예전의 영화를 누리지 못하는 도시인 것은 맞지만, 19세기에 그랬듯이 여전히 새로운 이민자들이 발판을 마련하기 위해 고군분투하는 도시인 것도 사실이다.

치과대학 교수인 클레멘시아 바르가스는 스페인어를 사용하는 치과대학생들과 함께 펠스 포인트의 취약 계층 아동들에게 의료 봉사를 해오고 있다. 바르가스 교수의 세심한 지도 아래, 수술복 차림에 푸른색 장갑을 낀 치과대학생 다섯 명이 [공립학교인] 울프 아카데미Wolfe Academy의 구내식당 나무 벤치에 앉아 목재 설압자舌壓子를 들고 한 번에 몇 명씩 아이들의 구강 검진을 하느라 열심이다.

"아, 아 해보렴." 치과대학생들은 아이들의 치아와 잇몸 위로 장갑을 낀 손가락을 움직이며 부드럽게 말했다. 어떤 아이는 진주처럼 완벽한 이를 가졌지만, 또 어떤 아이의 이는 구멍이 생겨 썩은 속살을 드러내고 있었다. 이 구강 검진이 태어나서 처음 받는 치과 진료인 아이들도 있었다. 검진이 끝나자 아이들은 다양한 색상의 칫솔을 골라 가져갔다.

~

치아는 우리가 살아가는 데 필수적인 신체 부위이다. 먹거나 말할 때 사용하기도 하지만, 심지어 외부 공격자를 물어뜯어 스스로를 방어할 때도 사용한다. 돌처럼 단단하고 아름다운 치아는 일종의 선물이다. 치아가 우리 몸의 일부가 되는 과정은 신비롭기 그지없으며, 이가 빠져 우리 몸을 떠나는 과정은 불안하기 마련이다.

아이가 잇몸이 간지러워 씹거나 이유 없이 아파서 우는 것은 젖니가 잇몸을 뚫고 나오기 때문이다. 시간이 흘러 아기가 어린이로 자라는 과정에서 젖니는 빠지고 영구치가 그 자리를 대체한다. 세 번째 어금니인 사랑니가 보인다면 이제 아이가 아니라 어엿한 청년이 되었다는 징표이다. 청년이 늙으면 노화의 흔적은 치아에 남는다. 닳고 누렇게 변한 모습으로. 잇몸은 내려앉아 이뿌리가 길게 드러난다. 시간이 흐르고 병에 걸리면 누구나 겪는 과정이다.

살아가는 동안, 치아의 단단한 바깥 껍질인 법랑질은 주기적으로 탈회◆와 재광화 과정을 거친다. 침이 분비되면 치아 표면이 씻겨 깨끗해지고, 이를 닦으면 치아 표면에 붙어서 침으로도 씻기지 않던 세균 막을 쓸어버린다. 불소는 치아를 튼튼하게 만들어 줄 수 있지만, 우리가 늘 먹고 마시는 음식 중 일부가 충치를 일으킬 수 있고, 구강 관리에 소홀하거나 전문적인 치과 검진을 받지 못해도 충치가 생길 수 있다. 충치가 계속 진행돼 어떤 지점을 넘어서면 치아를 살릴 방법은 없다.

크고 작은 일들을 통해 치아는 우리 자신을 돌아보게 만든다. 즉, 치아를 통해 우리는 고통을, 아름다움을, 현재의 시간을 깨닫는다.

~

마메이 어제이는 미스 메릴랜드로 선발된 이후 다사다난한 해를 보냈다. 전국을 돌아다니며 학생들과 이야기를 나누고, 자선 행사에서 미소를 지었다. 연초에 로스앤젤레스에서 열린 〈도전! 슈퍼 모델〉에서는 2위를 했고, 7월 루이지애나주 배턴루지에서 열린 미스 USA 2015 대회에서 미스 USA와 미스 유니버스 왕관을 놓고 경쟁할 기회를 얻었다.

◆ 산에 의해 치아 표면의 칼슘과 인 같은 무기질이 녹아 빠져나가는 현상.

그러나 당시 대선 후보이자 미스 유니버스 조직위원회의 소유주인 도널드 트럼프가 미인 대회에 먹구름을 몰고 왔다. 트럼프가 대통령 선거운동 과정에서 반이민 발언을 한 것에 반발해 대회 사회자와 심사 위원들, 뮤지컬 공연자들이 출연을 거부하자 미스 USA의 오랜 주관 방송사인 NBC는 미인 대회의 방영 계획을 보류했다. 논란에도 불구하고, 어제이는 대회에 참가했고, 칠흑같이 검은 드레스를 입고 대담하게 무대 위를 걸었다. 결국 미스 USA 4위에 올랐다.

2015년 가을, 그녀는 정확히 1년 전에 경력이 시작되었던 미스 메릴랜드 선발 대회 장소, 교외 연회장에 전년도 여왕 자격으로 돌아왔다. 그녀는 매니저들과 코치들, 친구들과 친척들에게 감사를 돌렸고, 자신의 미소를 더 환하게 만들어 준 치과의사에게 감사했다. 또한 자신의 여정을 인도한 하느님께 감사드렸고, 미국이라는 국가에도 감사를 표했다.

"메릴랜드의 여왕이 된 것은 제게 큰 영광이었습니다. 여러분에게 신의 축복이 있기를." 그녀의 인사말이 끝나자 기립 박수가 이어졌다. 대회가 끝난 뒤, 어제이는 다른 참가자들, 승자와 패자, 그리고 (인기 스타에게 반한) 어린 소녀들과 함께 사진을 찍기 위해 포즈를 취하고 미소를 지었다. 대회가 끝나 정리 중인 연회장을 관중들이 하나둘 떠나갈 때도, 그녀는 여전히 미소를 짓고 있었다.

~

메릴랜드주의 성인 메디케이드 제도는 1970년대 메디케이드 치과 진료비 허위 청구의 주범인 얼리 리 트리스가 벌인 사기 사건의 충격에서 아직 회복되지 않았다. 2016년 현재 메릴랜드주는 메디케이드를 통한 치과 혜택을 성인에게 제공하지 않는 몇 안 되는 주들 가운데 하나이다. 1960년대 빈곤과의 전쟁을 시작했을 때, 린든 B. 존 슨 대통령이 이 지방은 여전히 가난하다고 말했을 정도로 상황이 어 려웠던 메릴랜드주 서부의 애팔래치아 지역 사람들의 치아는 여전히 살아가는 게 팍팍하다는 사실을 말해 준다.

무료 주말 치과 진료소가 차려진 애팔래치아 지역의 앨러게이니 Allegany 카운티 마을 광장 너머로 낮게 걸쳐진 산들이 햇살에 적갈색 으로 보였다. 길게 줄지어 늘어선 접이식 의자에 앉아 기다리고 있 는 환자들이 대기실을 가득 메웠다. 치과 진료 없이 지난 몇 년을 살 아온 사람들의 얼굴에는 깊은 두려움이 가득했다. 많은 사람들에게 치과의사를 만나는 이 드문 기회가 그리 좋은 경험은 아니었다.

32세의 건설 노동자 애런 스래셔는 "잇몸을 헤집고, 이를 갈아 내는 건 좀 무서워요. 이를 뽑을 때는 턱이 쪼개지는 것 같아 무섭다 니까요."라고 말했다.

멀지 않은 곳에 젊은 여자 한 명이 통증에 시달려 말도 못 하고 몸을 웅크리고 있었다. 흰 커튼 뒤에서 받은 발치 수술이 너무 힘든 듯했다. 동료인 55세의 목수 키스 램버트는 그녀가 이를 더 뽑아야 할 거라고 설명했다. 정작 그 자신은 뽑을 이가 하나도 남지 않아서 "내 이는 다 가짜예요."라며 씁쓸히 말했다.

근처 테이블에서, 자원봉사 치과기공사들은 무료 진료소에서 이 를 뽑은 자리에 끼울 인공 치아를 만들고 있었다. 분젠버너에서 불 꽃이 펄럭이고 틀니를 만드는 중합기◆는 김이 모락모락 나는데, 하

◆ 틀니 재료인 레진의 가압 및 온도 조절 과정을 통해 화학적 반응을 일으켜 견고하게 만드는 장비.

얀 인공 치아를 환자의 상·하악 틀니에 능숙하게 배열하고 있었다.

램버트는 슬픈 표정으로 그 과정을 조용히 지켜보며 중얼거렸다. "내 이가 빠지지 않았더라면 얼마나 좋았을꼬."

한편, 산악 마을의 지역 보건 지킴이*들은 주민들의 구강 건강 문해력**을 향상하고 더 많은 예방책을 제공하기 위해 노력하고 있다. 비영리단체인 '앨러게이니 건강권'은 가난한 성인들이 치과에 갈 수 있도록 치과의사들에게 지불할 보조금을 신청하고 있다. 이 단체는 지역 보건 요원을 고용해 주간 프로그램과 취업 센터에서 장애인과 실업자에게 구강 보건 교육을 실시하고 있다. 미국 전역의 다른 많은 곳과는 달리 앨러게이니 카운티에서 치과 문제로 응급실을 방문하는 사람들이 감소하고 있는 것은 이런 활동의 결과일 수도 있다.

웨스턴 메릴랜드 보건 교육 센터의 수전 스튜어트 소장은 "구강 건강 문화를 바꾸려는 사람들이 정말 너무 적어요."라고 말한다. 최대 400명의 환자가 몰릴 것으로 예상되는 무료 치과 진료소를 열었지만 그녀는 무료 진료소 한 곳이 치과 치료에 대한 지역 주민의 필요를 충족할 수 있다고 믿지 않는다. "완전한 메디케이드 혜택이 있기 전까지 무료 치과 진료소는 임시방편일 뿐이죠."

스튜어트 말고도 여러 사람들이 메릴랜드주에서 성인 의료보험 혜택의 필요성을 주장해 왔다. 2016년 초 (메릴랜드주 아동 프로그램 개

---

* 개인이나 가족에게 직접 보건 서비스를 제공할 뿐만 아니라 지역사회와 대중이 적절한 비용으로 보건 및 의료 서비스를 이용해 건강을 증진하고 건강관리를 받을 수 있도록 지원하는 사람.

** 개인이 기본적 (구강) 건강 정보를 얻고 서비스를 제대로 이용할 수 있으며, 관련 정보와 서비스를 처리하고 이해할 수 있는 능력.

혁을 위해 임명된 위원회로부터 발전한 단체인) 메릴랜드 치과 행동 연합의 간부들이 메릴랜드 주도인 아나폴리스의 주 의회 청사를 찾아갔다. 주 의회 의원들에게, 데몬테 드라이버 사망 이후 시행된 개혁 덕분에 메릴랜드주의 수많은 메디케이드 등록 어린이들이 받고 있는 치과 치료 혜택이 전국적으로 얼마나 모범적인 사례인지를 설명한 뒤, 이제 성인들을 위한 메디케이드 혜택에 예산 지원이 필요하다고 요청했다.

희망에 차서 의사당을 나왔지만 얼마나 많은 난관이 기다리고 있을지 그들 자신도 잘 알고 있었다. 메릴랜드 치과 행동 연합 이사회 의장 살리아난 알본은 "이 일제 행동은 시작에 불과합니다."라고 내다봤다. 2018년 성인에게 치과 보험을 확대하는 시범 사업이 메릴랜드주 의회를 통과했다.

~

데몬테 드라이버의 이야기는 메릴랜드주뿐만 아니라 전국 각지에서 계속 들려오고 있다. 그것은 진행 중인 운동이자, 더 큰 이야기의 일부이다.

메릴랜드에서 데몬테 드라이버가 사망했던 날과 같은 주에 미시시피주 걸프포트Gulfport의 한 통학 버스에서 여섯 살짜리 아이가 사망했다. 리자나Lizana 초등학교에서 하교를 알리는 종이 울린 지 불과 몇 분 후, 통학 버스가 시골길을 덜컹거리며 달리고 있을 때 일어난 일이다. 운전기사가 버스를 세웠고 어린 알렉산더 칼렌더를 살리려고 노력했지만, 결국 성공하지 못했다. 경찰과 구급대에 신고가 들어갔고, 학교에 남은 직원들도 비상대기를 했다.

알렉산더 칼렌더의 학습 도우미 아만다 나이트는 "경찰이 사무실로 불러 알렉스라는 아이가 반에 있는지, 그의 어머니와 연락할 방법이 있는지 물었어요."라고 회상했다. "알렉스에 대해 정리한 서류철을 펼친 기억이 나요."

그날 알렉산더 칼렌더는 괜찮아 보였다. 나이트가 예뻐하는 학생 중 하나였다. 학교에서 나이트는 왼손잡이인 학생이 가위 사용하는 것을 도와주면서 대화를 나누고 웃었다. "낮에 아무 문제가 없어 보였어요." 전화를 받자마자 나이트는 버스가 멈춘 곳으로 서둘러 달려갔지만, 이미 구급차가 아이를 이송한 뒤였다.

"아이는 없었어요." 나이트가 기억했다.

알렉산더 칼렌더는 최근에 썩은 이 두 개를 뽑았는데 그 자리가 감염돼 고름이 퍼지고 있었다. 해리슨Harrison 카운티 검시관은 고름이 소년의 뇌까지 퍼진 것을 발견했다. "아마 패혈증이라고 한 것 같아요."라고 나이트가 말했다.

학교 밖 잔디밭 너머로 소년을 추모하는 작은 벤치가 놓여 있었다. 나이트는 그 비극을 통해 다시 이런 일이 발생하지 않게 할, 공중 보건 관점에서의 교훈을 배우지는 못했다. 그녀에게 아이의 죽음은 신의 섭리였고, 달리 설명할 길 없이 그날 갑자기 일어났으며, 너무 슬픈 사건이었다. 그녀는 자신의 학생이 죽음에 이르는 비극을 막을 만한 어떤 교육도 받지 못했다.

"기존의 교육은 아이들을 어떻게 사랑할지, 어떻게 돌볼지, 어떻게 웃게 할지, 어떻게 가르칠지는 알려 주었지만, 장담하건대 우리 아이들이 충치로 죽지 않으려면 무엇을 해야 하는지에 대해서는 수업이나 책에 나오지 않았어요."

추모 벤치가 만들어진 뒤, 소년의 어머니는 이사를 갔다. 그녀는 아들에게 더는 말을 걸 수 없었다. 그러나 미시시피주 치과위생사

마샤 파커는 알렉산더 칼렌더의 비극에 대해 쉬지 않고 말했다. 그녀는 뒷좌석에 낡은 구강 보건 교육용 인형과 동화책을 싣고 미시시피주 전역의 둑길, 숲이 우거진 인적 드문 도로며 고속도로를 종횡무진 달린다. 자동차 계기판에는 식사할 시간도 없을 때 먹을 크래커 봉지와 지피에스GPS가 놓여 있다. 그녀는 지피에스가 길이 없다고 표시하는 곳을 향할 때를 더 좋아한다. 그녀가 가지 않는다면 그곳 사람들이 구강 건강에 관한 이야기를 들을 기회는 없을 테니까.

"저는 지금 제일 만나기 어려운 아이들을 만나러 가요." 시골의 헤드 스타트 프로그램이 진행되는 (길에서 한참을 들어가야 있는) 작은 학교 앞에 도착하자 차에서 내리며 그녀가 말한다. 교육 용품으로 가득 찬 무거운 가방을 학교에 옮기는 것도 그녀의 일이다. 그녀는 주위에 둘러앉은 아이들에게 치아 관리에 관한 동화책을 읽어 준다. 동화책을 다 읽고, 찰리라는 이름의 인형을 꺼내자, 아이들은 차례대로 큰 모형 칫솔로 찰리의 이를 닦아 주기 위해 열심히 줄을 선다.

"찰리, 이 아이들이 네 이를 깨끗이 닦아 주니까 얼마나 좋니."

마샤 파커는 금발에 미소를 띤 어린 알렉산더 칼렌더의 학교 앨범 사진과 데몬테 드라이버의 사진을 노트북 가방 안쪽에 언제나 넣어 다니고, 그녀가 만나는 모든 사람(아기를 임신했거나 임신 예정인 젊은 여성, 수돗물 불소 농도 조정 사업을 의논하는 시 공무원)에게 두 소년의 죽음과 그 죽음을 어떻게 예방할지에 대한 이야기를 들려준다. 이야기를 듣고 난 뒤, 사람들은 잃어버린 두 아이의 사진을 들여다보며 생각에 잠긴다.

~

앨리스 드라이버의 거실 선반에는 죽은 아들의 사진이 놓여 있다. 사진 속, 머리를 옆으로 살짝 숙인 열두 살 데몬테의 눈은 무언가를 찾고, 궁금해하는 듯 보인다. 그때 이후 데몬테의 형제들은 나이를 먹었고, 큰형 대니는 벌써 아이 아빠가 되었다. 사람들이 돌아가며 안아 보는 곱슬머리 남자아이. 아이의 이름도 데몬테였다.

감사의 글

이 책은 많은 사람들의 친절과 인내에 힘입어 탄생했다. 배경 정보를 제공한 사람들과 책에서 언급된 사람들 모두 자신의 지식, 의견, 경험, 지혜, 그리고 사연을 아낌없이 나눠 주었다. 하버드 대학교 치과대학 및 보건 대학원에서 강의를 들으며 1년을 보낼 수 있게 해준 나이트 사이언스 저널리즘 펠로십은 이 책을 쓰는 데 큰 도움을 주었다. 나이트 펠로십과 데니스 A. 헌트 기금의 보건 저널리즘 펠로십을 통해 저술과 출장에 필요한 비용 및 출판 안내와 지원을 받았다. 자료를 찾는 데 도움을 준 국립 의학 도서관, 국립 기록 보관소, 국회 도서관의 직원들에게도 감사드린다. 래리 아키는 귀한 기술적 지원과 지혜를 주었다. 저작권 대리인 앨버트 라파즈와 체스터 더글러스, 페기 갈로스, 로버타 하버, 캐시 킨케이드가 책을 쓰는 단계마다 원고를 읽고 통찰력 있는 평을 해준 덕분에 이 책은 더 나아질 수 있었다. 뉴 프레스 출판사의 뛰어난 편집장 마크 패브로는 이 프로젝트에 활기를 불어넣고 책을 완성하는 데 일조했다. 다이앤 왓첼, 메러디스 셰리든, 줄리 맥캐럴, 샤론 스와도스, 에밀리 알바릴로, 세라 셰펠을 포함한 뉴 프레스 출판사 모두에게 깊이 감사드린다. 제프리 프라이와 아들 해리 프라이에게도 사랑과 감사를 전한다. 어린아이였던 해리는 어느덧 어른이 되었고, 이 책을 쓰는 내게 힘이 되고 영감을 주었다.

옮긴이 후기

옮긴이 후기를 쓰는 지금, 코로나19가 세계를 뒤덮고 있습니다. 속절없이 스러져 가는 생명과 갑자기 멈춘 세상이라는 영화 속 이야기가 눈앞의 현실입니다. 하지만 바이러스에 따른 피해는 평등하지 않습니다. 사회적 거리 두기를 위한 재택근무, 의료 서비스와 안정된 주택 및 건강한 먹거리를 구할 수 있는지 아닌지에 따라 피해는 다르게 나타납니다. 피해를 가장 많이 입을 것으로 보이는 '잊힌 사람들'은 바이러스가 사라지더라도 오랫동안 건강과 물질적 조건에 커다란 타격을 입을 듯합니다. 단기적이든 장기적이든 고통은 '잊힌 사람들'에게 익숙한 것인지도 모르겠습니다.

특히 구강 질환에 따른 고통, 비싸다고 여기는 치과 치료비에 대해서는 모두 알지만 그건 '원래 그런 것'으로 치부되기 일쑤입니다. 보건복지부의 『2019 국민건강통계』에 따르면, 19세 이상 성인 중 가장 부유한 소득 5분위는 50명 중 1명(2.1퍼센트)이 돈이 없어서 치과 치료를 받지 못한 반면, 가장 가난한 소득 1분위는 7.5명 중 1명(13.2퍼센트)이 돈이 없어서 치과 치료를 받지 못합니다. 의과와 비교해 보면 그 차이는 명확합니다. 돈이 없어서 의과 치료를 받지 못한 사람은 소득 5분위 333명 중 1명(0.3퍼센트), 소득 1분위 28.5명 중 1명(3.5퍼센트)입니다. 돈이 없어 병·의원에 못 가는 현실은 부조리하다고들 하지만, 돈이 없어 치아를 해넣기 어렵다는 사람들의 목소리에는 "치과는 원래 비싸서……."라는 답이 돌아옵니다. '잊힌 사람들'의 고통을 직시하는 것이 불편해 외면하는 걸까요? 아니면 이가 아프고 불편한 사람이 적어서 대단하지 않다고 생각하는 걸까요? 하지만 국민건강보험공단이 발간하는 『2019년 건강검진통계연보』에 따르면 구강 검진을 받은 사람 중에서 당장 치과 치료가 필요한 사람은 성인과 영·유아 모두 3명 중 1명(성인 36.5퍼센트, 영·유아 32.6퍼센트)입니다.

건강보험에서 무료로 받을 수 있는 건강검진은 구강 검진과 따로 이뤄집니다. 건강검진을 받으러 갔다가 구강 검진을 받으려면 다시 치과를 방문해야 하는 경우가 많지요. 『2019년 건강검진통계연보』에 따르면 성인 대상 구강 검진 수검률(30.1퍼센트)은 건강검진 수검률(74.1퍼센트)의 절반에도 못 미칩니다. 갓난아이들은 좀 다를까요? 두 살 아기 대상 영·유아 구강 검진 수검률(영·유아 구강 검진 59.7퍼센트, 영·유아 검진 86.7퍼센트)도 크게 다르지 않으며, 시간이 지날수록 그 차이는 더 벌어집니다(5세 영·유아 구강 검진 36.9퍼센트, 영·유아 검진 69.8퍼센트). 전체 수검률이 낮은 것보다 더 큰 문제는 지역별 격차입니다. 울산 지역 성인 2명 중 1명(47.6퍼센트)이 구강 검진을 받는 반면, 전남 지역은 4명 중 1명(22.1퍼센트)도 되지 않습니다. 영·유아 구강 검진도 세종이 2명 중 1명(55.5퍼센트)이 검진을 받는 반면, 제주는 3명 중 1명(38.2퍼센트)에 불과합니다. 성인 구강 검진 수검률이 가장 높은 울산도 성별을 나눠 살펴보면 남성은 2명 중 1명(56.7퍼센트), 여성은 3명 중 1명(36.3퍼센트)만 구강 검진을 받습니다. 따로 돈을 내지 않음에도 구강 검진을 받지 않도록 만드는 '무엇'이 있는 걸까요? 그 '무엇'은 사는 지역과 성별에 따라 다른 걸까요?

충치로 대표되는 치과 질환은 사회경제적으로 어려운 사람들, 어린이에게 많이 발생한다고 알려져 있습니다. 그래서 생활수준이 나아지고 치과에 자주 갈 수 있으면 충치도 줄어든다고 생각하기 쉽습니다. 정말 그럴까요? 2000년 한국에서 12세 어린이 5명 중 2명(42퍼센트)이 당장 치료해야 할 충치가 있었지만, 2018년에는 그 비율이 29명 중 2명(6.9퍼센트)으로 줄었습니다. 이 수치만 보면 절반은 맞고 절반은 틀린 대답입니다.

타임머신을 타고 1960년으로 가서 당시 부자 나라들의 모임인 경제협력개발기구OECD 국가에 사는 12세 어린이의 입안을 들여다본다면 어떨까요? 아마 충치 때문에 제대로 남아 있는 이를 보기 어려울 것입니다. OECD 누리집에 공개된 자료를 보면 1960년 OECD 국가 12세 어린이의 평균 충치 개수는 9개입니다. 영구치는 6세 무렵부터 나기 시작해 12세가 되면 대략 20~24개가 되는데, 절반 가까이가 충치로 썩었다는 사실이 믿기나요? 그렇다면 그 당시 한국 12세 어린이의 입안은 어땠을까요? 1972년의 전국 구강 건강 통계 결과에 따르면 한국 어린이의 평균 충치 개수는 0.7개입니다. 그런데 OECD 국가 어린이의 평균 충치 개수는 1960년 9개에서 2018년 현재 평균 1개 미만으로 뚝 떨어졌고, 한국은 1972년 0.7개에서 2000년 3.3개까지 증가했다가 2018년 현재 1.8개로 다소 감소했습니다. 반면에 가난한 나라 어린이들의 충치는 21세기 들어 증가하고 있습니다. 북미와 유럽의 부자 나라에서는 건강을 생각하는 사회 분위기와 이에 따른 규제 탓에 설탕 첨가 음료 회사의 매출이 감소하자 이 회사들이 아시아·중동·아프리카의 신규 시장에 적극적으로 진출하고 있다는 내용의 기사가, 부자 나라와 가난한 나라의 충치 추세 그래프와 겹쳐 보이는 것이 우연이기를 바랍니다.

몇 년 전 여름, 라오스에서 건강한 마을 만들기 사업을 하겠다고 사륜구동 차를 타고 온종일 진흙길을 달려 산간벽지 마을에 도착했습니다. 차를 타고 들어오기도 힘든 곳에 마을이 있고 초등학교가 있다는 사실이 놀라웠지만, 더욱 놀란 건 학교 옆 아이들의 등하굣길 가장 잘 보이는 곳에 과자와 설탕 음료를 파는 조그마한 가판 상점이 있다는 사실이었습니다. 진열된 음료가 코카콜라나 펩시 같은 글로벌 설탕 음료 회사의 제품이 아니라 현지 제품이라는 사실에 안도했어야 할까요? 자본주의 상품 유통의 힘이 위대할 뿐입니다.

충치는 세균이 일으키는 질병이지만, 실제 해결책은 세균이 아닌 다른 곳에서 나왔습니다. 한국은 1980년대와 1990년대를 거치면서 급격히 증가하던 충치를 감소세로 전환했습니다. 이는 충치를 예방하기 위한 수돗물 불소 농도 조정 사업(수불 사업), 보건소에서 활발히 추진한 구강 보건 사업 등 정부의 적극적인 의지, 그리고 치과 전문가 단체들의 협조와 노력이 어우러져 가능했다고 생각합니다. 그러나 2018년 12월 17일 수불 사업을 시행하던 강원도 영월군 연곡 정수장이 민원 제기를 이유로 중단하면서, 1981년 진해에서 시작된 수불 사업은 시행 38년 만에 모두 중단됐습니다. 이 사업을 둘러싸고도 마치 지금의 코로나19 백신 접종 이슈처럼 개인의 선택권과 공중의 이익이라는 관점에서 찬반 논쟁이 있었습니다. 하지만 정부의 의지 부족 및 의료 전문가 단체들의 과도한 반발 탓에 수불 사업은 역사의 뒤안길로 사라졌습니다. 특히 '잊힌 사람들'에 대한 관심과 대책이 필요한 이 시대에 근본적인 질문, 즉 무엇을 위해 치과 전문직과 지식이 존재하는지 자문하게 됩니다.

이 책은 '의과와 치과는 왜 분리되었는가?'라는 근본적인 질문을 던집니다. 지금이야 치과가 의과와 따로 있다는 사실을 많이 알고 있지만, 제가 치과대학에 입학할 무렵만 하더라도 친지들에게 치과대학이 의과대학과 다르다는 것을 설명해야 했고, 학교에서는 교수님이 치과대학과 의과대학이 어떻게 다른지(예를 들어 의과는 진단이 중요하지만, 치과는 치료가 중요하다는 것 등)를 설명하던 기억이 납니다. 당시에는 별다른 생각이 없었지만, 시간이 흐르고 나니 '안과대학이나 발[足]대학은 왜 없지?'라는 의문이 생기기도 했답니다. 이 책은 치과와 치과의사라는 전문직이 처음 등장해 제도화된 미국 역사를 통해 이런 의문에 대한 답을 모색합니다. 이를 통해 앞으로 치과가 어떤 모습으로 변해야 할지에 대한 고민도 해보게 됩니다.

한편 이 책은 미국의 '잊힌 사람들'을 치과의 관점에서 이야기합니다. 흑인과 미국 원주민, 노숙인 및 저소득층은 치과 이용이 힘들어 고통받고 있으며, 심지어 생명을 잃기도 합니다. 하지만 이런 현실을 바꾸려 노력한 역사 속 인물이 있었고, 지금도 부조리한 현실과 싸우는 사람들이 있습니다. 치과를 둘러싼 지금의 제도를 바꾸려는 사람들의 노력은 결실을 맺게 될까요? 그 답은 우리에게 달려 있을 듯합니다.

치과의 과거와 현재를 흥미진진하게 들여다볼 뿐만 아니라 미래의 치과에 대한 고민을 던져 준다는 점이 이 책을 놓지 못하게 하는 매력이자 책을 번역한 동기입니다. 독자 여러분도 이런 재미와 고민에 빠져들기를 기대합니다. 아울러 복잡하고 생소한 미국 의료 제도에 대해 물어볼 때마다 조언을 아끼지 않은, 미국 네바다 주립대학교 라스베이거스 캠퍼스 의과대학 유지원 교수에게 감사드립니다.

참고문헌

국민건강보험공단. 2020. 『2019년 건강검진통계연보』.

보건복지부. 2000. 『2000년도 국민구강건강실태조사』.

_____. 2018. 『2018년도 아동구강건강실태조사』.

_____. 2020. 『2019 국민건강통계』.

한국구강보건협회. 1973. 『한국인 구강질환실태조사』.

OECD Health Data. http://www.oecd.org/els/health-systems/health-data.htm

Petersen, P. E., D. Bourgeois, H. Ogawa, S. Estupinan-Day, C. Ndiaye. 2005. "The global burden of oral diseases and risks to oral health." *Bull World Health Organ.* Sep; 83(9): 661~669.

Reich, Robert. 2020/04/26. "Covid-19 pandemic shines a light on a new kind of class divide and its inequalities." *The Guardian.* Available at https://www.theguardian.com/commentisfree/2020/apr/25/covid-19-pandemic-shines-a-light-on-a-new-kind-of-class-divide-and-its-inequalities.

후주

서문

[1] American Dental Association Health Policy Institute, "The Oral Health System: A State-by-State Analysis," 2015, www.ada.org/~/media/ADA/ Science%20and%20Research/HPI/OralHealthCare-StateFacts/Oral-Health-C are-System-Full-Report.pdf.

[2] Nikki Rousseau and others, "Your Whole Life Is Lived Through Your Teeth: Biographical Disruption and Experiences of Tooth Loss and Replacement," *Sociology of Health and Illness* 36 no. 3 (2014): 462~476.

[3] Neeta Mehta, "Mind-Body Dualism: A Critique from a Health Perspective," *Mens Sana Monographs* 9 (January~December 2011): 202~209.

[4] U.S. Department of Health and Human Services, *Oral Health in America: A Report of the Surgeon General* (Rockville, MD: U.S. Department of Health and Human Services, National Institute of Dental and Craniofacial Research, National Institutes of Health, 2000), p. 2.

1
아름다움

[1] *Holy Bible New Revised Standard Version* (New York: Oxford University Press, 1989), p. 693. [『성경전서 새번역』, 『아가』 4장, 대한성서공회, 2011]

[2] Bill Dorfman, *Billion Dollar Smile* (Nashville: Rutledge Hill Press), pp. 2~3.

[3] Wells Fargo Bank, "Industry Perspective: US Dental Practices," 2011, https://www.uclachatpd.org/uploads/1/4/9/1/14918002/wells_fargo_dental _industry_analysis_2010.pdf. 또한 "Cosmetic Dentistry Roundtable," *Dental Economics* 92 (January 2002); "Cosmetic Dentistry Roundtable," *Dental*

Economics 92 (April 2002) 참조.

4 National Institute of Teeth Whitening, "Teeth Whitening Industry's Annual Revenue in 2015 Totals $11 Billion."

5 Chapin A. Harris, *The Dental Art: A Practical Treatise on Dental Surgery* (Baltimore: Armstrong & Berry, 1839), p. 26.

6 Richard A. Glenner, Audrey B. Davis, and Stanley B. Burns, *The American Dentist: A Pictorial History with a Presentation of Early Dental Photography in America* (Missoula, MT: Pictorial Histories Publishing Co, 1990), p. viii.

7 Susan Sontag, *On Photography* (New York: Farrar, Straus and Giroux, 1973), 85.

8 Charles Pincus, "Building Mouth Personality," *Alpha Omegan* 42 (October 1948): 163~167.

9 같은 글.

10 Claudia Levy, "Shirley Temple Black, Actress and Diplomat, Dies at 85," *Washington Post*, February 11, 2014.

11 Shirley Temple Black, *Child Star: An Autobiography* (New York: McGraw Hill, 1988), p. 233.

12 John F. Kasson, *The Little Girl Who Fought the Great Depression: Shirley Temple and 1930s America* (New York: W.W. Norton and Company, 2014), p. 6.

13 Charles Pincus, "Cosmetics-The Psychologic Fourth Dimension in Full Mouth Rehabilitation," *Dental Clinics of North America* 11 (March 1967): 71~88.

14 Elizabeth Haiken, *Venus Envy: A History of Cosmetic Surgery* (Baltimore and London: Johns Hopkins University Press, 1997), p. 146.

15 Richard D. Lyons, "End of Most Tooth Decay Predicted for Near Future," *New York Times*, December 20, 1983.

16 Warren Berger, "What's New in Cosmetic Dentistry," *New York Times*, October 11, 1987.

17 Laurie Essig, *American Plastic: Boob Jobs, Credit Cards and Our Quest for Perfection* (Boston: Beacon Press, 2010), 36.

18 Chris Herren, Tim Armentrout, and Mark Higgins, "Body Dysmorphic Disorder: Diagnosis and Treatment," *General Dentistry* 51 (March-April 2003): 164~166.

19 Gordon Christensen, "I Have Had Enough!" dentaltown.com, September

2003, www.dentaltown.com/Dentaltown/Article.aspx?aid=455&i=25&st=I%
20have%20had%20enough.

2

고충

1 Robert Wood Johnson Foundation and University of Wisconsin Population Health Institute, "2015 County Health Rankings Virginia," www.countyhealthrankings.org.

2 Health Resources and Services Administration Data Warehouse, dataware house.hrsa.gov/GeoAdvisrr/ShortageDesignationAdvisor.aspx.

3 Elham Emami and others, "The Impact of Edentulism on Oral and General Health," International Journal of Dentistry, published online May 8, 2013, doi: 10.1155/2013/498305.

4 Southwest Virginia Graduate Medical Education Consortium, "Report to the Virginia State Assembly," January 2008.

5 Andrew D. Wade and others, "Early Dental Intervention in the Redpath Ptolemaic Theban Male," International Journal of Paleopathology 2 (December 2012): 217~222; Jeffrey H. Schwartz, Jaymie Brauer, and Penny Gordon-larsen, "Tigaran (Point Hope, Alaska) Tooth Drilling," American Journal of Physical Anthropology 97 (May 1995): 77~82; Charlotte Robert and Keith Manchester, Archeology of Disease (Ithaca, New York: Cornell University Press, 2005), p. 82.

6 American Dental Association Health Policy Institute, "Fewer Americans Forgoing Dental Care Due to Cost," October 2014, www.ada.org/-1014 _6.ashx.

7 Liz Hamel and others, "The Burden of Medical Debt: Results from the Kaiser Family Foundation/New York Times Medical Bills Survey," January 5, 2016, kff.org/health-costs/report/the-burden-of-medical-debt-results-from-the-k aiser-family-foundationnew-york-times-medical-bills-survey.

8 Teresa A. Dolan and others, "Access to Dental Care Among Older Adults in the United States," Journal of Dental Education 69 (September 2005): 961~974.

9 Mary Otto, "Dentist of the Back Roads," Washington Post, February 23, 2008.

¹⁰ U.S. Government Accountability Office, *Oral Health: Efforts Underway to Improve Children's Access to Dental Services, but Sustained Attention Needed to Address Ongoing Concerns*, Washington, D.C., November 2010.

¹¹ American Dental Association Health Policy Institute, "The Oral Health Care System: A State-by-State Analysis," December 9, 2015.

¹² C. S. Lewis, *A Grief Observed* (New York: HarperCollins, 1994), p. 9.

¹³ Barbara Bloom and others, "Oral Health Status and Access to Oral Health Care for U.S. Adults Aged 18-64: National Health Interview Survey, 2008," *Vital Health Statistics* 10, no. 253 (July 2012), 1~22.

¹⁴ Robert E. Pawlicki, "Psychological/Behavioral Techniques in Managing Pain and Anxiety in the Dental Patients," *Anesthesia Progress* 38 (July~October 1991): 120~127.

¹⁵ Ilana Eli, *Oral Psychophysiology: Stress, Pain and Behavior in Dental Care* (Boca Raton, Florida: CRC Press, 1992).

¹⁶ American Dental Association Health Policy Institute, "The Oral Health Care System: A State-by-State Analysis," December 9, 2015.

¹⁷ Robert Wood Johnson Foundation and University of Wisconsin Population Health Institute, "2015 County Health Rankings Virginia," www.county healthrankings.org.

¹⁸ Charlotte Lewis and James Stout, "Toothache in US Children," *Archives of Pediatrics and Adolescent Medicine* 164 (November 2010): 1059~1063.

¹⁹ Stephanie L. Jackson and others, "Impact of Poor Oral Health on Children's School Attendance and Performance," *American Journal of Public Health* 101 (October 2011): 1900~1906.

²⁰ Clemencia Vargas and others, "Dental Pain in Maryland School Children," *Journal of Public Health Dentistry* 65 (Winter 2005): 3~6.

²¹ Leonard Cohen and others, "Toothache Pain: Behavioral Impact and Self Care Strategies," *Special Care Dentistry* 29 (July 2009): 85~94.

3

응급 상황

¹ Dental Access Now, "It's an Emergency! Too Many Ohioans Go to Emergency Rooms for Oral Health Care Needs," September 2014.

2 Veerasathpurush Allareddy and others, "Hospital-Based Emergency Department Visits Involving Dental Conditions," *Journal of the American Dental Association* 145 (April 2014): 331~337.

3 Kathryn R. Fingar and others, "Medicaid Dental Coverage Alone May Not Lower Rates of Dental Emergency Department Visits," *Health Affairs* 34 (August 2015): 1349~1357.

4 Jane Brody, "Avoiding Emergency Rooms," *New York Times*, April 15, 2013.

5 Elizabeth E. Davis, Amos Deinard, and Eugenie W. H. Maiga, "Doctor, My Tooth Hurts: The Cost of Incomplete Dental Care in the Emergency Room," *Journal of Public Health Dentistry* 70 (Summer 2010): 205~210.

6 Stanford Medicine New Center, August 3, 2015, med.stanford.edu/news/all-news/2015/08/medicaid-dental-coverage-may-not-prevent-tooth-related-er-visits.html.

7 William J. Gies, *Dental Education in the United States and Canada: A Report to the Carnegie Foundation for the Advancement of Teaching* (New York: Carnegie Foundation for the Advancement of Teaching, 1926), 137.

8 Mary Otto, "Safety-net Clinics in Your Community May Benefit from New Federal Dental Care Grants," *Association of Health Care Journalists blog*, July 13, 2016, healthjournalism.org/blog/2016/07/safety-net-clinics-in-your-community-may-benefit-from-new-federal-dental-care-grants.

9 Richard A. Glenner, Audrey B. Davis, and Stanley B. Burns, *The American Dentist: A Pictorial History with a Presentation of Early Dental Photography in America* (Missoula, MT: Pictorial Histories Publishing Co, 1990), 71.

10 Burton Lee Thorpe, "A Biographical Review of the Careers of Hayden and Harris," *The Dental Cosmos* 47 (September 1905): 1047~1057.

11 Chapin A. Harris, *The Dental Art: A Practical Treatise on Dental Surgery* (Baltimore: Armstrong & Berry, 1839), 52.

12 Andrea C. Shah and others, "Outcomes of Hospitalizations Attributed to Periapical Abscess from 2000 to 2008: A Longitudinal Trend Analysis," *Journal of Endodontics* 39 (September 2013): 1104~1110.

13 Joana Cunha-Cruz and others, "Recommendations for Third Molar Removal: A Practice-Based Cohort Study," *American Journal of Public Health* 104 (April 2014): 735~743; Elise Oberliesen, "Dentists Debate Need to Extract Wisdom Teeth," *Los Angeles Times*, January 2, 2015.

14 Pew Center on the States, "A Costly Dental Destination: Hospital Care Means States Pay Dearly," February 2012, www.pewtrusts.org/en/research-and-analysis/reports/2012/02/28/a-costly-dental-destination.

4

코 아래의 세계 : 구강

1 Georges Cuvier, *Discourse on the Revolutionary Upheavals on the Surface of the Earth* (Arlington, Virginia: Richer Resources Publications, 2009), 59.

2 Tanya M. Smith and others, "Earliest Evidence of Modern Human Life History in North African Early Homo Sapiens," *Proceedings of the National Academy of Sciences* 104 (April 10, 2007): 6128~6133.

3 Christine Austin, Tanya Smith, and others, "Barium Distributions in Teeth Reveal Early-Life Dietary Transitions in Primates," *Nature*, published online May 22, 2013, doi: 10.1038/nature12169. Published in final edited form in *Nature* 498, no. 7453 (June 13, 2013): 216~219.

4 James M. Byers, *From Hippocrates to Virchow: Reflections on Human Disease* (Chicago: ASCP [American Society of Clinical Pathologists] Press, 1988): 34.

5 Clifford Dobell, *Anthony van Leeuwenhoek and His "Little Animals"* (New York: Dover Publications, 1960), 239.

6 William John Gies and Henry S. Pritchett, *Dental Education in the United States and Canada* (New York: Carnegie Foundation for the Advancement of Teaching, 1926), 28~29.

7 Thomas Bond, "To the Graduates of the Baltimore College of Dental Surgery, delivered at the Commencement, March 9, 1841," *American Journal of Dental Science* 1, nos. 11 and 12 (1841): 241~257.

8 Chapin A. Harris, *The Dental Art: A Practical Treatise on Dental Surgery* (Baltimore: Armstrong & Berry, 1839): 167~168.

9 Willoughby D. Miller, "The Human Mouth as a Focus of Infection," *Dental Cosmos* 33 (September 1891), 689~713.

10 Malvin E. Ring, *Dentistry: An Illustrated History* (New York: Harry N. Abrams, 1985), 271~272.

11 William Hunter, "The Role of Sepsis and Antisepsis in Medicine," *Dental*

Cosmos 60 (July 1918): 585~602.

12 F. St. John Steadman, "A Case of Rheumatoid Arthritis Twice Cured by the Removal of Septic Teeth," *Journal of the Royal Society of Medicine* 7 (June 1914): 21~28.

13 R. A. Hughes, "Focal Infection Revisited," *British Journal of Rheumatology* 33 (April 1994): 370~377.

14 Nigel Nicholson and Joanne Trautmann, *The Letters of Virginia Woolf, Volume 2, 1912-1922* (New York and London: Harcourt Brace Jovanovich, 1976), 529.

15 Virginia Woolf, *On Being Ill: With Notes from Sickrooms by Julia Stephen* (Ashfield, Massachusetts: Paris Press, 2012), 3.

16 Charles H. Mayo, "Focal Infection of Dental Origin," *Dental Cosmos* 64 (November 1922): 1206~1208.

17 Andrew Scull, *Madhouse: A Tragic Tale of Megalomania and Modern Medicine* (New Haven: Yale Press, 2005).

18 C. Edmund Kells, "The X Ray in Dental Practice," *Journal of the National Dental Association* (March 7, 1920): 241~272.

19 William John Gies and Henry S. Pritchett, *Dental Education in the United States and Canada* (New York: Carnegie Foundation for the Advancement of Teaching, 1926), 9.

20 William J. Gies, "The Dental Education Problem," *Journal of the American Dental Association* 11 (February 1924): 97~108.

21 "Gutless, Glandless, Toothless," *Journal of the American Osteopathic Association* 19 (May 1920): 335.

22 Russell L. Cecil and Murray Angevine, "Clinical and Experimental Observations on Focal Infection, with an Analysis of 200 Cases of Rheumatoid Arthritis," *Annals of Internal Medicine* 12 (November 1938): 577~584.

23 Editorial, "Dental Education at Columbia University," *Journal of the American Dental Association* 32 (September 1945): 1150~1152.

24 Editorial, "They Cannot Speak for Themselves," *Oral Hygiene* 33 (September 1943): 1244~1245.

25 Proceedings, Dental Centenary Celebration, Scientific Sessions, Baltimore, Maryland, March 18~20, 1940.

26 "Testimony of the American Dental Association on Wagner-Murray-Dingell

Bill," *Journal of the American Dental Association* 33 (June 1946): 743~754.

27 Steven L. Schlossman, JoAnne Brown, and Michael Sedlak, *The Public School in American Dentistry* (Santa Monica, California: Rand Corporation, 1986), 14.

28 Jessica L. Mark Welch and others, "Biogeography of a Human Oral Microbiome at the Micron Scale," *Proceedings of the National Academy of Sciences* 113, no. 6 (February 9, 2016): E791~E800, doi: 10.1073/pnas.1522149113.

29 Floyd Dewhirst and others, "The Human Oral Microbiome," *Journal of Bacteriology* 192 (October 2010): 5002~5017.

30 P. D. Marsh, "Are Dental Diseases Examples of Ecological Catastrophes?" *Microbiology* 149 (February 2003): 279~294.

31 Remco Kort and others, "Shaping the Oral Microbiota Through Intimate Kissing," *Microbiome* 2, published online November 14, 2014, doi: 10.1186/2049-2618-2-41.

32 Michael Glick, *The Oral-Systemic Health Connection: A Guide to Patient Care* (Hanover Park, Illinois: Quintessence Publishing Company, 2014), 63.

33 Mary Otto, "Diagnostic Dental Codes: Are We There Yet?," DrBicuspid. com, December 4, 2012, www.drbicuspid.com/index.aspx?sec=ser&sub= def&pag=dis&ItemID=312134.

34 Mary Otto, "Shedding Light on the Link Between Periodontitis, Diabetes, CVD, and More," DrBicuspid.com, February 15, 2012, www.drbicuspid. com/index.aspx?sec=ser&sub=def&pag=dis&ItemID=309710.

35 Wu Liu and others, "The Earliest Unequivocally Modern Humans in Southern China," Nature, published online October 14, 2015: 696~699, doi: 10.1038/nature15696.

36 Gregorio Oxilia and others, "Earliest Evidence of Dental Caries Manipulation in the Late Upper Paleolithic," *Scientific Reports* 5 (article 12150), published online July 16, 2015, doi: 10.1038/srep12150.

5

치과의 탄생

1 Burton Lee Thorpe, "A Biographical Review of the Careers of Hayden and

Harris," *The Dental Cosmos* 47 (September, 1905): 1047~1057.

2 같은 글.

3 Joseph Fox and Chapin Harris, *Diseases of the Human Teeth: Their Natural History and Structure with the Mode of Applying Artificial Teeth* (Philadelphia: E. Barrington and G.D. Haswell, 1846).

4 John Hunter, *A Practical Treatise on the Diseases of the Teeth: Intended as a Supplement to the Natural History of Those Parts* (London: Printed for J. Johnson, 1778).

5 James Hall, "Popular Tales: An Event in the Life of a Dentist," *New York Mirror* 10 (April 6, 1833), 313.

6 Chapin A. Harris, *The Dental Art: A Practical Treatise on Dental Surgery* (Baltimore: Armstrong & Berry, 1839).

7 Frederick Douglass, *Narrative of the Life of Frederick Douglass, an American Slave* (New York: Doubleday & Co, 1963), 32.

8 George H. Callcott, *A History of the University of Maryland* (Baltimore: Maryland Historical Society, 1966), 103.

9 Roger Forclaz, "A Source for 'Berenice' and a Note on Poe's Reading," *Poe Newsletter* 1, no. 2 (October 1968): 25~27.

10 Edgar Allan Poe, *The Essential Tales and Poems of Edgar Allan Poe* (New York: Barnes & Noble Books, 2004), 40.

11 Thomas E. Bond Jr., "Obituary Notice of Prof. Horace H. Hayden," *American Journal of Dental Science* 4 (June 1844): 221~230.

12 J. Ben Robinson, "Dr. Horace H. Hayden and His Influence on Dental Education," *Dental Cosmos* 74 (August 1932): 783~787.

13 James McManus, "First Dental College in the World," *Connecticut Magazine* 11 (July-September 1907): 429~438.

14 Horace H. Hayden, *Geological Essays: Or an Inquiry into Some of the Geological Phenomena to Be Found in Various Parts of American and Elsewhere* (Baltimore: Printed by J. Robinson for the Author, 1820).

15 J. Ben Robinson, *The Foundations of Professional Dentistry* (Baltimore: Waverly Press, 1940), 46.

16 William Simon, "History of the Baltimore College of Dental Surgery," *Transactions of the Fourth International Dental Congress 1904* (Philadelphia: S.S. White Dental Manufacturing Company, 1905), 295.

17 Lawrence Parmly Brown, "New Light on Dental History," *Dental Cosmos* 62

(August 1920): 936~958.

18 Simon, "History of the Baltimore College of Dental Surgery," 298.

19 Robinson, *The Foundations of Professional Dentistry*, 64.

20 Robert O'Shea, "Dentistry as an Organization and Institution," *Milbank Memorial Fund Quarterly* 49, no. 3 (1971): 13~28.

21 John M. Hyson Jr., *Baltimore's Own: The World's First Dental School 1840-2006* (Baltimore: University of Maryland Dental School, 2006), 26.

22 Chapin A. Harris, "Introductory Lecture," *American Journal of Dental Science* 1 (January 1841): 198~211.

23 Hyson, *Baltimore's Own*, 39.

24 Bond, "Obituary Notice of Prof. Horace H. Hayden."

25 National Institute of Dental and Craniofacial Research (NIH), "Dental Caries (Tooth Decay)," www.nidcr.nih.gov/datastatistics/finddataby topic/dentalcaries.

6

소외된 삶

1 Clemencia Vargas and others, "Oral Health Status of Preschool Children Attending Head Start in Maryland, 2000," *Pediatric Dentistry* 24 (March 2002): 257~263.

2 American Dental Association, "Principles of Ethics and Code of Professional Conduct," 2016, www.ada.org/~/media/ADA/Publications/Files/ADA_Code_of_Ethics_2016.pdf.

3 Bruce Peltier, "Codes and Colleagues: Is There Support for Universal Patient Acceptance?" *Journal of Dental Education* 70 (November 2006): 1221~1225.

4 Bruce Peltier and Lola Giusti, "Commerce and Care: The Irreconcilable Tension Between Selling and Caring," *McGeorge Law Review* 39, no 3 (2008): 785~800.

5 Editorial, "The King-Anderson Bill," *Journal of the American Dental Association* 68 (March 1964): 448.

6 "Critics Denounce Medicaid in Marathon Albany Hearing," *Post-Standard*, Syracuse, New York, May 25, 1966.

7 Sara Rosenbaum, "Caring for Flint: Medicaid's Enduring Role in Public

Health Crises," Commonwealth Fund blog, February 22, 2016, www.commonwealthfund.org/publications/blog/2016/feb/caring-for-flint.

8 American Dental Association Health Policy Institute, "The Oral Health Care System: A State-by-State Analysis," December 9, 2015.

9 U.S. Government Accountability Office, *Oral Health: Efforts Underway to Improve Children's Access to Dental Services, but Sustained Attention Needed to Address Ongoing Concerns*, Washington, D.C., November 2010.

10 American Dental Association Health Policy Institute, "The Oral Health Care System: A State-by-State Analysis," December 9, 2015; American Dental Association, "Characteristics of Private Dental Practices: Selected 2013 Results from the Survey of Dental Practice," February 2015, www.ada.org/~/media/ADA/Science%20and%20Research/HPI/Files/HPIData _SDPC_2013.ashx.

11 T. L. Finlayson and others, "Maternal Self-Efficacy and 1~5 Year Old Children's Brushing Habits," *Community Dentistry and Oral Epidemiology* 35 (August 2007): 272~281.

12 Mahyar Mofldi and others, "Problems with Access to Dental Care for Medicaid-Insured Children: What Caregivers Think," *American Journal of Public Health* 92 (January 2002): 53~58.

13 Joanna Bisgaier and others, "Disparities in Child Access to Emergency Care for Acute Oral Injury," *Pediatrics* 127 (June 2011): 1428~1435.

14 U.S. Department of Health and Human Services, Health Resources and Services Administration, "Dental Health Professional Shortage Areas (HPSA)," datawarehouse.hrsa.gov/Tools/MapToolQuick.aspx?mapName=HPSADC.

15 U.S. Department of Health and Human Services, Health Resources and Services Administration, National Center for Health Workforce Analysis, "National and State-Level Projections of Dentists and Dental Hygienists in the U.S., 2012-2025," Rockville, Maryland, February 2015.

16 Marko Vujicic, "Rethinking Dentist Shortages," *Journal of the American Dental Association* 146 (May 2015): 347~349.

17 Centers for Medicare and Medicaid Services, "Dental and Oral Health Services in Medicaid and CHIP" and "Primary Care Access and Preventive Care in Medicaid and CHIP," February 2016, https://www.medicaid.gov/ medicaid/quality-of-care/downloads/secretarys-report-dental-excerpt.pdf.

18 Cassandra Yarbrough, Kamyar Nasseh, and Marko Vujicic, "Why Adults

Forgo Dental Care: Evidence from a New National Survey," American Dental Association Health Policy Institute, November 2014, www.ada.org/~/media/ADA/Science%20and%20Research/HPI/Files/HPIBrief_1114_1.ashx.

19 B. Bloom and others, "Oral Health Status and Access to Oral Health Care for US Adults Ages 18-64," *National Health Interview Survey 2008*, National Center for Health Statistics Vital Health Statistics Series 10, no. 253 (2012).

20 National Association of Dental Plans, "Who Has Dental Benefits?," www.nadp.org/Dental_Benefits_Basics/Dental_BB_1.aspx.

21 Seth Seabury and others, "Trends in the Earnings of Health Care Professionals in the United States, 1987-2010," *Journal of the American Medical Association* 308 (November 2012): 2083~2085.

22 Bradley Munson and Marko Vujicic, "General Practitioner Dentist Earnings Down Slightly in 2014," *Health Policy Institute Research Brief*, American Dental Association, March 2016.

23 U.S. Bureau of Labor Statistics, "Dentists: Occupational Outlook Handbook," www.bls.gov/ooh/healthcare/dentists.htm (accessed August 2016).

7

치과위생사라는 새로운 직업의 탄생

1 Chapin A. Harris, "Address Delivered Before the American Society of Dental Surgeons," *American Journal of Dental Science* 4 (September 1843): 3~22.

2 Institute of Medicine, *Advancing Oral Health in America* (Washington, D.C.: The National Academies Press, 2011), 104.

3 George Wood Clapp, *The Rise and Fall of Oral Hygiene in Bridgeport* (New York: The Dental Digest, 1929), 5.

4 E. Baeumer, "The Occupational Diseases of Dentistry," *Dental Cosmos* 56 (January 1914): 123~124.

5 Dr. Kuhn, "The Causes for Failures in Crown and Bridge Work," *Dental Cosmos* 56 (January 1914): 122.

6 Alfred C. Fones, "The Origin and History of the Dental Hygienist Movement," *Journal of the American Dental Association* 13 (December 1926): 1809~1821.

7 C. M. Wright, "Plea for a Sub-Speciality in Dentistry," *International Dental Journal* 23 (April 1902): 235.

8 Wilma E. Motley, *History of the American Dental Hygienists' Association, 1923-1982* (Chicago: American Dental Hygienists' Association, 1986), 27.

9 Alfred C. Fones, "Report of Five Years of Mouth Hygiene in the Public Schools in Bridgeport, Conn.," *Dental Cosmos* 61 (July 1919): 608~618.

10 Steven L. Schlossman, JoAnne Brown, and Michael Sedlak, *The Public School in American Dentistry* (Santa Monica, CA: Rand Corporation, April 1986), 13.

11 Fones, "Report of Five Years of Mouth Hygiene."

12 "High Professional Honor Bestowed on Dr. A. C. Fones," *Bridgeport Telegram*, Bridgeport, CT, May 4, 1927.

13 "Dental Hygiene Workers Are Kept Busy on Playgrounds of City," *Evening News*, Harrisburg, PA, August 21, 1929.

14 Schlossman, Brown, and Sedlak, *The Public School in American Dentistry*, 25.

15 Proceedings of Societies, *Dental Cosmos* 61 (December 1919): 1099.

16 Thomas J. Barrett, "A New Species of Dentist: Do We Want It?," *Dental Cosmos* 61 (December 1919): 1205~1212.

17 Proceedings of Societies, *Dental Cosmos* 61 (December 1919): 1225~1235.

18 William J. Gies and Henry S. Pritchett, *Dental Education in the United States and Canada* (New York: Carnegie Foundation for the Advancement of Teaching, 1926), 79.

19 "The Reaction of Two Great Associations," *Journal of the American Dental Association* 21 (October 1934): 1846~1850, "The Question of Dental Care for the Indigent," *Journal of the American Dental Association* 21 (November 1934): 2036~2039.

20 Testimony of the American Dental Association on Wagner-Murray-Dingell Bill (S1606) as reprinted in *Journal of the American Dental Association* 33 (June 1, 1946): 743~754.

21 "Dental Hygienist Bill Hits Strong Opposition," *Berkshire County Eagle*, Pittsfield, MA, March 1, 1950.

22 Ralph Lobene, *The Forsyth Experiment* (Cambridge, MA: Harvard University Press, 1979), vii.

23 같은 책, 1.

24 같은 책, 7.

25 Andy Miller, "Lawmaker Blasts Dental Group," *Georgia Health News*, January 27, 2016.

26 Paul J. Nietert, W. David Bradford, and Linda M. Kaste, "The Impact of an Innovative Reform to the South Carolina Dental Medicaid System," *Health Services Research* 40 (August 2005): 1078~1091.

27 Alison Borchgrevink, Andrew Snyder, and Shelly Gehshan, "The Effects of Medicaid Reimbursement on Access to Dental Care," *National Academy for State Health Policy*, March 2008.

28 News release, State of South Carolina Office of the Governor, May 26, 2000.

29 J. Samuel Griswold, letter to Tammi O. Byrd, August 3, 2000.

30 Burford Duff Jr., "New State Law Has Some Real Teeth to It," *Index-Journal*, Greenwood, SC, February 13, 2001.

31 United States of America Before the Federal Trade Commission, "In the Matter of South Carolina State Board of Dentistry," Docket No. 9311, November 25, 2003.

32 Associated Press, "Dental Hygienist Sues to Protect Her Business," *Gaffney Ledger*, Gaffney, SC, August 6, 2001.

33 Elham T. Keteeb and others, "Teaching Atraumatic Restorative Treatment in U.S. Dental Schools: A Survey of Predoctoral Pediatric Dentistry Program Directors," *Journal of Dental Education* 77 (October 2013): 1306~1314.

8
시스템

1 Angela Ericson, "White Out: How Dental Industry Insiders Thwart Competition from Teeth-Whitening Entrepreneurs," Institute for Justice, 2013.

2 같은 글.

3 Supreme Court of the United States, *North Carolina State Board of Dental Examiners, Petitioner, v. Federal Trade Commission*, no. 13-534, February 25, 2015.

4 Carl F. Ameringer, *The Health Care Revolution: From Medical Monopoly to Market Competition* (Berkeley and Los Angeles, CA: University of California

Press, 2008).

5 Wayne King, "Dentist in Battle on Gum Disease Ad," *New York Times*, May 2, 1984.

6 Gustav P. Chiarello, "FTC Competition Advocacy: A Point Where Professional Regulation Intersects Competition and Consumer Protection Policies," PowerPoint presentation, April 28, 2010, https://www.nationaloralhealth conference.com/docs/presentations/2010/Gus%20Chiarello-Third%20World %20Dentistry.pdf.

7 Press release, "FTC Staff Submits Comment to the Commission on Dental Accreditation Regarding its Proposed Standards for Dental Therapy Education," *Federal Trade Commission*, December 4, 2013.

8 Mary Otto, "Plans Progress to Accredit Dental Therapist Training," *Association of Health Care Journalists* blog, August 18, 2015, healthjournalism.org/blog/2015/08/plans-progress-to-accredit-dental-thera pist-training.

9 American Dental Association, "American Dental Association Comment on the Kellogg Foundation Report 'A Review of the Global Literature on Dental Therapists'," April 10, 2012, www.ada.org/en/press-room/news-releases/ 2012-archive/april/american-dental-association-comment-on-the-kellogg.

10 American Dental Association, "Health Care Reform Update," undated letter to members.

11 Mary Otto, "US Budget Issues Put Oral Care Programs in Peril," DrBicuspid. com, July 25, 2011, www.drbicuspid.com/index.aspx?sec=ser&sub=def& pag=dis&ItemID=308195.

12 American Public Health Association, "Support for the Alaska Dental Health Aide Therapist and Other Innovative Programs," APHA Public Health Policy Statement Database, apha.org, accessed May 31, 2016.

13 Alaska Dental Society, "Second Class Dental Care for Alaska Natives Deserves a Ferocious Reaction," *Anchorage Daily News*, September 18, 2005.

14 Philip Nice with Walter Johnson, *The Alaska Health Aide Program* (Anchorage: Institute for Circumpolar Health Studies, 1998), 1.

15 David A. Nash and Ron J. Nagel, "Confronting Oral Health Disparities Among American Indian/Alaska Native Children: The Pediatric Oral Health Therapist," *American Journal of Public Health* 95 (August 2005): 1325~1329.

16 Libby Roderick, editor, *Do Alaska Native People Get Free Medical Care?*

(Anchorage: University of Alaska/Alaska Pacific University, 2008).

[17] Cara James, Karyn Schwartz, and Julia Berndt, *A Profile of American Indians and Alaska Natives and Their Health Coverage* (Henry J. Kaiser Family Foundation, 2009), https://www.kff.org/wp-content/uploads/2013/01/7977.pdf.

9

피부색에 따른 차별

[1] Bruce A. Dye, Gina Thornton Evans, and others, "Dental Caries and Sealant Prevalence in Children and Adolescents in the United States 2011-2012," NCHS Data Brief, no. 191, Hyattsville, MD: National Center for Health Statistics, March 2015; Bruce A. Dye, Gina Thornton Evans, and others, "Dental Caries and Tooth Loss in Adults in the United States 2011-2012," NCHS Data Brief, no. 197, Hyattsville, MD: National Center for Health Statistics, May 2015.

[2] U.S. Commission on Civil Rights, "Title VI One Year After: A Survey of Desegregation of Health and Welfare Services in the South," 1966.

[3] Max Schoen, "Dentist Liberty Versus Patient Equity," Third-Annual Dunning Symposium, Columbia University School of Dental and Oral Surgery and School of Public Health, New York, NY, April 1983.

[4] Author interview with Marvin Marcus DDS, Professor Emeritus, University of California Los Angeles School of Dentistry, June 9, 2014.

[5] Associated Press, "Civil Rights Congress Hits Bridges' Judge," *Evening Independent*, St. Petersburg, FL, November 25, 1949.

[6] Harvey Schwartz, editor and curator of ILWU Oral History Collection, "Harry Bridges: An Oral History about Longshoring, the Origins of the ILWU and the 1934 Strike," ILWU Oral History Collection, July 27, 2004, www.ilwu.org/oral-history-of-harry-bridges.

[7] Hearings Before the Committee on Un-American Activities, House of Representatives, Eighty-second Congress, First Session, September 21, 1951 Washington, D.C.: U.S. Government Printing Office, 1951.

[8] Max H. Schoen, "Response to Receiving the John W. Knutson Distinguished Service Award," *Journal of Public Health Dentistry* 51 (Summer 1991):

181~183.

9 같은 글.

10 "Politics, Trends and Geography," *Journal of the Southern California State Dental Association* (September 28, 1960): 269.

11 U.S. Department of Health, Education and Welfare, "Report on the Dental Program of the ILWU-PM A: the First Three Years," Washington, D.C.: U.S. Government Printing Office, 1962.

12 Max H. Schoen, "Group Practice and Poor Communities," *American Journal of Public Health* 60 (June 1970): 1125~1132.

13 같은 글.

14 Clifton O. Dummett, "Retrospective on Community Dentistry and Public Health at the University of California 1966-1976, Part 2," *Journal of the National Medical Association* 90 (May 1998): 301~316.

15 Robert L. West, "Dean Ingle's Plans for U.S.C. School of Dentistry," *Trodent* (Winter 1972): 1.

16 Nickolas Chester, "From Your President," *Trodent* (Winter 1972): 3~4.

17 "Dr. Ingle Named Officer of Academy of Sciences," *Trojan Family* (December 1972): 1.

18 Schoen, "Response to Receiving the John W. Knutson Distinguished Service Award."

19 Max Schoen, "Dentist Liberty Versus Patient Equity," Third-Annual Dunning Symposium, Columbia University School of Dental and Oral Surgery and School of Public Health, New York, NY, April 1983.

20 같은 글.

21 Albert H. Guay and others, "Evolving Trends in Size and Structure of Group Dental Practices in the United States," *Journal of Dental Education* 76 (August 2012): 1036~1044.

22 Elizabeth Mertz and Edward O'Neill, "The Growing Challenge of Providing Oral Health Care Services to All Americans," *Health Affairs* 21, no. 5 (2002): 65~77.

23 National Association of Dental Plans, "Who Has Dental Benefits?," accessed August 28, 2016, www.nadp.org/Dental_Benefits_Basics/Dental_BB_1.aspx.

24 Jihong Liu, Janice Probst, and others, "Disparities in Dental Insurance Coverage and Dental Care Among US Children: The National Survey of

Children's Health," *Pediatrics* 119 (February 2007): S12-21.

25 Kamyar Nasseh and Marko Vujicic, "Dental Benefits Coverage Rates Increased for Children and Young Adults in 2013," Health Policy Institute Research Brief, American Dental Association, October 2015, https://www.ada.org/~/media/ADA/Science%20and%20Research/Files/HPR CBrief_1013_3.pdf.

26 Algernon Austin, "Obamacare Reduces Racial Disparities in Health Coverage," Center for Global Policy Solutions, December 16, 2015, globalpolicysolutions.org/wp-content/uploads/2015/12/ACA-and-Racial-Di sparities.pdf.

27 Nasseh and Vujicic, "Dental Benefits Coverage Rates Increased for Children and Young Adults in 2013."

28 U.S. Government Accountability Office, "Dental Services: Information on Coverage, Payment and Fee Variation," Washington, D.C., September 2013.

29 Clifton O. Dummett and Lois Doyle Dummett, *Afro-Americans in Dentistry: Sequence and Consequence of Events*, published by the authors, 1978.

30 Gunnar Myrdal, *An American Dilemma: The Negro Problem and Modern Democracy* (New York: Harper & Bros., 1944).

31 Paul B. Cornely, "Segregation and Discrimination in Medical Care in the United States," *American Journal of Public Health* 46 (September 1956): 1074~1081.

32 Clifton O. Dummett, "Homage to the NMA: The NIDA story (1895 to 1975) - Part 2," *Journal of the National Medical Association* 89 (August 1997): 555~563.

33 "Dentist Breaks Color Line," *Baltimore Afro-American*, November 23, 1968.

34 "Thirty State Agencies-White Only," *Baltimore Afro-American*, August 22, 1970.

35 Harvey Webb Jr., "Problems and Progress of Black Dental Professionals," *Quarterly of the National Dental Association* 34, no. 4 (1975): 147~154.

36 Institute of Medicine, *Advancing Oral Health in America* (Washington, D.C.: National Academies Press, 2011): 100~101.

10

데몬테가 사는 세상

1 Kevin Chappell, "America's Wealthiest Black County," *Ebony* (November 2006).

2 Nicole Lurie and others, *Assessing Health and Health Care in Prince George's County* (Santa Monica, CA: Rand Corporation, 2009).

3 Mary Otto, "For Want of a Dentist," *Washington Post*, February 28, 2007.

4 Mark Thompson, "Wonk'n Roller: Martin O'Malley/Baltimore," *Time*, April 18, 2005.

5 Lowell E. Sunderland, "Dentists to Leave Medicaid, To Do Needed Work on Own," *Baltimore Sun*, May 21, 1968.

6 Editorial, "Medicaid in Trouble," *Baltimore Sun*, May 28, 1968.

7 Edward Walsh, "Costs Climb for Medicaid in Maryland," *Washington Post*, April 14, 1972.

8 Ron Davis, "Dentist Is Guilty of Fraud," *Washington Post*, August 13, 1976.

9 Jack Anderson, "Medicaid Also a Dentists' Goldmine," *Washington Post*, April 1, 1978.

10 "Medicaid Cuts Upset Dentists," *Baltimore Sun*, November 16, 1975.

11 *Maryland Register*, vol. 3, no. 16 (August 4, 1976): 862~865.

12 Njeri M. Thuku and others, "Breaking the Cycle in Maryland: Oral Health Policy Change in the Face of Tragedy," *Journal of Public Health Dentistry* 72 (Winter 2012): S7~S12.

11

충치를 만드는 세상과의 대결

1 Sara Rosenbaum and Paul Wise, "Crossing the Medicaid-Private Insurance Divide: the Case of EPSDT," *Health Affairs* 26 (March and April 2007): 382~393.

2 Mary Otto, "Health and Boy's Death Shows Little Dental Care for the Poor," *Washington Post*, May 3, 2007.

3 Statement of the American Dental Education Association, "One Year Later: Medicaid's Response to Systemic Problems Revealed by the Death of

Deamonte Driver," Before U.S. House Oversight and Government Reform Subcommittee on Domestic Policy, February 14, 2008.

4 Statement of Frank Catalanotto, American Dental Education Association, Before U.S. House Oversight and Government Reform Subcommittee on Domestic Policy, October 7, 2009.

5 Jennifer Lovern, "Bush Votes Child Health Plan," *Associated Press*, October 3, 2007.

6 U.S. General Accounting Office, "Oral Health Factors Contributing to Low Use of Dental Services by Low-Income Populations," GAO-00-149, Washington, D.C., September 2000.

7 U.S. Government Accountability Office, "Medicaid: Extent of Dental Disease in Children Has Not Increased and Millions Are Estimated to Have Untreated Tooth Decay," GAO-08-1121, Washington, D.C., September 2008.

8 U.S. Government Accountability Office, "Medicaid: State and Federal Actions Have Been Taken to Improve Children's Access to Dental Services but Gaps Remain," GAO-09-723, Washington, D.C., September 2009.

9 Dennis Kucinich, "Opening Statement: Medicaid's Efforts to Reform Since the Preventable Death of Deamonte Driver," Before U.S. House Oversight and Government Reform Subcommittee on Domestic Policy, October 7, 2009.

10 Mary Otto, "For Too Many Maryland Children, Too Few Trips to the Dentist," *Washington Post*, December 27, 2007.

11 Mary Otto, "Smile! Four Years After a 12-Year-Old Boy Died from an Untreated Tooth Abscess, a Mobile Clinic Named in His Memory Brings Volunteers to Help Prince George's County Children," *Washington Post*, February 22, 2011.

12
채핀 해리스의 후예들

1 Chapin A. Harris, "Observations," *American Journal of Dental Science* 1 (no. 3, 1840): 49~57.

2 American Dental Association Council on Scientific Affairs, "Evidence-Based Clinical Recommendations for the Use of Pit-and-Fissure Sealants: A Report

of the American Dental Association's Council on Scientific Affairs," *Journal of the American Dental Association* 139 (March 2008): 257~286.

3 M. Tellez and others, "Sealants and Dental Caries: Dentists Perspectives on Evidence-Based Recommendations," *Journal of the American Dental Association* 142 (September 2011): 1033~1044.

4 J. Ben Robinson, "This I Know: A Rejoinder," *Journal of the American Dental Association* 68 (April 1964): 613~616.

5 Maryland State Department of Health and Mental Hygiene, "Maryland's 2015 Annual Oral Health Legislative Report," October 30, 2015.

찾아보기